厚德博學

經濟匡時

新时代财政学教材系列

政府与非营利组织会计

徐曙娜　主编

上海财经大学出版社

图书在版编目(CIP)数据

政府与非营利组织会计 / 徐曙娜主编 . 一上海:上海财经大学出版社,2020.9
(匡时 · 新时代财政学教材系列/丛树海主编)
ISBN 978-7-5642-3591-8/F·3591

Ⅰ. ①政… Ⅱ. ①徐… Ⅲ. ①单位预算会计-高等学校-教材 Ⅳ. ①F810.6

中国版本图书馆 CIP 数据核字(2020)第 124781 号

责任编辑:刘光本
责编电邮:lgb55@126.com
责编电话:021—65904890
封面设计:张克瑶
版式设计:朱静怡

政府与非营利组织会计

著 作 者: 徐曙娜
出版发行: 上海财经大学出版社有限公司
地　　址: 上海市中山北一路 369 号(邮编 200083)
网　　址: http://www.sufep.com
经　　销: 全国新华书店
印刷装订: 上海新文印刷厂有限公司
开　　本: 787mm×1092mm 1/16
印　　张: 24.75
字　　数: 513 千字
版　　次: 2020 年 9 月第 1 版
印　　次: 2021 年 1 月第 2 次印刷
印　　数: 3 001—5 000
定　　价: 59.00 元

总　序

改革开放以来，中国财政进行了广泛而深刻的变革，为我国经济的快速增长做出了巨大贡献。进入新时代，财政被赋予更加重要的使命。党的十八届三中全会指出“财政是国家治理的基础和重要支柱。”因此，从理论上总结中国财政改革与发展的实践，将其写进教材，编写出版新时代背景下的财政学系列教材，具有鲜明的理论与实践意义。

上海财经大学高度重视新时代财政学教材系列的编写工作，成立由上海财经大学原党委书记丛树海教授担任主任的编审委员会，成员包括蒋洪教授、胡怡建教授、马国贤教授、刘小川教授、朱为群教授、刘小兵教授、付文林教授、邓淑莲教授和范子英教授。在编审委员会的指导与审核下，广泛听取财政部和学术界的意见与建议，充分研讨教材的理论框架、写作思路和内容安排，组建各教材编写团队，形成成熟可靠的工作方案。

“新时代财政学教材系列”的总体编写风格是：将实践总结与理论升华相贯穿，注重提炼和升华中国财政实践的理论内涵和理论思想。写作中，以公共财政为主线，服从财政本质属性与实践运行规律；深刻把握中国财政发展的历史进程，梳理总结中国财政改革与实践的经验；广泛借鉴国际范围内的经验教训，注重历史和当前、宏观与微观、中国与世界多种视角的联系与整合。

鉴于所涉面广，“新时代财政学教材系列”准备采取分批编写的办法，成熟一本推出一本，计划用两到三年时间推出十本左右相关教材，完整涵盖财政的各个领域，从而完成对中国财政改革实践的理论总结与展望的任务。

上海财经大学公共经济与管理学院
“新时代财政学教材系列”编审委员会
2020 年 7 月

前言

中华人民共和国成立至今，我国政府会计的发展经历了三个阶段：第一阶段是2000年前的预算会计体系阶段；第二阶段是2000—2015年预算会计体系向政府会计体系过渡阶段；第三阶段是2015年后现行政府会计体系建立阶段。2014年我国全面修订《预算法》，规定各级政府财政部门应当按年度编制以权责发生制为基础的政府综合财务报告，报告政府整体财务状况、运行情况和财政中长期可持续性。2014年国务院发布了《权责发生制政府综合财务报告制度改革方案》，明确政府会计改革的目标规划和总体部署。2015年10月23日财政部发布了《政府会计准则——基本准则》，并于2017年1月1日实施，标志着现阶段的政府会计改革正式启动。之后陆续出台了一些具体准则，截至2019年底，我国发布了10个政府会计具体准则、1个具体准则应用指南和2个准则制度解释。2017年10月24日财政部发布了《政府会计制度——行政事业单位会计科目和报表》，于2019年1月1日开始执行。至此，现行政府会计体系基本建立。

政府与非营利组织会计主要由两部分组成：一部分是政府会计，另一部分是非营利组织会计。《政府会计准则——基本准则》规定政府会计的主体是各级政府、各部门、各单位，所以本教材中的政府会计由两部分组成：实行《财政总预算会计制度》的财政总预算会计和实行《政府会计制度——行政事业单位会计科目和报表》的行政事业单位会计。

为了能够全面反映我国现行的政府与非营利组织会计的全貌，本教材共分三部分：第一部分包括第一章和第二章，主要介绍政府与非营利组织的概念和基本理论、我国政府会计的历史演变及未来发展、与政府会计相关的政府预算基本知识等。第二部分包括第三章到第十七章，主要介绍我国现行的政府会计，是本教材的核心内容。其中第三章到第九章介绍实行《财政总预算会计制度》的财政总预算会计，第十章到第十七章介绍实行《政府会计制度——行政事业单位会计科目和报表》的行政事业单位会计。第三部分是民间非营利组织会计部分，包括第十八章。

本教材的目标在于完整介绍我国现行的财政总预算会计、行政事业单位会计和民间非营利组织会计。为了让读者更好地理解和掌握这三种会计，本教材具有以下几个方面的特点：

1. 突出介绍政府预算管理的相关概念、制度和理论。不管是财政总预算会计还是行政事业单位会计中的预算会计部分都与政府预算有着密切的联系，是政府预算管理的工具，为公共财政管理提供所需信息。本教材不仅在刚开始就介绍政府预算基本概念、政府预算体系、政府预算与政府会计的关系，并在财政总预算会计和行政事业单位会计的相关部分介绍了国库集中收付制度、政府收支分类、政府预算收入管理和支出管理等，为读者更好地学习政府会计提供了所需的背景知识。

2. 注重与实务部门合作。教材提供大量的实践案例，便于读者能更好地理解和掌握三大会计制度。本教材的编者不仅有来自上海财经大学的具有丰富教学经验的教师，还有来自会计师事务所和财政部门的实践专家，他们为本教材提供了丰富的实践案例。

3. 注重中外政府会计和非营利组织会计的比较。本教材虽然以介绍我国的政府会计和非营利组织会计为主要内容，但为了使读者更好地了解我国政府与非营利组织会计与国外政府与非营利组织会计的不同，也对国外的政府与非营利组织会计做了简单的介绍。

4. 梳理了我国政府会计的历史演变，分析了我国政府会计的未来发展。

另外，教材不仅在正文中有大量的案例，还在每一章中安排了一定的复习思考题和练习题，有利于读者及时复习和巩固。

本教材不仅适合作为高等院校的教材，也适合作为财政总预算会计人员、行政事业单位会计人员以及会计师事务所等中介部门的培训用书。

本教材由上海财经大学徐曙娜拟定大纲并通稿。具体的写作分工如下：徐曙娜（上海财经大学）：第一、二、三、四、五、六、七、八、九、十、十七、十八章；王芳、杨翔[深圳日浩会计师事务所（普通合伙）]：第十一、十二、十三章；马季（上海市嘉定区财政局）、徐曙娜（上海财经大学）：第十四、十五、十六章。还要感谢上海财经大学的许欢欢和王媛媛为本教材做出的贡献。感谢深圳日浩会计师事务所（普通合伙）为本教材提供了大量的实践案例。

编　者

2020 年 9 月

目　录

第一章　政府与非营利组织会计概述

政府与非营利组织会计主要由两部分组成:一部分是政府会计,另一部分是非营利组织会计。我国的政府会计又包括财政总预算会计和行政事业单位会计两个子部分。

我国自 2014 年新《预算法》规定建立权责发生制的政府综合财务报告制度起,开启了政府会计制度改革的步伐。2015 年颁布的要求 2017 年实施的《政府会计准则——基本准则》则是政府会计制度改革的第一步。陆续出台的各《政府会计具体准则》及其应用指南和 2017 年颁布的要求 2019 年 1 月 1 日实施的《政府会计制度——行政事业单位会计科目和报表》则为政府会计制度的实施奠定了可操作的基础和依据。所以编写全新的《政府与非营利组织会计》教材,让学生和实务工作人员了解和掌握最新的政府与非营利组织会计,就显得尤为必要。

我国民间非营利组织现在实行的是 2005 年颁布的《民间非营利组织会计制度》,经过十几年的执行,有些地方需要进一步的完善。

本章主要介绍和探讨政府会计的概念和目标、我国政府会计的特点、我国政府会计标准体系,探讨政府预算的基本原理、我国政府预算体系、我国政府会计与预算的关系,最后探讨了国外政府与非营利组织的概念和主要形式、国外政府与非营利组织财务报告的目标、国外政府与非营利组织会计的特殊性、组成体系和会计原则。为了避免重复,将我国的非营利组织会计概述放在了第十八章进行论述。

第一节　政府会计概述

我国的政府会计包括财政总预算会计和行政事业单位会计。我国的财政总预算会计实行的是 2015 年颁布的《财政总预算会计制度》,而行政事业单位会计实行的是 2017 年颁布的要求 2019 年 1 月 1 日实施的《政府会计制度——行政事业单位会计科目和报表》。从法律规定看,《政府会计准则——基本准则》和《政府会计具体准则》既适用于财政总预算会计,也适用于行政事业单位会计。

一、政府会计的概念、目标

会计是以货币为主要计量单位,运用一整套观察、计量、登记、传送的专门方法,对企事业、机关团体单位的经济活动进行连续、系统、全面、综合的反映与监督，促进提高经济效益的一项经济管理活动。会计一般分为企业会计和非营利组织会计。由于广义的非营利组织包括政府和狭义的非营利组织，所以后者又称为政府与非营利组织会计。

（一）政府会计的概念

政府会计是确认、计量、记录和报告政府会计主体经济业务和事项及其公共受托责任履行情况的专业会计。在我国，按照《政府会计准则——基本准则》的规定，政府会计主体为各级政府、各部门、各单位。各部门、各单位是指与本级政府财政部门直接或者间接发生预算拨款关系的国家机关、军队、政党组织、社会团体、事业单位和其他单位。军队、已纳入企业财务管理体系的单位和执行《民间非营利组织会计制度》的社会团体，不适用政府会计基本准则，也就不是政府会计主体。

我国的政府会计按照会计主体分，分为财政总预算会计和行政事业单位会计。"各级政府"实行的政府会计是《财政总预算会计制度》；而"各部门、各单位"则是按照《政府会计制度——行政事业单位会计科目和报表》实行政府会计制度（为了区分各级政府所实行的政府会计，我们在本教材中将行政事业单位实行的政府会计称为行政事业单位会计，下同）。

我国的政府会计按照内容分，分为预算会计和财务会计。政府会计基本准则规定，预算会计和财务会计作为政府会计的组成部分，所有的政府会计主体都应该包括这两部分。我国现行的《政府会计制度——行政事业单位会计科目和报表》规定行政事业单位会计包括预算会计和财务会计两部分。但各级政府实行的财政总预算会计制度还未修改为预算会计和财务会计两部分，这也是财政总预算会计制度需要进一步完善的地方。预算会计是反映政府会计主体纳入预算管理的预算资金收支执行情况及其结果的专业会计。预算会计实行收付实现制，国务院另有规定的，依照其规定。财务会计是反映政府会计主体财务状况、运行情况和现金流量的专业会计。财务会计实行权责发生制。

（二）政府会计及其报告的目标

既然政府会计是通过提供信息反映政府会计主体的财务状况、预算执行情况、运行情况以及现金流量情况等，会计的目标当然就是为信息使用者服务。但会计信息使用者包括内部信息使用者和外部信息使用者。政府内部信息使用者一般是指政府会计主体内部管理人员和管理部门。而外部信息使用者包括各级政府与人大、国内外政府投资债券者、各级政府部门自身的部门主管以及作为政府最终负责对象的社会公众等。而不管是内部信息使用者还是外部信息使用者都是通过政府会计的各种报表和报告来获得相关信息。所以政府会计的目标往往就是政府会计各种报告的目标。

1. 一般意义上的政府会计及其报告的目标

根据信息使用者的不同，政府会计的各种报告至少存在三种类型：内部报告、特定目的外部报告以及通用目的外部报告。

(1)内部报告的目标

内部报告的使用对象是政府内部的管理人员和其他利益相关方。内部报告通常要实现两个目标:一是有利于管理部门监控公共资金遵守法律的情况。二是为管理部门做出决策提供所需的信息。

(2)特定目的外部报告的目标

特定目的外部报告是各级政府及其部门,为了特定的管理需要要求政府会计主体提供特殊的报告。比如,作为是否给予补助的条件,中央/联邦机构可能要求接受方政府定期提供关于补助行为和补助余额的专门财务报告。特定的外部报告也是为特定外部使用者做出决策提供信息,另一方面特定报告的使用者往往也是资金来源的提供者,需要对接收方进行评价,所以也需要特定目的的外部报告提供有利于他们评价接收方绩效的信息,也就是反映接收方受托责任实现的情况信息。

(3)通用目的外部报告的目标

通用目的外部报告的使用对象往往是人大、公众、政府债券投资者。公众和人大更关注政府会计主体公共受托责任实现的程度。而政府债券投资者关注政府会计主体的债务风险和偿债能力,以便于做出正确的决策。所以,通用目的外部报告的目标应是为外部使用者评价政府会计主体实现公共受托责任和投资者决策提供信息。

从上面三类报告的目标可以看出,政府会计及其报告的目标可以归纳为三类:为信息使用者提供决策信息、为信息使用者提供评价政府会计主体实现公共受托责任的信息和提供有利于信息使用者对政府会计主体进行监督检查的信息。

2. 各国政府会计及其报告的目标

美国的政府会计准则委员会(GASB)认为,政府财务报告的首要目标是向相关信息使用者提供有关政府受托责任履行情况的财务信息,但其同时也指出,政府财务报告应提供帮助相关信息使用者进行政治、经济和社会决策的财务信息。

按照我国《政府会计准则——基本准则》的规定,我国的政府会计主体必须编制决算报告和财务报告。决算报告的目标是向决算报告使用者提供与政府预算执行情况有关的信息,综合反映政府会计主体预算收支的年度执行结果,有助于决算报告使用者进行监督和管理,并为编制后续年度预算提供参考和依据。政府决算报告使用者包括各级人民代表大会及其常务委员会、各级政府及其有关部门、政府会计主体自身、社会公众和其他利益相关者。财务报告的目标是向财务报告使用者提供与政府的财务状况、运行情况(含运行成本,下同)和现金流量等有关信息,反映政府会计主体公共受托责任履行情况,有助于财务报告使用者做出决策或者进行监督和管理。政府财务报告使用者包括各级人民代表大会常务委员会、债权人、各级政府及其有关部门、政府会计主体自身和其他利益相关者。

二、政府会计的特点

政府会计的特点，主要指其与企业会计的不同。

1. 会计主体不同

政府会计的主体是各级政府、各部门和各单位，通俗地讲就是政府以及行政事业单位。而企业会计主体则是以营利为目的的各类从事生产经营活动的经济实体，即各行各业各种类型的企业。

2. 会计目标不同

政府会计的目标是提供有利于信息使用者决策的信息，提供有利于信息使用者评价政府会计主体公共受托责任实现程度的信息，提供信息使用者监督检查政府会计主体的信息。企业使用的资金并不是公共资金，所以不承担公共受托责任，只承担股东的受托责任。所以企业会计的目标一般是为信息使用者提供决策信息和评价其受托责任的信息。

3. 会计核算对象即会计要素不同

政府会计不仅要核算财务会计的会计要素，也要核算纳入预算管理的预算资金的收支执行，由此产生了预算会计的会计要素。而企业会计只核算财务会计的会计要素，并不存在预算会计的会计要素。

即便都是财务会计的会计要素，政府会计的财务会计要素与企业会计的财务会计要素也不同。政府会计的财务会计要素是资产、负债、净资产、收入和费用；而企业会计则是资产、负债、所有者权益、收入、费用和利润。对于政府会计主体而言，净资产归属于公众，并不属于政府会计主体，所以不适合采用“所有者权益”这个会计要素，而采用“净资产”。企业会计以营利为目的，应该有“利润”会计要素；但政府会计不以营利为目的，是追求社会效益最大化，所以不应该有“利润”会计要素。

4. 会计等式不同

由于会计要素的不同，导致了会计等式的不同。

企业会计的会计等式为：

资产＝负债＋所有者权益(静态)

资产＋费用＝负债＋收入＋所有者权益(动态)

政府会计的会计等式为：

预算收入－预算支出＝预算结余(预算会计)

资产＝负债＋净资产(财务会计静态)

资产＋费用＝负债＋收入＋净资产(财务会计动态)

5. 会计核算基础不同

政府会计的预算会计实行收付实现制(国务院另有规定的，依照其规定)；政府会计的财务会计实行权责发生制。企业会计只实行权责发生制。

收付实现制又称为现金制，以现金的实际收付时间作为确认、记录和报告交易的基础。以收到现金的时间和金额来确认收入的实现，以现金支付的时间和金额来确认支出的实现。权责发生制又称为应计制，收入和支出以应收到或应支付时确认。引起收入的交易一旦发生，不管是否真正有现金流入都确认为收入已经实现；引起费用的交易一旦发生，不管现金是否流出，都确认为支出的实现。

6. 会计报告不同

政府会计因为由预算会计和财务会计两部分组成，对应预算会计的有政府决算报告，对应财务会计的有政府财务报告。而企业会计只有财务会计，没有预算会计，所以企业只有财务报告。

政府决算报告是综合反映政府会计主体年度预算收支执行结果的文件。政府决算报告应当包括决算报表和其他应当在决算报告中反映的相关信息和资料。政府财务报告是反映政府会计主体某一特定日期的财务状况和某一会计期间的运行情况和现金流量等信息的文件。政府财务报告应当包括财务报表和其他应当在财务报告中披露的相关信息和资料。

企业财务报告是企业向财务会计报告使用者提供与企业财务状况、经营成果和现金流量等有关会计信息，反映企业管理层受托责任履行情况的书面报告。企业财务报告由财务报表和财务情况说明书组成。企业财务报表是对企业财务状况、经营成果和现金流量的结构性表述。财务报表至少应当包括下列组成部分：资产负债表、利润表、现金流量表、所有者权益（或股东权益）变动表和附注。

我国的上市公司现在也公布企业财务决算报告，但与政府决算报告不同，没有决算报表，只是对年度财务数字的一些分析。我国国有企业按照财政部的统一规定，必须编制财务会计决算报告。从财政部规定的内容看，国有企业、国有控股公司和城镇集体企业编制的财务会计决算报告包括资产负债表、利润表、所有者权益变动表、国有资本权益变动表、资产减值情况表等财务会计报表，以及报表附注、财务情况说明书、财务分析报告等，其实质还是年度财务报告，与政府决算报告完全不同。

三、我国政府会计标准体系

根据2014年的《权责发生制政府综合财务报告制度改革方案》，政府会计标准体系主要由四个层次组成：政府会计基本准则、政府会计具体准则、政府会计具体准则的应用指南、政府会计具体制度（包括财政总预算会计和行政事业单位会计）。

1. 政府会计基本准则

政府会计基本准则用于规范政府会计目标、政府会计主体、政府会计信息质量要求、政府会计核算基础，以及政府会计要素定义、确认和计量原则、列报要求等原则事项。政府会计基本准则作为政府会计的“概念框架”，统驭政府会计具体准则和政府会计制度的制定，并为政府会计实务问题提供处理原则，为编制政府财务报告提供基础标准。《政府会计准则——基本准则》发布于2015年10月23日，2017年1月1日施行。

2. 政府会计具体准则

政府会计具体准则依据政府会计基本准则制定，用于规范政府会计主体发生的经济业务或事项的会计处理，详细规定经济业务或事项引起的会计要素变动的确认、计量、记录和报告。政府会计具体准则不能违背政府会计基本准则，是政府会计基本准则的下位法规。截至2019年底，我国发布了10个政府会计具体准则，包括：《政府会计准则第1号——存货》《政府会计准则第2号——投资》《政府会计准则第3号——固定资产》《政府会计准则第4号——无形资产》《政府会计准则第5号——公共基础设施》《政府会计准则第6号——政府储备物资》《政府会计准则第7号——会计调整》《政府会计准则第8号——负债》《政府会计准则第9号——财务报表编制和列报》《政府会计准则第10号——政府和社会资本合作项目合同》。

3. 政府会计具体准则的应用指南

政府会计具体准则的应用指南是对具体准则的实际应用做出的操作性规定。截至2019年底，我国只出台了《〈政府会计准则第3号——固定资产〉应用指南》，另外一些具体准则的应用指南有的还在征求意见中，有的有待制定。

4. 政府会计制度

按照我国《政府会计准则——基本准则》的规定，政府会计主体是各级政府、各部门、各单位，所以政府会计制度应该包括财政总预算会计和行政事业单位会计。我国2017年发布了《政府会计制度——行政事业单位会计科目和报表》，要求2019年1月1日起各部门各单位按照此制度施行。而我国的各级政府则实行2015年发布的《财政总预算会计制度》。虽然从法律地位看，《财政总预算会计》和《政府会计制度——行政事业单位会计科目和报表》都属于政府会计制度，都应该符合《政府会计准则——基本准则》和《政府会计具体准则》及其应用指南的规定，但由于我国《财政总预算会计制度》制定在先，从总体框架和具体规定看，与基本准则、具体准则及其应用指南还存在一定的差距，应该会进一步被修订。

《政府会计制度——行政事业单位会计科目和报表》规定，政府会计科目设置须实现预算会计和财务会计双重功能。预算会计科目应准确、完整反映政府预算收入、预算支出和预算结余等预算执行信息，财务会计科目应全面、准确反映政府的资产、负债、净资产、收入、费用等财务信息。条件成熟时，推行政府成本会计，规定政府运行成本归集和分摊方法等，反映政府向社会提供公共服务支出和机关运行成本等财务信息。

政府会计标准体系之间的关系应该从政府会计基本准则、政府会计具体准则、具体准则应用指南和政府会计制度，自上而下进行规范和约束：基本准则约束具体准则及其应用指南和政府会计制度；具体准则约束其应用指南和政府会计制度；具体准则的应用指南也对政府会计制度有约束性。

除了这四层主要的标准体系外，我国财政部还出台了政府会计准则制度解释。截至 2019 年底出台了两个解释：《政府会计准则制度解释第 1 号》和《政府会计准则制度解释第 2 号》。政府会计准则制度解释是对政府会计准则和制度的一些解释和补充，主要是为了回应和解决政府会计准则制度实施中的问题，对政府会计准则制度相关内容做进一步的解释说明，补充和完善政府会计准则制度中的相关规定。

因为有些事业单位的业务比较特殊，2019 年之前有自己的独立行业会计制度，如《医院会计制度》《科学事业单位会计制度》《高等学校会计制度》等。我国财政部考虑这些事业单位的特殊业务和新旧会计制度的衔接，出台了一系列的特殊行业事业单位关于执行《政府会计制度——行政事业单位会计科目和报表》的补充规定和衔接规定。

本教材就是按照上面提到的这些政府会计标准体系的内容编写的。

第二节　政府会计与政府预算

一、政府预算的基本内容

本部分介绍政府预算的一些相关概念和基本要素。

（一）政府预算的概念和特点

政府预算是指经法定程序审批的具有法律效力的政府财政收支计划，是政府筹集、分配和管理财政资金及宏观调控的重要工具。从表现形式上看，政府预算是按照统一标准、格式、原则和方法编制的各项财政资金收支表格。从构成上看，政府预算包括政府本级预算和政府汇总预算。从功能上看，政府预算是政府实现政府职责的财力保障，体现着国家与市场的关系，体现着财政分配关系，规定着政府活动的范围和方向。从内容上看，任何一个国家的年度预算，都能清楚地反映政府在这个年度内的具体工作安排。从流程上看，政府预算包括预算编制、审批、执行、调整、监督、决算、绩效评价等一系列的预算活动。

政府预算的特点主要体现在以下几个方面：

1. 法定性

法定性是指政府预算的形成和执行都是以宪法、法律和规章为依据的。政府预算必须由立法机关审核批准，并接受立法机关的监督，这突出表明了政府预算的法定性。我国各级政府预算法案每年要提请本级人民代表大会审查、批准，经过批准后的政府预算具有法律效力，各级人民政府、各部门、企事业单位都要按照批准后的政府预算执行，并保证各项收支计划的圆满完成。

2. 公开性

公开性是指政府预算的形成和执行是透明的，是受公众监督的。政府虽然是预算编制和执行的主体，但本质上是公众的“受托人”，因此政府预算必须向公众公开。当然为了国家安全，也有相应的保密规定。同时，政府预算收支的立法也是透明的。

3．全面性

全面性是指所有政府收支都应在政府预算中得到反映。这就是说，政府预算要全面反映政府活动的范围和方向。2014年我国修改《预算法》后，明确“政府的全部收入和支出都应当纳入预算。”

4．统一性

全国预算由中央预算和地方预算汇总而成。如果不同地方的预算格式和内容都不一样，或者地方是统一的，但与中央不一样，那就很难科学地将中央预算和地方预算进行汇总，汇总的数据也不一定准确。所以我国的各级政府预算的内容和格式都是统一的。

5．时效性

政府预算又可以分为年度预算和中长期预算。年度预算就是在一个财政年度内有效的预算。世界上存在着两种财政年度（有时称为预算年度）：历年制和跨年制。我国实行历年制，即按照公历年算，从1月1日到12月31日为一个预算年度；有些国家实行跨年制，如美国，从上一年的10月1日到下年的9月30日为一个预算年度。年度预算一般一年编一次，在预算年度前编制并审批通过，并在预算年度中执行。但中长期预算一般为3～5年一个周期，实行滚动编制。

（二）我国政府预算组成体系

我国实行一级政府建立一级预算的原则。我国由中央、省、市（地区级）、县、乡五级政府组成，我国政府预算相应也有中央、省、市（地区级）、县、乡五级预算组成。我国政府预算按照级次范围的不同，有中央政府预算与地方预算、各级总预算与本级预算、部门预算和单位预算之分（见图1—1）。

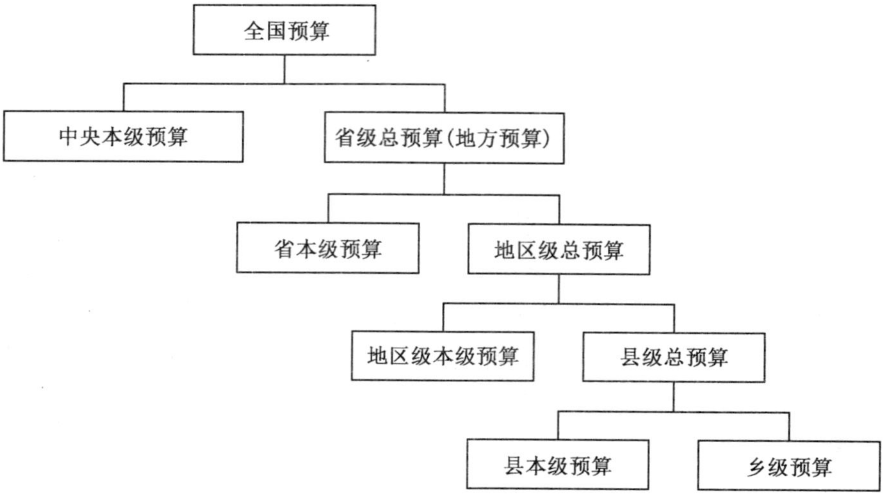

图1—1　我国政府预算体系

1. 中央政府预算与地方预算

中央政府预算反映中央政府的收入来源和中央政府的支出用途及中央政府的职能，中央政府预算在政府预算中居于主导地位。地方预算由各省、自治区、直辖市总预算组成。地方预算收入主要来源于政府税收中属于地方的税收等，反映发展地方经济和文化教育事业以及地方行政经费等所需要的资金，它是政府预算的组成部分，在政府预算中居于重要地位。

2. 各级总预算与本级预算

总预算，是各级政府将本级预算与下级总预算汇总而成的。没有下一级预算的，总预算即指本级预算，如乡级预算。总预算和本级预算由四大预算组成，即一般公共预算、政府性基金预算、国有资本经营预算和社会保险基金预算组成。

3. 部门预算与单位预算

部门预算由本部门机关的单位预算和所属各单位的单位预算汇总而成。单位预算指列入部门预算的国家机关、社会团体和其他单位的收支预算，它是政府预算的重要组成部分。

单位预算分为收入预算和支出预算。支出预算又包括基本支出预算和项目支出预算两部分(见图1—2)。收入预算是指预算单位所有纳入部门预算管理的收入计划。基本支出预算是指预算单位为实现日常运行所需的人员经费和单位运转的公用经费预算，包括人员经费支出预算和日常公用经费支出预算。项目支出预算是指预算单位在基本支出预算之外为完成特定的工作任务或事业发展目标编制的项目支出计划，包括大型的会议、修缮、设备购置费用以及生产建设性支出。

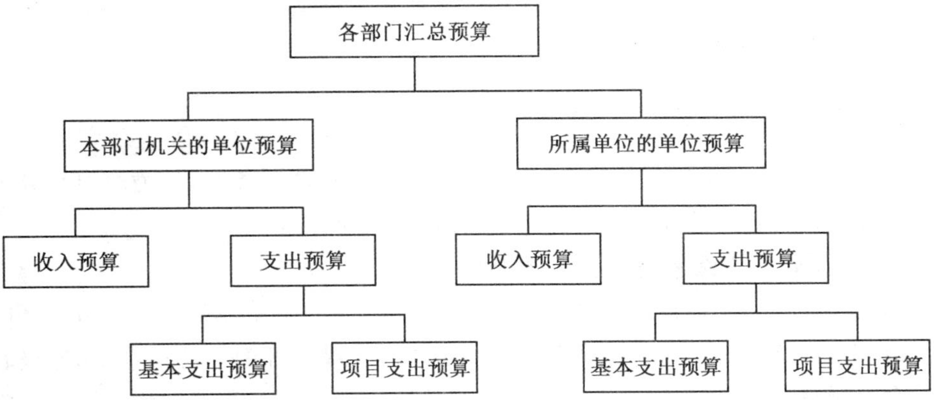

图1—2　部门预算体系

(三)我国政府预算的内容

我国各级政府预算包括一般公共预算、政府性基金预算、国有资本经营预算、社会保险基金预算。一般公共预算是主体预算，其他三大预算都与一般公共预算相衔接。

1. 一般公共预算

一般公共预算是对以税收为主体的财政收入，安排用于保障和改善民生、推动经济社会发展、维护国家安全、维持国家机构正常运转等方面的收支预算。

中央一般公共预算包括中央各部门（含直属单位）的预算和中央对地方的税收返还、转移支付预算。中央一般公共预算收入包括中央本级收入和地方向中央的上解收入。中央一般公共预算支出包括中央本级支出、中央对地方的税收返还和转移支付。

地方各级一般公共预算包括本级各部门（含直属单位）的预算和税收返还、转移支付预算。地方各级一般公共预算收入包括地方本级收入、上级政府对本级政府的税收返还和转移支付、下级政府的上解收入。地方各级一般公共预算支出包括地方本级支出、对上级政府的上解支出、对下级政府的税收返还和转移支付。

2. 政府性基金预算

政府性基金预算是对依照法律、行政法规的规定在一定期限内向特定对象征收、收取或者以其他方式筹集的资金，专项用于特定公共事业发展的收支预算。

政府性基金预算应当根据基金项目收入情况和实际支出需要，按基金项目编制，做到以收定支。

3. 国有资本经营预算

国有资本经营预算是对国有资本收益做出支出安排的收支预算。国有资本经营预算应当按照收支平衡的原则编制，不列赤字，并安排资金调入一般公共预算。

4. 社会保险基金预算

社会保险基金预算是对社会保险缴款、一般公共预算安排和其他方式筹集的资金，专项用于社会保险的收支预算。社会保险基金预算应当按照统筹层次和社会保险项目分别编制，做到收支平衡。

二、政府会计与政府预算的关系

政府会计是政府预算管理的手段，是为政府预算管理服务的，是为政府预算管理提供相应的财务信息、预算执行信息和政府预算控制服务的。

（一）我国政府本级预算与部门预算的关系

正如我们前面介绍的，我国政府预算有政府总预算和政府本级预算之分。部门预算与政府本级预算有关，部门预算不实行不同政府层级的部门汇总预算，如省级教育系统的部门预算不会与市级教育系统的部门预算进行汇总。省级教育系统的部门预算大部分收支纳入省级本级预算，市级教育系统的部门预算大部分收支纳入市级本级预算。

部门预算是纳入部门预算管理的收支计划，而纳入部门预算管理的收支并不是全部纳入政府本级预算中，如很多地方政府的财政专户管理的教育收费以及由此收入形成的支出都没有纳入政府的四大预算中，但纳入了教育系统的部门预算和单位预算。

另一方面，也并非所有的政府预算都是通过部门预算实现的，如国有资本经营预算并没有包括于部门预算中。所以说部门预算和政府本级预算之间是有联系也有区别的。

(二)我国政府会计主体与政府预算主体的关系

我国的政府会计分为财政总预算会计和行政事业单位会计，前者按照2015年的《财政总预算会计制度》实行，后者按照《政府会计制度——行政事业单位会计科目和报表》实行。按照政府会计基本准则和具体准则的规定，这两种政府会计都受政府会计基本准则和具体准则的规范。

1. 财政总预算会计主体和政府本级预算主体一致

我国《财政总预算会计制度》(财库〔2015〕192号)指出：总会计是各级政府财政核算、反映、监督政府一般公共预算资金、政府性基金预算资金、国有资本经营预算资金、社会保险基金预算资金以及财政专户管理资金、专用基金和代管资金等资金活动的专业会计。财政总预算会计的组成体系与国家的预算管理体系一致。我国的预算体系总共分为五级，即中央，省、自治区、直辖市，设区的市、自治州，县、自治县、不设区的市、直辖区，乡、民族乡、镇五级预算。与之对应，我国的财政总预算体系也分为五级，每一级独立的预算都设立一级财政总预算会计。所以财政总预算会计的主体就是每一级政府本级预算的主体，两者是一致的。

2. 行政事业单位会计主体与单位预算主体基本一致

我们前面介绍了同一系统中的行政事业单位预算汇总成这一系统的部门预算。单位预算的主体就是各行政事业单位。2017年版的《政府会计制度——行政事业单位会计科目和报表》规定："本制度适用于各级各类行政单位和事业单位。纳入企业财务管理体系执行企业会计准则或小企业会计准则的单位，不执行本制度。"所以行政事业单位会计的主体与单位预算的主体基本一致，与部门汇总预算(部门预算)的主体不一致。

(三)我国政府会计核算内容与政府预算编制内容的关系

既然政府会计主体与政府本级预算主体、单位预算主体基本一致，那么它们的核算内容是否一致呢?

1. 财政总预算会计核算内容和政府本级预算编制内容不完全一致

财政总预算会计核算的是政府本级预算的相关资金活动，主要是三大预算资金和财政专户管理资金、专用基金和代管资金等资金活动。虽然《财政总预算会计制度》规定财政总预算会计核算还包括社会保险基金预算，但实际执行中，社会保险基金有单独的社会保险基金会计。政府本级预算包括四大预算(含社会保险基金预算)，不包括财政专户预算和代管资金预算等，所以两者内容不完全一致。

2. 行政事业单位预算会计核算内容与单位预算的编制内容一致

现行的行政事业单位会计分为财务会计和预算会计。预算会计反映和记录行政事业单位预算执行的情况和结果；财务会计反映和记录行政事业单位的财务状况和运营情况。所以行政事业单位会计中的预算会计核算范围的就是行政事业单位的预算范围，两者的范围是一致的。

第三节 国外的政府与非营利组织会计概述

美国的政府与非营利组织会计非常典型，所以本教材所介绍的国外政府与非营利组织会计主要是美国的政府与非营利组织会计。

一、国外的政府与非营利组织的概念

一般认为，社会组织按照是否以营利为目的，可分为营利组织和非营利组织两大类。非营利组织顾名思义就是不以营利为目的的组织。政府机构也属于广义的非营利组织。在国外，目前对广义的非营利组织的称谓并不统一，归纳起来，主要有政府与非营利组织、政府、非营利组织、公立单位等几种。在本教材中，我们运用"政府与非营利组织"这一称谓表示广义的非营利组织，而用非营利组织来表示狭义的非营利组织。

1. 美国财务会计准则委员会在 1980 年 12 月发布的财务会计概念公告第四辑《非营利组织编制财务报告的目的》中指出，非营利组织的主要特征有：

（1）大部分资财来源于资财的供给者，他们不期望收回或据以取得经济上的利益；

（2）业务运营的目的，主要不是为了获取利润或利润等同物而提供产品或劳务；

（3）不存在可以出售、转让、赎回，或一旦机构清算，可以分享一份剩余资财的明确的所有者利益。

2. 政府与非营利组织与营利组织比较，存在着一定的区别：

（1）政府与非营利组织不是为了获利而组建，是为了提供服务或完成一定业务量，而营利组织组建的目的就是为了获得利润；

（2）非营利组织取得收入的主要途径是税收、捐赠、会费及固定税款等，而营利组织获得收入是通过销售产品或提供劳务；

（3）非营利组织的收入只有在符合某种条件时才可以开支，这些条件受政府和捐赠人的约束和限制，而营利组织的开支很少受到某种条件的约束和限制。

二、国外的政府与非营利组织的主要形式

政府与非营利组织的主要形式有如下几类：

（1）政府机构，如联邦、州、县、市、镇、村和其他地方政府机关，包括特别行政区；

（2）教育组织，如幼儿园、小学、中学、职业技术学校以及学院和大学等；

（3）健康和福利组织，如医院、疗养院、儿童保护组织、红十字会等；

（4）宗教组织；

(5)慈善组织;

(6)基金会,如为教育、宗教或慈善目的而组织的隔日信托和有限公司;

(7)政府企业或者说是公立企业、国有企业。

目前在国外,在上述组织或单位中,通常将诸如教育组织、健康和福利组织、宗教组织、慈善组织和各种基金会等合称为非营利组织,而且按照所有权性质区分为公立和私立两种。对于公立非营利组织和公立企业,通常将它们视为政府的一个组成单位。

三、国外的政府与非营利组织会计的特殊性

政府与非营利组织会计的特殊性表现在下面四个方面:

(一)基金和基金会计的使用

提供给政府与非营利组织的财务资源一般是有限定的,所以政府与非营利组织通过建立基金控制限定资源的使用,并保证其遵从法律和行政要求。基金是独立的财务和会计主体,包括现金和非现金资源以及相关的负债。基金是一套拥有自平衡账户的财务和会计主体,用于记录现金和其他经济资源、相关的负债和剩余权益或余额及其变动,基金的划分遵从特定规则、限制和约束,并以进行特定活动和实现一定目标为目的。多数政府与非营利组织所使用的两种典型的基金会计主体是:

(1)动本(政府)基金:核算可能在其“非经营型”活动中耗费的流动资产、相关负债、净资产的变化及余额。

(2)留本(权益)基金:核算其“经营型”活动中的收入、费用、资产、负债和权益以及信托基金。

(二)预算和预算会计的使用

动本(政府)基金通常不具有耗用其资源的权利,在多数政府与非营利组织中,特别是在政府中,开支只能在拨款或类似的管委会授权的限额之内进行。每项动本基金一般要编制一个固定币值预算,申请管委会批准,一经管委会批准,预算支出预计就成为限定的拨款。所以预算具有重要的意义,它对于政府与非营利组织尤其是政府的未来活动发挥着规划、控制、评价的重要作用,因而为政府当局、立法机构、社会公众、新闻媒体等各方关注。为了控制和证明预算的执行,特别是对政府而言,在动本基金账户体系中建立预算账户是常见的做法。另一方面,留本(权益)基金也可能不是由固定币值预算控制,而是由弹性预算控制,就像在企业中运用的那样。在这种情况下,并不使用预算账户。但多数以固定币值预算控制其留本基金的政府与非营利组织也使用预算账户。

(三)会计核算基础的特殊性

会计核算基础一般有四类:现金制(即现收现付制)、修正的现金制(即修正的现收现付制)、修正的应计制(即修正的权责发生制)、应计制(即权责发生制)。

现金制，即以现金的实际收付时间作为确认、记录和报告交易的基础。它适合处理实际发生现金流量的交易。如果现金流量并未实际发生，不予记录，也就是以收到现金的时间和金额来确认收入的实现，以现金支付的时间和金额来确认支出的实现。

修正的现金制，即追加一个确认年末付款的额外期间。例如财政年度结束后的30天为额外期间，那么在这30天内发生的应由上年承担的支付也确认为上年的支出，而不作为新年度的支出；30天以后支付的上年费用，则确认为新年度的支出。

修正的应计制，即以取得收入的权利、承担政府义务所发生的时间作为确认、记录和报告交易的基础。具体来说，在收入上采用现金制，而在支出上采用应计制。

应计制，即完全的权责发生制，收入和支出以应收到或应支付时确认。具体来说，引起收入的交易一旦发生，不管是否真正有现金流入都确认为收入已经实现；引起费用的交易一旦发生，不管现金是否流出，都确认为支出的实现。

目前大部分国家仍然采用传统的现金制或修正现金制，但越来越多的国家开始引入应计制。美国的政府会计和非营利组织会计主要采用应计制和修正的应计制，而且政府必须对承诺做出记录，即政府必须在契约签订时记录这一契约责任。

(四)其他特殊性

与企业会计一样，政府与非营利组织的留本(权益)基金会计的"成本"计量焦点是"费用"，也就是预算期内消耗的资产的成本。与此相反，动本(政府)基金会计的"成本"计量焦点是"支出"，也就是预算期内为以下目的消耗的财务资源的金额：日常运营(如工资、公用事业等)，资本支出(取得固定资产)，长期借款本金的偿还和计付利息。

更为特殊的是，在动本基金中支出被定义为"已发出货物或已提供的劳务的成本(无论是否支付)，包括日常经营成本、未被列为偿债基金负债的借款偿还金额和资本支出"，因此，在动本基金会计中非常重要的"支出"一词不能与营利权益会计定义的"费用"一词相混淆。

固定资产一般不是可供专用的财务资源，通常从动本基金会计主体中分离出来单独列示和核算。类似地，不是某一特定基金负债(而是整个政府的负债)的未到期长期借款也可以列入单独的非基金会计主体中。

四、国外的政府与非营利组织会计的组成体系

美国的政府与非营利组织分为政府、非营利组织两部分，前者包括联邦政府和地方政府；后者包括公立的非营利组织和私立的非营利组织。联邦政府及其公立非营利组织会计单独适用一套会计制度，由会计总局(The General Accounting Office)制定；州及地方政府及其公立非营利组织的会计由政府会计准则委员会制定；私立非营利组织会计则适用另一套会计准则，由财务会计准则委员会制定。会计总局还声明：政府会计准则委员会公布的各项公告和准则以及财务会计准则委员会制定准则中的适用部分完全可以在最大可能的程度上作为联邦机构的会计准则。

美国政府会计中使用的基金，是一个独立的会计主体。每项基金，都有自己的资产、负债、收入、支出或费用，以及基金余额或基金权益，并有自己的一套完整的财务报表。在每个政府组织中设置的各个基金，都有一个完整的会计核算和一套完整的会计报表。与此同时，整个政府组织还有一套完整的财务报告，整个政府组织称为"财务报告主体"。

一般的政府与非营利组织会计中有动本和留本两大类基金，但具体机构又有不同的情况，例如，联邦政府一般有政府基金、权益基金和信托基金；公立的高等院校会计又包括流动基金、固定资产基金、信托及代理基金；医院会计一般分为陪同基金和捐赠人限定基金等。

五、国外的政府与非营利组织会计的会计原则

美国的政府会计准则委员会在其颁布的第 1 号公告中，规定了州及地方政府会计的 12 条会计原则。

1. 会计和报告能力

政府会计系统必须使下列两者成为可能：依照公认会计原则，合理列示和充分披露政府单位的基金和账户组的财务状况及运营成果；确认和证实政府单位对财务法规和合同条款的遵守。

2. 基金会计体系

政府会计系统应按基金组织和运作；基金是一系列自我平衡账户的财务和会计实体，这些账户记录现金和其他资源，相关的负债和剩余权益或余额及其变动，基金的划分遵从特定规则、限制和约束，并以进行特定活动和实现一定目标为目的。

3. 基金的种类

政府机构的基金通常包括以下几类：

(1)政府基金：政府基金是为符合法律要求而设置的，用来处理法律许可的收入和支出。政府基金并不向享有其服务的用户索取费用。它可分为普通基金、特种收入基金、基本建设项目基金、偿债基金。

(2)权益基金：权益基金是一种需要服务用户支付费用的基金。由于向用户提供服务而收取服务成本，或收取超过或低于服务成本的费用，权益基金有与营利组织相类似的特性。权益基金可分为两种：企业基金和内部服务基金。

(3)信托基金：信托基金是用来处理某一政府机构以受托人或代理人身份持有的资产。信托基金可分为动本信托基金、留本信托基金、养老信托基金、代理基金等。

4. 基金的数量

政府机构应建立和保有法律、合理的财务管理所需要的那些基金。由于不必要的基金会导致僵化、复杂和效率低下的管理，应建立与法律和运营要求相一致的最小数目的基金。换句话说，在满足法律规定、运营要求和基金分类基本原则的前提下，设立

尽可能少的基金。

5. 固定资产和长期负债的会计处理

应明确区分下列两者的不同:基金固定资产和普通固定资产;基金长期负债和普通长期负债。

与权益基金或信托基金相关的固定资产应在这些基金中核算,不必独立出来。而政府单位所有其他固定资产均应在普通固定资产账户组中核算。相应地,与权益基金或信托基金相关的长期负债应在这些基金中核算,不必独立出来。政府单位所有的其他未到期普通长期负债,包括政府以某种形式承担义务的特种税债务,均应在长期债务账户组中核算。

6. 固定资产计价

固定资产应按成本入账。若无法确定固定资产成本,以估计成本计价入账。受赠固定资产应按照受赠时的公允价值入账。

7. 固定资产折旧

普通固定资产的折旧不应在政府基金账户中记录。该折旧可在成本会计体系中记录,也可在成本确定分析中计算;累计折旧可以记录在普通固定资产账户组中。

在权益基金中核算的固定资产,其折旧也应记入该基金中。若信托基金需计量费用、净利润和资本保全,则在信托基金中核算的固定资产的折旧也应予以确认。

8. 政府会计的权责发生制

在计量财务状况和运营成果时,应视情况使用修正权责发生制或权责发生制:

(1)政府基金收入和支出应按修正权责发生制确认。收入应在其可取得且计量的会计期间确认。若计量,支出应在发生基金负债的会计期间确认;但普通长期债务的未到期利息(和本金)除外,它们应在到期时确认。

(2)权益基金收入和费用应按权责发生制确认。收入应在其被赚得和可计量的会计期间确认;若可计量,费用应在其发生的会计期间确认。

(3)信托基金收入和费用或支出(视情况而定)应按与基金会计计量目标一致的基础确认。留本信托基金和养老信托基金应按权责发生制核算。

(4)转账应在基金间应收应付项目发生的会计期间予以确认。

9. 预算、预算控制和预算报告

每个政府单位都应有年度预算;会计系统应为适当的预算控制提供基础;对有年度预算的政府基金,应在其适当的财务报表或附表中包括预算比较表。

在政府会计系统中实施预算控制必须开设包括估计收入、拨款、保留支出、保留支出准备等预算账户。这些账户既包括总分类账户,也包括按照预算中的收入、支出项目开设的明细分类账户(保留支出准备除外)。与估计收入相对应反映实际的账户是收入账户,与拨款、保留支出相对应反映实际的账户是支出账户,保留支出账户则是为了反映各种基金余额中准备支出的数额,以免将来可能发生超支。在为反映和控制预算执行情况的各总分类账户中，估计收入、收入账户分别用来登记年度的估计总收入和实际总收入，拨款、保留支出、支出账户分别用来反映年度内的总拨款（即授权的预计支出）、保留支出（已经预定但尚未收到的商品或服务的预计成本）和实际支出。这些账户除本身反映了有关收支的预算与实际数据外，还同时对各收支明细账具有控制作用。

10. 转账、收入、支出和费用的划分

基金间转账和发行普通长期债务的收入不属于基金收入、支出或费用；政府基金收入应按基金和来源分类，支出应按基金、功能（项目）、组织单位、活动、特征和支出项目分类；权益基金收入和支出应按与类似企业组织、功能或活动相同的方式分类。

11. 相同的术语和分类

每个基金的预算、账户和财务报告中，都应使用相同的术语和分类。

12. 财务报告

应编制恰当反映财务状况及其执行成果的中期财务报表，以便进行经营管理控制，立法监督以及在必要或被要求时对外界提出报告；

应编制包括政府单位所有基金和账项的综合年度财务报告，包括个别基金报表及其汇编报表，财务报表的注释、附表、文字说明及统计表；

除年度财务报告外，可另编通用财务报告，包括基本财务报表及其注释，以公允反映财务状况和经营成果。

复习思考题

1. 政府会计的概念和特点是什么？
2. 政府会计的目标有哪些？
3. 我国政府会计标准体系包括哪些？
4. 论述政府会计主体与政府预算主体之间的关系。
5. 论述政府会计核算内容与政府预算编制内容之间的关系。
6. 国外的政府与非营利组织会计的特殊性有哪些？

第二章　我国政府会计的基本理论

本章主要按照我国政府会计准则介绍政府会计的一些基本理论，包括政府会计的记账基础、基本前提、一般原则（信息质量要求）、会计要素、会计等式等，以及我国政府会计的历史演变及未来发展。

第一节　我国政府会计的历史演变及未来发展

早在公元前11世纪的西周，我国就有了政府会计的雏形——“官厅会计”（“宫廷会计”），由“司会”官职专管朝廷财务和税赋，对朝廷收支进行“岁计月会”，其后不断发展至汉朝和清朝时期的“国计”。北洋政府时期，开始将普通政府会计与官办事业特种会计（事业单位会计）区分开来。

中华人民共和国成立至今，我国的政府会计主要可以分为三个阶段：第一阶段是2000年前的预算会计体系阶段；第二阶段就是2000年到2015年预算会计体系向政府会计体系过渡阶段；第三阶段是2015年后现行政府会计体系建立阶段。

一、2000年之前的预算会计体系阶段①

中华人民共和国成立初期，我国借鉴了苏联的预算会计体系，后经多次修订和变革，最终形成财政总预算会计、行政单位会计和事业单位会计（包括一般事业单位会计和特殊事业单位会计）三部分的预算会计体系。

在这一阶段，预算会计核算政府以及行政事业单位的政府预算资金的运动过程和结果；基本实行收付实现制；只有预算会计没有财务会计，只有决算报告没有财务报告。当然在这漫长的时期，预算会计体系还是经历了从建立到发展完善的过程。

（一）我国预算会计体系的初创阶段（1949—1978年）

中华人民共和国成立后，为适应计划经济，我国建立了高度集中、统收统支的政府预算管理体制。与之相适应，我国预算会计制度的发展也经历了前后两个阶段。

---

① 这部分主要根据徐曙娜主编的《2015中国财政发展报告——中国政府综合财务报告制度研究》（294—300页，北京大学出版社，2015年12月）修改而来。

1. 预算会计暂行制度的创立和初步形成(1949—1952年)

中华人民共和国成立初期，财政部根据中央人民政府政务院公布的《预算决算暂行条例》和《中央金库条例》提出了建立我国预算会计体系的设想。1950年10月，财政部召开“第一次全国预算会计金库制度会议”。这次会议通过了适用于各级财政机关的《各级人民政府暂行总预算会计制度》和适用于各级行政事业单位的《各级人民政府暂行单位预算会计制度》两部法规，并于同年12月2日正式颁布。这两项暂行预算会计制度从1951年开始实施，标志着我国预算会计的诞生，初步确立了总预算会计和单位预算会计分立的框架。

两项暂行制度对预算会计体系和方法做出了重要规定：预算会计由财政总预算会计和单位预算会计两部分组成；总预算会计与单位预算会计都以收付实现制为基础；以“实际支出数”作为支出口径，记账方法以现金收付记账法为主，借贷记账法为辅；两项会计制度采用统一的会计要素：“总预算会计”规定的会计科目分为岁入、岁出、资产、负债和资产负债共同类五类，“单位预算会计”规定的会计科目为收入、支出、资产、负债和资产负债共同类五类；总预算会计报表包括资产负债表、收入支出决算表，分为日报、月报、季报、年报四类；单位预算会计报表包括资产负债表、支出计算表和基本数字表，分为日报、月报、年报三类。

2. 预算会计制度的修订和正式颁行(1953—1965年)

1953—1965年，借鉴苏联的管理经验，我国对预算会计的总则、会计科目、凭证、账簿和记账方法、会计报表等进行了全面修订，并于1954年取消了以上制度中的“暂行”两字，改为正式颁布执行。主要修订事项包括：

(1)适用范围：将《总预算会计制度》区分为中央、省和县(市)两部分。《单位预算会计制度》的适用范围明确为各级人民政府所属行政机关、事业单位、企业主管机关和团体。差额预算单位由财政部另行规定《差额预算机关会计制度》。

(2)会计要素：1953年的预算会计要素为金库存款、预算支出、预算收入、往来款项、预算执行结果五项。1956—1962年，会计要素修订为货币资金、预算支出、预算收入、贷出款项、借入款项、预算执行结果六项。

(3)支出口径：基建拨款支出以“银行支出数”列支报销；财政机关直接经办的支出以“财政拨款数”列支；单位预算机关的行政事业经费支出，1956—1998年全部采用“银行支出数”列报。

(4)记账方法：从1954年开始，统一采用借贷记账法。

(5)会计报告：总预算会计报表改为月报、季报和年报三类。1955年会计报表基本定型，月报为“预算收支执行情况表”；季报共三种，分别是“预算收支计算表”“资产负债表”“定员定额情况表”；年报分为“最终资产负债表”“收入支出总决算表”以及附表类。

1965年8月，财政部召开全国预算会计工作会议，再次修订预算会计制度。这次修订颁行《行政事业单位会计制度》，取代原《单位预算会计制度》，并补充了《财政总预算会计制度》。主要修订事项包括：会计科目修改为资金来源、资金运用和资金结存三类，会计基本等式由“资产＝负债”调整为“资金来源－资金运用＝资金结存”的平衡方法；记账方法由“借贷记账法”改为“资金收付记账法”。经过这次修订，我国基本上形成一套以总预算会计为先导，以单位预算会计为补充，区别于企业会计的独立预算会计体系。

(二)我国预算会计制度的调整与变动阶段(1979—1992年)

1979年开始，伴随改革开放后经济社会的巨变，为适应国家财税、金融和预算管理体制改革的要求，财政部着手进行预算会计制度的改革，分别于1983年和1988年两次修改预算会计制度，最终形成了以总预算会计为主导、行政事业单位会计为补充、以制度形式确定的独立预算会计系统。

1. 调整总预算会计制度

1984年开始执行新的《财政机关总预算会计制度》。该制度加强了总预算会计的组织管理职能，包括更灵活地调度预算资金，协助国库做好库款的收纳、划分、报解、支拨，制定各项预算会计、国库制度和实施办法，以及组织指导本地区的预算会计工作等。

1989年《财政机关总预算会计制度》再次修订，改称“财政总会计”，规定是财政部和地方各级财政机关核算、反映、监督国家和地方各级总预算执行的会计。总会计的核算范围也进一步拓宽，由核算预算资金和预算外资金拓宽为包括财政信用资金在内的全部财政资金，并区分预算资金和预算外资金“两条线”分别核算和报告。修订后的总预算会计报表分为月报和年报两类。月报主要有“资金活动情况表”“经费支出明细表”两种；年报主要有“资金活动情况表”“财政收支决算总表”“预算外资金收支决算表”等。

2. 调整单位会计制度

1989年颁布新的《事业行政单位预算会计制度》，将原“行政事业单位会计”改称“事业行政单位会计”，并将其界定为核算、反映和监督中央和地方各级事业行政单位预算执行和其他经济活动的专业会计。为了与修订后的总预算会计相适应，单位预算会计的会计要素分类、记账方法和会计等式等进行了一些调整。此外，这一时期我国行政事业单位的预算管理方式区分为全额预算单位、差额预算单位和自收自支单位三类。三类预算管理单位的会计科目设置各不相同。会计报表也因不同预算管理方式而存在差异。其中，“资金活动情况表”是通用的主要会计报表。此外，全额预算单位还编报“拨入经费增减情况表”“经费支出明细表”等；差额预算单位编报“业务收支表”；自收自支单位编报“收益表”等。

事业行政单位的会计核算一般实行收付实现制(现金基础会计)，简单成本费用核算的会计事项可以采用权责发生制(应计基础会计)。

(三)我国预算会计体系的发展完善阶段(1993—2000年)

财政部自1993年启动预算会计改革，于1997年正式颁布《财政总预算会计制度》《行政单位会计制度》《事业单位会计制度》[①]和《事业单位会计准则》等系列预算会计改革文件，并于1998年1月1日起全面实行，简称为“一则三制”。改变了过去一直以“制度”进行规范的模式，财政总预算会计和行政单位会计继续实行“制度规范”，而事业单位会计则实行“准则和制度双规范”的模式。

与当时经济体制和行政管理体制基本相适应，“一则三制”实现了财政总预算会计的统一以及事业单位会计与行政单位会计的分离，是我国预算会计理论和实务的一次重大突破。这一改革标志着我国由各级人民政府财政总预算会计、各级行政单位会计和各类事业单位会计以及参与预算执行的国库会计和税收征解会计(包括税收会计、农业征解会计、海关征解会计)、基本建设拨款会计等组成的预算会计体系正式形成。改革同时设计了比较完备的预算会计报告体系。这套新的预算会计报告体系根据相关会计规范的条款，主要由资产负债表、收入支出表(总预算会计为“预算执行情况表”)及相关的明细表、附表和报表附注(或“报表说明书”)等组成。

这一阶段的预算会计具有以下特征：

(1)预算会计具体区分为财政总预算会计、行政单位会计和事业单位会计三个分支；

(2)总预算会计由若干重要分支组成，金库会计、基建拨款会计、税收征缴会计等也属于预算会计范畴；

(3)明确事业、行政单位范围，事业单位形成单独的政府会计分支；

(4)行政事业单位按其同各级财政总预算的缴拨款关系进行分类，相应分设会计科目和会计报表；

(5)会计核算基础主要采用现金制，在事业单位会计准则尤其在医院会计制度中植入财务会计要素和权责发生制；

(6)财务报表包括总预算会计报表、行政单位报表和事业单位报表。

二、2000—2015年预算会计体系向政府会计体系过渡阶段

21世纪初，为加强财政预算管理，我国先后推行了编制部门预算、政府收支重新分类、收支两条线、政府采购、国库单一账户制度等预算管理改革措施，初步构建起与公共财政相适应的政府预算管理框架。与此相适应，财政部对自1998年开始实施的“一则三制”进行了相应改进，并于2012—2013年对当时实行的预算会计体系做了全面的修订。

---

① 一般事业单位实行《事业单位会计制度》；特殊事业单位实行事业单位分类会计，如高等学校实行《高等学校会计制度》、医院实行《医院会计制度》等。

(一)为适应政府预算管理改革发布了十几个补充规定(2000—2012年)

为适应公共财政改革要求,财政部在2012年前先后发布了十几个补充规定对财政总预算会计核算方法进行调整,对单位会计制度也进行了相应的修订完善。主要变化是:对各类行政事业单位不再按其同财政总预算的缴拨款关系分类组织核算;对行政事业单位的预算内外资金进行统一核算;在行政事业单位会计之外逐步建立了若干预算会计的分支,如社保基金会计、住房公积金会计等。

为适应国库管理制度改革引起的支付方式变化,财政部先后于2001年、2002年发布了《财政国库管理制度改革试点会计核算暂行办法》和《〈财政国库管理制度改革试点会计核算暂行办法〉补充规定》,以满足集中支付改革对会计核算的需求;随着财政国库管理制度改革的深化,适时对财政总预算会计部分事项以及行政单位、事业单位和国有建设单位年底应支未支留存国库的结余资金会计核算实行权责发生制;为适应实施国债余额管理、试行国有资本经营预算、建立预算稳定调节基金及政府收支分类改革的需要,对《财政总预算会计制度》《预算外资金财政专户会计核算制度》《行政单位会计制度》《事业单位会计制度》等进行了相应的修订完善;为适应工资和津补贴改革的需求,出台《行政事业单位工资和津贴补贴有关会计核算办法》。

2003年财政部成立政府会计改革领导小组,正式启动政府会计改革研究工作。财政部以及会计司、预算司、国库司、中国会计学会和财政科学研究院组织举办了一系列政府会计研讨会,设计并安排了一系列研究课题,全面展开政府会计研究。2007年政府会计改革被写入《国民经济和社会发展第十一个五年规划纲要》,目标是建立规范统一的政府会计准则制度体系和政府综合财务报告制度。2007年起,我国正式加入国际公共部门会计准则委员会,具有了一定的话语权。2009年我国修订了《高等学校会计制度》和《医院会计制度》,旨在配合财政预算体制改革。此外,2004年财政部发布了《民间非营利组织会计制度》,确立了非营利组织会计部门的制度规范。①

(二)为全面适应新的政府预算管理要求重新制定"一则两制"②(2012—2013年)

财政部将2012年确定为"事业单位会计准则制度改革年",全面改革《事业单位会计准则》和《事业单位会计制度》,要求2013年1月1日开始执行。2013年又确定为"行业事业单位会计制度改革年",相继修订和发布了《行政单位会计制度》和《高等学校会计制度》《中小学校会计制度》《科学事业单位会计制度》《彩票机构会计制度》等行业事业单位会计制度,要求2014年1月开始执行。

1. 2012年《事业单位会计准则》《事业单位会计制度》的主要变化内容

将事业单位会计准则统驭范围由原先的事业单位会计制度扩大到事业单位会计

---

① 荆新:《中国政府会计改革发展四十年:回顾与展望》,《财会月刊》2018年第19期。
② 这里的"一则两制"是指《事业单位会计准则》《事业单位会计制度》和《行政单位会计制度》。

制度和行业事业单位会计制度；明确了事业单位会计核算目标：首先应当反映"受托责任"，同时兼顾"决策有用"，体现了事业单位提供会计信息要满足财务管理和预算管理双重需要的特点；会计核算基础从原来的"会计核算一般采用收付实现制，但经营性收支业务核算可以采用权责发生制"，修改为"事业单位会计核算一般采用收付实现制；部分经济业务或者事项，以及行业事业单位，采用权责发生制核算的，在有关会计制度中具体规定"；会计要素修改为"事业单位会计要素包括资产、负债、净资产、收入、支出或者费用"，首次提出了"费用"的会计要素；在资产构成项目中增加"在建工程"，为各会计制度将基建账套相关数据并入会计"大账"提供了依据；提出了名义金额计量的适用范围；明确了事业单位对固定资产计提折旧、对无形资产进行摊销的，由财政部在相关财务会计制度中规定；调整了净资产项目构成，增加了"财政补助结转结余""非财政补助结转结余"等项目；完善了财务会计报告体系，引入"财务会计报告"概念，对其构成进行明确，并统一规定了相关报表的基本列报格式。

2. 2013 年《行政单位会计制度》的主要变化内容

会计核算目标进一步明晰，不仅要反映行政单位预算执行情况，也要反映行政单位财务状况；会计核算方法进一步改进，在原制度仅对固定资产采用"双分录"核算方法的基础上，将该方法的应用范围扩大到所有非货币性资产和部分负债；进一步充实了资产负债核算内容，将原制度中的资产负债科目进行细分，新增了"无形资产""在建工程"等会计科目；新增了行政单位直接负责管理的为社会提供公共服务资产的核算规定，增设"政府储备物资""公共基础设施"科目；增加固定资产折旧和无形资产摊销的会计处理；解决了基建会计信息未在行政单位"大账"上反映的问题，基建会计信息要定期并入行政单位会计"大账"；进一步完善净资产核算，增设"资产基金"和"待偿债净资产"科目；完善财务报表体系和结构，增加财政拨款收入支出表，改进资产负债表和收入支出表的结构和项目。

三、2015 年后现行政府会计体系建立阶段

2014 年我国全面修订《预算法》，规定各级政府财政部门应当按年度编制以权责发生制为基础的政府综合财务报告，报告政府整体财务状况、运行情况和财政中长期可持续性。《预算法》修订后，2014 年国务院发布了《权责发生制政府综合财务报告制度改革方案》，明确政府会计改革的目标规划和总体部署；2015 年财政部成立政府会计准则委员会，作为政府会计准则制度制定的协调机制。2015 年 10 月 10 日修订发布了《财政总预算会计制度》，要求 2016 年 1 月 1 日开始执行；2015 年 10 月 23 日发布了《政府会计准则——基本准则》，要求 2017 年 1 月 1 日实施。然后陆续出台了一些具体准则，截至 2019 年底，我国发布了 10 个政府会计具体准则，具体包括：《政府会计准则第 1 号——存货》《政府会计准则第 2 号——投资》《政府会计准则第 3 号——固定资产》《政府会计准则第 4 号——无形资产》《政府会计准则第 5 号——公共基础设

施》《政府会计准则第 6 号——政府储备物资》《政府会计准则第 7 号——会计调整》《政府会计准则第 8 号——负债》《政府会计准则第 9 号——财务报表编制和列报》《政府会计准则第 10 号——政府和社会资本合作项目合同》，和一个具体准则应用指南《〈政府会计准则第 3 号——固定资产〉应用指南》。2017 年 10 月 24 日财政部发布了《政府会计制度——行政事业单位会计科目和报表》，要求 2019 年 1 月 1 日开始执行。

此次政府会计制度的改革，建立了我国现行、规范的政府会计体系。它的重大制度和理论创新包括：

一是构建了政府预算会计和财务会计适度分离并相互衔接的政府会计核算体系。相对于实行多年的预算会计核算体系，《基本准则》强化了政府财务会计核算，即政府会计由预算会计和财务会计构成，前者一般实行收付实现制，后者实行权责发生制。通过预算会计核算形成决算报告，通过财务会计核算形成财务报告，全面、清晰地反映政府预算执行信息和财务信息。

二是确立了“3＋5 会计要素”的会计核算模式。《基本准则》规定预算收入、预算支出和预算结余 3 个预算会计要素和资产、负债、净资产、收入和费用 5 个财务会计要素。其中，首次提出收入、费用两个要素，有别于现行预算会计中的收入和支出要素，主要是为了准确反映政府会计主体的运行成本，科学评价政府资源管理能力和绩效。同时，按照政府会计改革最新理论成果对资产、负债要素进行了重新定义。

三是科学界定了会计要素的定义和确认标准。《基本准则》针对每个会计要素，规范了其定义和确认标准，为在政府会计具体准则和政府会计制度层面规范政府发生的经济业务或事项的会计处理提供了基本原则，保证了政府会计标准体系的内在一致性。特别是，《基本准则》对政府资产和负债进行界定时，充分考虑了当前财政管理的需要，比如：在界定政府资产时特别强调了“服务潜力”，除了自用的固定资产等以外，将公共基础设施、政府储备资产、文化文物资产、保障性住房和自然资源资产等纳入政府会计核算范围；对政府负债进行界定时强调了“现时义务”，将政府因承担担保责任而产生的预计负债也纳入会计核算范围。

四是明确了资产和负债的计量属性及其应用原则。《基本准则》提出，资产的计量属性主要包括历史成本、重置成本、现值、公允价值和名义金额，负债的计量属性主要包括历史成本、现值和公允价值。同时，《基本准则》强调了历史成本计量原则，即政府会计主体对资产和负债进行计量时，一般应当采用历史成本。采用其他计量属性的，应当保证所确定的金额能够持续、可靠计量。这样规定，既体现了资产负债计量的前瞻性，也充分考虑了政府会计实务的现状。

五是构建了政府财务报告体系。《基本准则》要求政府会计主体除按财政部要求编制决算报表外，至少还应编制资产负债表、收入费用表和现金流量表，并按规定编制合并财务报表。同时强调，政府财务报告包括政府综合财务报告和政府部门财务报告，构建了满足现代财政制度需要的政府财务报告体系。

四、我国政府会计的未来发展

截至 2019 年底，我国构建了现行政府会计体系的大框架，制定和施行了政府会计基本准则、10 个具体准则、1 个具体准则应用指南、2 个政府会计准则制度解释、若干个特殊行业事业单位关于执行《政府会计制度——行政事业单位会计科目和报表》的补充规定和衔接规定。

从实际执行看，从 2019 年 1 月 1 日起我国各行政事业单位开始按照新的政府会计准则和制度进行核算和报告。毕竟新的政府会计体系才刚刚在实践中运行，还存在进一步完善的地方：

1.《财政总预算会计制度》应该按照新的政府会计准则(包括基本准则和具体准则)进行修改

现行各级政府(财政)执行的《财政总预算会计制度》并不是按照 2015 年后的政府会计基本准则和政府会计具体准则建立的。按照政府会计基本准则和政府会计具体准则的规定，基本准则和具体准则不仅适用于行政事业单位，也适用于各级政府。所以，按照新的政府会计基本准则和新的政府会计具体准则修改《财政总预算会计》是必然的趋势：

(1)建立政府预算会计和财务会计适度分离并相互衔接的财政总预算会计制度；预算会计以收付实现制为主，而财务会计以权责发生制为主。现行的《财政总预算会计制度》虽然有些业务也采用"双分录"的核算规则，但没有建立起预算会计和财务会计有机衔接的核算体系，与新政府会计准则所规定的不同，更接近 2012 年和 2013 年制定的《事业单位会计制度》和《行政单位会计制度》。另外，现行的《财政总预算会计制度》的会计核算一般采用收付实现制，部分经济业务或者事项应当按照规定采用权责发生制核算。对应付国库集中支付结余、应收股利、应收应付利息等部分业务采用权责发生制核算。这也与政府会计准则所规范的"预算会计实行收付实现制(国务院另有规定的，依照其规定)；政府会计的财务会计实行权责发生制"不同。

(2)按照政府会计准则的规定，建立"3＋5 会计要素"。并按照预算收入、预算支出和预算结余 3 个预算会计要素和资产、负债、净资产、收入和费用 5 个财务会计要素设置财政总预算会计的会计科目，以及规范相关科目的核算。

(3)按照新政府会计准则，建立财务报告和决算报告制度，编制财政总预算会计的财务报告。按照《预算法》的规定，我国应建立权责发生制的政府综合财务报告制度，而政府综合财务报告应是政府部门财务报告和财政总预算会计财务报告合并而成的。按照新的政府会计准则和制度的规定，政府部门财务报告是根据行政事业单位的财务会计核算结果编制而成的，但财政总预算会计并没有财务会计，也就无法按照财务会计核算的结果编制财务报告。这样就造成了政府部门财务报告和财政总预算会计的财务报告编制方式和方法的不统一，不利于政府综合财务报告的合并，也影响了政府综合财务报告的准确性和科学性,不利于财政透明度的提高。

2. 结合全面实行预算的绩效管理和政府内控制度建立的要求,及时建立政府成本会计核算体系和政府成本控制体系

为了更好地实现公共受托责任,不仅要提高财政透明度,也应该及时回应公众对政府支出的绩效要求。近几年,我国政府不断提高财政透明度,要求全面实行预算的绩效管理,建立政府内控机制。绩效管理的核心之一就是要进行绩效评价,除了对社会效益进行评价外,政府支出的成本也是绩效评价的核心指标。而现行的政府会计准则和制度,为政府会计的成本核算搭起了技术框架。在费用会计要素中设置"业务活动费用"为行政事业单位成本的归集提供了核算的空间。如何利用"业务活动费用"的明细科目归集直接费用、分摊间接费用则是政府成本会计核算体系所要规范的内容。随着我国政府会计制度的完善,政府成本核算体系的建立也可以逐渐跟上。

除了要建立政府成本核算体系,更重要的是建立政府成本控制体系。当然政府成本控制体系不属于政府会计的内容,更应该归属于政府预算管理和政府财务管理的内容。但政府核算只是手段,成本控制也是目标,成本核算也是为成本控制服务的。所以在建立成本核算体系后,应该着手建立政府成本控制体系。

3. 随着政府预算管理的进一步完善,政府会计准则和制度也会进一步发展和完善

随着新公共管理理论在世界各国的全面实施,财政透明度的呼声越来越高。不同的政府预算管理技术会影响财政透明度,如政府收支分类的进一步完善、政府预算体系的进一步优化等都会影响政府会计的核算内容。

另外,我国新的政府会计准则和制度毕竟 2019 年 1 月 1 日才开始执行,准则制度方面不完善的地方也逐渐随着准则制度的实施体现出来。所以财政部才会出台《政府会计准则制度解释第 1 号》和《政府会计准则制度解释第 2 号》,对政府会计准则和制度出台一些解释和补充。相信这样的解释和补充还会不断增加。只有这样,才能使我国的政府会计准则制度越来越合理、越来越科学。

第二节 我国政府会计的基本前提与一般原则

在本节中我们主要介绍政府会计基本准则中规范的我国政府会计的记账基础、基本前提、一般原则(即信息质量要求)、政府决算报告和财务报告等内容。

一、政府会计的记账基础

现行世界上通行的会计记账基础有四类,即现金制(即现收现付制或者收付实现制)、修正的现金制(即修正的现收现付制或者修正的收付实现制)、修正的应计制(即修正的权责发生制)、应计制(即权责发生制)。

我国的《政府会计准则——基本准则》规定："政府会计由预算会计和财务会计构成。预算会计实行收付实现制，国务院另有规定的，依照其规定。财务会计实行权责发生制。"我国政府会计基本准则按规定是适用于行政单位会计和财政总预算会计的，但现行的财政总预算会计由于制订颁布在先，并没有完全按照政府会计准则分为财务会计和预算会计两部分，也就与政府会计基本准则所规范的计账基础有所不同。

1. 财政总预算会计的计账基础

2015 年《财政总预算会计制度》第十一条规定："总会计的会计核算一般采用收付实现制，部分经济业务或者事项应当按照规定采用权责发生制核算。"对应付国库集中支付结余、应收股利、应收应付利息等部分业务采用权责发生制核算。

2. 行政事业单位会计的计账基础

2017 年的《政府会计制度——行政事业单位会计科目和报告》规定："单位会计核算应当具备财务会计与预算会计双重功能，实现财务会计与预算会计适度分离并相互衔接，全面、清晰反映单位财务信息和预算执行信息。单位财务会计核算实行权责发生制；单位预算会计核算实行收付实现制，国务院另有规定的，依照其规定。单位对于纳入部门预算管理的现金收支业务，在采用财务会计核算的同时应当进行预算会计核算；对于其他业务，仅需进行财务会计核算。"

可见，行政单位会计的计账基础完全符合政府会计的基本准则规范。

二、政府会计的基本前提

政府会计的基本前提是指各级政府与行政事业单位进行会计处理时所依据的会计假设，包括以下四个方面：

1. 会计主体

会计主体是指政府会计工作特定的空间范围。《政府会计准则——基本准则》规定，政府会计主体是各级政府、各部门、各单位，各部门、各单位是指与本级政府财政部门直接或者间接发生预算拨款关系的国家机关、军队、政党组织、社会团体、事业单位和其他单位。

《政府会计制度——行政事业单位会计科目和报表》规定，行政事业单位会计主体是各级各类行政单位和事业单位。《财政总预算会计制度》规定，财政总预算会计的主体是中央，省、自治区、直辖市，设区的市、自治州，县、自治县、不设区的市、市辖区，乡、民族乡、镇等各级政府财政部门。需要注意的是，政府财政总预算会计的主体是各级政府，而不是各级政府的财政部门。因为财政总预算各项收支的收取和分配是各级政府的职权范围，财政部门只是代表政府执行预算，充当经办人的角色。

2. 持续性

持续性是指假设一个会计主体将在可预期的未来持续有各种活动发生。虽然政府及行政事业单位主要不以营利为目的，但其开展各项公共活动不仅不能带来盈利，而且要耗费一定的资源。如果不做这样的假设，我们很难想象一个社会能够延续下去。在这个前提下，会计主体将按照既定用途使用资产，按照既定的和约条件清偿债务，并且在此基础上选择会计原则和会计政策。

《政府会计准则——基本准则》规定，政府会计主体应当对其自身发生的经济业务或者事项进行会计核算；政府会计核算应当以政府会计主体持续运行为前提。《财政总预算会计制度》也规定，总会计的会计核算应当以本级政府财政业务活动持续正常地进行为前提。

3. 会计分期

会计分期是指将政府会计主体持续运行的时间人为地划分成时间阶段，以便分阶段结算账目、编制会计报表。实行会计分期的作用在于能够对连续、相等的会计期间会计主体的财务状况及其变动以及经营成果进行核算，并据以编制会计报告。

《政府会计准则——基本准则》规定，政府会计核算应当划分会计期间，分期结算账目，按规定编制决算报告和财务报告；会计期间至少分为年度和月度；会计年度、月度等会计期间的起讫日期采用公历日期。《财政总预算会计制度》规定，总会计应当划分会计期间，分期结算账目和编制会计报表；会计期间至少分为年度和月度；会计年度、月度等会计期间的起讫日期采用公历日期；年度终了后，可根据工作特殊需要设置一定期限的上年决算清理期。

4. 货币计量

货币计量是指政府会计的核算对象能够以货币方式加以度量，在实际操作中以人民币作为记账本位币。

《政府会计准则——基本准则》规定，政府会计核算应当以人民币作为记账本位币；发生外币业务时，应当将有关外币金额折算为人民币金额计量，同时登记外币金额。《财政总预算会计制度》规定，总会计应当以人民币作为记账本位币，以元为金额单位，元以下记至角、分。发生外币业务，在登记外币金额的同时，一般应当按照业务发生当日中国人民银行公布的汇率中间价，将有关外币金额折算为人民币金额记账。期末，各种以外币计价或结算的资产负债项目，应当按照期末中国人民银行公布的汇率中间价进行折算。其中，货币资金项目因汇率变动产生的差额计入有关支出等科目；其他资产负债项目因汇率变动产生的差额计入有关净资产等科目。可见，《财政总预算会计制度》比《政府会计准则——基本准则》规定得更为详细。

对于“持续性”“会计分期”和“货币计量”，《政府会计制度——行政事业单位会计科目和报表》没有做出具体的规定，也就是完全按照《政府会计准则——基本准则》执行。

三、政府会计的一般原则(信息质量要求)

《政府会计准则——基本准则》对政府会计的信息质量要求进行了规定，《政府会计制度——行政事业单位会计科目和报表》没有做出具体的规定。《财政总预算会计制度》有自己的规定，我们在第三章中具体介绍，这里不做过多的解释。

1. 客观真实原则

政府会计主体应当以实际发生的经济业务或者事项为依据进行会计核算，如实反映各项会计要素的情况和结果，保证会计信息真实可靠。

2. 全面性原则

政府会计主体应当将发生的各项经济业务或者事项统一纳入会计核算，确保会计信息能够全面反映政府会计主体预算执行情况和财务状况、运行情况、现金流量等。

3. 相关性原则

政府会计主体提供的会计信息，应当与反映政府会计主体公共受托责任履行情况以及报告使用者决策或者监督、管理的需要相关，有助于报告使用者对政府会计主体过去、现在或者未来的情况做出评价或者预测。

4. 及时性原则

政府会计主体对已经发生的经济业务或者事项，应当及时进行会计核算，不得提前或者延后。

5. 可比性原则

政府会计主体提供的会计信息应当具有可比性。同一政府会计主体不同时期发生的相同或者相似的经济业务或者事项，应当采用一致的会计政策，不得随意变更。确需变更的，应当将变更的内容、理由及其影响在附注中予以说明。不同政府会计主体发生的相同或者相似的经济业务或者事项，应当采用一致的会计政策，确保政府会计信息口径一致，相互可比。

6. 清晰性原则

政府会计主体提供的会计信息应当清晰明了，便于报告使用者理解和使用。

7. 实质性原则

政府会计主体应当按照经济业务或者事项的经济实质进行会计核算，不限于以经济业务或者事项的法律形式为依据。

《政府会计准则——基本准则》与《财政总预算会计制度》比较，前面六个原则基本相同，但增加了第7个实质性原则，使信息质量要求更加全面和科学合理。

四、政府决算报告和财务报告

《政府会计准则——基本准则》对政府决算报告和财务报告做出了基本规范。不管是《财政总预算会计制度》还是《政府会计制度——行政事业单位会计科目和报表》，都对相关会计报表做了具体的规定，我们也在本教材的具体章节中进行了具体的介绍。所以这里不再对《财政总预算会计制度》和《政府会计制度——行政事业单位会计科目和报表》的具体规定进行介绍，以免重复。我们这里主要介绍《政府会计准则——

基本准则》的相关规定。

(一)政府决算报告

政府决算报告是综合反映政府会计主体年度预算收支执行结果的文件。政府决算报告应当包括决算报表和其他应当在决算报告中反映的相关信息和资料。政府决算报告的具体内容及编制要求等,由财政部另行规定。

(二)政府财务报告

政府财务报告是反映政府会计主体某一特定日期的财务状况和某一会计期间的运行情况和现金流量等信息的文件。政府财务报告应当包括财务报表和其他应当在财务报告中披露的相关信息和资料。

政府财务报告包括政府综合财务报告和政府部门财务报告。政府综合财务报告是指由政府财政部门编制的,反映各级政府整体财务状况、运行情况和财政中长期可持续性的报告。政府部门财务报告是指政府各部门、各单位按规定编制的财务报告。

财务报表是对政府会计主体财务状况、运行情况和现金流量等信息的结构性表述。财务报表包括会计报表和附注。会计报表至少应当包括资产负债表、收入费用表和现金流量表。政府会计主体应当根据相关规定编制合并财务报表。

资产负债表是反映政府会计主体在某一特定日期的财务状况的报表。收入费用表是反映政府会计主体在一定会计期间运行情况的报表。现金流量表是反映政府会计主体在一定会计期间现金及现金等价物流入和流出情况的报表。附注是对在资产负债表、收入费用表、现金流量表等报表中列示项目所做的进一步说明,以及对未能在这些报表中列示项目的说明。

政府决算报告的编制主要以收付实现制为基础,以预算会计核算生成的数据为准。政府财务报告的编制主要以权责发生制为基础,以财务会计核算生成的数据为准。

第三节　我国政府会计要素

我国《政府会计准则——基本准则》规定,其既适用于各级政府,又适用于各行政事业单位。但由于现行的各级政府的《财政总预算会计制度》在基本准则制定前出台,实际上现行的《财政总预算会计制度》还不完全符合基本准则的规范。《财政总预算会计制度》的会计要素,与基本准则中规范的会计要素有所不同。前者我们在第三章中详细介绍,本节介绍的是《政府会计准则——基本准则》中规范的政府会计要素。《政府会计准则——基本准则》规定,政府会计由财务会计和预算会计组成,所以会计要素也包括财务会计要素和预算会计要素两部分。财务会计要素包括资产、负债、净资产、收入和费用 5 个会计要素;预算会计要素包括预算收入、预算支出和预算结余 3 个会计要素。

一、政府预算会计要素

政府预算会计要素包括预算收入、预算支出与预算结余。会计要素之间的关系可以用会计等式来表示，政府预算会计的会计等式为：

预算收入－预算支出＝预算结余（预算会计）

预算收入是指政府会计主体在预算年度内依法取得的并纳入预算管理的现金流入。预算收入一般在实际收到时予以确认，以实际收到的金额计量。

预算支出是指政府会计主体在预算年度内依法发生并纳入预算管理的现金流出。预算支出一般在实际支付时予以确认，以实际支付的金额计量。

预算结余是指政府会计主体预算年度内预算收入扣除预算支出后的资金余额，以及历年滚存的资金余额。预算结余包括结余资金和结转资金。结余资金是指年度预算执行终了，预算收入实际完成数扣除预算支出和结转资金后剩余的资金。结转资金是指预算安排项目的支出年终尚未执行完毕或者因故未执行，且下年需要按原用途继续使用的资金。

符合预算收入、预算支出和预算结余定义及其确认条件的项目应当列入政府决算报表。

二、政府财务会计要素

政府财务会计要素包括资产、负债、净资产、收入和费用。政府财务会计的会计等式是：

资产＝负债＋净资产（财务会计静态会计等式）

资产＋费用＝负债＋收入＋净资产（财务会计动态会计等式）

（一）资产

资产是指政府会计主体过去的经济业务或者事项形成的，由政府会计主体控制的，预期能够产生服务潜力或者带来经济利益流入的经济资源。服务潜力是指政府会计主体利用资产提供公共产品和服务以履行政府职能的潜在能力。经济利益流入表现为现金及现金等价物的流入，或者现金及现金等价物流出的减少。

政府会计主体的资产按照流动性，分为流动资产和非流动资产。流动资产是指预计在1年内（含1年）耗用或者可以变现的资产，包括货币资金、短期投资、应收及预付款项、存货等。非流动资产是指流动资产以外的资产，包括固定资产、在建工程、无形资产、长期投资、公共基础设施、政府储备资产、文物文化资产、保障性住房和自然资源资产等。

1. 资产的确认条件

符合资产定义的经济资源，在同时满足以下条件时确认为资产：与该经济资源相关的服务潜力很可能实现或者经济利益很可能流入政府会计主体;该经济资源的成本或者价值能够可靠地计量。

2. 资产的计量属性

资产的计量属性主要包括历史成本、重置成本、现值、公允价值和名义金额。

在历史成本计量下,资产按照取得时支付的现金金额或者支付对价的公允价值计量。在重置成本计量下,资产按照现在购买相同或者相似资产所需支付的现金金额计量。在现值计量下,资产按照预计从其持续使用和最终处置中所产生的未来净现金流入量的折现金额计量。在公允价值计量下,资产按照市场参与者在计量日发生的有序交易中出售资产所能收到的价格计量。无法采用上述计量属性的,采用名义金额(即人民币1元)计量。

政府会计主体在对资产进行计量时,一般应当采用历史成本。采用重置成本、现值、公允价值计量的,应当保证所确定的资产金额能够持续、可靠计量。

符合资产定义和资产确认条件的项目,应当列入资产负债表。

(二)负债

负债是指政府会计主体过去的经济业务或者事项形成的,预期会导致经济资源流出政府会计主体的现时义务。现时义务是指政府会计主体在现行条件下已承担的义务。未来发生的经济业务或者事项形成的义务不属于现时义务,不应当确认为负债。

政府会计主体的负债按照流动性,分为流动负债和非流动负债。流动负债是指预计在1年内(含1年)偿还的负债,包括应付及预收款项、应付职工薪酬、应缴款项等。非流动负债是指流动负债以外的负债,包括长期应付款、应付政府债券和政府依法担保形成的债务等。

1. 负债的确认条件

符合负债定义的义务,在同时满足以下条件时确认为负债:履行该义务很可能导致含有服务潜力或者经济利益的经济资源流出政府会计主体;该义务的金额能够可靠地计量。

2. 负债的计量属性

负债的计量属性主要包括历史成本、现值和公允价值。

在历史成本计量下,负债按照因承担现时义务而实际收到的款项或者资产的金额,或者承担现时义务的合同金额,或者按照为偿还负债预期需要支付的现金计量。在现值计量下,负债按照预计期限内需要偿还的未来净现金流出量的折现金额计量。在公允价值计量下,负债按照市场参与者在计量日发生的有序交易中转移负债所需支付的价格计量。

政府会计主体在对负债进行计量时,一般应当采用历史成本。采用现值、公允价值计量的,应当保证所确定的负债金额能够持续、可靠计量。

符合负债定义和负债确认条件的项目,应当列入资产负债表。

(三)净资产

净资产是指政府会计主体资产扣除负债后的净额。净资产金额取决于资产和负债的计量。净资产项目应当列入资产负债表。

(四)收入

收入是指报告期内导致政府会计主体净资产增加的、含有服务潜力或者经济利益的经济资源的流入。

收入的确认应当同时满足以下条件:与收入相关的含有服务潜力或者经济利益的经济资源很可能流入政府会计主体;含有服务潜力或者经济利益的经济资源流入会导致政府会计主体资产增加或者负债减少;流入金额能够可靠地计量。

符合收入定义和收入确认条件的项目,应当列入收入费用表。

(五)费用

费用是指报告期内导致政府会计主体净资产减少的、含有服务潜力或者经济利益的经济资源的流出。

费用的确认应当同时满足以下条件:与费用相关的含有服务潜力或者经济利益的经济资源很可能流出政府会计主体;含有服务潜力或者经济利益的经济资源流出会导致政府会计主体资产减少或者负债增加;流出金额能够可靠地计量。

符合费用定义和费用确认条件的项目,应当列入收入费用表。

复习思考题

1. 2015 年后政府会计制度改革,建立了我国现行的政府会计体系。它的重大制度和理论创新有哪些?
2. 我国政府会计的信息质量要求有哪些?
3. 我国政府预算会计的会计要素有哪些?
4. 我国政府会计中资产是怎么定义的?它的确认条件有哪些?
5. 我国政府会计中负债是怎么定义的?它的确认条件有哪些?

第三章　财政总预算会计概述

第一节　财政总预算会计的概念、特点和任务

一、财政总预算会计的概念

我国《财政总预算会计制度》(财库〔2015〕192 号)指出:总会计是各级政府财政核算、反映、监督政府一般公共预算资金、政府性基金预算资金、国有资本经营预算资金、社会保险基金预算资金以及财政专户管理资金、专用基金和代管资金等资金活动的专业会计。财政总预算会计的组成体系与国家的预算管理体系一致。按照《中华人民共和国预算法》的规定,根据一级政府一级预算的原则,我国的预算体系总共分为五级,即中央,省、自治区、直辖市,设区的市、自治州,县、自治县、不设区的市、直辖区,乡、民族乡、镇五级预算。与之对应,我国的财政总预算体系也分为五级,每一级独立的预算都设立一级财政总预算会计。五级财政总预算会计包括:财政部设立的中央财政总预算会计,省(自治区、直辖市)财政厅(局)设立的省级财政总预算会计,市(地、州)财政局设立的市级财政总预算会计,县(市)财政局设立的县级财政总预算会计,乡(镇)财政所设立的乡级财政总预算会计。各级财政总预算会计都设立在该级政府的财政管理机构内,执行对该级政府的经济财务活动的统一核算、全面监督管理工作。

二、财政总预算会计的特点

我国财政总预算会计具有以下四个特点:

1. 财政总预算会计与预算管理制度有着密切的联系。国库集中收付制度、政府采购制度和部门预算(包括政府收支分类改革)的出台,使财政总预算会计的核算也发生了一定的变化。

2. 财政总预算会计以收入、支出核算为基础,重视政府财政的资产与负债的全面核算,广泛采用"双分录"的核算规则,及时地反映政府债权、债务内容的变动情况,这与企业会计和民间非营利组织会计都不同。

3. 财政总预算会计的核算以收付实现制为主,权责发生制为辅。而企业会计和民间非营利组织都采用权责发生制。目前,与一级政府成本或费用相关的内容,在权责发生制政府综合年度财务报告中安排处理。相关内容将在实践中不断完善。

4. 具有独特的财务报表体系。财政总预算会计报表包括资产负债表、收入支出

表、一般公共预算执行情况表、政府性基金预算执行情况表、国有资本经营预算执行情况表、财政专户管理资金收支情况表、专用基金收支情况表等会计报表和附注。

三、财政总预算会计的任务

财政总预算会计是预算管理中一项专业性较强的经常性工作，也是整个预算管理体系的重要组成部分，它与预算工作、财务工作具有同样重要的作用。除了拨款、记账、报表等经常性工作以外，财政总预算会计还担负着组织和监督工作，如协调预算收入征收部门、国家金库、国库集中收付代理银行、财政专户开户银行和其他有关部门之间的业务关系等。

具体地讲，财政总预算会计的主要职责是进行会计核算，反映预算执行，实行会计监督，参与预算管理，合理调度资金。基本任务如下：

1. 进行会计核算。办理政府财政各项收支、资产负债的会计核算工作，反映政府财政预算执行情况和财务状况。

2. 严格财政资金收付调度管理。组织办理财政资金的收付、调拨，在确保资金安全性、规范性、流动性前提下，合理调度管理资金，提高资金使用效益。

3. 规范账户管理。加强对国库单一账户、财政专户、零余额账户和预算单位银行账户等的管理。

4. 实行会计监督，参与预算管理。通过会计核算和反映，进行预算执行情况分析，并对总预算、部门预算和单位预算执行实行会计监督。

5. 协调预算收入征收部门、国家金库、国库集中收付代理银行、财政专户开户银行和其他有关部门之间的业务关系。

6. 组织本地区财政总决算、部门决算编审和汇总工作。

7. 组织和指导下级政府总会计工作。

四、财政总预算会计与其他政府会计的关系

（一）与行政事业单位会计的关系

政府预算按照预算编制主体可以由财政总预算和行政事业单位预算两大类组成。其中，财政总预算是以一级政府作为编制主体来编制的政府预算。行政事业单位预算是以行政事业单位作为预算主体来编制的政府预算。现行的行政事业单位会计分为预算会计和财务会计两部分，其中行政事业单位会计中的预算会计是为政府预算管理服务的，所以行政事业单位会计中的预算会计与财政总预算会计有着密切的联系：

首先，在拨款上，财政总预算会计与行政事业单位会计有着直接联系。财政对行政、事业单位的拨款及单位上缴财政的各项预算内外收入，都要通过总预算会计及行政事业单位会计进行办理。

其次，在报表编制上，总预算会计要根据结合行政事业单位预算会计报表进行汇总，并据以编制预算执行月报、季报和财政决算报表。

再次，行政事业单位预算是政府预算的重要组成部分，行政事业单位会计中的预

算会计和总预算会计必须相互配合，共同为强化预算管理服务。

两者除了以上联系以外，作为不同的专业会计，它们在以下几个方面有着区别：

1. 会计主体不同

总预算会计的会计主体为各级人民政府，而单位会计的主体则是相应的行政单位和事业单位。行政单位按照经费报领关系又分为主管会计单位、二级会计单位和基层会计单位三级，而事业单位根据预算编报的级次又分为二级会计单位和基层会计单位。

2. 核算基础不同

根据相关的规定，总预算会计与行政事业单位会计采用不同的核算基础。为了使会计信息的监督价值更大，我国传统的总预算会计采用的是收付实现制。随着财政改革发展的不断推进，2015 年《财政总预算会计制度》引入了权责发生制，财政总预算会计的会计核算一般采用收付实现制，部分经济业务或者事项应当按照规定采用权责发生制核算。

行政事业单位会计核算包括财务会计与预算会计双重功能，单位财务会计核算实行权责发生制；单位预算会计核算实行收付实现制（国务院另有规定的除外）。单位对于纳入部门预算管理的现金收支业务，在采用财务会计核算的同时进行预算会计核算；对于其他业务，仅需进行财务会计核算。

3. 核算对象和会计要素不同

总预算会计核算的对象是预算资金的集中过程、分配过程和预算执行的结果，会计要素包括资产、负债、净资产、收入和支出。行政事业单位会计核算的对象则是行政事业单位实际发生的所有经济业务或者事项进行核算，会计要素包括资产、负债、净资产、收入和费用、预算收入、预算支出和预算结余。

4. 核算系统业务联系不同

总预算会计的业务既有上下级总预算会计间的联系，又有与本级单位会计的联系；同时，总预算会计还要与同级国库会计、收入机关等发生横向业务联系。行政事业单位会计的业务联系则是纵向的、按预算级次发生的上下级单位之间的联系，比较简单明确。

（二）与收入征解会计、国库会计的关系

收入征解会计包括税收会计、关税会计等。收入征解会计、国库会计和财政总预算会计都是核算、反映和监督各级财政预算执行的会计，也是财政预算管理的重要基础，它们具有共同的目的：为圆满完成中央预算和地方预算服务。三个方面在工作中要互相配合、密切合作，才能使国家的财、税、库等方面顺利运行。

当然三者的工作性质、内容等也有很大的区别：财政总预算会计具有核算、反映、监督本级财政预算资金的集中和分配情况的职能，全面掌握着本级财政预算收支的情况，处于综合地位；收入征解会计是核算、反映、监督政府预算中各项资金的征收、缴纳过程的专业会计，处于专业地位；国库会计则是具体办理预算收支缴拨的机构。由此可见，三者在具体职能上是有区别的。

第二节　财政总预算会计的会计理论

一、财政总预算会计的一般原则

财政总预算会计应该遵循的原则[①]一般体现在对其的会计信息质量要求上。2015 年的《财政总预算会计制度》规定：

（1）客观真实原则。总会计应当以实际发生的经济业务或者事项为依据进行会计核算，如实反映各项会计要素的情况和结果，保证会计信息真实可靠，全面反映政府财政的预算执行情况和财务状况等。

（2）相关性原则。总会计提供的会计信息应当与政府财政受托责任履行情况的反映，会计信息使用者的监督、决策和管理的需要相关，有助于会计信息使用者对政府财政过去、现在或者未来的情况做出评价或者预测。

（3）可比性原则。总会计提供的会计信息应当具有可比性。

同一政府财政不同时期发生的相同或者相似的经济业务或者事项，应当采用一致的会计政策，不得随意变更。确需变更的，应当将变更的内容、理由和对政府财政预算执行情况、财务状况的影响在附注中予以说明。

不同政府财政发生的相同或者相似的经济业务或者事项，应当采用统一的会计政策，确保不同政府财政的会计信息口径一致、相互可比。同一政府财政不同时期发生的相同或者相似的经济业务或者事项，应当采用一致的会计政策，不得随意变更。

（4）全面性原则。总会计应该全面反映政府财政的预算执行情况和财务状况等。

（5）及时性原则。总会计对于已经发生的经济业务或者事项，应当及时进行会计核算。

（6）清晰性原则。总会计提供的会计信息应当清晰明了，便于会计信息使用者理解和使用。

二、财政总预算会计的会计核算基础

《财政总预算会计制度》第十一条规定："总会计的会计核算一般采用收付实现制，部分经济业务或者事项应当按照规定采用权责发生制核算。"对应付国库集中支付结余、应收股利、应收应付利息等部分业务采用权责发生制核算。

三、财政总预算会计的会计要素和会计科目

（一）财政总预算会计的会计要素

财政总预算会计的会计要素包括资产、负债、净资产、收入和支出五项。

---

① 原则名称是编者加入的。

1. 资产

资产是指政府财政占有或控制的，能以货币计量的经济资源，包括财政存款、有价证券、应收股利、借出款项、暂付及应收款项、预拨经费、应收转贷款和股权投资等。总会计核算的资产按照流动性，分为流动资产和非流动资产。流动资产是指预计在1年内(含1年)变现的资产;非流动资产是指流动资产以外的资产。

2. 负债

负债是指政府财政承担的能以货币计量、需以资产偿付的债务，包括应付国库集中支付结余、暂收及应付款项、应付政府债券、借入款项、应付转贷款、其他负债、应付代管资金等。总会计核算的负债按照流动性，分为流动负债和非流动负债。流动负债是指预计在1年内(含1年)偿还的负债;非流动负债是指流动负债以外的负债。

3. 净资产

净资产是指政府财政资产减去负债的差额，包括一般公共预算结转结余、政府性基金预算结转结余、国有资本经营预算结转结余、财政专户管理资金结余、专用基金结余、预算稳定调节基金、预算周转金、资产基金和待偿债净资产。

4. 收入

收入是指政府财政为实现政府职能，根据法律法规等所筹集的资金，包括一般公共预算本级收入、政府性基金预算本级收入、国有资本经营预算本级收入、财政专户管理资金收入、专用基金收入、转移性收入、债务收入、债务转贷收入等。

一般公共预算本级收入是指政府财政筹集的纳入本级一般公共预算管理的税收收入和非税收入。

政府性基金预算本级收入是指政府财政筹集的纳入本级政府性基金预算管理的非税收入。

国有资本经营预算本级收入是指政府财政筹集的纳入本级国有资本经营预算管理的非税收入。

财政专户管理资金收入是指政府财政纳入财政专户管理的教育收费等资金收入。

专用基金收入是指政府财政根据法律法规等规定设立的各项专用基金(包括粮食风险基金等)取得的资金收入。

转移性收入是指在各级政府财政之间进行资金调拨以及在本级政府财政不同类型资金之间调剂所形成的收入，包括补助收入、上解收入、调入资金和地区间援助收入等。其中，补助收入是指上级政府财政按照财政体制规定或因专项需要补助给本级政府财政的款项，包括上级税收返还、转移支付等。上解收入是指按照财政体制规定由下级政府财政上交给本级政府财政的款项。调入资金是指政府财政为平衡某类预算收支、从其他类型预算资金及其他渠道调入的资金。地区间援助收入是指受援方政府财政收到援助方政府财政转来的可统筹使用的各类援助、捐赠等资金收入。

债务收入是指政府财政根据法律法规等规定，通过发行债券、向外国政府和国际金融组织借款等方式筹集的纳入预算管理的资金收入。

债务转贷收入是指本级政府财政收到上级政府财政转贷的债务收入。

5. 支出

支出是指政府财政为实现政府职能，对财政资金的分配和使用，包括一般公共预算本级支出、政府性基金预算本级支出、国有资本经营预算本级支出、财政专户管理资金支出、专用基金支出、转移性支出、债务还本支出、债务转贷支出等。

一般公共预算本级支出是指政府财政管理的由本级政府使用的列入一般公共预算的支出。

政府性基金预算本级支出是指政府财政管理的由本级政府使用的列入政府性基金预算的支出。

国有资本经营预算本级支出是指政府财政管理的由本级政府使用的列入国有资本经营预算的支出。

财政专户管理资金支出是指政府财政用纳入财政专户管理的教育收费等资金安排的支出。

专用基金支出是指政府财政用专用基金收入安排的支出。

转移性支出是指在各级政府财政之间进行资金调拨以及在本级政府财政不同类型资金之间调剂所形成的支出，包括补助支出、上解支出、调出资金、地区间援助支出等。其中，补助支出是指本级政府财政按财政体制规定或因专项需要补助给下级政府财政的款项，包括对下级的税收返还、转移支付等。上解支出是指按照财政体制规定由本级政府财政上交给上级政府财政的款项。调出资金是指政府财政为平衡预算收支、从某类资金向其他类型预算调出的资金。地区间援助支出是指援助方政府财政安排用于受援方政府财政统筹使用的各类援助、捐赠等资金支出。

债务转贷支出是指本级政府财政向下级政府财政转贷的债务支出。

债务还本支出是指政府财政偿还本级政府承担的债务本金支出。

(二)财政总预算会计的会计科目

《财政总预算会计制度》规定，会计科目是各级总预算会计设置账户、确定核算内容的依据。各级总预算会计必须按以下要求使用会计科目：

1. 各级总会计应当对有关法律、法规允许进行的经济活动，按照本制度的规定使用会计科目进行核算；不得以本制度规定的会计科目及使用说明作为进行有关经济活动的依据。

2. 各级总会计应当按照本制度的规定设置和使用会计科目，不需使用的总账科目可以不用；在不影响会计处理和编报会计报表的前提下，各级总会计可以根据实际情况自行增设本制度规定以外的明细科目，或者自行减少、合并本制度规定的明细科目。

3. 各级总会计应当使用本制度统一规定的会计科目编号，不得随意打乱重编。

按照财政总预算会计要素的类别，财政总预算会计科目可分为资产、负债、净资产、收入和支出五类。具体财政总预算会计科目如表 3—1 所示。

表 3－1 **财政总预算会计科目表**

序号	科目编号	会计科目名称
一、资产类		
1	1001	国库存款
2	1003	国库现金管理存款
3	1004	其他财政存款
4	1005	财政零余额账户存款
5	1006	有价证券
6	1007	在途款
7	1011	预拨经费
8	1021	借出款项
9	1022	应收股利
10	1031	与下级往来
11	1036	其他应收款
12	1041	应收地方政府债券转贷款
13	1045	应收主权外债转贷款
14	1071	股权投资
15	1081	待发国债
二、负债类		
16	2001	应付短期政府债券
17	2011	应付国库集中支付结余
18	2012	与上级往来
19	2015	其他应付款
20	2017	应付代管资金
21	2021	应付长期政府债券
22	2022	借入款项
23	2026	应付地方政府债券转贷款
24	2027	应付主权外债转贷款
25	2045	其他负债
26	2091	已结报支出
三、净资产类		
27	3001	一般公共预算结转结余

续表

序号	科目编号	会计科目名称
28	3002	政府性基金预算结转结余
29	3003	国有资本经营预算结转结余
30	3005	财政专户管理资金结余
31	3007	专用基金结余
32	3031	预算稳定调节基金
33	3033	预算周转金
34	3081	资产基金
	308101	应收地方政府债券转贷款
	308102	应收主权外债转贷款
	308103	股权投资
	308104	应收股利
35	3082	待偿债净资产
	308201	应付短期政府债券
	308202	应付长期政府债券
	308203	借入款项
	308204	应付地方政府债券转贷款
	308205	应付主权外债转贷款
	308206	其他负债
四、收入类		
36	4001	一般公共预算本级收入
37	4002	政府性基金预算本级收入
38	4003	国有资本经营预算本级收入
39	4005	财政专户管理资金收入
40	4007	专用基金收入
41	4011	补助收入
42	4012	上解收入
43	4013	地区间援助收入
44	4021	调入资金
45	4031	动用预算稳定调节基金
46	4041	债务收入

续表

序号	科目编号	会计科目名称
47	4042	债务转贷收入
五、支出类		
48	5001	一般公共预算本级支出
49	5002	政府性基金预算本级支出
50	5003	国有资本经营预算本级支出
51	5005	财政专户管理资金支出
52	5007	专用基金支出
53	5011	补助支出
54	5012	上解支出
55	5013	地区间援助支出
56	5021	调出资金
57	5031	安排预算稳定调节基金
58	5041	债务还本支出
59	5042	债务转贷支出

复习思考题

1. 我国财政总预算会计的特点有哪些?
2. 我国财政总预算会计的任务是什么?
3. 财政总预算会计与其他预算会计之间存在怎样的关系?
4. 财政总预算会计的一般原则是什么?
5. 财政总预算会计的会计核算基础是什么?
6. 财政总预算会计的会计要素有哪些?

第四章　财政总预算会计的资产

在《政府会计准则——基本准则》中，资产是指政府会计主体过去的经济业务或者事项形成的，由政府会计主体控制的，预期能够产生服务潜力或者带来经济利益流入的经济资源。服务潜力是指政府会计主体利用资产提供公共产品和服务以履行政府职能的潜在能力。经济利益流入表现为现金及现金等价物的流入，或者现金及现金等价物流出的减少。在财政总预算会计中，资产是指政府财政占有或控制的，能以货币计量的经济资源，包括财政存款、有价证券、应收股利、借出款项、暂付及应收款项、预拨经费、应收转贷款和股权投资等。总会计核算的资产按照流动性，分为流动资产和非流动资产。流动资产是指预计在1年内（含1年）变现的资产；非流动资产是指流动资产以外的资产。流动资产包括财政存款、有价证券、在途款、应收股利、借出款项、暂付及应收款项、预拨经费；非流动资产包括应收转贷款、待发国债和股权投资等。

财政存款是指政府财政部门代表政府管理的国库存款、国库现金管理存款以及其他财政存款等。财政存款的支配权属于同级政府财政部门，并由总会计负责管理，统一在国库或选定的银行开立存款账户，统一收付，不得透支，不得提取现金。

有价证券是指政府财政按照有关规定取得并持有的政府债券。

应收股利是指政府因持有股权投资应当收取的现金股利或利润。

借出款项是指政府财政按照对外借款管理相关规定借给预算单位临时急需，并需按期收回的款项。

暂付及应收款项是指政府财政业务活动中形成的债权，包括与下级往来和其他应收款等。暂付及应收款项应当及时清理结算，不得长期挂账。

预拨经费是指政府财政在年度预算执行中预拨出应在以后各月列支以及会计年度终了前根据“二上”预算预拨出的下年度预算资金。预拨经费（不含预拨下年度预算资金）应在年终前转列支出或清理收回。

应收转贷款是指政府财政将借入的资金转贷给下级政府财政的款项，包括应收地方政府债券转贷款、应收主权外债转贷款等。

股权投资是指政府持有的各类股权投资资产，包括国际金融组织股权投资、投资基金股权投资、国有企业股权投资等。

第一节 财政存款

财政存款是指政府财政部门代表政府管理的国库存款、国库现金管理存款以及其他财政存款等。财政存款的支配权属于同级政府财政部门，并由总会计负责管理，统一在国库或选定的银行开立存款账户，统一收付，不得透支，不得提取现金。

一、国库集中收付制度

我国各地现行的国库管理制度一般是国库集中收付制度。国库集中收付制度也称为国库单一账户制度，包括国库集中支付制度和收入收缴管理制度，是指由财政部门代表政府设置国库单一账户体系，所有的财政性资金均纳入国库单一账户体系收缴、支付和管理的制度。

财政部于 2001 年 3 月 16 日印发了《财政国库管理制度改革试点方案》，具体规定了试点的主要做法：

(一)国库单一账户体系

财政部门在中国人民银行开设国库单一账户，按收入和支出设置分类账，收入账按预算科目进行明细核算，支出账按资金使用性质设立分账册。国库单一账户用于记录、核算和反映纳入预算管理的财政收入和支出活动，并用于与财政部门在商业银行开设的零余额账户进行清算，实现支付。

财政部门按资金使用性质在商业银行开设零余额账户，用于财政直接支付和与国库单一账户支出清算；财政部门在商业银行为预算单位开设零余额账户，用于财政授权支付和清算。

财政部门在商业银行开设预算外资金财政专户，用于记录、核算和反映预算外资金的收入和支出活动，并用于预算外资金日常收支清算。

财政部门在商业银行为预算单位开设小额现金账户，用于记录、核算和反映预算单位的零星支出活动，并用于与国库单一账户清算。

经国务院和省级人民政府批准或授权财政部门开设特殊过渡性专户（简称特设专户），用于记录、核算和反映预算单位特殊专项支出活动，并用于与国库单一账户清算。

(二)规范收入收缴程序

财政收入的收缴方式有两种：直接缴库和集中汇缴。直接缴库方式下，由纳税人提出纳税申报，经征收机关审核无误后，由纳税人通过开户银行将税款直接缴入国库单一账户。集中汇缴方式下，由征收机关将收缴收入汇总缴入国库单一账户，一般是对小额零散税收和法律另有规定的收入。

(三)规范支出拨付程序

首先把财政支出分为工资支出、购买支出（除工资支出、零星支出之外购买服务、货物、工程项目等支出）、零星支出、转移支出。接着按照不同的支付主体，对不同类型的支出分别实行财政直接支付和财政授权支付。

1. 财政直接支付

预算单位按照批复的预算和资金使用计划，向财政国库支付执行机构提出支付申请，经财政国库支付执行机构审核无误后，向代理银行发出支付令，并通知中国人民银行，通过代理银行进入全国银行清算系统实时清算，财政资金从国库单一账户划拨到收款人的银行账户。实行财政直接支付的支出包括工资支出、购买支出、转移支出。转移支出(中央对地方专项转移支出除外)支付到用款单位，其他支出支付到收款人。财政直接支付主要通过转账方式进行，也可以采用"国库支票"支付。财政国库支付执行机构根据预算单位的要求签发支票，并将签发给收款人的支票交给预算单位，由预算单位转给收款人。收款人持支票到其开户银行入账，收款人开户银行再与代理银行进行清算。每日营业终了前由国库单一账户与代理银行进行清算。

2. 财政授权支付

预算单位按照批复的预算和资金使用计划。向财政国库支付执行机构申请授权支付的月度用款限额，财政国库支付执行机构批准后的限额通知代理银行和预算单位，并通知中国人民银行国库部门。预算单位在月度用款限额内，自行开具支付令，通过财政国库支付执行机构转由代理银行向收款人付款，并与国库单一账户清算。实行财政授权支付的支出包括未实行财政直接支付的购买支出和零星支出。

二、财政部门开设的银行账户

财政部门开设的银行账户分为国库存款账户、财政部门零余额账户和财政专户三类。

(一)国库存款账户

该账户在中国人民银行开设，为国库单一账户，用于记录、核算和反映纳入财政预算管理的财政收入和支出，并用于与财政部门在商业银行开设的财政部门零余额账户以及财政部门为预算单位在商业银行开设的预算单位零余额账户进行清算，实现支付。

(二)财政部门零余额账户

该账户也简称财政零余额账户，在商业银行开设，用于财政直接支付以及与国库单一账户进行清算。该账户为过渡性质的账户。代理银行在根据财政部门开具的支付指令向有关货品或劳务供应者支付款项，并按日向国库单一账户申请清算后，该账户的余额即为零，因此称为财政部门零余额账户。

(三)财政专户

该账户在商业银行开设，用于记录、核算和反映实行财政专户管理的资金收入和支出，并用于财政专户管理资金日常收支清算。

三、财政存款的科目设置及账务处理

财政性存款的内容主要包括国库存款、国库现金管理存款和其他财政存款。为核算财政性存款业务，财政总预算会计应设置“国库存款”“国库现金管理存款”和“其他财政存款”三个科目。

（一）国库存款

“国库存款”科目核算政府财政存放在国库单一账户的款项。该科目期末借方余额反映政府财政国库存款的结存数。

财政总预算会计“国库存款”按照下面几种情况入账：

1. 收到预算收入时，借记本科目，贷记有关预算收入科目。当日收入数为负数时，以红字记入（采用计算机记账的，用负数反映）。

2. 收到国库存款利息收入时，借记本科目，贷记“一般公共预算本级收入”科目。

3. 收到缴入国库的来源不清的款项时，借记本科目，贷记“其他应付款”等科目。

4. 国库库款减少时，按照实际支付的金额，借记有关科目，贷记本科目。

【例4—1】 2018年，某市财政局发生如下业务：

（1）收到中心支库报来市级预算收入日报表和所附的缴款书，列明收到市级预算收入700 000元，所属县上解收入100 000元。该市财政总预算会计应编制的会计分录如下：

收到市级预算收入700 000元，

借：国库存款——一般公共预算存款	700 000	
贷：一般公共预算本级收入		700 000

收到县上解收入100 000元，

借：国库存款——一般公共预算存款	100 000	
贷：上解收入		100 000

（2）结算一般公共预算支出，减少国库存款450 000元。该市财政总预算会计应编制的会计分录如下：

借：一般公共预算本级支出	450 000	
贷：国库存款——一般公共预算存款		450 000

（3）市财政局借给所属县财政局临时周转款项100 000元。该市财政总预算会计应编制的会计分录如下：

借：与下级往来	100 000	
贷：国库存款——一般公共预算存款		100 000

（4）为平衡预算收支从政府性基金预算结余调入一般公共预算资金200 000元。该市财政总预算会计应编制的会计分录如下：

借：国库存款——一般公共预算存款	200 000	
贷：调入资金——一般公共预算调入资金		200 000

同时：

借：调出资金——政府性基金预算调出资金	200 000	
贷：国库存款——政府性基金预算存款		200 000

（二）国库现金管理存款

“国库现金管理存款”科目用来核算政府财政实行国库现金管理业务存放在商业

银行的款项。该科目期末借方余额反映政府财政实行国库现金管理业务持有的存款。

财政总预算会计“国库现金管理存款”按照下面几种情况入账：

1. 按照国库现金管理有关规定，将库款转存商业银行时，按照存入商业银行的金额，借记本科目，贷记“国库存款”科目。

2. 国库现金管理存款收回国库时，按照实际收回的金额，借记“国库存款”科目，按照原存入商业银行的存款本金金额，贷记本科目，按照两者的差额，贷记“一般公共预算本级收入”科目。

【例4—2】 2018年6月，某省财政总预算会计根据国库现金管理的有关规定，将库款500 000元转存商业银行。转存期满后，国库现金管理存款收回国库，实际收到金额505 000元。财政总预算会计应编制如下会计分录：

(1)将库款转存商业银行时：

借：国库现金管理存款	500 000	
贷：国库存款		500 000

(2)国库现金管理存款收回国库时：

借：国库存款	505 000	
贷：国库现金管理存款		500 000
一般公共预算本级收入		5 000

(三)其他财政存款

“其他财政存款”本科目用来核算政府财政未列入“国库存款”“国库现金管理存款”科目反映的各项存款，包括未设国库的乡镇财政在专业银行的预算资金存款、由财政部制定存入专业银行的专用基金存款、经批准开设的特设账户存款、未纳入预算并实行财政专户管理的资金存款等。本科目期末借方余额反映政府财政持有的其他财政存款。

财政总预算会计“其他财政存款”按照下面几种情况入账：

1. 财政专户收到款项时，按照实际收到的金额，借记本科目，贷记有关科目。

2. 其他财政存款产生的利息收入，除规定作为专户资金收入外，其他利息收入都应缴入国库纳入一般公共预算管理。取得其他财政存款利息收入时，按照实际获得的利息金额，根据以下情况分别处理：

(1)按规定作为专户资金收入的，借记本科目，贷记“应付代管资金”或有关收入科目；

(2)按规定应缴入国库的，借记本科目，贷记“其他应付款”科目。将其他财政存款利息收入缴入国库时，借记“其他应付款”科目，贷记本科目；同时，借记“国库存款”科目，贷记“一般公共预算本级收入”科目。

(3)其他财政存款减少时，按照实际支付的金额，借记有关科目，贷记本科目。

【例4—3】 2018年，某市财政局发生如下业务：

(1)从上级财政部门取得实行财政专户管理的专用基金收入500 000元。该市财政总预算会计应编制的会计分录如下：

借：其他财政存款——专用基金存款　　500 000
　　贷：专用基金收入　　500 000

（2）某市财政根据有关文件规定从其他财政存款账户中安排使用专用基金150 000元。该市财政总预算会计应编制的会计分录如下：

借：专用基金支出　　150 000
　　贷：其他财政存款——专用基金存款　　150 000

（3）某市其他财政存款产生利息收入100 000元，其中85 000元应缴入国库，15 000元按规定作为财政专户管理资金收入。

借：其他财政存款　　15 000
　　贷：财政专户管理资金收入　　15 000
借：其他财政存款　　85 000
　　贷：其他应付款　　85 000

将其他财政存款利息收入缴入国库时：

借：其他应付款　　85 000
　　贷：其他财政存款　　85 000
借：国库存款——一般公共预算存款　　85 000
　　贷：一般公共预算本级收入　　85 000

四、设立财政国库支付执行机构地区的特殊科目

实行国库集中收付制度后，很多地方财政都设立了财政国库支付执行机构，一般称为国库支付中心或者国库支付局。在设立财政国库支付执行机构的地区，应该设立"财政零余额账户存款"和"已结报支出"两个科目，前者是资产类科目，后者是负债类科目。

（一）财政零余额账户存款

"财政零余额账户存款"科目核算财政国库支付执行机构在代理银行办理财政直接支付的业务。财政国库支付执行机构未单设的地区不使用该科目。本科目当日资金结算后一般应无余额。

财政零余额账户存款的主要账务处理如下：

1. 财政国库支付执行机构为预算单位直接支付款项时，借记有关预算支出科目，贷记本科目。

2. 财政国库支付执行机构每日将按部门分"类""款""项"汇总的预算支出结算清单等结算单与中国人民银行国库划款凭证核对无误后，送总会计结算资金，按照结算的金额，借记本科目，贷记"已结报支出"科目。

（二）已结报支出

"已结报支出"科目核算政府财政国库支付执行机构已清算的国库集中支付支出数额。"已结报支出"科目是负债类科目。财政国库支付执行机构未单设的地区，不使用该科目。本科目年终转账后无余额。

已结报支出的主要账务处理如下：

1. 每日汇总清算后，财政国库支付执行机构会计根据有关划款凭证回执联和按部门分“类”“款”“项”汇总的《预算支出结算清单》，对于财政直接支付，借记“财政零余额账户存款”科目，贷记本科目；对于财政授权支付，借记“一般公共预算本级支出”“政府性基金预算本级支出”“国有资本经营预算本级支出”等科目，贷记本科目。

2. 年终财政国库支付执行机构按照累计结清的支出金额，与有关方面核对一致后转账时，借记本科目，贷记“一般公共预算本级支出”“政府性基金预算本级支出”“国有资本经营预算本级支出”等科目。

【例4—4】 2018年6月25日，某市财政国库支付机构以财政直接支付的方式，通过财政零余额账户支付有关预算单位的属于一般公共预算支出的款项共计40 000元。财政国库支付执行机构应编制的会计如下：

借：一般公共预算本级支出　　40 000

　贷：财政零余额账户存款　　40 000

代理银行应当按照财政国库支付执行机构开出的支付指令及时通过财政部门零余额账户以垫付资金的方式向有关方面支付资金。

【例4—5】 2018年6月26日，某市财政国库支付执行机构收到代理银行报来的财政支出日报表，有关预算单位通过财政授权支付的方式从预算单位零余额账户中支付属于一般公共预算支出的款项共计12 000元。财政国库支付执行机构应编制的会计分录如下：

借：一般公共预算本级支出　　12 000

　贷：已结报支出——财政授权支付　　12 000

代理银行应当按照有关预算单位开出的支付指令及时通过预算单位零余额账户以垫付资金的方式向有关方面支付资金。

【例4—6】 2018年6月27日，某市财政国库支付执行机构汇总编制当日《预算支出结算清单》。其中，当日财政直接支付的资金数额为200 000元。财政国库支付执行机构将《预算支出结算清单》报送财政国库管理部门的财政总预算会计。财政国库支付执行机构应编制的会计分录如下：

借：财政零余额账户存款　　200 000

　贷：已结报支出——财政直接支付　　200 000

财政国库应予每日终了前，向有关代理银行偿还其垫付的资金，包括通过财政部门零余额账户和预算单位零余额账户垫付的资金。

第二节　有价证券、在途款和预拨经费

一、有价证券的核算

“有价证券”科目核算政府财政按照有关规定取得并持有的有价证券金额。本科

目应当按照有价证券种类和资金性质进行明细核算。本科目期末借方余额反映政府财政持有的有价证券金额。

有价证券的主要账务处理如下：

1. 购入有价证券时，按照实际支付的金额，借记本科目，贷记“国库存款”“其他财政存款”等科目。

2. 转让或到期兑付有价证券时，按照实际收到的金额，借记“国库存款”“其他财政存款”等科目，按照该有价证券的账面余额，贷记本科目，按其差额，贷记“一般公共预算本级收入”等科目。

【例 4—7】 2018 年 6 月 25 日，某市财政局用暂时闲置的一般公共预算结余资金 65 000 元购买政府债券。3 个月之后，将购买的债券转让，收到款项合计 73 000 元。财政总预算会计应编制如下会计分录：

（1）购买政府债券时：

借：有价证券	65 000	
贷：国库存款		65 000

（2）转让政府债券时。

借：国库存款	73 000	
贷：有价证券		65 000
一般公共预算本级收入		8 000

二、在途款的核算

（一）在途款的定义

为清理和核实一年的财政收支，保证属于当年的财政收支能全部反映到当年的财政决算中，根据国库制度的规定，年度终了后，支库应设置十天的库款报解整理期。在设置决算清理期的年度，库款报解整理期相应顺延。在库款报解整理期和决算清理期内，有些属于上年度的收入需要补充缴库，有些不合规定的支出需要收回。这些资金活动虽发生在新年度，但其会计事项应属于上一年度。在途款是指在规定的库款报解整理期和决算清理期内，收到的应属于上年度收入的款项和收回的不应在上年度列支的款项或者其他需要作为在途款过渡的资金数。

（二）科目设置及账务处理

“在途款”科目核算决算清理期和库款报解整理期内发生的需要通过本科目过渡处理的属于上年度收入、支出等业务的资金数。

在途款的主要账务处理如下：

决算清理期和库款报解整理期内收到属于上年度收入时，在上年度账务中，借记本科目，贷记有关收入科目；收回属于上年度拨款或支出时，在上年度账务中，借记本科目，贷记“预拨经费”或有关支出科目。冲转在途款时，在本年度账务中，借记“国库存款”科目，贷记本科目。

【例 4—8】 2018 年 1 月，某市财政在库款报解整理期内收到上年度的一般公共预算收入 4 500 元。

在上年度账上：

借：在途款 4 500

贷：一般公共预算本级收入 4 500

在新年度账上：

借：国库存款——一般公共预算存款 4 500

贷：在途款 4 500

三、预拨经费的核算

预拨经费是指政府财政在年度预算执行中预拨出应在以后各月列支以及会计年度终了前根据“二上”预算预拨出的下年度预算资金。预拨经费（不含预拨下年度预算资金）应在年终前转列支出或清理收回。

“预拨经费”科目核算政府财政预拨给预算单位尚未列为预算支出的款项。本科目应当按照预拨经费种类、预算单位等进行明细核算。本科目借方余额反映政府财政年末尚未转列支出或尚待收回的预拨经费数。

预拨经费是财政实拨资金方式下的业务内容，在财政国库集中支付方式下，没有预拨经费的业务内容。

1. 拨出款项时，借记本科目，贷记“国库存款”科目。

2. 转列支出或收回预拨款项时，借记“一般公共预算本级支出”“政府性基金预算本级支出”“国库存款”等科目，贷记本科目。

【例 4—9】 某市财政 2017 年 12 月按照规定向所属某预算单位预拨下年度初部分一般公共预算经费 50 000 元。该市财政总预算会计在 2018 年 1 月按照规定将预拨给该预算单位的一般预算经费 50 000 元转作一般预算支出。

2017 年 12 月的账务处理如下：

借：预拨经费——某预算单位 50 000

贷：国库存款——一般公共预算存款 50 000

2018 年 1 月的账务处理如下：

借：一般公共预算本级支出 50 000

贷：预拨经费——某预算单位 50 000

第三节 借出款项、暂付及应收款项

一、借出款项的核算

（一）“借出款项”的核算内容

“借出款项”科目用来核算政府财政按照对外借款管理相关规定借给预算单位临时急需的，并需按期收回的款项。在财政国库集中支付制度下，财政部门借给所属预算单位临时急需的款项，其实现方式可以是采用财政直接支付的方式为所属预算单位支付财政资金，或者向所属预算单位零余额账户拨付用款额度供其采用财政授权支付的方式。由于没有相应的预算安排，因此，所属预算单位在使用临时急需财政资金时，财政总预算会计不能列报支出，应当做借出款项处理，属于财政部门的债权。本科目期末借方余额反映政府财政借给预算单位尚未收回的款项。

注意“借出款项”与“与下级往来”的区别主要是对象不同，“借出款项”借出的对象是所属本级的预算单位，而“与下级往来”的债务人往往是下级财政。

（二）“借出款项”的主要账务处理

1. 将款项借出时，按照实际支付的金额，借记本科目，贷记“国库存款”等科目。

2. 收回借款时，按照实际收到的金额，借记“国库存款”等科目，贷记本科目。

【例 4－10】 2018 年 6 月 27 日，某市财政因所属单位临时急需资金，借给该单位一般公共预算款项 18 000 元。15 天后，市财政全额收回了向该所属单位借出的款项 18 000 元。财政总预算会计应编制如下会计分录：

借出款项时：

借：借出款项	18 000	
贷：国库存款		18 000

收回款项时：

借：国库存款	18 000	
贷：借出款项		18 000

二、与下级往来的核算

（一）“与下级往来”的核算内容及明细设置

“与下级往来”科目核算本级政府财政与下级政府财政的往来待结算款项。

财政上下级往来款项有两种情况：一是由于财政资金的补助、上解结算事项等形成的应补未补、应解未解款项从而发生的债权或债务；二是上下级财政之间财政资金周转调度的结果。预算收入和预算支出在年度内并不总是平衡的，财政总预算在年度的收支过程中有可能在某个时期出现支出大于收入的状况，此时如果通过使用预算周转金或者通过预算调整动用了预算稳定调节金等方式，预算收支仍不能平衡，下级财政可以向上级财政申请借款，上级财政也可以向有结余的下级财政借入款项。这些款项就是财政之间的往来款项。

这种往来结算的特点是：既可能是上级财政欠下级财政，也可能是下级财政欠上级财政。所以不论是“与上级往来”还是“与下级往来”，都是双重性质的账户，有时是债权有时是债务。但在一般情况下，多数表现为下级财政对上级财政的欠款，因此将“与下级往来”列为资产类，“与上级往来”则列为负债类。

为了核算与下级财政的往来结算款项，总预算会计应设置“与下级往来”科目。该科目借方记债权发生和增加，债务减少和清偿。贷方记债权的减少和回收，债务发生和增加。科目期末借方余额反映下级政府财政欠本级政府财政的款项；期末贷方余额反映本级政府财政欠下级政府财政的款项。“与下级往来”科目应当按照下级政府财政、资金性质等进行明细核算。

(二)“与下级往来”的主要账务处理

1. 借给下级政府财政款项时，借记本科目，贷记“国库存款”科目。

2. 体制结算中应当由下级政府财政上交的收入数，借记本科目，贷记“上解收入”科目。

3. 借款收回、转作补助支出或体制结算应当补助下级政府财政的支出，借记“国库存款”“补助支出”等有关科目，贷记本科目。

4. 发生上解多交应当退回的，按照应当退回的金额，借记“上解收入”科目，贷记本科目。

5. 发生补助多补应当退回的，按照应当退回的金额，借记本科目，贷记“补助支出”科目。

【例 4—11】 2018 年 12 月，某市财政发生如下业务：

(1)市财政局同意所属 A 县财政局申请，用一般公共预算借给临时周转金 250 000 元。该市财政总预算会计应编制的会计分录如下：

借：与下级往来——A 县　　250 000

　　贷：国库存款——一般公共预算存款　　250 000

(2)将借给所属 A 县的往来款项 100 000 元(一般公共预算基金)转作对该县的补助。该市财政总预算会计应编制的会计分录如下：

借：补助支出——一般公共预算补助支出——A 县　　100 000

　　贷：与下级往来——A 县　　100 000

(3)收到所属 C 县财政归还市财政临时借款 50 000 元(该笔资金为政府性基金)。该市财政总预算会计应编制的会计分录如下：

借：国库存款——政府性基金预算存款　　50 000

　　贷：与下级往来——C 县　　50 000

(4)年终，市财政局收到所属 B 县财政局的对账单，列示市财政局尚欠 B 县财政补助 450 000 元(政府性基金预算补助)。该市财政总预算会计应编制如下的会计分录：

借：补助支出——政府性基金预算补助支出——B 县　　450 000

　　贷：与下级往来——B 县　　450 000

(5)年终，市财政局收到所属 D 县财政局的对账单，列示 D 县尚欠市财政局的上解款 850 000 元(一般公共预算基金上解)。该市财政总预算会计应编制如下的会计分录：

借：与下级往来——D 县　　850 000

　　贷：上解收入——一般公共预算上解收入——D 县　　850 000

三、其他应收款的核算

(一)“其他应收款”的核算内容及明细设置

“其他应收款”科目核算政府财政临时发生的其他应收、暂付、垫付款项。项目单位拖欠外国政府和国际金融组织贷款本息和相关费用导致相关政府财政履行担保责任,代偿的贷款本息费,也通过本科目核算。该科目应当按照资金性质、债务单位等进行明细核算。该科目应及时清理结算。年终,原则上应无余额。

(二)其他应收款的主要账务处理

1. 发生其他应收款项时,借记本科目,贷记“国库存款”“其他财政存款”等科目。

2. 收回或转作预算支出时,借记“国库存款”“其他财政存款”或有关支出科目,贷记本科目。

3. 政府财政对使用外国政府和国际金融组织贷款资金的项目单位履行担保责任,代偿贷款本息费时,借记本科目,贷记“国库存款”“其他财政存款”等科目。政府财政行使追索权,收回项目单位贷款本息费时,借记“国库存款”“其他财政存款”等科目,贷记本科目。政府财政最终未收回项目单位贷款本息费,经核准列支时,借记“一般公共预算本级支出”等科目,贷记本科目。

【例 4—12】 2018 年 7 月,某市财政用一般公共预算资金对使用外国政府和国际金融组织贷款资金的 A 项目单位履行担保责任,代偿贷款本息 1 500 000 元。2019 年 1 月该市财政行使追索权,收回项目单位贷款本息 1 300 000 元,未收回的 200 000 元经核准列支。

2018 年 7 月,对 A 项目单位履行担保责任时:

借:其他应收款——A 项目单位	1 500 000	
贷:国库存款——一般公共预算存款		1 500 000

2019 年 1 月,收回项目单位贷款时:

借:一般公共预算本级支出	200 000	
国库存款——一般预算存款	1 300 000	
贷:其他应收款——A 项目单位		1 500 000

第四节　股权投资和应收股利

在本节中主要介绍“股权投资”和“应收股利”两个科目的账务处理。虽然“股权投资”属于非流动资产,“应收股利”属于流动资产,但这两个科目相互关联,所以我们放在一起介绍。

一、股权投资的核算

（一）“股权投资”的核算内容及明细设置

“股权投资”科目核算政府持有的各类股权投资，包括国际金融组织股权投资、投资基金股权投资和企业股权投资等。股权投资一般采用权益法进行核算。应当按照“国际金融组织股权投资”“投资基金股权投资”“企业股权投资”设置一级明细科目，在一级明细科目下，可根据管理需要，按照被投资主体进行明细核算。对每一被投资主体还可按“投资成本”“收益转增投资”“损益调整”“其他权益变动”进行明细核算。本科目期末借方余额反映政府持有的各种股权投资金额。

（二）“股权投资”的主要账务处理

1. 国际金融组织股权投资

（1）政府财政代表政府认缴国际金融组织股本时，按照实际支付的金额，借记“一般公共预算本级支出”等科目，贷记“国库存款”科目；根据股权投资确认相关资料，按照确定的股权投资成本，借记本科目，贷记“资产基金——股权投资”科目。

（2）从国际金融组织撤出股本时，按照收回的金额，借记“国库存款”科目，贷记“一般公共预算本级支出”科目；根据股权投资清算相关资料，按照实际撤出的股本，借记“资产基金——股权投资”科目，贷记本科目。

【例 4—13】 2017 年 1 月某省级财政认缴某国际金融组织股本 180 000 000 元，2019 年 1 月撤回该股本 100 000 000 元。

2017 年 1 月认缴某国际金融组织股本时：

借：一般公共预算本级支出	180 000 000	
贷：国库存款——一般公共预算存款	180 000 000	
借：股权投资——国际金融组织股权投资	180 000 000	
贷：资产基金——股权投资		180 000 000

2019 年 1 月撤回该股本时：

借：国库存款——一般公共预算存款	100 000 000	
贷：一般公共预算本级支出		100 000 000
借：资产基金——股权投资	100 000 000	
贷：股权投资——国际金融组织股权投资		100 000 000

2. 投资基金股权投资

（1）政府财政对投资基金进行股权投资时，按照实际支付的金额，借记“一般公共预算本级支出”等科目，贷记“国库存款”等科目；根据股权投资确认相关资料，按照实际支付的金额，借记本科目（投资成本），按照确定的在被投资基金中占有的权益金额与实际支付金额的差额，借记或贷记本科目（其他权益变动），按照确定的在被投资基金中占有的权益金额，贷记“资产基金——股权投资”科目。

（2）年末，根据政府财政在被投资基金当期净利润或净亏损中占有的份额，借记或贷记本科目（损益调整），贷记或借记“资产基金——股权投资”科目。

(3)政府财政将归属财政的收益留作基金滚动使用时，借记本科目(收益转增投资)，贷记本科目(损益调整)。

(4)被投资基金宣告发放现金股利或利润时，按照应上缴政府财政的部分，借记“应收股利”科目，贷记“资产基金——应收股利”科目；同时按照相同的金额，借记“资产基金——股权投资”科目，贷记本科目(损益调整)。

(5)被投资基金发生除净损益以外的其他权益变动时，按照政府财政持股比例计算应享有的部分，借记或贷记本科目(其他权益变动)，贷记或借记“资产基金——股权投资”科目。

(6)投资基金存续期满、清算或政府财政从投资基金退出需收回出资时，政府财政按照实际收回的资金，借记“国库存款”等科目，按照收回的原实际出资部分，贷记“一般公共预算本级支出”等科目，按照超出原实际出资的部分，贷记“一般公共预算本级收入”等科目；根据股权投资清算相关资料，按照因收回股权投资而减少在被投资基金中占有的权益金额，借记“资产基金——股权投资”科目，贷记本科目。

3. 企业股权投资

企业股权投资的账务处理，根据管理条件和管理需要，参照投资基金股权投资的账务处理。

【例 4—14】 2017 年 1 月 1 日，某市财政根据当年预算安排，使用一般公共预算资金向由某投资管理公司负责日常投资运作的市创新创业引导基金拨付款项 6 000 000 元，作为对引导基金的投资，占该投资基金 50% 的权益(该投资基金股本为 10 000 000 元)。2017 年 12 月底该创新创业投资引导基金向市财政报告当年共实现投资收益 1 000 000 元。经相关决策机构研究决定，当年将归属财政的收益留作基金滚动。

(1)对市创新创业投资引导基金进行投资时：

借：一般公共预算本级支出　　6 000 000
　　贷：国库存款——一般公共预算存款　　6 000 000

同时，

借：股权投资——投资基金股权投资——投资成本　　6 000 000
　　贷：资产基金——股权投资　　5 000 000
　　　　股权投资——投资基金股权投资——其他权益变动　　1 000 000

(2)市创新创业投资引导基金报告实现投资收益时：

借：股权投资——投资基金股权投资——损益调整　　500 000
　　贷：资产基金——股权投资　　500 000

(3)将投资收益留作基金：

借：股权投资——投资基金股权投资——收益转增投资　　500 000
　　贷：股权投资——投资基金股权投资——损益调整　　500 000

【例 4—15】 接上题，2018 年底，市创新创业投资引导基金宣布发放股利 300 000 元。同时该基金被投资基金发生除净损益以外的其他权益变动 100 000 元。

(1)宣布发放股利时：

借：应收股利——市创新创业投资引导基金　150 000

　贷：资产基金——应收股利　150 000

同时，

借：资产基金——股权投资　150 000

　贷：股权投资——投资基金股权投资——损益调整　150 000

(2)其他权益变动时：

借：股权投资——投资基金股权投资——其他权益变动　50 000

　贷：资产基金——股权投资　50 000

二、应收股利的核算

(一)"应收股利"的核算内容及明细设置

"应收股利"科目核算政府因持有股权投资应当收取的现金股利或利润。

政府持有股权投资的单位可以是国有独资企业，也可以是国有控股企业或者是政府参股企业等单位，相关被投资主体宣告发放现金股利或利润时，对于政府财政应分得的部分，财政总预算会计采用权责发生制进行处理，以如实反映政府财政拥有的相应应收股利或利润债权。但应收的现金股利或利润暂时还不能用来安排财政支出，因此，财政总预算会计暂时不确认财政收入。财政总预算会计需要等到实际收到相应现金股利或利润时，才确认一般公共预算本级收入等财政收入，也即财政总预算会计对于因持有股权投资而形成的现金股利或利润，采用权责发生制确认应收股利债权，但采用收付实现制确认财政预算收入。这样的会计处理方法称为"双轨制"或"双分录"会计处理方法。它可以有效地多层次反映政府财政预算信息，满足各方面的信息需求。

该科目应当按照被投资主体进行明细核算。科目期末借方余额反映政府尚未收回的现金股利或利润。

(二)"应收股利"的主要账务处理

1. 持有股权投资期间被投资主体宣告发放现金股利或利润的，按应上缴政府财政的部分，借记本科目，贷记"资产基金——应收股利"科目；按照相同的金额，借记"资产基金——股权投资"科目，贷记"股权投资(损益调整)"科目。

2. 实际收到现金股利或利润，借记"国库存款"等科目，贷记有关收入科目；按照相同的金额，借记"资产基金——应收股利"科目，贷记本科目。

【例 4—16】 接上题，收到市创新创业投资引导基金发放的 150 000 元股利。

借：国库存款——一般公共预算存款　150 000

　贷：一般公共预算本级收入　150 000

同时：

借：资产基金——应收股利　150 000

　贷：应收股利——市创新创业投资引导基金　150 000

第五节　应收转贷款与待发国债

应收转贷款是指政府财政将借入的资金转贷给下级政府财政的款项，包括应收地方政府债券转贷款、应收主权外债转贷款等。

一、应收地方政府债券转贷款

（一）“应收地方政府债券转贷款”的核算内容及明细设置

“应收地方政府债券转贷款”科目核算本级政府财政转贷给下级政府财政的地方政府债券资金的本金及利息。

本科目下应当设置“应收地方政府一般债券转贷款”和“应收地方政府专项债券转贷款”明细科目，其下分别设置“应收本金”和“应收利息”两个明细科目，并按照转贷对象进行明细核算。本科目期末借方余额反映政府财政应收未收的地方政府债券转贷款本金和利息。

（二）“应收地方政府债券转贷款”的主要账务处理

1. 向下级政府财政转贷地方政府债券资金时，按照转贷的金额，借记“债务转贷支出”科目，贷记“国库存款”科目；根据债务管理部门转来的相关资料，按照到期应收回的转贷本金金额，借记本科目，贷记“资产基金——应收地方政府债券转贷款”科目。

2. 期末确认地方政府债券转贷款的应收利息时，根据债务管理部门计算出的转贷款本期应收未收利息金额，借记本科目，贷记“资产基金——应收地方政府债券转贷款”科目。

3. 收回下级政府财政偿还的转贷款本息时，按照收回的金额，借记“国库存款”等科目，贷记“其他应付款”或“其他应收款”科目；根据债务管理部门转来的相关资料，按照收回的转贷款本金及已确认的应收利息金额，借记“资产基金——应收地方政府债券转贷款”科目，贷记本科目。

4. 扣缴下级政府财政的转贷款本息时，按照扣缴的金额，借记“与下级往来”科目，贷记“其他应付款”或“其他应收款”科目；根据债务管理部门转来的相关资料，按照扣缴的转贷款本金及已确认的应收利息金额，借记“资产基金——应收地方政府债券转贷款”科目，贷记本科目。

【例4－17】 某市财政局发生向下级政府财政转贷地方政府专项债券资金业务，具体业务如下：

（1）期初，向下级政府财政转贷地方政府专项债券资金2 000 000元：

借：债务转贷支出	2 000 000	
贷：国库存款——政府性基金预算存款		2 000 000

同时，根据债务管理部门转来的相关资料，按照到期应收回的转贷本金金额：

借：应收地方政府债券转贷款——应收地方政府专项债券转贷款——应收本金　2 000 000

　　贷：资产基金——应收地方政府债券转贷款　2 000 000

(2)期末债务管理部门计算出的转贷款本期应收利息100 000元：

借：应收地方政府债券转贷款——应收地方政府专项债券转贷款——应收利息　100 000

　　贷：资产基金——应收地方政府债券转贷款　100 000

(3)第二年年初，收回下级政府财政偿还的转贷款本息2 100 000元，按照收回的金额：

借：国库存款——政府性基金预算存款　2 100 000

　　贷：其他应付款或其他应收款　2 100 000

同时，根据债务管理部门转来的相关资料，按照收回的转贷款本金及已确认的应收利息金额：

借：资产基金——应收地方政府债券转贷款　2 100 000

　　贷：应收地方政府债券转贷款——应收地方政府专项债券转贷款　2 100 000

(4)如下级未支付本息，本市财政局扣缴下级政府财政的转贷款本息2 100 000元：

借：与下级往来　2 100 000

　　贷：其他应付款或其他应收款　2 100 000

同时，根据债务管理部门转来的相关资料，按照扣缴的转贷款本金及已确认的应收利息金额：

借：资产基金——应收地方政府债券转贷款　2 100 000

　　贷：应收地方政府债券转贷款——应收地方政府专项债券转贷款　2 100 000

二、应收主权外债转贷款

"应收主权外债转贷款"科目核算本级政府财政转贷给下级政府财政的外国政府和国际金融组织贷款等主权外债资金的本金及利息。本科目下应当设置"应收本金"和"应收利息"两个明细科目，并按照转贷对象进行明细核算。

"应收主权外债转贷款"的主要账务处理如下：

1. 本级政府财政向下级政府财政转贷主权外债资金，且主权外债最终还款责任由下级政府财政承担的，相关账务处理如下：

(1)本级政府财政支付转贷资金时，根据转贷资金支付相关资料，借记"债务转贷支出"科目，贷记"其他财政存款"科目；根据债务管理部门转来的相关资料，按照实际持有的债权金额，借记本科目，贷记"资产基金——应收主权外债转贷款"科目。

(2)外方将贷款资金直接支付给用款单位或供应商时，本级政府财政根据转贷资金支付相关资料，借记“债务转贷支出”科目，贷记“债务收入”或“债务转贷收入”科目；根据债务管理部门转来的相关资料，按照实际持有的债权金额，借记本科目，贷记“资产基金——应收主权外债转贷款”科目；同时，借记“待偿债净资产”科目，贷记“借入款项”或“应付主权外债转贷款”科目。

2. 期末确认主权外债转贷款的应收利息时，根据债务管理部门计算出转贷款的本期应收未收利息金额，借记本科目，贷记“资产基金——应收主权外债转贷款”科目。

3. 收回转贷给下级政府财政主权外债的本息时，按照收回的金额，借记“其他财政存款”科目，贷记“其他应付款”或“其他应收款”科目；根据债务管理部门转来的相关资料，按照实际收回的转贷款本金及已确认的应收利息金额，借记“资产基金——应收主权外债转贷款”科目，贷记本科目。

4. 扣缴下级政府财政的转贷款本息时，按照扣缴的金额，借记“与下级往来”科目，贷记“其他应付款”或“其他应收款”科目；根据债务管理部门转来的相关资料，按照扣缴的转贷款本金及已确认的应收利息金额，借记“资产基金——应收主权外债转贷款”科目，贷记本科目。

【例 4—18】 2018 年 6 月 30 日，某省政府向某国际金融组织贷款 7 500 000 元，用于该省范围内的公共基础设施建设。该省政府将相应贷款的一部分资金计 3 500 000 元转贷给所属 A 市政府，用以具体落实在该市范围内的相应建设项目，根据约定，相应贷款的期限为 5 年，每年的贷款利息为 40 000 元，A 市政府应按期向省政府偿付贷款本息。省财政总预算会计应编制如下会计分录：

(1)向下级市政府财政转贷省政府主权外债资金时：

借：债务转贷支出　　3 500 000
　贷：其他财政存款　　3 500 000

同时：

借：应收主权外债转贷款——应收本金——A 市政府　　3 500 000
　贷：资产基金——应收主权外债转贷款　　35 0000

(2)每年确认省政府主权外债转贷款的应收利息时：

借：应收主权外债转贷款——应收利息——A 市政府　　40 000
　贷：资产基金——应收主权外债转贷款　　40 000

(3)按时收到下级市政府财政支付的省政府主权外债转贷款利息时：

借：其他财政存款　　40 000
　贷：其他应付款或其他应收款　　40 000

同时：

借：资产基金——应收主权外债转贷款　　40 000
　贷：应收主权外债转贷款——应收利息——A 市政府　　40 000

(4)省政府主权外债转贷款到期，如果 A 市政府财政未按时偿还贷款本金，省政府财政予以扣缴时：

借：与下级往来——A 市政府　　3 500 000

　　贷：其他应付款或其他应收款　　3 500 000

同时：

借：资产基金——应收主权外债转贷款　　3 500 000

　　贷：应收主权外债转贷款——应收本金——A 市政府　　3 500 000

三、待发国债的核算

“待发国债”科目核算为弥补中央财政预算收支差额、中央财政预计发行国债与实际发行国债之间的差额，是中央财政使用的会计科目，地方政府不会用到这一科目。

“待发国债”的主要账务处理如下：

年度终了，实际发行国债收入用于债务还本支出后、小于为弥补中央财政预算收支差额中央财政预计发行国债时，按两者的差额，借记本科目，贷记相关科目；实际发行国债收入用于债务还本支出后，大于为弥补中央财政预算收支差额中央财政预计发行国债时，按两者的差额，借记相关科目，贷记本科目。本科目期末借方余额反映中央财政尚未使用的国债发行额度。

复习思考题

1. 财政部门开设的银行账户有哪些？

2. 财政存款包括哪些？

3. 什么是国库集中收付制度？直接支付和授权支付的流程各是什么？

4. 借出款项与与下级往来的区别和共同点是什么？

5. 股权投资的内容是什么？“国际金融组织股权投资”和“投资基金股权投资”各自账务核算的重点是什么？

练习题

1. 某省财政发行一批地方政府一般债券，同时向所属下级某市财政转贷 600 000 元，用以支持该市政府的一项公共设施建设。该转贷款项每年利息费用为 16 000 元，转贷期限为 3 年，每年支付一次利息。省财政预算总会计该如何进行账务处理？

2. 2016 年 6 月 1 日，某省政府通过财政部向某国际金融组织贷款 4 500 000 元。该省政府将全部资金转贷给所属 B 市政府，用以具体落实在该市范围内的相应建设项目，根据约定，相应贷款的期限为 3 年，每年的贷款利息为 40 000 元，B 市政府应按期向省政府偿付贷款本息。省财政总预算会计从转贷到资金收回全过程的账务处理应该如何进行？

3. 2017 年 1 月 1 日，某市财政根据当年预算安排，使用政府性基金预算资金——投资文化产业投资基金——5 000 000 元，作为对引导基金的投资，占该投资基金 40%的权益（该投资基金股本为 10 000 000 元）。2017 年 12 月底该创新创业投资引导基金向市财政报告当年共实现投资收益

500 000元。经相关决策机构研究决定，当年将归属财政的收益留作基金滚动。某市财政总会计的相关账务处理应该如何进行？

4. 2018年6月30日，某市财政因所属单位临时急需资金，借给该单位一般公共预算款项100 000元。15天后，市财政全额收回了向该所属单位借出的款项100 000元。某市财政总会计的相关账务处理应该如何进行？

5. 2018年6月30日某市财政用一般公共预算款借给下属的A县财政1 000 000元。2018年年末，没有收回A县财政的借款，转做对A县的补助。某市财政总会计的相关账务如何处理？

6. 2018年7月25日，某市财政国库支付机构以财政直接支付的方式，通过财政零余额账户支付有关预算单位的属于政府性基金预算支出的款项共计1 000 000元。财政国库支付执行机构应编制怎样的会计分录？

7. 2018年7月30日，某市财政国库支付执行机构收到代理银行报来的财政支出日报表，有关预算单位通过财政授权支付的方式从预算单位零余额账户中支付属于国有资本经营预算支出的款项共计80 000元。财政国库支付执行机构应编制怎样的会计分录？

第五章　财政总预算会计的负债

在《政府会计准则——基本准则》中，负债是指政府会计主体过去的经济业务或者事项形成的，预期会导致经济资源流出政府会计主体的现时义务。现时义务是指政府会计主体在现行条件下已承担的义务。未来发生的经济业务或者事项形成的义务不属于现时义务，不应当确认为负债。在财政总预算会计中，负债是指政府财政承担的能以货币计量、需以资产偿付的债务，包括应付国库集中支付结余、暂收及应付款项、应付政府债券、借入款项、应付转贷款、其他负债、应付代管资金等。

总会计核算的负债按照流动性，分为流动负债和非流动负债。流动负债是指预计在 1 年内(含 1 年)偿还的负债；非流动负债是指流动负债以外的负债。流动负债包括应付国库集中支付结余、暂收及应付款项、应付代管资金、应付短期政府债券等；非流动负债包括应付长期政府债券、借入款项、应付转贷款和其他负债等。

应付国库集中支付结余是指国库集中支付中，按照财政部门批复的部门预算，当年未支而需结转下一年度支付的款项采用权责发生制列支后形成的债务。

暂收及应付款项是指政府财政业务活动中形成的债务，包括与上级往来和其他应付款等。暂收及应付款项应当及时清理结算。

应付政府债券是指政府财政采用发行政府债券方式筹集资金而形成的负债，包括应付短期政府债券和应付长期政府债券。

借入款项是指政府财政部门以政府名义向外国政府、国际金融组织等借入的款项，以及通过经国务院批准的其他方式借款形成的负债。

应付转贷款是指地方政府财政向上级政府财政借入转贷资金而形成的负债，包括应付地方政府债券转贷款和应付主权外债转贷款等。

其他负债是指政府财政因有关政策明确要求其承担支出责任的事项而形成的应付未付款项。

应付代管资金是指政府财政代为管理的，使用权属于被代管主体的资金。

第一节　应付国库集中支付结余和应付代管资金

本节主要介绍“应付国库集中支付结余”和“应付代管资金”两个科目的核算。

一、应付国库集中支付结余

（一）“应付国库集中支付结余”的核算内容

应付国库集中支付结余是指国库集中支付中，按照财政部门批复的部门预算，当年未支而需结转下一年度支付的款项采用权责发生制列支后形成的债务。

“应付国库集中支付结余”科目核算政府财政采用权责发生制列支，预算单位尚未使用的国库集中支付结余资金。本科目应当根据管理需要，按照政府收支分类科目等进行相应明细核算。

国库集中支付结余是预算单位国库集中支付预算指标数与实际支出数的差额，是预算单位尚未使用的预算资金额度，如果预算单位经批准的可使用预算资金额度由于政策性因素或用款进度等原因在当年未支用，但需要结转下一年度支付使用，此时财政总预算会计需要采用权责发生制基础确认一项支出，同时确认一项应付国库集中支付结余负债。预算单位按经批准的预算在第二年度实际支付使用上一年度末结转下来的国库集中支付结余资金时，财政总预算会计核销应付国库集中支付结余负债。

（二）“应付国库集中支付结余”的主要账务处理

1. 年末，对当年形成的国库集中支付结余采用权责发生制列支时，借记有关支出科目，贷记本科目。

2. 以后年度实际支付国库集中支付结余资金时，分以下情况处理：

（1）按原结转预算科目支出的，借记本科目，贷记“国库存款”科目。

（2）调整支出预算科目的，应当按原结转预算科目做冲销处理，借记本科目，贷记有关支出科目。同时，按实际支出预算科目做列支账务处理，借记有关支出科目，贷记“国库存款”科目。

【例 5—1】 2017 年末，某市财政经对账确认本级预算单位尚未使用但可以结转下一年使用的国库集中支付结余资金 2 500 000 元，其中一般公共预算资金 1 500 000 元，政府性基金预算资金 1 000 000 元。财政总预算会计的账务处理如下：

借：一般公共预算本级支出	1 500 000	
政府性基金预算本级支出	1 000 000	
贷：应付国库集中支付结余		2 500 000

【例 5—2】 2018 年度初，某市财政向本级预算单位实际支付国库集中支付结余资金 2 500 000 元，其中一般公共预算资金 1 500 000 元，政府性基金预算资金 1 000 000 元。该国库集中支付结余资金全部按原结转预算科目支出。财政总预算会计的账务处理如下：

借：应付国库集中支付结余	2 500 000	
贷：国库存款——一般公共预算存款		1 000 000
国库存款——政府性基金预算存款		1 000 000

二、应付代管资金

(一)“应付代管资金”的核算内容及明细设置

“应付代管资金”科目核算政府财政代为管理的、使用权属于被代管主体的资金。财政代管资金是政府财政通过开设财政代管资金专户,将预算单位自有资金实行统一管理集中支付的资金。本科目应当根据管理需要进行相关明细核算。本科目期末贷方余额反映政府财政尚未支付的代管资金。

(二)“应付代管资金”的主要账务处理

1. 收到代管资金时,借记“其他财政存款”等科目,贷记本科目。

2. 支付代管资金时,借记本科目,贷记“其他财政存款”等科目。

3. 代管资金产生的利息收入按照相关规定仍属于代管资金的,借记“其他财政存款”等科目,贷记本科目。

【例 5—3】 某县财政对县教育局的自有资金通过设立财政代管资金专户实行统一管理集中支付。2019 年 1 月 10 日收到县教育局缴入财政代管资金专户资金 500 000 元。该县财政总预算会计的账务处理如下:

借:其他财政存款	500 000	
贷:应付代管资金——教育局		500 000

【例 5—4】 接上题,2019 年 2 月 1 日某县财政用教育局的代管资金为教育局支付某项服务费 20 000 元,该县财政总预算会计的账务处理如下:

借:应付代管资金——教育局	20 000	
贷:其他财政存款		20 000

【例 5—5】 2019 年 2 月 28 日,某县财政的教育局代管资金产生利息 5 000 元。

借:其他财政存款	5 000	
贷:应付代管资金——教育局		5 000

第二节 暂收及应付款项

本节介绍暂收及应付款项核算。暂收及应付款项是指政府财政业务活动中形成的债务,包括与上级往来和其他应付款等。暂收及应付款项应当及时清理结算。

一、与上级往来

与上级往来业务和与下级往来业务相对应,也是上下级财政之间由于财政资金借款周转或年终财政体制结算发生应上解或应补助财政资金的业务而引起的。这类业务对于下级财政来说,就属于与上级往来业务;对于下级来讲就是与上级往来。所以

“与上级往来”和“与下级往来”是债权债务类科目，即有时是债权，有时是债务。

(一)“与上级往来”的核算内容及明细设置

“与上级往来”科目核算本级政府财政与上级政府财政的往来待结算款项。本科目应当按照往来款项的类别和项目等进行明细核算。本科目期末贷方余额反映本级政府财政欠上级政府财政的款项；借方余额反映上级政府财政欠本级政府财政的款项。

(二)“与上级往来”的主要账务处理

1. 本级政府财政从上级政府财政借入款或体制结算中发生应上交上级政府财政款项时，借记“国库存款”“上解支出”等科目，贷记本科目。

2. 本级政府财政归还借款、转做上级补助收入或体制结算中应由上级补给款项时，借记本科目，贷记“国库存款”“补助收入”等科目。

【例 5—6】 2017 年，A 市财政按照财政体制结算方法计算出应上交省财政一般公共预算基金 7 500 000 元。市财政总预算会计应编制如下会计分录：

借：上解支出——一般公共预算上解支出	7 500 000	
贷：与上级往来		7 500 000

【例 5—7】 2017 年，某省财政按照财政体制结算方法计算出应对所属 B 市财政补助政府性基金预算 850 000 元。B 市财政收到通知后在总预算会计应编制如下会计分录：

借：与上级往来	850 000	
贷：补助收入——政府性基金预算补助收入		850 000

二、其他应付款

(一)“其他应付款”的核算内容及明细设置

“其他应付款”科目核算政府财政临时发生的暂收、应付和收到的不明性质款项。税务机关代征入库的社会保险费、项目单位使用并承担还款责任的外国政府和国际金融组织贷款，也通过本科目核算。本科目应当按照债权单位或资金来源等进行明细核算。本科目期末贷方余额反映政府财政尚未结清的其他应付款项。

(二)“其他应付款”的主要账务处理

1. 收到暂存款项时，借记“国库存款”“其他财政存款”等科目，贷记本科目。

2. 将暂存款项清理退还或转做收入时，借记本科目，贷记“国库存款”“其他财政存款”或有关收入科目。

3. 社会保险费代征入库时，借记“国库存款”科目，贷记本科目。社会保险费国库缴存社保基金财政专户时，借记本科目，贷记“国库存款”科目。

4. 收到项目单位承担还款责任的外国政府和国际金融组织贷款资金时，借记“其他财政存款”科目，贷记本科目；付给项目单位时，借记本科目，贷记“其他财政存款”科

目。收到项目单位偿还贷款资金时，借记“其他财政存款”科目，贷记本科目；付给外国政府和国际金融组织项目单位还款资金时，借记本科目，贷记“其他财政存款”科目。

【例 5—8】 2018 年 7 月，某市财政局收到某行政单位送来性质不明的暂收款 55 000 元，存入其他财政存款账户。该市财政总预算会计的账务处理如下：

借：其他财政存款	55 000	
贷：其他应付款		55 000

【例 5—9】 接上题，经查明上述性质不明的 55 000 元之中有 50 000 元为该单位合法的罚款收入，另外 5 000 元为不合法罚款，退回原单位。该市财政总预算会计的账务处理如下：

借：其他应付款	55 000	
贷：一般公共预算本级收入——罚没收入		50 000
其他财政存款		5 000
借：国库存款——一般公共预算存款	50 000	
贷：其他财政存款		50 000

【例 5—10】 某市财政 2018 年 5 月 7 日收到 C 项目单位承担还款责任的某国际金融组织贷款资金 2 亿元。2018 年 6 月 1 日将这 2 亿元付给项目单位。2019 年 5 月 8 日收到 C 项目单位偿还贷款资金 2 亿元，2019 年 5 月 10 日将该 2 亿元还给某国际金融组织。

(1)2018 年 5 月 7 日收到贷款资金时：

借：其他财政存款	200 000 000	
贷：其他应付款——C 项目公司		200 000 000

(2)2018 年 6 月 1 日付给项目单位时：

借：其他应付款——C 项目公司	200 000 000	
贷：其他财政存款		200 000 000

(3)2019 年 5 月 8 日收到项目单位偿还贷款资金时：

借：其他财政存款	200 000 000	
贷：其他应付款——某国际金融组织项目单位		200 000 000

(4)2019 年 5 月 10 日还款时：

借：其他应付款——某国际金融组织项目单位	200 000 000	
贷：其他财政存款		200 000 000

第三节 应付政府债券

应付政府债券是指政府财政采用发行政府债券方式筹集资金而形成的负债，包括应付短期政府债券和应付长期政府债券。

政府债券包括国债和地方政府债券。国债由中央财政发行。地方政府债券由省级政府发行，包括地方政府一般债券和地方政府专项债券。地方政府一般债券纳入地方政府的一般公共预算管理，地方政府专项债券纳入地方政府的政府性基金预算管理。地方政府债券实行限额管理。省、自治区、直辖市政府发行的一般债券或专项债券，不得超过国务院确定的本地区一般债券或专项债券的规模。市县级政府确需发行一般债券或专项债券的，应纳入本省、自治区、直辖市一般债券或专项债券规模内管理，由省级财政部门代办发行，并统一办理还本付息。国务院根据国家宏观经济形势等因素，确定地方政府债券总限额，并报全国人民代表大会批准。各省、自治区、直辖市政府债务限额，由财政部在全国人大或其常委会批准的总限额内，根据债务风险、财力状况等因素并统筹考虑国家宏观调控政策、各地区建设投资需求等提出方案，报国务院批准后下达各省级财政部门。

一、应付短期政府债券

（一）“应付短期政府债券”的核算内容及明细设置

“应付短期政府债券”科目核算政府财政部门以政府名义发行的期限不超过 1 年（含 1 年）的国债和地方政府债券的应付本金和利息。

“应付短期政府债券”科目下应当设置“应付国债”“应付地方政府一般债券”“应付地方政府专项债券”等一级明细科目（地方政府不需要设置“应付国债”明细，因为地方政府只能发行地方政府债券，不能发行国债）。在一级明细科目下，再分别设置“应付本金”“应付利息”明细科目，分别核算政府债券的应付本金和利息。债务管理部门应当设置相应的辅助账，详细记录每期政府债券金额、种类、期限、发行日、到期日、票面利率、偿还本金及付息情况等。

“应付短期政府债券”科目期末贷方余额，反映政府财政尚未偿还的短期政府债券本金和利息。

（二）“应付短期政府债券”的主要账务处理

1. 实际收到短期政府债券发行收入时，按照实际收到的金额，借记“国库存款”科目，按照短期政府债券实际发行额，贷记“债务收入”科目，按照发行收入和发行额的差额，借记或贷记有关支出科目；根据债券发行确认文件等相关债券管理资料，按照到期应付的短期政府债券本金金额，借记“待偿债净资产——应付短期政府债券”科目，贷记本科目。

2. 期末确认短期政府债券的应付利息时，根据债务管理部门计算出的本期应付未付利息金额，借记“待偿债净资产——应付短期政府债券”科目，贷记本科目。

3. 实际支付本级政府财政承担的短期政府债券利息时，借记“一般公共预算本级支出”或“政府性基金预算本级支出”科目，贷记“国库存款”等科目；实际支付利息金额中属于已确认的应付利息部分，还应根据债券兑付确认文件等相关债券管理资料，借记本科目，贷记“待偿债净资产——应付短期政府债券”科目。

4. 实际偿还本级政府财政承担的短期政府债券本金时，借记“债务还本支出”科目，贷记“国库存款”等科目；根据债券兑付确认文件等相关债券管理资料，借记本科目，贷记“待偿债净资产——应付短期政府债券”科目。

5. 省级财政部门采用定向承销方式发行短期地方政府债券置换存量债务时，根据债权债务确认相关资料，按照置换本级政府存量债务的额度，借记“债务还本支出”科目，贷记“债务收入”科目；根据债务管理部门转来的相关资料，按照置换本级政府存量债务的额度，借记“待偿债净资产——应付短期政府债券”科目，贷记本科目。

【例 5—11】 中央财政发行半年期国债 1 200 万元，实际收到发行金额 1 100 万元，票面利率为 2%，到期一次还本付息。中央财政总预算会计的账务处理如下：

(1)收到发行收入时：

借：国库存款——一般公共预算存款	11 000 000	
一般公共预算本级支出	1 000 000	
贷：债务收入		12 000 000
借：待偿债净资产——应付短期政府债券	12 000 000	
贷：应付短期政府债券——应付国债——应付本金		12 000 000

(2)每月月末确认应付利息时：

应付半年利息＝12 000 000×2%/2＝120 000(元)

每月月末应付利息＝120 000÷6＝20 000(元)

借：待偿债净资产——应付短期政府债券	20 000	
贷：应付短期政府债券——应付国债——应付利息		20 000

(3)国债到期还本付息时(实际支付的利息金额 120 000 元中含最后 1 个月已确认的应付利息 20 000 元)：

借：待偿债净资产——应付短期政府债券	20 000	
贷：应付短期政府债券——应付国债——应付利息		20 000
借：债务还本支出	12 000 000	
一般公共预算本级支出	120 000	
贷：国库存款——一般公共预算存款		12 120 000
借：应付短期政府债券——应付国债——应付本金	12 000 000	
应付利息	120 000	
贷：待偿债净资产——应付短期政府债券		12 120 000

【例 5—12】 某省财政经采用定向承销方式发行半年期地方政府专项置换债券，实际收到发行金额 2 亿元置换本级政府存量债务 2 亿元。该省财政总预算会计的账务处理如下：

借：债务还本支出　　200 000 000
　　贷：债务收入　　200 000 000
借：待偿债净资产——应付短期政府债券　　200 000 000
　　贷：应付短期政府债券——应付地方政府专项债券——应付本金
　　　　200 000 000

二、应付长期政府债券

（一）"应付长期政府债券"的核算内容及明细设置

"应付长期政府债券"科目核算政府财政部门以政府名义发行的期限超过 1 年（含 1 年）的国债和地方政府债券，核算时包括应付本金和利息。

本科目下应当设置"应付国债""应付地方政府一般债券""应付地方政府专项债券"等一级明细科目，在一级明细科目下再分别设置"应付本金""应付利息"明细科目，分别核算政府债券的应付本金和利息。债务管理部门应当设置相应的辅助账，详细记录每期政府债券金额、种类、期限、发行日、到期日、票面利率、偿还本金及付息情况等。本科目期末贷方余额反映政府财政尚未偿还的长期政府债券本金和利息。

（二）"应付长期政府债券"的主要账务处理

1. 实际收到长期政府债券发行收入时，按照实际收到的金额，借记"国库存款"科目，按照长期政府债券实际发行额，贷记"债务收入"科目，按照发行收入和发行额的差额，借记或贷记有关支出科目；根据债券发行确认文件等相关债券管理资料，按照到期应付的长期政府债券本金金额，借记"待偿债净资产——应付长期政府债券"科目，贷记本科目。

2. 期末确认长期政府债券的应付利息时，根据债务管理部门计算出的本期应付未付利息金额，借记"待偿债净资产——应付长期政府债券"科目，贷记本科目。

3. 实际支付本级政府财政承担的长期政府债券利息时，借记"一般公共预算本级支出"或"政府性基金预算本级支出"科目，贷记"国库存款"等科目；实际支付利息金额中属于已确认的应付利息部分，还应根据债券兑付确认文件等相关债券管理资料，借记本科目，贷记"待偿债净资产——应付长期政府债券"科目。

4. 实际偿还本级政府财政承担的长期政府债券本金时，借记"债务还本支出"科目，贷记"国库存款"等科目；根据债券兑付确认文件等相关债券管理资料，借记本科目，贷记"待偿债净资产——应付长期政府债券"科目。

5. 本级政府财政偿还下级政府财政承担的地方政府债券本息时，借记"其他应付款"或"其他应收款"科目，贷记"国库存款"科目；根据债券兑付确认文件等相关债券管理资料，按照实际偿还的长期政府债券本金及已确认的应付利息金额，借记本科目，贷记"待偿债净资产——应付长期政府债券"科目。

6. 省级财政部门采用定向承销方式发行长期地方政府债券置换存量债务时，根据债权债务确认相关资料；按照置换本级政府存量债务的额度，借记“债务还本支出”科目；按照置换下级政府存量债务的额度，借记“债务转贷支出”科目。按照置换存量债务的总额度，贷记“债务收入”科目；根据债务管理部门转来的相关资料，按照置换存量债务的总额度，借记“待偿债净资产——应付长期政府债券”科目，贷记本科目。同时，按照置换下级政府存量债务额度，借记“应收地方政府债券转贷款”科目，贷记“资产基金——应收地方政府债券转贷款”科目。

由此可见，“应付长期政府债券”和“应付短期政府债券”比较相似，账务处理中的1—4几乎是一样的。但“应付长期政府债券”有可能存在转贷给下级财政的情况。

【例5—13】 接例4—17(4)2019年1月10日因下级财政未支付本应承担的转贷款本息，某市财政局扣缴下级政府财政的转贷款本息2 100 000元；2019年1月15日支付该笔债券本息。某市财政总预算会计账务处理如下：

(1)2019年1月10日扣缴下级政府财政的转贷款本息时：

借：与下级往来　　2 100 000

　　贷：其他应付款或其他应收款　　2 100 000

同时，根据债务管理部门转来的相关资料，按照扣缴的转贷款本金及已确认的应收利息金额：

借：资产基金——应收地方政府债券转贷款　　2 100 000

　　贷：应收地方政府债券转贷款——应收地方政府专项债券转贷款

　　　　2 100 000

(2)2019年1月15日支付该笔债券本息时：

借：其他应付款或其他应收款　　2 100 000

　　贷：国库存款——政府性基金预算存款　　2 100 000

根据债券兑付确认文件等相关债券管理资料，按照实际偿还的长期政府债券本金及已确认的应付利息金额：

借：应付长期政府债券——应付地方政府专项债券　　2 100 000

　　贷：待偿债净资产——应付长期政府债券　　2 100 000

【例5—14】 某省财政经采用定向承销方式发行5年期地方政府专项置换债券，实际收到发行金额2亿元置换下级A市政府存量专项债务2亿元。

借：债务转贷支出　　200 000 000

　　贷：债务收入　　200 000 000

借：待偿债净资产——应付长期政府债券　　200 000 000

　　贷：应付长期政府债券——应付地方政府专项债券　　200 000 000

借：应收地方政府债券转贷款——应收地方政府专项债券转贷款

　　200 000 000

　　贷：资产基金——应收地方政府债券转贷款　　200 000 000

第四节 借入款项和其他负债

一、借入款项

(一)"借入款项"的核算内容及明细设置

"借入款项"科目核算政府财政部门以政府名义向外国政府和国际金融组织等借入的款项,以及经国务院批准的其他方式借入的款项。

本科目下应当设置"应付本金""应付利息"明细科目,分别对借入款项的应付本金和利息进行明细核算,还应当按照债权人进行明细核算。债务管理部门应当设置相应的辅助账,详细记录每笔借入款项的期限、借入日期、偿还及付息情况等。本科目期末贷方余额反映本级政府财政尚未偿还的借入款项本金和利息。

(二)"借入款项"的主要账务处理

由于借入款项主要是借入的主权外债,所以这里主要介绍借入主权外债业务的账务处理。其他借入款项账务处理参照借入主权外债业务的账务处理。

1. 本级政府财政收到借入的主权外债资金时,借记"其他财政存款"科目,贷记"债务收入"科目;根据债务管理部门转来的相关资料,按照实际承担的债务金额,借记"待偿债净资产——借入款项"科目,贷记本科目。

2. 本级政府财政借入主权外债,且由外方将贷款资金直接支付给用款单位或供应商时,应根据以下情况分别处理:

(1)本级政府财政承担还款责任,贷款资金由本级政府财政同级部门(单位)使用的,本级政府财政部门根据贷款资金支付相关资料,借记"一般公共预算本级支出"等科目,贷记"债务收入"科目;根据债务管理部门转来的相关资料,按照实际承担的债务金额,借记"待偿债净资产——借入款项"科目,贷记本科目。

(2)本级政府财政承担还款责任,贷款资金由下级政府财政同级部门(单位)使用的,本级政府财政部门根据贷款资金支付相关资料及预算指标文件,借记"补助支出"科目,贷记"债务收入"科目;根据债务管理部门转来的相关资料,按照实际承担的债务金额,借记"待偿债净资产——借入款项"科目,贷记本科目。

(3)下级政府财政承担还款责任,贷款资金由下级政府财政同级部门(单位)使用的,本级政府财政部门根据贷款资金支付相关资料,借记"债务转贷支出"科目,贷记"债务收入"科目;根据债务管理部门转来的相关资料,按照实际承担的债务金额,借记"待偿债净资产——借入款项"科目,贷记本科目;同时,借记"应收主权外债转贷款"科目,贷记"资产基金——应收主权外债转贷款"科目。

3. 期末确认借入主权外债的应付利息时,根据债务管理部门计算出的本期应付未付利息金额,借记“待偿债净资产——借入款项”科目,贷记本科目。

4. 偿还本级政府财政承担的借入主权外债本金时,借记“债务还本支出”科目,贷记“国库存款”“其他财政存款”等科目;根据债务管理部门转来的相关资料,按照实际偿还的本金金额,借记本科目,贷记“待偿债净资产——借入款项”科目。

5. 偿还本级政府财政承担的借入主权外债利息时,借记“一般公共预算本级支出”等科目,贷记“国库存款”“其他财政存款”等科目;实际偿还利息金额中属于已确认的应付利息部分,还应根据债务管理部门转来的相关资料,借记本科目,贷记“待偿债净资产——借入款项”科目。

6. 偿还下级政府财政承担的借入主权外债的本息时,借记“其他应付款”或“其他应收款”科目,贷记“国库存款”“其他财政存款”等科目;根据债务管理部门转来的相关资料,按照实际偿还的本金及已确认的应付利息金额,借记本科目,贷记“待偿债净资产——借入款项”科目。

7. 被上级政府财政扣缴借入主权外债的本息时,借记“其他应收款”科目,贷记“与上级往来”科目;根据债务管理部门转来的相关资料,按照实际扣缴的本金及已确认的应付利息金额,借记本科目,贷记“待偿债净资产——借入款项”科目。列报支出时,对应由本级政府财政承担的还本支出,借记“债务还本支出”科目,贷记“其他应收款”科目;对应由本级政府财政承担的利息支出,借记“一般公共预算本级支出”等科目,贷记“其他应收款”科目。

8. 债权人豁免本级政府财政承担偿还责任的借入主权外债本息时,根据债务管理部门转来的相关资料,按照被豁免的本金及已确认的应付利息金额,借记本科目,贷记“待偿债净资产——借入款项”科目。

债权人豁免下级政府财政承担偿还责任的借入主权外债本息时,根据债务管理部门转来的相关资料,按照被豁免的本金及已确认的应付利息金额,借记本科目,贷记“待偿债净资产——借入款项”科目;同时,借记“资产基金——应收主权外债转贷款”科目,贷记“应收主权外债转贷款”科目。

【例 5—15】 某省财政向 A 国政府借入款项 2 亿元,贷款期限为 5 年,利率为 3%,利息一年一付。该省财政总预算会计的账务处理如下:

(1)收到外国政府借款时:

借:其他财政存款	200 000 000	
贷:债务收入		200 000 000
借:待偿债净资产——借入款项	200 000 000	
贷:借入款项——应付本金——A 国政府		200 000 000

(2)如果外方将贷款直接支付给用款单位时,应根据以下情况分别处理:

如果外方将贷款直接支付给用款单位时,前面(1)的分录就不用做了,同时再根据不同情况进行不同处理

①如果省财政承担还款责任,贷款资金由省级单位使用:

借:一般公共预算本级支出　200 000 000

　贷:债务收入　200 000 000

借:待偿债净资产——借入款项　200 000 000

　贷:借入款项——应付本金——A 国政府　200 000 000

②如果省财政承担还款责任,贷款资金由所属市级单位使用:

借:补助支出　200 000 000

　贷:债务收入　200 000 000

借:待偿债净资产——借入款项　200 000 000

　贷:借入款项——应付本金——A 国政府　200 000 000

③如果市财政承担还款责任,贷款资金由市级单位使用:

借:债务转贷支出　200 000 000

　贷:债务收入　200 000 000

借:待偿债净资产——借入款项　200 000 000

　贷:借入款项——应付本金——A 国政府　200 000 000

借:应收主权外债转贷款　200 000 000

　贷:资产基金——应收主权外债转贷款　200 000 000

(3)每月月末确认借入款项应付利息时:

年应付利息=200 000 000×3%=6 000 000(元)

月末应付利息=6 000 000÷12=500 000(元)

借:待偿债净资产——借入款项　500 000

　贷:借入款项——应付利息——A 国政府　500 000

(4)每年支付利息时:

①偿还本级政府财政承担的借入主权外债利息时:

借:一般公共预算本级支出　6 000 000

　贷:国库存款　6 000 000

借:借入款项——应付利息——A 国政府　6 000 000

　贷:待偿债净资产——借入款项　6 000 000

②偿还下级政府财政承担的借入主权外债的利息时:

借:其他应付款或其他应收款　6 000 000

　贷:国库存款等　6 000 000

借:借入款项——应付利息——A 国政府　6 000 000

　贷:待偿债净资产——借入款项　6 000 000

(5)A 国政府贷款到期,偿还本金 2 亿元,应根据以下情况分别处理:

①偿还本级政府财政承担的借入主权外债本金时

借：债务还本支出　200 000 000
　贷：国库存款等　200 000 000
借：借入款项——应付本金——A 国政府　200 000 000
　贷：待偿债净资产——借入款项　200 000 000

②偿还下级政府财政承担的借入主权外债的本金时：

借：其他应付款或其他应收款　200 000 000
　贷：国库存款等　200 000 000
借：借入款项——应付本金——A 国政府　200 000 000
　贷：待偿债净资产——借入款项　200 000 000

(6)如果外方豁免借款本息，应根据以下情况分别处理：

①如果省级财政承担还款责任，贷款资金由省级单位使用：

借：借入款项——应付本金——A 国政府　200 000 000
　借入款项——应付利息——A 国政府　30 000 000
　贷：待偿债净资产——借入款项　230 000 000

②如果市财政承担还款责任：

借：借入款项——应付本金——A 国政府　200 000 000
　借入款项——应付利息——A 国政府　30 000 000
　贷：待偿债净资产——借入款项　230 000 000
借：资产基金——应收主权外债转贷款　230 000 000
　贷：应收主权外债转贷款　230 000 000

【例 5—16】　某省财政通过中央财政向 E 国政府借入款项 4 亿元，被中央财政扣缴借入主权外债的本金 4 亿元，而且这 4 亿元本金应该由省本级财政承担还本支出。

(1)被上级政府财政扣缴借入主权外债的本息时：

借：其他应收款　400 000 000
　贷：与上级往来　400 000 000
借：借入款项——应付本金——E 国政府　400 000 000
　贷：待偿债净资产——借入款项　400 000 000

(2)列报支出时，对应由本级政府财政承担的还本支出：

借：债务还本支出　400 000 000
　贷：其他应收款　400 000 000

二、其他负债

“其他负债”科目核算政府财政因有关政策明确要求其承担支出责任的事项而形成的应付未付款项。本科目应当按照债权单位和项目等进行明细核算。本科目贷方余额反映政府财政承担的尚未支付的其他负债余额。

“其他负债”的主要账务处理如下：

1. 有关政策已明确政府财政承担的支出责任，按照确定应承担的负债金额，借记“待偿债净资产”科目，贷记本科目。

2. 实际偿还负债时，借记有关支出等科目，贷记“国库存款”等科目，同时，按照相同的金额，借记本科目，贷记“待偿债净资产”科目。

三、已结报支出

“已结报支出”科目核算政府财政国库支付执行机构已清算的国库集中支付支出数额。财政国库支付执行机构未单设的地区，不使用该科目。本科目年终转账后无余额。

在设立财政国库支付执行机构的地区，应该设立“财政零余额账户存款”和“已结报支出”两个科目，前者是资产类科目，后者是负债类科目。

“已结报支出”的主要账务处理如下：

1. 每日汇总清算后，财政国库支付执行机构会计根据有关划款凭证回执联和按部门分“类”“款”“项”汇总的《预算支出结算清单》，对于财政直接支付，借记“财政零余额账户存款”科目，贷记本科目；对于财政授权支付，借记“一般公共预算本级支出”“政府性基金预算本级支出”“国有资本经营预算本级支出”等科目，贷记本科目。相关举例参见例 4—5、例 4—6。

2. 年终财政国库支付执行机构按照累计结清的支出金额，与有关方面核对一致后转账时，借记本科目，贷记“一般公共预算本级支出”“政府性基金预算本级支出”“国有资本经营预算本级支出”等科目。

【例 5—17】 2017 年年终，某市国库支付中心累计出已经结清的一般公共预算本级支出 10 000 000 元、政府性基金预算本级支出 2 000 000 元、国有资本经营预算本级支出 1 000 000 元，与有关方面核对一致后转账。该市财政国库支付执行机构会计的账务处理如下：

借：已结报支出	13 000 000	
贷：一般公共预算本级支出		10 000 000
政府性基金预算本级支出		2 000 000
国有资本经营预算本级支出		1 000 000

第五节　应付转贷款

一、应付地方政府转贷款

应付转贷款是指地方政府财政向上级政府财政借入转贷资金而形成的负债，包括应付地方政府债券转贷款和应付主权外债转贷款等。在业务内容上，下级财政的应付转贷款与上级财政的应收转贷款相对应。上级财政的应收转贷款也包括应收地方政府债券转贷款、应收主权外债转贷款等，即地方政府财政从上级政府财政借入转贷资金时，上级政府财政形成应收转贷款，本级政府财政形成应付转贷款。

(一)"应付地方政府转贷款"的核算内容及明细设置

"应付地方政府转贷款"科目核算地方政府财政从上级政府财政借入的地方政府债券转贷款的本金和利息。

本科目下应当设置"应付地方政府一般债券转贷款"和"应付地方政府专项债券转贷款"一级明细科目，在一级明细科目下再分别设置"应付本金"和"应付利息"两个明细科目，分别对应付本金和利息进行明细核算。本科目期末贷方余额反映本级政府财政尚未偿还的地方政府债券转贷款的本金和利息。

(二)"应付地方政府债券转贷款"主要账务处理

1. 收到上级政府财政转贷的地方政府债券资金时，借记"国库存款"科目，贷记"债务转贷收入"科目；根据债务管理部门转来的相关资料，按照到期应偿还的转贷款本金金额，借记"待偿债净资产——应付地方政府债券转贷款"科目，贷记本科目。

2. 期末确认地方政府债券转贷款的应付利息时，根据债务管理部门计算出的本期应付未付利息金额，借记"待偿债净资产——应付地方政府债券转贷款"科目，贷记本科目。

3. 偿还本级政府财政承担的地方政府债券转贷款本金时，借记"债务还本支出"科目，贷记"国库存款"等科目；根据债务管理部门转来的相关资料，按照实际偿还的本金金额，借记本科目，贷记"待偿债净资产——应付地方政府债券转贷款"科目。

4. 偿还本级政府财政承担的地方政府债券转贷款的利息时，借记"一般公共预算本级支出"或"政府性基金预算本级支出"科目，贷记"国库存款"等科目；实际支付利息金额中属于已确认的应付利息部分，还应根据债务管理部门转来的相关资料，借记本科目，贷记"待偿债净资产——应付地方政府债券转贷款"科目。

5. 偿还下级政府财政承担的地方政府债券转贷款的本息时，借记"其他应付款"或"其他应收款"科目，贷记"国库存款"等科目；根据债务管理部门转来的相关资料，按照实际偿还的本金及已确认的应付利息金额，借记本科目，贷记"待偿债净资产——应付地方政府债券转贷款"科目。

6. 被上级政府财政扣缴地方政府债券转贷款本息时，借记"其他应收款"科目，贷记"与上级往来"科目；根据债务管理部门转来的相关资料，按照实际扣缴的本金及已确认的应付利息金额，借记本科目，贷记"待偿债净资产——应付地方政府债券转贷款"科目。列报支出时，对本级政府财政承担的还本支出，借记"债务还本支出"科目，贷记"其他应收款"科目；对本级政府财政承担的利息支出，借记"一般公共预算本级支出"或"政府性基金预算本级支出"科目，贷记"其他应收款"科目。

7. 采用定向承销方式发行地方政府债券置换存量债务时，省级以下（不含省级）财政部门根据上级财政部门提供的债权债务确认相关资料，按照置换本级政府存量债务的额度，借记“债务还本支出”科目，按照置换下级政府存量债务的额度，借记“债务转贷支出”科目，按照置换存量债务的总额度，贷记“债务转贷收入”科目；根据债务管理部门转来的相关资料，按照置换存量债务的总额度，借记“待偿债净资产——应付地方政府债券转贷款”科目，贷记本科目。同时，按照置换下级政府存量债务额度，借记“应收地方政府债券转贷款”科目，贷记“资产基金——应收地方政府债券转贷款”科目。

【例 5—18】 接例 4—17，某市财政局向下级某县政府财政转贷地方政府专项债券资金 2 000 000 元，县财政总预算会计的账务核算如下：

（1）期初，某县政府收到上级财政转贷地方政府专项债券资金 2 000 000 元：

借：国库存款——政府性基金预算存款 2 000 000

　　贷：债务转贷收入 2 000 000

借：待偿债净资产——应付地方政府债券转贷款 2 000 000

　　贷：应付地方政府转贷款——应付地方政府专项债券转贷款——应付本金 2 000 000

（2）期末债务管理部门计算出的转贷款本期应付利息 100 000 元：

借：待偿债净资产——应付地方政府债券转贷款 100 000

　　贷：应付地方政府转贷款——应付地方政府专项债券转贷款——应付利息 100 000

（3）第二年年初，偿还上级政府财政的转贷款本息 2 100 000 元，按照收回的金额：

借：债务还本支出 2 000 000

　　政府性基金预算本级支出 100 000

　　贷：国库存款——政府性基金预算存款 2 100 000

借：应付地方政府转贷款——应付地方政府专项债券转贷款——应付本金 2 000 000

　　应付地方政府转贷款——应付地方政府专项债券转贷款——应付利息 100 000

　　贷：待偿债净资产——应付地方政府债券转贷款 2 100 000

（4）如县财政未支付本息，上级财政局扣缴县级政府财政的转贷款本息 2 100 000 元：

借：其他应收款 2 100 000

　　贷：与上级往来 2 100 000

同时，根据债务管理部门转来的相关资料，按照扣缴的转贷款本金及已确认的应收利息金额：

借：应付地方政府转贷款——应付地方政府专项债券转贷款（应付本金）　2 000 000

　　应付地方政府转贷款——应付地方政府专项债券转贷款（应付利息）　100 000

　　贷：待偿债净资产——应付地方政府债券转贷款　2 100 000

列报支出时，对本级政府财政承担的还本支出：

借：债务还本支出　2 000 000

　　政府性基金预算本级支出　100 000

　　贷：其他应收款　2 100 000

二、应付主权外债转贷款

（一）“应付主权外债转贷款”的核算内容及明细设置

“应付主权外债转贷款”科目核算本级政府财政从上级政府财政借入的主权外债转贷款的本金和利息。本科目下应当设置“应付本金”和“应付利息”两个明细科目，分别对应付本金和利息进行明细核算。本科目期末贷方余额反映本级政府财政尚未偿还的主权外债转贷款本金和利息。

（二）“应付主权外债转贷款”的主要账务处理

1. 收到上级政府财政转贷的主权外债资金时，借记“其他财政存款”科目，贷记“债务转贷收入”科目；根据债务管理部门转来的相关资料，按照实际承担的债务金额，借记“待偿债净资产——应付主权外债转贷款”科目，贷记本科目。

2. 从上级政府财政借入主权外债转贷款，且由外方将贷款资金直接支付给用款单位或供应商时，应根据以下情况分别处理：

（1）本级政府财政承担还款责任，贷款资金由本级政府财政同级部门（单位）使用的，本级政府财政根据贷款资金支付相关资料，借记“一般公共预算本级支出”等科目，贷记“债务转贷收入”科目；根据债务管理部门转来的相关资料，按照实际承担的债务金额，借记“待偿债净资产——应付主权外债转贷款”科目，贷记本科目。

（2）本级政府财政承担还款责任，贷款资金由下级政府财政同级部门（单位）使用的，本级政府财政部门根据贷款资金支付相关资料及预算指标文件，借记“补助支出”科目，贷记“债务转贷收入”科目；根据债务管理部门转来的相关资料，按照实际承担的债务金额，借记“待偿债净资产——应付主权外债转贷款”科目，贷记本科目。

（3）下级政府财政承担还款责任，贷款资金由下级政府财政同级部门（单位）使用的，本级政府财政部门根据贷款资金支付相关资料，借记“债务转贷支出”科目，贷记“债务转贷收入”；根据债务管理部门转来的相关资料，按照实际承担的债务金额，借记“待偿债净资产——应付主权外债转贷款”科目，贷记本科目；同时，借记“应收主权外债转贷款”科目，贷记“资产基金——应收主权外债转贷款”科目。

3. 期末确认主权外债转贷款的应付利息时，按照债务管理部门计算出的本期应付未付利息金额，借记“待偿债净资产——应付主权外债转贷款”科目，贷记本科目。

4. 偿还本级政府财政承担的借入主权外债转贷款的本金时，借记“债务还本支出”科目，贷记“其他财政存款”等科目；根据债务管理部门转来的相关资料，按照实际偿还的本金金额，借记本科目，贷记“待偿债净资产——应付主权外债转贷款”科目。

5. 偿还本级政府财政承担的借入主权外债转贷款的利息时，借记“一般公共预算本级支出”等科目，贷记“其他财政存款”等科目；实际偿还利息金额中属于已确认的应付利息部分，还应根据债务管理部门转来的相关资料，借记本科目，贷记“待偿债净资产——应付主权外债转贷款”科目。

6. 偿还下级政府财政承担的借入主权外债转贷款的本息时，借记“其他应付款”或“其他应收款”科目，贷记“其他财政存款”等科目；根据债务管理部门转来的相关资料，按照实际偿还的本金及已确认的应付利息金额，借记本科目，贷记“待偿债净资产——应付主权外债转贷款”科目。

7. 被上级政府财政扣缴借入主权外债转贷款的本息时，借记“其他应收款”科目，贷记“与上级往来”科目；根据债务管理部门转来的相关资料，按照被扣缴的本金及已确认的应付利息金额，借记本科目，贷记“待偿债净资产——应付主权外债转贷款”科目。列报支出时，对本级政府财政承担的还本支出，借记“债务还本支出”科目，贷记“其他应收款”科目；对本级政府财政承担的利息支出，借记“一般公共预算本级支出”等科目，贷记“其他应收款”科目。

8. 上级政府财政豁免主权外债转贷款本息时，根据以下情况分别处理：

(1)豁免本级政府财政承担偿还责任的主权外债转贷款本息时，根据债务管理部门转来的相关资料，按照豁免转贷款的本金及已确认的应付利息金额，借记本科目，贷记“待偿债净资产——应付主权外债转贷款”科目。

(2)豁免下级政府财政承担偿还责任的主权外债转贷款本息时，根据债务管理部门转来的相关资料，按照豁免转贷款的本金及已确认的应付利息金额，借记本科目，贷记“待偿债净资产——应付主权外债转贷款”科目；同时，借记“资产基金—应收主权外债转贷款”科目，贷记“应收主权外债转贷款”科目。

【例 5－19】 接例 4－18，2018 年 6 月 30 日，某省政府向某国际金融组织贷款 7 500 000 元，用于该省范围内的公共基础设施建设。该省政府将相应贷款的一部分资金计 3 500 000 元转贷给所属 A 市政府，用以具体落实在该市范围内的相应建设项目。根据约定，相应贷款的期限为 5 年，每年的贷款利息为 40 000 元，A 市政府应按期向省政府偿付贷款本息。市财政总预算会计应编制如下会计分录：

(1)收到上级省政府财政转贷的主权外债资金时：

借：其他财政存款	3 500 000	
贷：债务转贷收入		3 500 000

借：待偿债净资产——应付主权外债转贷款　3 500 000

　　贷：应付主权外债转贷——应付本金　3 500 000

（2）每年确认市政府主权外债转贷款的应付利息时：

借：待偿债净资产——应付主权外债转贷款　40 000

　　贷：应付主权外债转贷款——应付利息　40 000

（3）按时向上级省政府财政支付主权外债转贷款利息时：

借：一般公共预算本级支出　40 000

　　贷：其他财政存款　40 000

借：应付主权外债转贷款——应付利息　40 000

　　贷：待偿债净资产——应付主权外债转贷款　40 000

（4）上级省政府主权外债转贷款到期，市政府财政未按时偿还贷款本金，被省政府财政扣缴时：

借：其他应收款　3 500 000

　　贷：与上级往来　3 500 000

借：应付主权外债转贷款——应付本金　3 500 000

　　贷：待偿债净资产——应付主权外债转贷款　3 500 000

（5）列报债务还本支出时：

借：债务还本支出　3 500 000

　　贷：其他应收款　3 500 000

复习思考题

1. 什么是应付国库集中支付结余？
2. 政府债券包括哪些？有哪些管理规定？
3. 下级财政的应付转贷款与上级财政的应收转贷款是什么关系？
4. 借入款项与应付主权外债转贷款是什么关系？

练习题

1. 2018 年末，某市财政经对账确认本级预算单位尚未使用但可以结转下一年使用的国库集中支付结余资金 200 000 元，其中一般公共预算资金 50 000 元，政府性基金预算资金 150 000 元。2019 年初某市财政替本级预算单位实际支付国库集中支付结余资金 100 000 元，其中一般公共预算资金 50 000 元，政府性基金预算资金 50 000 元。该国库集中支付结余资金全部按原结转预算科目支出。该市财政总会计的账务该如何处理？

2. 中央财政发行 5 年期电子式储蓄国债 8 亿元，实际收到发行金额 8 亿元，票面利率 3%，不考虑发行费用，分年付息，到期一次还本。中央财政总预算会计的账务该如何处理？

3. 某省财政发行一批5年期记账式固定利率附息地方政府一般债券，计划发行面值800 000元，每年年底支付一次利息，到期偿还本金并支付最后一年利息。该期债券采用单一价格招标方式，标的为利率，各中标承销团成员按债券面值承销。经招投标程序确定的债券票面利率为2.45%，实际发行债券面值金额为800 000元，实际收到债券发行收入800 000元，经确认的到期应付债券本金为800 000元，债券实际发行额为800 000元。该期债券发行后上市交易，省财政向相关债承销团成员按承销债券面值的0.1%支付债券发行手续费。3个月后到年末，5年后该期债券到达还本付息日。该省财政总预算会计的账务该如何处理？

4. 某省财政经采用定向承销方式发行5年期地方政府专项置换债券，实际收到发行金额5亿元，其中置换下级A市政府存量专项债务2亿元，置换本级政府专项债务3亿元。该省财政总会计的相关账务该如何处理？

5、某省财政通过财政部向B国政府借入款项1亿元，贷款期限为3年，利率为2.5%，利息一年一付。请分别以下四种情况进行相关账务处理：

(1)本级政府借入，由本级财政管理使用，本级政府承担归还责任。

(2)本级政府财政借入主权外债，由外方将贷款资金直接支付给本级政府用款单位或供应商，且由本级政府归还本金和利息。

(3)本级政府财政借入主权外债，且由外方将贷款资金直接支付给下级政府用款单位或供应商，由本级政府归还本金和利息。

(4)本级政府财政借入主权外债，且由外方将贷款资金直接支付给下级政府用款单位或供应商，由下级政府归还本金和利息。

第六章　财政总预算会计的净资产

净资产是指政府财政资产减去负债的差额。

总会计核算的净资产包括一般公共预算结转结余、政府性基金预算结转结余、国有资本经营预算结转结余、财政专户管理资金结余、专用基金结余、预算稳定调节基金、预算周转金、资产基金和待偿债净资产。可见财政总预算会计的净资产分为三类：一是结转结余类，二是调节周转类，三是平衡类。

1. 结转结余类

结转结余类净资产包括一般公共预算结转结余、政府性基金预算结转结余、国有资本经营预算结转结余、财政专户管理资金结余和专用基金结余。一般公共预算结转结余是指一般公共预算收支的执行结果；政府性基金预算结转结余是指政府性基金预算收支的执行结果；国有资本经营预算结转结余是指国有资本经营预算收支的执行结果；财政专户管理资金结余是指纳入财政专户管理的教育收费等资金收支的执行结果；专用基金结余是指专用基金收支的执行结果。一级政府财政纳入政府预算的主要是四大预算：一般公共预算、政府性基金预算、国有资本经营预算和社会保险基金预算，由于社会保险基金预算有自己独立的会计制度，社会保险基金预算不但账户独立，而且会计也独立，有专门的社会保险基金预算会计进行建账核算。所以财政总预算会计只核算前面三大预算的收支和结转结余，三大预算的结转结余就成为财政总预算会计的净资产的主要内容。一般公共预算、政府性基金预算和国有资本经营预算虽然共用一个国库单一账户，但在国库单一账户中也是分类核算的。而财政专户管理资金虽然没有纳入政府四大预算，但也有独立的银行账户进行管理，需要在总会计中进行独立核算，所以总会计也核算其收支和结余；另外就是专用基金，专用基金的来源有可能是从政府预算内的三大预算和财政专户管理资金中划拨的，也可能是从上级财政补助的，还有国务院规定的其他方式设置的，但毕竟也是独立的账户管理，也需要在总会计中核算其收支和结余。各项结转结余应每年结算一次。

2. 调节周转类

调节周转类净资产包括预算稳定调节基金和预算周转金。预算稳定调节基金是指政府财政安排用于弥补以后年度预算资金不足的储备资金；预算周转金是指政府财政为调剂预算年度内季节性收支差额，保证及时用款而设置的库款周转资金。预算稳定调节基金与预算周转金的不同有两点：

一是预算稳定调节基金是为了平衡跨年度收支，而预算周转金则是为了平衡当年季节性收支。

二是预算周转金更类似于备用金，用了以后必须要归还，一般不能影响其既有的规模；而预算稳定调节基金调入使用后，不强制归还，按照来年预算安排。

3. 平衡类

平衡类净资产主要是财政总预算会计在核算资产负债的时候开始采用双会计分录和双会计核算基础，为了满足“有借必有贷，借贷必相等”的借贷记账法基本要求而设置的会计科目。这类科目包括“资产基金”和“待偿债净资产”两项。资产基金是指政府财政持有的债权和股权投资等资产（与其相关的资金收支纳入预算管理）在净资产中占用的金额。待偿债净资产是指政府财政承担应付短期政府债券、应付长期政府债券、借入款项、应付地方政府债券转贷款、应付主权外债转贷款、其他负债等负债（与其相关的资金收支纳入预算管理）而相应需在净资产中冲减的金额。

第一节　各项结转结余

结转结余是指各类资金收支执行的结果。财政各项结转结余包括一般公共预算结转结余、政府性基金预算结转结余、国有资本经营预算结转结余、专用基金结余和财政专户管理资金结余。各项结转结余必须分别核算，不得混淆。各项结转结余应每年结算一次。

一、一般公共预算结转结余

“一般公共预算结转结余”科目核算政府财政纳入一般公共预算管理的收支相抵形成的结转结余。本科目年终贷方余额反映一般公共预算收支相抵后的滚存结转结余。

“一般公共预算结转结余”的主要账务处理有两个方面：

1. 年终转账时，将一般公共预算的有关收入科目贷方余额转入本科目的贷方，借记“一般公共预算本级收入”“补助收入—— 一般公共预算补助收入”“上解收入—— 一般公共预算上解收入”“地区间援助收入”“调入资金—— 一般公共预算调入资金”“债务收入—— 一般债务收入”“债务转贷收入——地方政府一般债务转贷收入”“动用预算稳定调节基金”等科目，贷记本科目；将一般公共预算的有关支出科目借方余额转入本科目的借方，借记本科目，贷记“一般公共预算本级支出”“上解支出—— 一般公共预算上解支出”“补助支出—— 一般公共预算补助支出”“地区间援助支出”“调出资金—— 一般公共预算调出资金”“安排预算稳定调节基金”“债务转贷支出——地方政府一般债务转贷支出”“债务还本支出—— 一般债务还本支出”等科目。

借：一般公共预算本级收入
　　补助收入——一般公共预算补助收入
　　上解收入——一般公共预算上解收入
　　地区间援助收入
　　调入资金——一般公共预算调入资金
　　债务收入——一般债务收入
　　债务转贷收入——地方政府一般债务转贷收入
　　动用预算稳定调节基金
　　贷：一般公共预算结转结余
借：一般公共预算结转结余
　　贷：一般公共预算本级支出
　　　　上解支出——一般公共预算上解支出
　　　　补助支出——一般公共预算补助支出
　　　　地区间援助支出
　　　　调出资金——一般公共预算调出资金
　　　　安排预算稳定调节基金
　　　　债务转贷支出——地方政府一般债务转贷支出
　　　　债务还本支出——一般债务还本支出

2. 设置和补充预算周转金时，借记本科目，贷记“预算周转金”科目。

借：一般公共预算结转结余
　　贷：预算周转金

二、政府性基金预算结转结余

（一）“政府性基金预算结转结余”的核算内容及明细设置

“政府性基金预算结转结余”科目核算政府财政纳入政府性基金预算管理的收支相抵形成的结转结余。本科目应当根据管理需要，按照政府性基金的种类进行明细核算。本科目年终贷方余额反映政府性基金预算收支相抵后的滚存结转结余。

（二）“政府性基金预算结转结余”的主要账务处理

年终转账时，应将政府性基金预算的有关收入科目贷方余额按照政府性基金种类分别转入本科目下相应明细科目的贷方，借记“政府性基金预算本级收入”“补助收入——政府性基金预算补助收入”“上解收入——政府性基金预算上解收入”“调入资金——政府性基金预算调入资金”“债务收入——专项债务收入”“债务转贷收入——地方政府专项债务转贷收入”等科目，贷记本科目；将政府性基金预算的有关支出科目借方余额按照政府性基金种类分别转入本科目下相应明细科目的借方，借记本科目，贷记“政府性基金预算本级支出”“上解支出——政府性基金预算上解支出”“补助支出——政府性基金预算补助支出”“调出资金——政府性基金预算调出资金”“债务还本支出——专项债务还本支出”“债务转贷支出——地方政府专项债务转贷支出”等科目。

借:政府性基金预算本级收入——××基金
　补助收入——政府性基金预算补助收入——××基金
　上解收入——政府性基金预算上解收入——××基金
　调入资金——政府性基金预算调入资金——××基金
　债务收入——专项债务收入——××基金
　债务转贷收入——地方政府专项债务转贷收入——××基金
　贷:政府性基金预算结转结余——××基金
借:政府性基金预算结转结余——××基金
　贷:政府性基金预算本级支出——××基金
　　上解支出——政府性基金预算上解支出——××基金
　　补助支出——政府性基金预算补助支出——××基金
　　调出资金——政府性基金预算调出资金——××基金
　　债务还本支出——专项债务还本支出——××基金
　　债务转贷支出——地方政府专项债务转贷支出——××基金

三、国有资本经营预算结转结余

“国有资本经营预算结转结余”科目核算政府财政纳入国有资本经营预算管理的收支相抵形成的结转结余。本科目年终贷方余额反映国有资本经营预算收支相抵后的滚存结转结余。

国有资本经营预算结转结余的主要账务处理如下:

年终转账时,应将国有资本经营预算的有关收入科目贷方余额转入本科目贷方,借记“国有资本经营预算本级收入”等科目,贷记本科目;将国有资本经营预算的有关支出科目借方余额转入本科目借方,借记本科目,贷记“国有资本经营预算本级支出”“调出资金——国有资本经营预算调出资金”等科目。

借:国有资本经营预算本级收入
　贷:国有资本经营预算结转结余
借:国有资本经营预算结转结余
　贷:国有资本经营预算本级支出
　　调出资金——国有资本经营预算调出资金

四、财政专户管理资金结余

“财政专户管理资金结余”科目核算政府财政纳入财政专户管理的教育收费等资

金收支相抵后形成的结余。本科目应当根据管理需要，按照部门(单位)等进行明细核算。本科目年终贷方余额反映政府财政纳入财政专户管理的资金收支相抵后的滚存结余。

年终转账时，将财政专户管理资金的有关收入科目贷方余额转入本科目贷方，借记“财政专户管理资金收入”等科目，贷记本科目；将财政专户管理资金的有关支出科目借方余额转入本科目借方，借记本科目，贷记“财政专户管理资金支出”等科目。

借：财政专户管理资金收入
　　贷：财政专户管理资金结余
借：财政专户管理资金结余
　　贷：财政专户管理资金支出

五、专用基金结余

“专用基金结余”科目核算政府财政管理的专用基金收支相抵形成的结余。本科目应当根据专用基金的种类进行明细核算。本科目年终贷方余额反映政府财政管理的专用基金收支相抵后的滚存结余。

年终转账时，将专用基金的有关收入科目贷方余额转入本科目贷方，借记“专用基金收入”等科目，贷记本科目；将专用基金的有关支出科目借方余额转入本科目借方，借记本科目，贷记“专用基金支出”等科目。

借：专用基金收入——××基金
　　贷：专用基金结余——××基金
借：专用基金结余——××基金
　　贷：专用基金支出——××基金

【例 6—1】 2018 年终，某省各项收入余额如下：

一般公共预算本级收入 13 000 万元
政府性基金预算本级收入 200 万元
国有资本经营预算本级收入 100 万元
财政专户管理资金收入 100 万元
补助收入 500 万元
　　一般公共预算补助 270 万元
　　政府性基金预算补助 230 万元
上解收入 40 万元
　　一般公共预算上解收入 30 万元
　　政府性基金预算上解收入 10 万元
从政府性基金预算调出 23 万元入一般公共预算
专项债务收入 150 万元

(1)结转一般公共预算的各项收入

借:一般公共预算本级收入	130 000 000	
补助收入——一般公共预算补助收入	2 700 000	
上解收入——一般公共预算上解收入	300 000	
调入资金——一般公共预算调入资金	230 000	
贷:一般公共预算结转结余		133 230 000

(2)结转政府性基金预算的各项收入

借:政府性基金预算本级收入	2 000 000	
补助收入——政府性基金预算补助收入	2 300 000	
上解收入——政府性基金预算上解收入	100 000	
债务收入——专项债务收入	1 500 000	
贷:政府性基金预算结转结余		5 900 000

(3)结转国有资本经营预算本级收入

借:国有资本经营预算本级收入	1 000 000	
贷:国有资本经营预算结转结余		1 000 000

(4)结转财政专户管理资金收入

借:财政专户管理资金收入	1 000 000	
贷:财政专户管理资金结余		1 000 000

【例6—2】 2018年终,某省各项支出余额如下:

一般公共预算本级支出12 000万元

政府性基金预算本级支出200万元

补助支出312万元

　一般公共预算补助支出290万元

　政府性基金预算补助支出22万元

上解支出100万元

　一般公共预算上解支出70万元

　政府性基金预算补助支出30万元

国有资本经营预算本级支出800万元

财政专户管理资金支出80万元

从政府性基金预算调出23万元入一般公共预算

(1)结转一般公共预算的各项支出

借:一般公共预算结转结余	123 600 000	
贷:一般公共预算本级支出		120 000 000
上解支出——一般公共预算上解支出		700 000
补助支出——一般公共预算补助支出		2 900 000

(2)结转政府性基金预算的各项支出

借:政府性基金预算结转结余　2 750 000

　贷:政府性基金预算本级支出　2 000 000

　　上解支出——政府性基金预算上解支出　300 000

　　补助支出——政府性基金预算补助支出　220 000

　　调出资金——政府性基金预算调出资金　230 000

(3)结转国有资本经营预算本级支出

借:国有资本经营预算结转结余　8 000 000

　贷:国有资本经营预算本级支出　8 000 000

(4)结转财政专户管理资金支出

借:财政专户管理资金结余　800 000

　贷:财政专户管理资金支出　800 000

第二节　预算稳定调节基金和预算周转金

一、预算稳定调节基金

预算稳定调节基金是指政府财政设置的用于弥补以后年度预算资金不足的储备资金。它是各级财政为平衡各预算年度之间预算收支的差异,保证各年度预算资金的收支平衡和预算稳定而设置的调节基金。在数额上,预算稳定调节基金等于由安排预算稳定调节基金等形成的预算稳定调节基金减去动用预算稳定调节基金后的差额。其中,安排预算稳定调节基金是指从财政超收收入中安排或从一般公共预算结余补充的预算稳定调节基金;动用预算稳定调节基金是指为弥补财政短收年份预算执行收支缺口而调用的预算稳定调节基金。

"预算稳定调节基金"科目核算政府财政设置的用于弥补以后年度预算资金不足的储备资金。本科目期末贷方余额反映预算稳定调节基金的规模。

"预算稳定调节基金"的主要账务处理如下:

1. 使用超收收入或一般公共预算结余补充预算稳定调节基金时,借记"安排预算稳定调节基金"科目,贷记本科目。

2. 将预算周转金调入预算稳定调节基金时,借记"预算周转金"科目,贷记本科目。

3. 调用预算稳定调节基金时,借记本科目,贷记"动用预算稳定调节基金"科目。

【例 6－3】　年度终了,A 市财政从财政超收收入中安排预算稳定调节基金 450 000 元,该市财政总预算会计的账务处理如下:

借：安排预算稳定调节基金　450 000
　　贷：预算稳定调节基金　450 000
借：一般公共预算结转结余　450 000
　　贷：安排预算稳定调节基金　450 000

【例 6—4】 年度终了，B 市财政为弥补财政短收年份预算执行收支缺口而调用预算定调节基金 850 000 元，该市财政总预算会计的账务处理如下：

借：预算稳定调节基金　850 000
　　贷：动用预算稳定调节基金　850 000
借：动用预算稳定调节基金　850 000
　　贷：一般公共预算结转结余　850 000

二、预算周转金

预算周转金是指政府财政为调剂预算年度内季节性收支差额，保证及时用款而设置的库款周转资金。预算收支在全年平衡的情况下，月份和季度之间也是不平衡的，不是收大于支，就是支大于收。这是因为：一是收入和支出的季节性是不同的，往往年初收入较少而支出较大；二是收入是逐日收取的，支出则不是逐日均衡发生的；三是征收、报解、转拨的途中，各级国库之间、国库与单位开户行之间的运行也需要一定时日。为了平衡季节性收支，必须设置相应的预算周转金。预算周转金一般从本级一般公共预算结转结余中设置和补充。预算周转金规模按规定减少时，可以将预算周转金调入预算稳定调节基金。

预算周转金是临时周转用，性质类似备用金，所以用预算周转金支付支出时，不必减少预算周转金规模，但可以作为相关支出发生和国库存款的减少。

“预算周转金”科目核算政府财政设置的用于调剂预算年度内季节性收支差额周转使用的资金。本科目期末贷方余额反映预算周转金的规模。预算周转金应根据《中华人民共和国预算法》的要求设置。

“预算周转金”的主要账务处理如下：

1. 设置和补充预算周转金时，借记“一般公共预算结转结余”科目，贷记本科目。

2. 将预算周转金调入预算稳定调节基金时，借记本科目，贷记“预算稳定调节基金”科目。

【例 6—5】 A 市财政局按规定补充用于平衡季节性预算收支差额周转使用的预算周转金 1 000 000 元。该市财政总预算预算会计的账务处理如下：

借：一般公共预算结转结余　1 000 000
　　贷：预算周转金　1 000 000

【例 6—6】 年度终了，B 市财政按规定减少预算周转金现有规模，将预算周转金 100 000 元调入预算稳定调节基金。该市财政总预算预算会计的账务处理如下：

借：预算周转金　　100 000

　　贷：预算稳定调节基金　　100 000

【例 6—7】 2019 年 6 月，B 市财政按规定用预算周转金周转，支付一般公共预算本级支出 800 000 元，该市财政总预算预算会计的账务处理如下：

借：一般公共预算本级支出　　800 000

　　贷：国库存款——一般公共预算存款　　800 000

第三节　资产基金和待偿债净资产

一、资产基金

“资产基金”科目核算政府财政持有的应收地方政府债券转贷款、应收主权外债转贷款、股权投资和应收股利等资产（与其相关的资金收支纳入预算管理）在净资产中占用的金额。本科目下应当设置“应收地方政府债券转贷款”“应收主权外债转贷款”“股权投资”“应收股利”等明细科目，进行明细核算。所以当涉及“应收地方政府债券转贷款”“应收主权外债转贷款”“股权投资”和“应收股利”等资产类科目发生变化时，“资产基金”相关明细也会发生相应的变化。

资产基金的账务处理参见“应收地方政府债券转贷款”“应收主权外债转贷款”“股权投资”和“应收股利”等科目的使用说明。

本科目期末贷方余额，反映政府财政持有应收地方政府债券转贷款、应收主权外债转贷款、股权投资和应收股利等资产（与其相关的资金收支纳入预算管理）在净资产中占用的金额。

二、待偿债净资产

“待偿债净资产”科目核算政府财政因发生应付政府债券、借入款项、应付地方政府债券转贷款、应付主权外债转贷款、其他负债等负债（与其相关的资金收支纳入预算管理）相应需在净资产中冲减的金额。本科目下应当设置“应付短期政府债券”“应付长期政府债券”“借入款项”“应付地方政府债券转贷款”“应付主权外债转贷款”“其他负债”等明细科目，进行明细核算。所以当涉及“应付短期政府债券”“应付长期政府债券”“借入款项”“应付地方政府债券转贷款”“应付主权外债转贷款”“其他负债”等负债类科目发生变化时，“待偿债净资产”相关明细也会发生相应的变化。

待偿债净资产的账务处理参见“应付短期政府债券”“应付长期政府债券”“借入款项”“应付地方政府债券转贷款”“应付主权外债转贷款”和“其他负债”等科目的使用说明。

本科目期末借方余额，反映政府财政承担应付政府债券、借入款项、应付地方政府债券转贷款、应付主权外债转贷款和其他负债等负债（与其相关的资金收支纳入预算管理）而相应需冲减净资产的金额。

“待偿债净资产”科目核算负债（与其相关的资金收支纳入预算管理）相应需在净资产中冲减的金额。“资产基金”科目核算资产（与其相关的资金收支纳入预算管理）在净资产中占用的金额。所以前者与负债有关，后者与资产有关。

复习思考题

1. 财政总预算会计核算哪些结转结余类科目？它们各自核算的内容是什么？
2. 什么是预算稳定调节基金？什么是预算周转金？两者有什么不同？
3. 为什么要设置“资产基金”和“待偿债净资产”？
4.“资产基金”和“待偿债净资产”各有哪些明细？
5. 财政总预算会计净资产可以分为哪三类？

练习题

1. 某市财政局全年发生的收入支出如下，请做年终转账会计分录：

(1)各项收入：

一般公共预算本级收入 2.5 亿元

补助收入 1 200 万元

　　一般公共预算补助收入 1 000 万元

　　政府性基金预算补助收入 200 万元

上解收入 200 万元

　　一般公共预算上解收入 180 万元

　　政府性基金预算上解收入 20 万元

从国有资本经营预算调入一般公共预算资金 100 万元

从政府性基金预算调入一般公共预算资金 200 万元

债务转贷收入 2 000 万元

　　地方政府一般债务转贷收入 1 000 万元

　　地方政府专项债务转贷收入 1 000 万元

动用预算稳定调节基金 50 万元

政府性基金预算本级收入 2 000 万元

国有资本经营预算本级收入 500 万元

财政专户管理资金收入 700 万元

专用基金收入 200 万元

(2)各项支出

一般公共预算本级支出 2 亿元

上解支出 1 000 万元

一般公共预算上解支出 800 万元

政府性基金预算上解支出 200 万元

补助支出 850 万元

一般公共预算补助支出 810 万元

政府性基金预算补助支出 40 万元

从国有资本经营预算调入一般公共预算资金 100 万元

从政府性基金预算调入一般公共预算资金 200 万元

安排预算稳定调节基金 100 万元

债务转贷支出 150 万元

地方政府一般债务转贷支出 50 万元

地方政府专项债务转贷支出 100 万元

政府性基金预算本级支出 1 200 万元

国有资本经营预算本级支出 100 万元

财政专户管理资金支出 600 万元

专用基金支出 100 万元

2. 某市财政局按规定补充用于平衡季节性预算收支差额周转使用的预算周转金 1 500 000 元。某市财政总会计的账务该如何处理?

3. 2019 年 8 月,某市财政按规定用预算周转金周转,支付一般公共预算本级支出 230 000 元。该市财政总预算预算会计的账务该如何处理?

第七章 财政总预算会计的收入

第一节 财政总预算会计核算的收入范围和定义

财政收入是指政府财政为实现政府职能，根据法律法规等所筹集的资金。2015年的《财政总预算会计制度》规定：总会计核算的收入包括一般公共预算本级收入、政府性基金预算本级收入、国有资本经营预算本级收入、财政专户管理资金收入、专用基金收入、转移性收入、债务收入和债务转贷收入等。

一、财政总预算会计核算的收入范围

政府预算包括一般公共预算、政府性基金预算、国有资本经营预算和社会保险基金预算。社会保险基金预算资金由社会保险基金会计制度进行规范和核算，所以不属于财政总预算会计的核算范围，财政总预算会计中的收入不包括社会保险基金预算收入。财政总预算会计不仅核算政府预算中前三大预算的资金，还核算财政专户管理的资金（这些资金一般不纳入政府预算中）。一般公共预算、政府性基金预算和国有资本经营预算都有本级预算收入，一般公共预算和政府性基金预算还有债务收入、转移性收入（包括债务转贷收入），国有资本经营预算只有转移性收入（不包括债务转贷收入）而没有债务收入。所以，属于一般公共预算的收入有：一般公共预算本级收入、转移性收入（一般公共预算性质）、债务收入（一般公共预算性质）。政府性基金预算收入有：政府性基金预算本级收入、转移性收入（政府性基金预算性质）、债务收入（政府性基金预算性质）。国有资本经营预算的收入有：国有资本经营预算本级收入、转移性收入（国有资本经营预算性质）。另外由于财政总预算会计还核算财政专户管理的资金，所以财政总预算会计类科目中还有财政专户管理资金收入。专用基金收入一般是通过同级一般公共预算支出安排而取得的，所以是一般公共预算安排的，属于一般公共预算的支出，也属于一般公共预算资金，也是财政总预算会计收入的核算范围。

二、财政总预算会计核算的各类收入的定义

一般公共预算本级收入是指政府财政筹集的纳入本级一般公共预算管理的税收

收入和非税收入。

政府性基金预算本级收入是指政府财政筹集的纳入本级政府性基金预算管理的非税收入。

国有资本经营预算本级收入是指政府财政筹集的纳入本级国有资本经营预算管理的非税收入。

财政专户管理资金收入是指政府财政纳入财政专户管理的教育收费等资金收入。

专用基金收入是指政府财政根据法律法规等规定设立的各项专用基金(包括粮食风险基金等)取得的资金收入。

转移性收入是指在各级政府财政之间进行资金调拨以及在本级政府财政不同类型资金之间调剂所形成的收入,包括补助收入、上解收入、调入资金和地区间援助收入等。其中,补助收入是指上级政府财政按照财政体制规定或因专项需要补助给本级政府财政的款项,包括上级税收返还、转移支付等。上解收入是指按照财政体制规定由下级政府财政上交给本级政府财政的款项。调入资金是指政府财政为平衡某类预算收支、从其他类型预算资金及其他渠道调入的资金。地区间援助收入是指受援方政府财政收到援助方政府财政转来的可统筹使用的各类援助、捐赠等资金收入。

债务收入是指政府财政根据法律法规等规定,通过发行债券、向外国政府和国际金融组织借款等方式筹集的纳入预算管理的资金收入。

债务转贷收入是指本级政府财政收到上级政府财政转贷的债务收入。

一般公共预算本级收入、政府性基金预算本级收入、国有资本经营预算本级收入、财政专户管理资金收入和专用基金收入应当按照实际收到的金额入账。转移性收入应当按照财政体制的规定或实际发生的金额入账。债务收入应当按照实际发行额或借入的金额入账,债务转贷收入应当按照实际收到的转贷金额入账。

第二节　预算收入的管理

一、预算收入的组织机构

为了保证预算收入的顺利执行,我国设立了专门的征收机关和出纳机关来共同负责组织预算收入。

1. 征收机关

政府预算经过法定程序批准之后就必须正确地组织实施。根据现行规定,政府预算收入分别由各级财政部门、税务部门和海关等负责管理、组织征收或监缴,这些机构通称为征收机构。

(1)财政部门

财政部门是预算执行的管理机构，是预算收入执行的统一负责部门，其职责定位较为宏观，所以征收职能相对薄弱。预算收入中的非税收入、债务收入和转移收入一般由财政部门执行。

(2)海关

海关主要负责征收关税、由海关代征的进口产品的消费税、增值税以及海关罚没收入等。

(3)税务部门

税务部门主要负责征收工商税收、企业所得税和国家规定由税务部门负责征收的其他预算收入。其范围涵盖了除财政部门负责征收的预算收入和海关代征的税收收入之外的税收收入和税收附加收入。

(4)其他

凡不属于上述范围的预算收入，以国家规定负责管理征收的单位为征收机构，如公安、法院、检察院等。未经国家批准，不得自行增设征收机构。

《预算法》规定：预算收入征收部门和单位，必须依照法律、行政法规的规定，及时、足额征收应征的预算收入。不得违反法律、行政法规规定，多征、提前征收或者减征、免征、缓征应征的预算收入，不得截留、占用或者挪用预算收入。

2. 出纳机关

《中华人民共和国国家金库条例》规定，国家金库负责办理国家预算资金的收入和支出。现行《预算法》规定，中央国库业务由中国人民银行经理，地方国库业务依照国务院的有关规定办理。各级国库应当按照国家有关规定，及时准确地办理预算收入的收纳、划分、留解、退付和预算支出的拨付。

(1)国库的机构设置

现行《预算法》规定，县级以上各级预算必须设立国库，具备条件的乡、民族乡、镇也应当设立国库。

《中华人民共和国国家金库条例》规定：我国国家金库的组织机构是按照国家财政管理体制设立的，本着国家统一领导、分级管理的原则，一级财政设立一级国库。目前，我国的国库分为总库、分库、中心支库、支库四级。由中国人民银行总行负责经理总库，各省、自治区、直辖市分行设置分库，在各地(市)中心支行设立中心支库，在县(市)支行设置支库。在支行以下的办事处、分理处、营业所可以设立国库经收处。较大的省辖市分(支)行所属办事处根据需要可以设立支库。各省、自治区、直辖市分行及其所属的各级国库，既是中央国库的分支机构，又是各级地方财政的国库。国库的业务工作实行垂直领导，分库以下各级国库的工作应该直接对上级国库负责。下级国库应该定期向上级国库报告工作情况，上级国库可以直接布置检查下级国库工作。

(2)国库的职责和权限

国库工作是政府预算管理工作的重要组成部分，是办理政府预算收支的重要基础工作。根据《中华人民共和国国家金库条例实施细则》的有关规定，国库的基本职责包括：准确及时地收纳各项预算收入；按照财政制度的有关规定和银行的开户管理办法，为各级财政机关开立账户；对各级财政库款和预算收入进行会计账务核算；分析预算的执行情况；组织管理并且检查下级国库以及国库经收处的工作，总结交流经验，解决存在的问题；办理国家交办的同国库有关的其他工作。

国库的权限包括：监督预算收入的缴库；正确执行预算收入划分和留解比例规定；按照规定办理收入退库；监督财政存款的开户和财政库款的支拨；拒绝办理违反国家规定的事项；拒绝受理不符合规定的凭证。

二、预算收入的收纳、划分与退付

1. 预算收入的列报基础

已建乡（镇）国库的地区，乡（镇）财政的本级收入以乡（镇）国库收到数为准。县（含县本级）以上各级财政的各项预算收入（含固定收入与共享收入）以缴入基层国库数额为准。未建乡（镇）国库的地区，乡（镇）财政的本级收入以乡（镇）总会计收到县级财政返回数额为准。基层国库在年度库款报解整理期内收到经收处报来上年度收入，记入上年度账；整理期结束后，收到上年度收入一律记入新年度账。

总会计应当加强各项收入的管理，严格会计核算手续。对于各项收入的账务处理必须以审核无误的国库入库凭证、预算收入日报表和其他合法凭证为依据。发现错误，应当按照相关规定及时通知有关单位共同更正。

2. 预算收入的收纳方式

为了保证应缴的各级政府一切预算收入及时、足额地缴入各级国库或者规定的财政专户，就要根据应缴款的企业、单位和个人的具体情况规定相应的缴库方式。2001年以前，我国预算收入缴库方式分为就地缴库、集中缴库和自收汇缴三种方式。

2001年3月16日，财政部、中国人民银行联合签发了《财政国库管理制度改革试点方案》的通知，该方案规定将财政收入的收缴分为直接缴库和集中汇缴两种方式。直接缴库是由缴款单位或缴款人按照有关法律法规规定，直接将应缴款收入缴入国库或预算外资金财政专户。集中汇缴是由征收机关按照有关法律法规规定，将所收的应缴收入汇总缴入国库或预算外资金财政专户。现行《预算法》规定，国家实行国库集中收缴和集中支付制度，对政府全部收入和支出实行国库集中收付管理。所以现行的缴库方式只能是直接缴库和集中汇缴两种。

3. 预算收入的划分

在我国，国家的各项职能是由各级政府合作完成的，各级政府分别承担一定的政治、经济任务。因此中央与地方政府之间以及地方各级政府之间，必须通过明确的预算收入划分来保证其行使应有职能的财力。预算收入在各级财政之间的划分作为政府预算管理的一项基本内容，是实现预算分级管理，确保财权、事权统一，解决中央财政和地方财政之间分配关系的核心内容。预算收入的划分是国库按照政府预算管理体制的规定，将收纳入库的预算收入在中央预算与地方预算之间以及各级地方预算之间进行计算划分。按照"分税制"财政体制中预算管理体制的规定，预算收入一般可划分为中央预算固定收入、地方预算固定收入和共享收入。

（1）中央预算的固定收入。按照现行财政体制划分，属于中央预算固定收入的主要有：关税，海关代征消费税和增值税，船舶吨税，消费税，中央企业所得税，车辆购置税中央企业上缴利润等。

（2）地方预算的固定收入。属于地方预算固定收入的主要有：地方企业上缴利润，城镇土地使用税，城市维护建设税（不含铁路总公司、各银行总行、各保险总公司集中缴纳的部分），房产税，车船税，印花税，耕地占用税，契税，土地增值税，烟叶税，环境保护税，国有土地有偿使用收入等。

（3）中央与地方共享收入。中央与地方共享收入是指中央与地方财政之间共同参与分享的预算收入。我国现行的共享收入主要有：增值税，资源税，个人所得税，企业所得税和证券交易印花税等。其中增值税中央与地方五五分享，企业所得税和个人所得税中央与地方六四分享，资源税按资源品种划分中央预算与地方预算的分享份额。

至于预算收入在地方各级财政之间的划分，则由上一级财政制定本级与下级财政之间的财政管理体制，按照规定的方法划分执行。因为各地方的情况不同，其划分的方法也不尽相同。

4. 预算收入的退付

对于已缴入国库和财政专户的收入退库（付），要严格把关，强化监督。凡不属于国家规定的退库（付）项目，一律不得冲退收入。属于国家规定的退库（付）事项，具体退库（付）程序按财政部的有关规定办理。

国库收纳预算收入的退付，必须在国家规定的退库项目范围内，按照规定的审批程序办理。属于下列范围的，可以办理收入退库：

（1）由于工作疏忽、发生技术性差错需要退库的。

（2）改变企业隶属关系办理财务结算需要退库的。

（3）企业按计划上缴税利，超过应缴数额需要退库的；按规定可以从预算收入中退库的国有企业计划亏损补贴。

（4）财政部明文规定或专项批准的其他退库项目。

凡是不符合规定的收入退库，各级财政机关、税务机关不得办理审批手续，各级国库对不合规定的退库有权拒绝办理。预算收入的退库由各级国库办理，国库经收处只办理库款收纳，不办理预算收入的退付。预算收入库款的退库，应按预算收入的级次办理。中央预算收入退库，从中央级库款中退付；地方各级预算固定收入的退库，从地方各级库款中退付；各种分成收入的退库（包括总额分成和固定比例分成收入的退库），按规定的分成比例，分别从上级和本级库款中退付。各单位和个人申请退库，应向财政、征收机关填具退库申请书。退库申请书由财政或征收机关统一印制，也可由申请退库的单位按财政、征收机关规定的统一格式自行印制。

第三节　一般公共预算本级收入

一、“一般公共预算本级收入”的核算内容及明细设置

“一般公共预算本级收入”科目核算政府财政筹集的纳入本级一般公共预算管理的税收收入和非税收入。本科目应当根据《政府收支分类科目》中“一般公共预算收入科目”规定进行明细核算。本科目平时贷方余额反映一般公共预算本级收入的累计数。年终转账后，本科目无余额。

根据《2019 年政府收支分类科目》，预算收入科目分设类、款、项、目四级，所以“一般公共预算本级收入”总账科目应下设四级明细。按照《2019 年政府收支分类科目》一般公共预算应该有 4 类，除了税收收入和非税收入外，还有债务收入和转移性收入。但只有税收收入和非税收入这两类收入在“一般公共预算本级收入”科目核算，债务收入和转移性收入则在其他相关收入科目核算。

1. 税收收入

税收收入包括以下 20 个款级科目：

(1)增值税：该科目下设国内增值税、进口货物增值税、出口货物退增值税、改征增值税、改征增值税出口退税 5 个项级科目。反映按《中华人民共和国增值税暂行条例》征收的国内增值税、进口货物增值税和经审批退库出口货物增值税。

(2)消费税：该科目下设国内消费税、进口消费品消费税、出口消费品退消费税 3 个项级科目。反映按《中华人民共和国消费税暂行条例》征收的国内消费税、进口消费品消费税和经审批退库出口消费品消费税。

(3)企业所得税：该科目下设国有冶金工业所得税、国有有色金属工业所得税、国有煤炭工业所得税、国有电力工业所得税、国有石油和化学工业所得税、国有汽车工业所得税、分支机构汇算清缴所得税、企业所得税税款滞纳金罚款加收利息等 50 个项级科目。反映按《中华人民共和国企业所得税法》征收的各类企业所得税。

(4)企业所得税退税：该科目下设国有冶金工业所得税退税、国有有色金属工业所得税退税、国有煤炭工业所得税退税、国有电力工业所得税退税、国有石油和化学工业所得税退税、国有汽车工业所得税退税等 37 个项级科目。反映财政部门按“先征后退”政策审批退库的企业所得税。

(5)个人所得税：该科目下设个人所得税和个人所得税税款滞纳金罚款收入 2 个项级科目。反映按《中华人民共和国个人所得税法》等法律法规征收的个人所得税。

(6)资源税:该科目下设海洋石油资源税、水资源税收入、其他资源税和资源税税款滞纳金罚款收入4个项级科目。反映按《中华人民共和国资源税暂行条例》等文件征收的资源税。

(7)城市维护建设税:该科目下设国有企业城市维护建设税、集体企业城市维护建设税、股份制企业城市维护建设税、联营企业城市维护建设税等11个项级科目。反映按《中华人民共和国城市维护建设税暂行条例》征收的城市维护建设税。

(8)房产税:该科目下设国有企业房产税、集体企业房产税、股份制企业房产税、联营企业房产税等8个项级科目。反映税务部门按《中华人民共和国房产税暂行条例》征收的房产税。

(9)印花税:该科目下设证券交易印花税、其他印花税以及印花税税款滞纳金罚款收入3个项级科目。反映按《中华人民共和国印花税暂行条例》征收的印花税。

(10)城镇土地使用税:该科目下设国有企业城镇土地使用税、集体企业城镇土地使用税、股份制企业城镇土地使用税、联营企业城镇土地使用税等8个项级科目。反映按《中华人民共和国城镇土地使用税暂行条例》征收的城镇土地使用税。

(11)土地增值税:该科目下设国有企业土地增值税、集体企业土地增值税、股份制企业土地增值税、联营企业土地增值税等8个项级科目。反映按《中华人民共和国土地增值税暂行条例》征收的土地增值税。

(12)车船税:该科目下设车船税和车船税税款滞纳金罚款收入2个项级科目。反映按《中华人民共和国车船税法》征收的车船税。

(13)船舶吨税:该科目下设船舶吨税和船舶吨税税款滞纳金罚款收入2个项级科目。反映按《中华人民共和国船舶吨税暂行条例》征收的船舶吨税。

(14)车辆购置税:该科目下设车辆购置税和车辆购置税税款滞纳金罚款收入2个项级科目。反映按《中华人民共和国车辆购置税暂行条例》征收的车辆购置税。

(15)关税:该科目下设关税、特别关税、特别关税税款滞纳金罚款收入及关税退税4个项级科目。反映海关按《中华人民共和国进出口关税条例》征收的关税。

(16)耕地占用税:该科目下设耕地占用税、耕地占用税退税以及耕地占用税税款滞纳金罚款收入3个项级科目。反映按《中华人民共和国耕地占用税暂行条例》征收的耕地占用税。

(17)契税:该科目下设契税和契税税款滞纳金罚款收入2个项级科目。反映按《中华人民共和国契税暂行条例》征收的契税。

(18)烟叶税:该科目下设烟叶税和烟叶税税款滞纳金罚款收入2个项级科目。反映按《中华人民共和国烟叶税暂行条例》征收的烟叶税。

(19)环境保护税:该科目下设环境保护税和环境保护税税款滞纳金罚款收入2个项级科目。反映按《中华人民共和国环境保护税法》征收的环境保护税。

(20)其他税收收入:反映除前面19个项目以外的其他税收收入,包括有关已停征税种的尾欠款。

上述有关税收收入的每个项级科目下，再根据具体情况分设若干目级科目进行分类分层次核算。

2. 非税收入

非税收入包括以下 8 个款级科目：

(1)专项收入：该科目下设教育费附加收入、三峡库区移民专项收入、铀产品出售收入、水利建设专项收入、残疾人就业保障金收入等 13 个项级科目，反映纳入一般公共预算管理的有专项用途的非税收入。

(2)行政事业性收费收入：该科目下设公安行政事业性收费收入、法院行政事业性收费收入、外交行政事业性收费收入、商贸行政事业性收费收入等 57 个项级科目，反映依据国家法律、行政法规、国务院有关规定、国务院财政部门会同价格主管部门共同发布的规章或规定，或依据省、自治区、直辖市的地方性法规、政府规章或规定，省、自治区、直辖市人民政府财政部门会同价格主管部门共同发布的规定所收取缴纳的各项收费收入。

(3)罚没收入：该科目下设一般罚没收入、缉私罚没收入、缉毒罚没收入、罚没收入退库 4 个项级科目，反映执法机关依法收缴的罚款(罚金)、没收款、赃款以及没收物资、赃物的变价款收入。

(4)国有资本经营收入：该科目下设利润收入、股利股息收入、产权转让收入、清算收入、国有资本经营收入退库、国有企业计划亏损补贴、烟草企业上缴专项收入、其他国有资本经营收入 8 个项级科目，反映各级人民政府及其部门、机构履行出资人职责的企业(即一级企业)上缴的国有资本收益。

(5)国有资源(资产)有偿使用收入：该科目下设海域使用金收入、场地和矿区使用费收入、特种矿产品出售收入、专项储备物资销售收入、利息收入、非经营性国有资产收入、出租车经营权有偿出让和转让收入、无居民海岛使用金收入及其他国有资源(资产)有偿使用收入等 21 个项级科目，反映有偿转让国有资源(资产)使用费而取得的收入。

(6)捐赠收入：该科目下设国外捐赠收入、国内捐赠收入两个项级科目，反映按《财政部关于加强非税收入管理的通知》的规定以政府名义接受的捐赠收入。

(7)政府住房基金收入：该科目下设上缴管理费用、计提公共租赁住房资金、公共租赁住房租金收入、配建商业设施租售收入和其他政府住房基金收入 5 个项级科目，反映按《住房公积金管理条例》等规定收取的政府住房基金收入。

(8)其他收入：该科目下设主管部门集中收入、免税商品特许经营费收入、基本建设收入、差别电价收入、债务管理收入、南水北调工程基金收入和其他收入 7 个项级科目，反映除上述各款之外的收入。

每个“项”级下面还设立了若干个“目”。

二、"一般公共预算本级收入"的主要账务处理

1. 收到款项时，根据当日预算收入日报表所列一般公共预算本级收入数，借记"国库存款"等科目，贷记本科目。

2. 年终转账时，本科目贷方余额全数转入"一般公共预算结转结余"科目，借记本科目，贷记"一般公共预算结转结余"科目。结转后，本科目无余额。

【例7—1】 某市财政收到国库报送的预算收入日报表，列示属于本级的一般公共预算收入数如下：

单位：元

土地增值税	170 000
个人所得税	73 000
城市维护建设税	16 000
契税	60 000
合计	319 000

应该编制分录：

借：国库存款——一般公共预算存款　　319 000

　　贷：一般公共预算本级收入　　319 000

然后按照预算收入日报表中所列的各项收入，登记一般公共预算本级收入的明细账：

——税收收入——土地增值税 170 000

——税收收入——个人所得税 73 000

——税收收入——城市维护建设税 16 000

——税收收入——契税 60 000

【例7—2】 某市财政收到国库报送的预算收入日报表，列示属于一般公共预算本级收入如下：

单位：元

个人所得税	73 000
城市维护建设税	16 000
企业所得税退税	—120 000
合计	—31 000

应该编制分录：

借：国库存款——一般公共预算存款　　—31 000

贷：一般公共预算本级收入　　　　　　　　　　　　　　　　　　　　－31 000

（负号数字也可以用红字表示）

然后按照预算收入日报表中所列的各项收入，登记一般公共预算本级收入的明细账：

——税收收入——个人所得税 73 000

——税收收入——城市维护建设税 16 000

——税收收入——企业所得税退税－120 000

【例 7－3】 某市财政年终将"一般公共预算本级收入"科目的贷方余额 3 590 000 元全部结转。财政总预算会计应该编制如下会计分录：

借：一般公共预算本级收入　　　　　　　　　　　　　　3 590 000

　贷：一般公共预算结转结余　　　　　　　　　　　　　　3 590 000

第四节　政府性基金预算本级收入

政府性基金预算收入是依照法律、行政法规的规定在一定期限内向特定对象征收、收取或者以其他方式筹集的资金，专项用于特定公共事业发展。政府性基金预算本级收入是指政府财政筹集的纳入本级政府性基金预算管理的非税收入。

一、"政府性基金预算本级收入"的核算内容及明细设置

"政府性基金预算本级收入"科目核算政府财政筹集的纳入本级政府性基金预算管理的非税收入。本科目应当根据《政府收支分类科目》中"政府性基金预算收入科目"的规定进行明细核算。本科目平时贷方余额反映政府性基金预算本级收入的累计数。年终转账后，本科目无余额。

2019 年《政府收支分类科目》中政府性基金预算收入科目也分为类、款、项、目四层，共有三类：非税收入、债务收入和转移性收入。"政府性基金预算本级收入"科目只核算非税收入，债务收入和转移性收入与一般公共预算收入中债务收入和转移性收入一样在相关的收入科目中核算。所以"政府性基金预算本级收入"可以只按照非税收入下的款、项、目设立明细。非税收入下属于政府性基金预算收入的又分为两"款"：政府性基金收入和专项债券对应项目专项收入。

1. 政府性基金收入，反映各级政府及其所属部门按照法律、行政法规规定并经国务院或者财政部批准，向公民、法人和其他组织征收的政府性基金，以及参照政府基金管理或纳入基金预算，具有特定用途的财政资金。本科目下设 27 个项级科目：农网还贷资金收入、铁路建设基金收入、民航发展基金收入、海南省高等级公路车辆通行附加费收入、港口建设费收入、旅游发展基金收入、国家电影事业发展专项资金收入、国有

土地收益基金收入、农业土地开发资金收入、国有土地使用权出让收入、大中型水库移民后期扶持基金收入、大中型水库库区基金收入、三峡水库库区基金收入、中央特别国债经营基金收入、中央特别国债经营基金财务收入、彩票公益金收入、城市基础设施配套费收入、小型水库移民扶助基金收入、国家重大水利工程建设基金收入、车辆通行费、核电站乏燃料处理处置基金收入、可再生能源电价附加收入、船舶油污损害赔偿基金收入、废弃电器电子产品处理基金收入、污水处理费收入、彩票发行机构和彩票销售机构的业务费用、其他政府性基金收入等。

以上政府性基金收入的有关“项”级科目下，再分设若干“目”级科目。例如，在农网还贷资金收入项级科目下，再分设中央农网还贷资金收入和地方农网还贷资金收入两个目级科目，分别反映缴入中央国库和缴入地方国库的农网还贷资金收入；在彩票公益金收入项级科目下，再分设福利彩票公益金收入、体育彩票公益金收入两个目级科目，分别反映彩票公益金收入的来源或种类。

2. 专项债券对应项目专项收入，反映地方政府专项债券对应项目形成，可用于偿付专项债券本息的经营收入。该科目下设 13 个项级科目：海南省高等级公路车辆通行附加费专项债务对应项目专项收入、港口建设费专项债务对应项目专项收入、国家电影事业发展专项资金专项债务对应项目专项收入、国有土地使用权出让金专项债务对应项目专项收入、国有土地收益基金专项债务对应项目专项收入、农业土地开发资金专项债务对应项目专项收入、大中型水库库区基金专项债务对应项目专项收入、城市基础设施配套费专项债务对应项目专项收入、小型水库移民扶助基金专项债务对应项目专项收入、国家重大水利工程建设基金专项债务对应项目专项收入、车辆通行费专项债务对应项目专项收入、污水处理费专项债务对应项目专项收入、其他政府性基金专项债务对应项目专项收入。有些“项”下还设立了“目”级科目。

二、“政府性基金预算本级收入”的主要账务处理

1. 收到款项时，根据当日预算收入日报表所列政府性基金预算本级收入数，借记“国库存款”等科目，贷记本科目。

2. 年终转账时，本科目贷方余额全数转入“政府性基金预算结转结余”科目，借记本科目，贷记“政府性基金预算结转结余”科目。结转后，本科目无余额。

【例 7—4】 某市财政总预算会计收到国库报来的预算收入日报表及其附件，列示收到彩票公益金收入 43 000 元，其中福利彩票公益金收入 20 000 元，体育彩票公益金收入 23 000 元。该市财政总预算会计的账务处理如下：

借：国库存款——政府性基金预算存款　　43 000

　贷：政府性基金预算本级收入　　43 000

然后按照预算收入日报表中所列的各项收入，登记政府性基金预算本级收入的明细账：

政府性基金收入——彩票公益金收入——福利彩票公益金收入　20 000
政府性基金收入——彩票公益金收入——体育彩票公益金收入　23 000
借:国库存款　400 000
　贷:政府性基金预算本级收入　400 000

【例 7—5】 年终,某市财政将"政府性基金预算本级收入"账户贷方累计余额 1 000 000 元转入"政府性基金预算结转结余"账户。该市财政总预算会计的账务处理如下:

借:政府性基金预算本级收入　1 000 000
　贷:政府性基金预算结转结余　1 000 000

第五节　国有资本经营预算本级收入

一、"国有资本经营预算本级收入"的核算内容及明细设置

国有资本经营预算收入是指各级政府及其部门以所有者身份依法取得的国有资本收益,主要包括国有独资企业按规定上交国家的利润、国有控股或参股企业国有股权股份获得的股利股息、企业国有产权或国有股份的转让收入以及国有独资企业清算收入、国有控股或参股企业国有股权股份分享的公司清算净收入等。国有资本经营预算本级收入是指政府财政筹集的纳入本级国有资本经营预算管理的非税收入。

国有资本经营预算,是国家以所有者身份依法取得国有资本收益,并对所得收益进行分配而发生的各项收支预算,是政府预算的重要组成部分。

"国有资本经营预算本级收入"科目核算政府财政筹集的纳入本级国有资本经营预算管理的非税收入。本科目应当根据《政府收支分类科目》中"国有资本经营预算收入科目"的规定进行明细核算。本科目平时贷方余额反映国有资本经营预算本级收入的累计数。年终转账后,本科目无余额。

按照《2019 年政府收支分类科目》的规定,国有资本经营预算收入有非税收入和转移性收入两类,"类"下再设立"款""项""目"。但由于"国有资本经营预算本级收入"只核算非税收入类(转移性收入在财政总预算会计的其他相关收入科目下核算),而"非税收入"下只有"国有资本经营收入"一款,所以只需要按照"国有资本经营收入"款下的"项"和"目"设置明细,即只需设立两层明细即可。

按照《2019 年政府收支分类科目》,"国有资本经营收入"款级科目下设 5 个"项"级科目:利润收入、股利和股息收入、产权转让收入、清算收入及其他国有资本经营预算收入。相关的"项"级科目下又设立了若干个"目"级科目。"国有资本经营收入"反映各级人民政府及其部门、机构履行出资人职责的企业(一级企业)上缴的国有资本收

益。

二、“国有资本经营预算本级收入”的主要账务处理

1. 收到款项时，根据当日预算收入日报表所列国有资本经营预算本级收入数，借记“国库存款”等科目，贷记本科目。

2. 年终转账时，本科目贷方余额全数转入“国有资本经营预算结转结余”科目，借记本科目，贷记“国有资本经营预算结转结余”科目。结转后，本科目无余额。

该科目平时贷方余额反映国有资本经营预算本级收入的累计数。

【例 7—6】 某市财政收到国库报来“预算收入日报表”列示属于当日国有资本经营预算本级收入 10 000 000 元，其中电信企业利润收入 3 000 000 元、国有控股公司股息收入 2 000 000 元、国有独资企业产权转让收入 5 000 000 元。该市财政总预算会计的账务处理如下：

借：国库存款——国有资本经营预算存款	10 000 000	
贷：国有资本经营预算本级收入		10 000 000

然后按照预算收入日报表中所列的各项收入登记国有资本经营预算本级收入的明细账：

利润收入——电信企业利润收入	3 000 000
股利、股息收入——国有控股公司股利、股息收入	2 000 000
产权转让收入——国有独资企业产权转让收入	5 000 000

【例 7—7】 年终，某市财政将“国有资本经营预算本级收入”账户贷方余额 10 000 000 元转入“国有资本经营预算结余”账户。该市财政总预算会计的账务处理如下：

借：国有资本经营预算本级收入	10 000 000	
贷：国有资本经营预算结转结余		10 000 000

第六节 专用基金收入和财政专户管理资金收入

一、专用基金收入

专用基金收入是指政府财政根据法律法规等规定设立的各项专用基金（包括粮食风险基金等）取得的资金收入。一般是通过同级预算支出安排而取得的，也可以通过上级财政拨款补助进行设立。

在管理上与政府性基金预算收入相同，要求专款专用，不得随意改变用途，同时也要做到先收后支，量入为出。与政府性基金预算收入不同的是，政府性基金预算资金

必须存入国库,但专用基金收入按规定处理,有些留在国库,有些转入财政专户。

(一)"专用基金收入"的核算内容及明细设置

"专用基金收入"科目核算政府财政按照法律法规和国务院、财政部规定设置或取得的粮食风险基金等专用基金收入。本科目应当按照专用基金的种类进行明细核算。本科目平时贷方余额反映取得专用基金收入的累计数。年终转账后,本科目无余额。

(二)"专用基金收入"的主要账务处理

1. 通过预算支出安排取得专用基金收入转入财政专户的,借记"其他财政存款"科目,贷记本科目;同时,借记"一般公共预算本级支出"等科目,贷记"国库存款""补助收入"等科目。退回专用基金收入时,借记本科目,贷记"其他财政存款"科目。

2. 通过预算支出安排取得专用基金收入仍存在国库的,借记"一般公共预算本级支出"等科目,贷记"专用基金收入"科目。

3. 年终转账时,本科目贷方余额全数转入"专用基金结余"科目,借记本科目,贷记"专用基金结余"科目。结转后,本科目无余额。

【例7—8】 2018年,某市财政从上级财政部门取得专用基金收入800 000元,并通过预算支出安排存入财政专户进行管理。该市财政总预算会计的账务处理如下:

借:其他财政存款	800 000	
贷:专用基金收入		800 000
借:一般公共预算本级支出	800 000	
贷:补助收入——一般公共预算补助		800 000

【例7—9】 2018年,某市财政从本级一般公共预算支出安排取得专用基金收入780 000元,并继续留在国库进行管理。该市财政总预算会计的账务处理如下:

借:一般公共预算本级支出	780 000	
贷:专用基金收入		780 000

【例7—10】 2018年终,某市财政将本年专用基金收入累计数1 200 000元转入"专用基金结余"账户。该市财政总预算会计的账务处理如下:

借:专用基金收入	1 200 000	
贷:专用基金结余		1 200 000

二、财政专户管理资金收入

财政专户管理资金收入是指政府财政纳入财政专户管理的资金收入,目前主要是各种教育收费收入。财政专户管理资金收入应当按照实际收到的金额入账。

(一)"财政专户管理资金收入"的核算内容及明细设置

"财政专户管理资金收入"科目核算政府财政纳入财政专户管理的教育收费等资金收入。本科目应当按照《政府收支分类科目》中收入分类科目的规定进行明细核算。同时,根据管理需要,按部门(单位)等进行明细核算。本科目平时贷方余额反映财政专户管理资金收入的累计数。年终转账后,本科目无余额。

(二)"财政专户管理资金收入"的主要账务处理

1. 收到财政专户管理资金时,借记"其他财政存款"科目,贷记本科目。

2. 年终转账时,本科目贷方余额全数转入"财政专户管理资金结余"科目,借记本科目,贷记"财政专户管理资金结余"科目。结转后,本科目无余额。

【例 7—11】 某市财政收到教育局缴入财政专户的教育收费 130 000 元。该市财政总预算会计的账务处理如下:

借:其他财政存款	130 000	
贷:财政专户管理资金收入		130 000

【例 7—12】 年终,某市财政将财政专户管理资金收入累计余额 2 030 000 元转入"财政专户管理资金结余"账户。该市财政总预算会计的账务处理如下:

借:财政专户管理资金收入	2 030 000	
贷:财政专户管理资金结余		2 030 000

第七节　债务收入和债务转贷收入

一、债务收入

按照 2015 年颁布的《财政总预算会计制度》,债务收入是指政府财政根据法律法规等规定,通过发行债券、向外国政府和国际金融组织借款等方式筹集的纳入预算管理的资金收入。债务转贷收入是指本级政府财政收到上级政府财政转贷的债务收入。从广义上说,"债务收入"和"债务转贷收入"其实都是一级政府的债务收入。但由于上级政府发生的全部债务(包括转贷给下级的债务)记入了上级政府的会计账中,如果下级政府债务转贷收入再记录成债务收入,政府整体的债务收入就会重复记录,所以在《2019 年政府收支分类科目》中将债务转贷收入作为转移性收入,便于上下级政府财务报告合并时进行抵消。但这与 2015 年《财政总预算会计制度》不一致。在《财政总预算会计制度》中,债务转贷收入并没有纳入转移性收入中,只是将补助收入、上解收入、调入资金和地区间援助收入等纳入转移性收入。

按照《预算法》的规定,经国务院批准的省、自治区、直辖市的预算中必需的建设投资的部分资金,可以在国务院确定的限额内,通过发行地方政府债券举借债务的方式筹措。所以地方政府债券一般是由省级政府发行,省以下政府获得的地方政府债券收入只能是上级政府转贷的。但省以下政府可以按规定向外国政府和国际金融组织借款,也可以从上级政府转贷外国政府和国际金融组织借款。

(一)"债务收入"的核算内容及明细设置

"债务收入"科目核算政府财政按照国家法律、国务院规定以发行债券等方式取得的，以及向外国政府、国际金融组织等机构借款取得的纳入预算管理的债务收入。如果是发行债券方式获得的，只能是省级政府。

本科目应当按照《政府收支分类科目》中“债务收入”科目的规定进行明细核算。本科目平时贷方余额反映债务收入的累计数。年终转账后，本科目无余额。债务收入应当按照实际发行额或借入的金额入账。

债务收入既是一般公共预算收入来源，也是政府性基金预算收入的来源。所以债务收入在《2019 政府收支分类科目》中是一般公共预算收入和政府性基金预算收入的一类，一般公共预算收入有税收收入、非税收入、转移性收入和债务收入四类，而政府性基金预算收入有非税收入、转移性收入和债务收入三类。所以本科目明细的设置应按照一般公共预算和政府性基金预算收入的分类进行。

1. 一般公共预算收入中的债务收入科目

在一般公共预算收入中“债务收入”类下设“中央政府债务收入”和“地方政府债务收入”两个“款”级科目。

(1)中央政府债务收入，反映中央政府取得的债务收入。该“款”级科目分设中央政府国内债务收入、中央政府国外债务收入两个项级科目，分别反映中央政府从国内和国外或境外取得的债务收入。其中，中央政府国外债务收入科目再分设中央政府境外发行主权债券收入、中央政府向外国政府借款收入、中央政府向国际组织借款收入等目级科目，分别反映中央政府国外债务收入的资金来源。

(2)地方政府债务收入，反映地方政府取得的债务收入。该款级科目下设一般债务收入项级科目，该项级科目下再分设地方政府一般债券收入、地方政府向外国政府借款收入、地方政府向国际组织借款收入等目级科目，分别反映地方政府一般债务收入的资金来源。

2. 政府性基金预算收入中的债务收入科目

在政府性基金预算收入中“债务收入”类下只设置“地方政府债务收入”一个“款级”科目。款级科目下再设置专项债务收入项级科目。项级下再分设海南省高等级公路车辆通行附加费债务收入、港口建设费债务收入、国家电影事业发展专项资金债务收入、国有土地使用权出让金债务收入、彩票公益金债务收入、车辆通行费债务收入等目级科目，分别反映以相应政府性基金收入为偿债来源举借的专项债务收入。例如，“港口建设费债务收入”科目反映地方政府以港口建设费为偿债来源举借的专项债务收入。

(二)“债务收入”的主要账务处理

1. 省级以上政府财政收到政府债券发行收入时，按照实际收到的金额，借记“国库存款”科目，按照政府债券实际发行额，贷记本科目，按照发行收入和发行额的差额，借记或贷记有关支出科目；根据债务管理部门转来的债券发行确认文件等相关资料，按照到期应付的政府债券本金金额，借记“待偿债净资产——应付短期政府债券/应付长期政府债券”科目，贷记“应付短期政府债券”“应付长期政府债券”等科目。

【例7—13】 中央财政发行三年期国债1 200万元，实际收到发行金额1 300万元。中央财政总预算会计的账务处理如下：

借：国库存款——一般公共预算存款　　13 000 000
　贷：债务收入　　12 000 000
　　一般公共预算本级支出　　1 000 000
借：待偿债净资产——应付短期政府债券　　12 000 000
　贷：应付短期政府债券——应付国债——应付本金　　12 000 000

2. 政府财政向外国政府、国际金融组织等机构借款时，按照借入的金额，借记“国库存款”“其他财政存款”等科目，贷记本科目；根据债务管理部门转来的相关资料，按照实际承担的债务金额，借记“待偿债净资产——借入款项”科目，贷记“借入款项”科目。

【例7—14】 某省财政向A国政府借入款项2亿元存入国库管理，贷款期限为5年，利率为3%，利息一年一付。该省财政总预算会计的账务处理如下：

借：国库存款　　200 000 000
　贷：债务收入　　200 000 000
借：待偿债净资产——借入款项　　200 000 000
　贷：借入款项——应付本金——A国政府　　200 000 000

3. 本级政府财政借入主权外债，且由外方将贷款资金直接支付给用款单位或供应商时，应根据以下情况分别处理：

(1)本级政府财政承担还款责任，贷款资金由本级政府财政同级部门(单位)使用的，本级政府财政根据贷款资金支付相关资料，借记“一般公共预算本级支出”科目，贷记本科目；根据债务管理部门转来的相关资料，按照实际承担的债务金额，借记“待偿债净资产——借入款项”科目，贷记“借入款项”科目。

【例7—15】 某省财政向A国政府借入款项2亿元，这2亿元由省级政府财政承担还款责任，贷款资金由省级政府财政同级部门(单位)使用，省级政府财政根据贷款资金支付相关资料，总会计做如下账务处理：

借：一般公共预算本级支出　　200 000 000
　贷：债务收入　　200 000 000
借：待偿债净资产——借入款项　　200 000 000
　贷：借入款项——应付本金——A国政府　　200 000 000

(2)本级政府财政承担还款责任，贷款资金由下级政府财政同级部门(单位)使用的，本级政府财政根据贷款资金支付相关资料及预算指标文件，借记“补助支出”科目，贷记本科目；根据债务管理部门转来的相关资料，按照实际承担的债务金额，借记“待偿债净资产——借入款项”科目，贷记“借入款项”科目。

【例 7—16】 某省财政向 A 国政府借入款项 2 亿元，这 2 亿元由省级政府财政承担还款责任，贷款资金由下属市级政府财政同级部门（单位）使用，省级政府财政根据贷款资金支付相关资料，总会计做如下账务处理：

借：补助支出　　200 000 000

　贷：债务收入　　200 000 000

借：待偿债净资产——借入款项　　200 000 000

　贷：借入款项——应付本金——A 国政府　　200 000 000

（3）下级政府财政承担还款责任，贷款资金由下级政府财政同级部门（单位）使用的，本级政府财政根据贷款资金支付相关资料，借记“债务转贷支出”科目，贷记本科目；根据债务管理部门转来的相关资料，按照实际承担的债务金额，借记“待偿债净资产——借入款项”科目，贷记“借入款项”科目；同时，借记“应收主权外债转贷款”科目，贷记“资产基金——应收主权外债转贷款”科目。

【例 7—17】 某省财政向 A 国政府借入款项 2 亿元，贷款资金由下属市级政府财政同级部门（单位）使用，这 2 亿元由市级政府财政承担还款责任，省级政府财政根据贷款资金支付相关资料，总会计做如下账务处理：

借：债务转贷支出　　200 000 000

　贷：债务收入　　200 000 000

借：待偿债净资产——借入款项　　200 000 000

　贷：借入款项——应付本金——A 国政府　　200 000 000

借：应收主权外债转贷款　　200 000 000

　贷：资产基金——应收主权外债转贷款　　200 000 000

4. 年终转账时，本科目下“专项债务收入”明细科目的贷方余额应按照对应的政府性基金种类分别转入“政府性基金预算结转结余”相应明细科目，借记本科目（专项债务收入明细科目），贷记“政府性基金预算结转结余”科目；本科目下其他明细科目的贷方余额全数转入“一般公共预算结转结余”科目，借记本科目（其他明细科目），贷记“一般公共预算结转结余”科目。结转后，本科目无余额。

借：债务收入——××专项债务收入

　贷：政府性基金预算结转结余——××政府性基金

借：债务收入——中央政府债务/地方政府债务

　贷：一般公共预算结转结余

【例 7—18】 某省 2018 年新增一般债券收入 2 亿元，港口建设费债务收入 1 亿元，省级财政总预算会计年终转账：

借：债务收入——港口建设费债务收入　　200 000 000

　贷：政府性基金预算结转结余——港口建设费　　200 000 000

借：债务收入——地方政府债务——一般债券收入　　100 000 000

贷：一般公共预算结转结余 100 000 000

二、债务转贷收入

债务转贷收入是指本级政府财政收到上级政府财政转贷的债务收入。在《政府收支分类科目》中将债务转贷收入归类为转移性收入下，转移性收入是"类"，债务转贷收入是"款"。虽然与《财政总预算会计》制度不一样，但不影响各会计科目明细的设置，因为"债务转贷收入"按照《政府收支分类科目》的"项"和"目"设置明细。

债务转贷收入因为是本级政府财政收到上级政府财政转贷的债务收入，所以是地方财政总预算会计使用的科目，中央财政总预算会计不会使用本科目。

（一）"债务转贷收入"的核算内容及明细设置

"债务转贷收入"科目核算省级以下（不含省级）政府财政收到上级政府财政转贷的债务收入。本科目下应当按照《政府收支分类科目》的"项"设置"地方政府一般债务转贷收入""地方政府专项债务转贷收入"明细科目。本科目平时贷方余额反映债务转贷收入的累计数。年终转账后，本科目无余额。债务转贷收入应当按照实际收到的转贷金额入账。

《2019政府收支分类科目》转移性收入类下设置了债务转贷收入"款"级科目。

1. 一般公共预算收入中的债务转贷收入科目

设置地方政府一般债务转贷收入"项"级科目，反映下级政府收到的上级政府转贷的一般债务收入。该"项"级科目下再分设地方政府一般债券转贷收入、地方政府向外国政府借款转贷收入、地方政府向国际组织借款转贷收入等"目"级科目，分别反映地方政府一般债务转贷收入的资金来源。

2. 政府性基金预算收入中的债务转贷收入科目

设置地方政府专项债务转贷收入"项"级科目，反映下级政府收到的上级政府转贷的专项债务收入。该"项"级科目下再分设海南省高等级公路车辆通行附加费债务转贷收入、港口建设费债务转贷收入、国家电影事业发展专项资金债务转贷收入、国有土地使用权出让金债务转贷收入、车辆通行费债务转贷收入等"目"级科目，分别反映下级政府收到的上级政府转贷的相应政府性基金专项债务收入。

（二）"债务转贷收入"的主要账务处理

1. 省级以下（不含省级）政府财政收到地方政府债券转贷收入时，按照实际收到的金额，借记"国库存款"科目，贷记本科目；根据债务管理部门转来的相关资料，按照到期应偿还的转贷款本金金额，借记"待偿债净资产——应付地方政府债券转贷款"科目，贷记"应付地方政府债券转贷款"科目。

【例7－19】 某县财政收到上级财政转贷的地方政府专项债券资金业务12 000 000元，县财政总预算会计的账务核算如下：

借：国库存款——政府性基金预算存款 12 000 000

贷：债务转贷收入——地方政府专项债务转贷收入　　12 000 000

借：待偿债净资产——应付地方政府债券转贷款　　12 000 000

贷：应付地方政府转贷款——应付地方政府专项债券转贷款(应付本金)

12 000 000

2. 省级以下(不含省级)政府财政收到主权外债转贷收入的具体账务处理如下：

(1)本级财政收到主权外债转贷资金时，借记"其他财政存款"科目，贷记本科目；根据债务管理部门转来的相关资料，按照实际承担的债务金额，借记"待偿债净资产——应付主权外债转贷款"科目，贷记"应付主权外债转贷款"科目。

【例 7—20】 2018 年 6 月 30 日，A 市政府收到本省政府向某国际金融组织借款转贷的资金 5 000 000 元，用以具体落实在该市范围内的相应建设项目，资金存入相关财政专户。市财政总预算会计应编制如下会计分录：

借：其他财政存款　　5 000 000

贷：债务转贷收入　　5 000 000

借：待偿债净资产——应付主权外债转贷款　　5 000 000

贷：应付主权外债转贷款——应付本金　　5 000 000

(2)从上级政府财政借入主权外债转贷款，且由外方将贷款资金直接支付给用款单位或供应商时，应根据以下情况分别处理：

①本级政府财政承担还款责任，贷款资金由本级政府财政同级部门(单位)使用的，本级政府财政根据贷款资金支付相关资料，借记"一般公共预算本级支出"科目，贷记本科目；根据债务管理部门转来的相关资料，按照实际承担的债务金额，借记"待偿债净资产——应付主权外债转贷款"科目，贷记"应付主权外债转贷款"科目。

【例 7—21】 2018 年 6 月 30 日，A 市政府收到本省政府向某国际金融组织借款转贷的资金 5 000 000 元，用以具体落实在该市范围内的相应建设项目。且由外方将贷款资金直接支付给市级用款单位或供应商，市级政府财政承担还款责任。市财政总预算会计应编制如下会计分录：

借：一般公共预算本级支出　　5 000 000

贷：债务转贷收入　　5 000 000

借：待偿债净资产——应付主权外债转贷款　　5 000 000

贷：应付主权外债转贷——应付本金　　5 000 000

②本级政府财政承担还款责任，贷款资金由下级政府财政同级部门(单位)使用的，本级政府财政根据贷款资金支付相关资料及预算文件，借记"补助支出"科目，贷记本科目；根据债务管理部门转来的相关资料，按照实际承担的债务金额，借记"待偿债净资产——应付主权外债转贷款"科目，贷记"应付主权外债转贷款"科目。

【例 7—22】 2018 年 6 月 30 日，A 市政府收到本省政府向某国际金融组织借款转贷的资金 5 000 000 元，用以具体落实在该市下属的 B 县范围内的相应建设项目。

且由外方将贷款资金直接支付给B县用款单位或供应商，市级政府财政承担还款责任。A市财政总预算会计应编制如下会计分录：

借：补助支出　　5 000 000

　贷：债务转贷收入　　5 000 000

借：待偿债净资产——应付主权外债转贷款　　5 000 000

　贷：应付主权外债转贷款——应付本金　　5 000 000

③下级政府财政承担还款责任，贷款资金由下级政府财政同级部门（单位）使用的，本级政府财政根据转贷资金支付相关资料，借记“债务转贷支出”科目，贷记本科目；根据债务管理部门转来的相关资料，按照实际承担的债务金额，借记“待偿债净资产——应付主权外债转贷款”科目，贷记“应付主权外债转贷款”科目；同时，借记“应收主权外债转贷款”科目，贷记“资产基金——应收主权外债转贷款”科目。下级政府财政根据贷款资金支付相关资料，借记“一般公共预算本级支出”科目，贷记本科目；根据债务管理部门转来的相关资料，按照实际承担的债务金额，借记“待偿债净资产——应付主权外债转贷款”科目，贷记“应付主权外债转贷款”科目。

【例7—23】　2018年6月30日，A市政府收到本省政府向某国际金融组织借款转贷的资金5 000 000元，用以具体落实在该市范围内B县的相应建设项目。且由外方将贷款资金直接支付给B县用款单位或供应商，B县政府财政承担还款责任。

A市财政总预算会计应编制如下会计分录：

借：债务转贷支出　　5 000 000

　贷：债务转贷收入　　5 000 000

借：待偿债净资产——应付主权外债转贷款　　5 000 000

　贷：应付主权外债转贷款——应付本金　　5 000 000

借：应收主权外债转贷款——应收本金　　5 000 000

　贷：资产基金——应收主权外债转贷款　　5 000 000

B县级政府财政总预算会计应编制如下会计分录：

借：一般公共预算本级支出　　5 000 000

　贷：债务转贷收入　　5 000 000

借：待偿债净资产——应付主权外债转贷款　　5 000 000

　贷：应付主权外债转贷款——应付本金　　5 000 000

3. 年终转账时，本科目下“地方政府一般债务转贷收入”明细科目的贷方余额全数转入“一般公共预算结转结余”科目，借记本科目，贷记“一般公共预算结转结余”科目。本科目下“地方政府专项债务转贷收入”明细科目的贷方余额按照对应的政府性基金种类分别转入“政府性基金预算结转结余”相应明细科目，借记本科目，贷记“政府性基金预算结转结余”科目。结转后，本科目无余额。

【例7—24】　2018年年终，某市财政“债务转贷收入”账户贷方余额为8 000 000

元，有关明细账户贷方余额为："地方政府一般债务转贷收入"5 000 000 元、"地方政府专项债务转贷收入"3 000 000 元。年终转账时，该市财政总预算会计的账务处理如下：

借：债务转贷收入——地方政府一般债务转贷收入　　5 000 000
　　债务转贷收入——地方政府专项债务转贷收入　　3 000 000
　　贷：一般公共预算结转结余　　5 000 000
　　　　政府性基金预算结转结余　　3 000 000

第八节　转移性收入

2015 年《财政总预算会计制度》是这样定义转移性收入的：转移性收入是指在各级政府财政之间进行资金调拨以及在本级政府财政不同类型资金之间调剂所形成的收入，包括补助收入、上解收入、调入资金和地区间援助收入等。转移性支出是指在各级政府财政之间进行资金调拨以及在本级政府财政不同类型资金之间调剂所形成的支出，包括补助支出、上解支出、调出资金、地区间援助支出等。

《2019 年政府收支分类科目》是这样定义转移性收入的：转移性收入是政府间的转移支付以及不同性质之间的调拨收入，包括返还性收入、一般性转移支付收入、专项转移支付收入、政府性基金转移收入、国有资本经营预算转移支付收入、上解收入、上年结余收入、调入资金、债务转贷收入、接受其他地区援助收入、动用预算稳定调节基金。转移性支出是政府的转移支付以及不同性质资金之间的调拨支出，包括返还性支出、一般性转移支付、专项转移支付、政府性基金转移支付、国有资本经营预算转移支付、上解支出、调出资金、年终结余、债务转贷支出、援助其他地区支出、安排预算稳定调节基金和补充预算周转金。

显然 2015 年《财政总预算会计制度》与《2019 年政府收支分类科目》对转移性收支的定义和范围是不一致的。上年结余收入、动用预算稳定调节基金和债务转贷收入在《财政总预算会计制度》都不属于转移性收入，但在《2019 年政府收支分类科目》算转移性收入。

由于转移性收入和转移性支出不是一个单独的会计科目，所以两者的不一致是不影响会计核算的。为了更好地反映它们之间的区别，我们用表 7－1 来列示其不同。

表 7—1　　**转移性收入**

<table>
<tr><td colspan="3">2019 年《政府收支分类科目》</td><td colspan="2">2015 年《财政总预算会计制度》</td></tr>
<tr><td>政府收支分类科目的“类”</td><td>政府收支分类科目的“款”</td><td>政府收支分类科目中的不同预算收入</td><td>财政总预算会计制度分类</td><td>财政总预算会计制度会计科目</td></tr>
<tr><td rowspan="11">转移性收入</td><td>返还性收入</td><td rowspan="3">一般公共预算收入</td><td rowspan="8">转移性收入</td><td rowspan="5">补助收入</td></tr>
<tr><td>一般性转移支付收入</td></tr>
<tr><td>专项转移支付收入</td></tr>
<tr><td>政府性基金转移收入</td><td>政府性基金预算收入</td></tr>
<tr><td>国有资本经营预算转移支付收入</td><td>国有资本经营预算收入</td></tr>
<tr><td>上解收入</td><td>一般公共预算收入</td><td>上解收入</td></tr>
<tr><td>接受其他地区援助收入</td><td>一般公共预算收入</td><td>地区间援助收入</td></tr>
<tr><td>调入资金</td><td rowspan="2">一般公共预算收入和政府性基金预算收入</td><td>调入资金</td></tr>
<tr><td>上年结余收入</td><td></td><td></td></tr>
<tr><td>动用预算稳定调节基金</td><td>一般公共预算收入</td><td>动用预算稳定调节基金</td><td>动用预算稳定调节基金</td></tr>
<tr><td>债务转贷收入</td><td>一般公共预算收入和政府性基金预算收入</td><td>债务转贷收入</td><td>债务转贷收入</td></tr>
</table>

转移性收入应当按照财政体制的规定或实际发生的金额入账。

一、补助收入和上解收入

补助收入是指上级政府财政按照财政体制规定或因专项需要补助给本级政府财政的款项，包括上级税收返还、转移支付等。上解收入是指按照财政体制规定由下级政府财政上交给本级政府财政的款项。

补助收入和上解收入都是上下级政府财政之间发生的转移性收入。

(一)补助收入

“补助收入”科目核算上级政府财政按照财政体制规定或因专项需要补助给本级政府财政的款项，包括税收返还、转移支付等。本科目下应当按照不同的资金性质设置“一般公共预算补助收入”“政府性基金预算补助收入”等明细科目。本科目平时贷方余额反映补助收入的累计数。年终转账后，本科目无余额。“补助收入”按照财政体制的规定入账。

补助收入的主要账务处理如下：

1. 收到上级政府财政拨入的补助款时，借记“国库存款”“其他财政存款”等科目，贷记本科目。

2. 专项转移支付资金实行特设专户管理的，政府财政应当根据上级政府财政下达的预算文件确认补助收入。年度当中收到资金时，借记“其他财政存款”科目，贷记“与上级往来”等科目；年度终了，根据专项转移支付资金预算文件，借记“与上级往来”科目，贷记本科目。

3. 从“与上级往来”科目转入本科目时，借记“与上级往来”科目，贷记本科目。

4. 有主权外债业务的财政部门，贷款资金由本级政府财政同级部门(单位)使用，且贷款的最终还款责任由上级政府财政承担的，本级政府财政部门收到贷款资金时，借记"其他财政存款"科目，贷记本科目；外方将贷款资金直接支付给供应商或用款单位时，借记"一般公共预算本级支出"，贷记本科目。

5. 年终与上级政府财政结算时，根据预算文件，按照尚未收到的补助款金额，借记"与上级往来"科目，贷记本科目。退还或核减补助收入时，借记本科目，贷记"国库存款""与上级往来"等科目。

6. 年终转账时，本科目贷方余额应根据不同资金性质分别转入对应的结转结余科目，借记本科目，贷记"一般公共预算结转结余""政府性基金预算结转结余"等科目。结转后，本科目无余额。

【例 7—25】 某市财政收到省级财政体制一般公共预算补助收入 160 000 元，政府性基金预算补助收入 220 000 元，应该编制如下会计分录：

借：国库存款——一般预算存款　　160 000
　　　　　——基金预算存款　　220 000
　贷：补助收入——一般公共预算补助收入　　160 000
　　　　　　——政府性基金预算补助收入　　220 000

【例 7—26】 某省财政通知某市财政将原来借给其的 150 000 元转作对市财政体制补助款(一般公共预算补助)，则市财政应该编制如下分录：

借：与上级往来　　150 000
　贷：补助收入——一般公共预算补助收入　　150 000

【例 7—27】 某市财政 2018 年 6 月 1 日财政收到上级财政部门拨来专项补助 3 400 000 元，存入特设的财政专户。该市财政总预算会计的账务处理如下：

借：其他财政存款　　3 400 000
　贷：与上级往来　　3 400 000

年度终了，根据专项转移支付资金预算文件：

借：与上级往来　　3 400 000
　贷：补助收入——一般公共预算补助收入——专项转移支付收入
　　　　3 400 000

【例 7—28】 某市财政年终将补助收入贷方余额 470 000 元(其中一般公共预算补助收入 310 000 元，政府性基金预算补助收入 160 000 元)转入结余。应该编制如下会计分录：

借：补助收入——一般公共预算补助收入　　310 000
　　　　　——政府性基金预算补助收入　　160 000
　贷：一般公共预算结转结余　　310 000
　　　政府性基金预算结转结余　　160 000

（二）上解收入

“上解收入”科目核算按照体制规定由下级政府财政上交给本级政府财政的款项。本科目下应当按照不同资金性质设置“一般公共预算上解收入”“政府性基金预算上解收入”等明细科目。同时，还应当按照上解地区进行明细核算。本科目平时贷方余额反映上解收入的累计数。年终转账后本科目无余额。“上解收入”按照财政体制的规定入账。

《2019年政府收支分类科目》政府性基金预算收入中并没有上解收入，所以“上解收入”科目中的“政府性基金预算上解收入”实务上很少发生。

上解收入的主要账务处理如下：

1. 收到下级政府财政的上解款时，借记“国库存款”等科目，贷记本科目。

2. 年终与下级政府财政结算时，根据预算文件，按照尚未收到的上解款金额，借记“与下级往来”科目，贷记本科目。退还或核减上解收入时，借记本科目，贷记“国库存款”“与下级往来”等科目。

3. 年终转账时，本科目贷方余额应根据不同资金性质分别转入对应的结转结余科目，借记本科目，贷记“一般公共预算结转结余”“政府性基金预算结转结余”等科目。结转后，本科目无余额。

【例7－29】 某市财政收到下级Z县财政部门按照财政体制结算上缴的一般公共预算上缴款收入600 000元。该市财政总预算会计的账务处理如下：

借：国库存款——一般公共预算存款　　600 000

　　贷：上解收入——一般公共预算上解收入——Z县　　600 000

【例7－30】 年终，某市财政按照财政体制结算计算核减下级B县财政上解收入100 000元。

借：上解收入——一般公共预算上解收入——B县　　100 000

　　贷：与下级往来　　100 000

二、地区间援助收入

“地区间援助收入”核算受援方政府财政收到援助方政府财政转来的可统筹使用的各类援助、捐赠等资金收入。受援方政府和援助方政府不是上下级财政关系。虽然也是政府间的资金转移，但不是上下级政府。而“补助收入”和“上解收入”则是上下级政府间的资金转移。

本科目应当按照援助地区及管理需要进行相应的明细核算。本科目平时贷方余额反映地区间援助收入的累计数。年终转账后本科目无余额。地区间援助收入属于一般公共预算收入。“地区间援助收入”按照实际发生的金额入账。

“地区间援助收入”的主要账务处理如下：

1. 收到援助方政府财政转来的资金时，借记“国库存款”科目，贷记本科目。

2. 年终转账时，本科目贷方余额全数转入“一般公共预算结转结余”科目，借记本科目，贷记“一般公共预算结转结余”科目。结转后，本科目无余额。

【例 7－31】 某省政府财政收到 W 政府财政转来可统筹使用的捐助资金 1 500 000 元。该省财政总预算会计的账务处理如下：

借：国库存款——一般公共预算存款　　1 500 000

　贷：地区间援助收入——W 财政　　1 500 000

【例 7－32】 接例 7—31，年终某省政府将 W 政府捐助的可统筹使用的资金转入一般公共预算结转结余。该省财政总预算会计的账务处理如下：

借：地区间援助收入——W 财政　　1 500 000

　贷：一般公共预算结转结余　　1 500 000

三、调入资金

调入资金是指政府财政为平衡某类预算收支、从其他类型预算资金及其他渠道调入的资金，是同一政府在不同预算类型之间的资金转移。一般公共预算和政府性基金预算都可以从其他类型预算资金调入，一般公共预算可以从政府性基金预算资金和国有资本经营预算资金调入；政府性基金预算一般从一般公共预算资金调入；国有资本经营预算不能从其他类型预算资金调入。所以一般公共预算和政府性基金预算都有调入资金，但国有资本经营预算没有调入资金；同时，一般公共预算、政府性基金预算和国有资本经营预算都有调出资金。

(一)“调入资金”的核算内容与明细设置

“调入资金”科目核算政府财政为平衡某类预算收支、从其他类型预算资金及其他渠道调入的资金。本科目下应当按照不同资金性质设置“一般公共预算调入资金”“政府性基金预算调入资金”等明细科目。本科目平时贷方余额反映调入资金的累计数。年终转账后本科目无余额。“调入资金”按照实际发生的金额入账。

(二)“调入资金”的主要账务处理

1. 从其他类型预算资金及其他渠道调入一般公共预算时，按照调入的资金金额，借记“调出资金——政府性基金预算调出资金”“调出资金——国有资本经营预算调出资金”“国库存款”等科目，贷记本科目(一般公共预算调入资金)。

2. 从其他类型预算资金及其他渠道调入政府性基金预算时，按照调入的资金金额，借记“调出资金——一般公共预算调出资金”“国库存款”等科目，贷记本科目(政府性基金预算调入资金)。

3. 年终转账时，本科目贷方余额分别转入相应的结转结余科目，借记本科目，贷记“一般公共预算结转结余”“政府性基金预算结转结余”等科目。结转后，本科目无余额。

【例 7－33】 某县财政为平衡一般公共预算，从政府性基金预算调入资金

500 000 元，国有资本经营预算调入资金 500 000 元。该县财政总预算会计的账务处理如下

借：调出资金——政府性基金预算调出资金　　500 000
　　　　　　——国有资本经营预算调出资金　　500 000
　贷：调入资金——一般公共预算调入资金　　1 000 000

【例 7－34】 某市财政年终“调入资金”账户贷方累计余额 1 500 000 元，其中一般公共预算调入资金 1 000 000 元；政府性基金预算调入资金 500 000 元。该市财政总预算会计年终转账时的账务处理如下：

借：调入资金——一般公共预算调入收入　　1 000 000
　　调入资金——政府性基金预算调入收入　　500 000
　贷：一般公共预算结转结余　　1 000 000
　　　政府性基金预算结转结余　　500 000

四、动用预算稳定调节基金

“动用预算稳定调节基金”科目核算政府财政为弥补本年度预算资金的不足而调用的预算稳定调节基金，是同一政府在不同年度之间的资金转移。动用预算稳定调节基金就是动用以前年度的财政资金(因为预算稳定调节基金来源是以前年度的超收收入和年度结余)。动用预算稳定调节基金，只能在一般公共预算中发生。所以“动用预算稳定调节基金”年终转账时，转入“一般公共预算结转结余”科目。本科目平时贷方余额反映动用预算稳定调节基金的累计数。年终转账后本科目无余额。

动用预算稳定调节基金的主要账务处理如下：

1. 调用预算稳定调节基金时，借记“预算稳定调节基金”科目，贷记本科目。

2. 年终转账时，本科目贷方余额全数转入“一般公共预算结转结余”科目，借记本科目，贷记“一般公共预算结转结余”科目。结转后，本科目无余额。

【例 7－35】 某市财政 2019 年 7 月 1 日为弥补财政短收年份预算执行收支缺口，通过调整预算动用预算稳定调节基金 500 000 元。该市财政总预算会计的账务处理如下：

借：预算稳定调节基金　　500 000
　贷：动用预算稳定调节基金　　500 000

【例 7－36】 年终结账，某市财政“动用预算稳定调节基金”账户贷方余额 500 000 元。年终结账转账时，该市财政总预算会计的账务处理如下：

借：动用预算稳定调节基金　　500 000
　贷：一般公共预算结转结余　　500 000

复习思考题

1. 财政总预算会计核算的收入包括哪些？

2.《财政总预算会计制度》与《2019 年政府收支分类科目》对转移性收入的定义和范围有什么不同？

3. 什么是调入资金，什么情况下会发生调入资金？

4. 一般公共预算本级收入包括哪些内容？

5. 政府性基金预算本级收入包括哪些内容？

6. 国有资本经营预算本级收入包括哪些内容？

7. 债务收入与债务转贷收入有什么不同？

练习题

1. 某市财政收到中国人民银行国库报来的预算收入日报表，当日共收到一般公共预算本级收入 526 500 元。其中，“税收收入——增值税——国内增值税”158 200 元，“税收收入——企业所得税——国有交通企业所得税”122 000 元，“税收收入——企业所得税——私营企业所得税”188 600 元，“税收收入——个人所得税——个人所得税”6 500 元，“税收收入——城市维护建设税——段份制企业城市维护建设税”17 900 元，“税收收入——房产税联营企业房产税”32 000 元，“税收收入——增值税——国内增值税税款滞纳金、罚款收入”1 300 元。财政总预算会计应如何编制会计分录？

2. 某市财政收到中国人民银行国库报来的预算收入日报表，当日共收到一般公共预算本级收入 236 200 元。其中，“非税收入专项收入——排污费收入”8 200 元，“非税收入——专项收入——教育费附加收入”18 400 元，“非税收入——行政事业性收费收入——公安行政事业性收费收入”6 300 元，“非税收入——行政事业性收费收入——法院行政事业性收费收入”5 200 元，“非税收入——行政事业性收费收入——工商行政事业性收费收入”4 100 元，“非税收入——行政事业性收费收入——教育行政事业性收费收入”2 500 元，“非税收入——行政事业性收费收入——卫生行政事业性收费收入 12 700 元，“非税收入——行政事业性收费收入——证监会行政事业性收费收入”7 200 元，“非税收入——罚没收入—— 一般罚没收入——法院罚没收入”69 800 元，“非税收入——罚没收入——税务部门罚没收入”46 600 元，“非税收入——罚没收入—— 一般罚没收入——证监会罚没收入”55 200 元。财政总预算会计应如何编制会计分录？

3. 某市财政总预算会计收到国库报来的预算收入日报表及其附件，列示收到车票通行费 50 000 元，污水处理费收入 80 000 元。该市财政总预算会计应如何编制会计分录？

4. 2018 年，某市财政从本级一般公共预算支出安排取得专用基金收入 790 000 元，并转入财政专户进行管理。该市财政总预算会计应如何编制会计分录？

5. 2018 年 1 月 1 日，中央政府贴现发行 2 年期国库券，发行面值金额 1 000 000 元，发行价格 900 000 元。国库收到款项 900 000 元，中央财政总预算会计应如何编制会计分录？

6. 中央财政向国际金融组织借入款项 9 000 000 元。中央财政总预算会计应如何编制会计分录？

7.2018 年终，某省财政“债务收入”账户贷方余额为 20 亿元，有关明细账户贷方余额为：“一般债务收入”18 亿元、“专项债务收入”2 亿元。年终结账时，该省财政总预算会计的账务该如何处理？

8.2018 年 8 月 2 日，某市财政收到省财政转贷的国有土地收益基金债务收入 260 万元。该市财政总预算会计的账务该如何处理？

9.2018 年 8 月 3 日，某市财政收到省财政转贷的外国政府借款收入 300 万元。以下情况该市财政总预算会计的账务该如何处理？

(1)假设这笔转贷收入进入该市财政专户管理。

(2)假设该市财政的外国政府借款转贷款由外方将贷款直接支付给用款单位。该市财政承担还款责任，贷款资金由某市局单位使用。

(3)假设该市财政的外国政府借款转贷款由外方将贷款直接支付给用款单位。该市财政承担还款责任，贷款资金由所属某县级单位使用。

(4)假设该市财政的外国政府借款转贷款由外方将贷款直接支付给用款单位。由县级财政承担还款责任，贷款资金由所属某县级单位使用。

10. 某市财政 2019 年 6 月 1 日收到上级财政部门拨来的一般公共预算补助收入款 800 000 元(存入国库)、专项补助收入 300 000 元(存入财政专户)、政府性基金预算补助款 400 000 元。该市财政总预算会计的账务该如何处理？

11. 某市财政年终将一般公共预算中发生的“补助收入”账户贷方累计余额 3 000 000 元，“上解收入”账户贷方累计余额 1 600 000 元，“调入资金”账户贷方累计余额 1 500 000 元，“地区间援助收入”账户贷方累计余额 500 000 元，转入“一般公共预算结转结余”账户。该市财政总预算会计的账务该如何处理？

第八章　财政总预算会计的支出

第一节　财政总预算会计核算的支出范围和定义

财政支出是指政府财政为实现政府职能，对财政资金的分配和使用。2015 年的《财政总预算会计制度》规定：总会计核算的支出包括一般公共预算本级支出、政府性基金预算本级支出、国有资本经营预算本级支出、财政专户管理资金支出、专用基金支出、转移性支出、债务还本支出、债务转贷支出等。与总会计核算的收入相对应。

一、财政总预算会计核算的支出范围

正如在第七章财政总预算会计的收入中介绍的那样，财政总预算会计核算政府预算中的三大预算的资金和财政专户管理的资金，所以支出的核算范围与收入相对应。

一般公共预算收入有一般公共预算本级收入（包括税收收入和非税收入）、债务收入、转移性收入（包括债务转贷收入）；对应的一般公共预算支出有一般公共预算本级支出、转移性支出（包括债务转贷支出）、债务还本支出。但一般公共预算内部的收入和支出没有资金的对应关系，也就是一般公共预算本级支出可以来自一般公共预算本级收入，也可以来自转移性收入和债务收入；转移性支出的资金不仅仅来自转移性收入，也可以是一般公共预算本级收入；债务还本支出的资金可以是一般公共预算本级收入，也可以是转移性收入和债务收入。一般公共预算内部的资金是统筹使用的。

政府性基金预算的收入有政府性基金预算本级收入（非税收入）、债务收入、转移性收入（包括债务转贷收入）；对应的政府性基金预算支出有政府性基金预算本级支出、转移性支出（包括债务转贷支出）、债务还本支出。虽然政府性基金预算本级支出的资金也可以来自政府性基金预算本级收入、债务收入和转移性收入，债务支出和转移性支出的资金也不一定分别来自债务收入和转移性收入，这一点与一般公共预算相同。不同的是，政府性基金预算资金是分基金或者资金类别分别核算的。也就是 A 政府性基金预算本级支出的资金必须来自 A 政府性基金预算本级收入，或者 A 政府性基金的债务收入，或者 A 政府性基金的转移性收入，而不能来自 B 政府性基金的各类收入。所以，政府性基金预算资金是专款专用的。

国有资本经营预算收入有国有资本经营预算本级收入（非税收入）和转移性收入（不包括债务转贷收入），相对应的国有资本经营预算支出有国有资本经营预算本级支

出和转移性支出(不包括债务转贷支出),而且在国有资本经营预算内的资金是统筹使用的,并没有分类或者分性质分别核算。

专用基金收入的资金大部分来源于一般公共预算,是一般公共预算安排的,属于一般公共预算的支出,也属于一般公共预算资金。但专用基金收入与专用基金支出完全是专款专用,A 专用基金支出必须来源于 A 专用基金收入。

与财政专户管理资金收入对应的就是财政专户管理资金支出。财政专户管理资金一般也按性质和类别分别进行核算和管理,所以大部分财政专户管理资金也是专款专用的。

二、财政总预算会计核算的各类支出的定义

一般公共预算本级支出是指政府财政管理的由本级政府使用的列入一般公共预算的支出。

政府性基金预算本级支出是指政府财政管理的由本级政府使用的列入政府性基金预算的支出。

国有资本经营预算本级支出是指政府财政管理的由本级政府使用的列入国有资本经营预算的支出。

财政专户管理资金支出是指政府财政用纳入财政专户管理的教育收费等资金安排的支出。

专用基金支出是指政府财政用专用基金收入安排的支出。

转移性支出是指在各级政府财政之间进行资金调拨以及在本级政府财政不同类型资金之间调剂所形成的支出,包括补助支出、上解支出、调出资金、地区间援助支出等。其中,补助支出是指本级政府财政按财政体制规定或因专项需要补助给下级政府财政的款项,包括对下级的税收返还、转移支付等。上解支出是指按照财政体制规定由本级政府财政上交给上级政府财政的款项。调出资金是指政府财政为平衡预算收支、从某类资金向其他类型预算调出的资金。地区间援助支出是指援助方政府财政安排用于受援方政府财政统筹使用的各类援助、捐赠等资金支出。

债务转贷支出是指本级政府财政向下级政府财政转贷的债务支出。

债务还本支出是指政府财政偿还本级政府承担的债务本金支出。

一般公共预算本级支出、政府性基金预算本级支出、国有资本经营预算本级支出一般应当按照实际支付的金额入账,年末可采用权责发生制将国库集中支付结余列支入账。从本级预算支出中安排提取的专用基金,按照实际提取金额列支入账。财政专户管理资金支出、专用基金支出应当按照实际支付的金额入账。转移性支出应当按照财政体制的规定或实际发生的金额入账。债务转贷支出应当按照实际转贷的金额入账。债务还本支出应当按照实际偿还的金额入账。凡是属于预拨经费的款项,到期转列支出时,应按前面规定列报口径转列支出。

对于收回当年已列支出的款项,应冲销当年支出。对于收回以前年度已列支出的款项,除财政部门另有规定外,应冲销当年支出。

第二节　预算支出的管理

各级预算由本级政府组织执行，具体工作由本级政府财政部门负责。政府各部门、各单位是本部门、本单位的预算执行主体，负责本部门、本单位的预算执行，并对执行结果负责。

一、预算支出的执行

我国《预算法》规定，预算支出应该按照同级人民代表大会批准的预算执行。由于我国的预算年度是按照公历年实行的，是历年制不是跨年制，也就是每年的 1 月 1 日到 12 月 31 日。但各级人民代表大会召开的时间一般在 1 月 1 日以后，就有可能出现预算年度已经开始，本级预算还没被人大审批通过。按照《预算法》的规定，预算年度开始后，各级预算草案在本级人民代表大会批准前可以安排下列支出：上一年度结转的支出；参照上一年同期的预算支出数额安排必须支付的本年度部门基本支出、项目支出，以及对下级政府的转移性支出；法律规定必须履行支付义务的支出，以及用于自然灾害等突发事件处理的支出。

各级政府财政部门必须依照法律、行政法规和国务院财政部门的规定，及时、足额地拨付预算支出资金，加强对预算支出的管理和监督。按照《预算法》的规定，在预算执行中相关部门应该遵循下面的规定：

(1)各级政府、各部门、各单位的支出必须按照预算执行，不得虚假列支。

(2)各级政府、各部门、各单位应当对预算支出情况开展绩效评价。

(3)各级国库应当按照国家有关规定，及时准确地办理预算支出的拨付。

(4)按照规定应当由财政支出安排的事项，不得做退库处理。

(5)国家实行国库集中收缴和集中支付制度，对政府全部收入和支出实行国库集中收付管理。

国库集中收付制度的内容已在第四章财政总预算会计的资产中做过介绍。

(6)各部门、各单位应当加强对支出的管理，不得擅自改变预算支出的用途。

(7)各级预算预备费的动用方案，由本级政府财政部门提出，报本级政府决定。

(8)各级一般公共预算年度执行中有超收收入的，只能用于冲减赤字或者补充预算稳定调节基金。各级一般公共预算的结余资金，应当补充预算稳定调节基金。

《财政总预算会计制度》也规定：

(1)总会计应当加强支出管理，科学预测和调度资金，严格按照批准的年度预算和用款计划办理支出，严格审核拨付申请，严格按预算管理规定和拨付实际列报支出，不得办理无预算、无用款计划、超预算、超用款计划的支出，不得任意调整预算支出科目。

(2)对于各项支出的账务处理必须以审核无误的国库划款清算凭证、资金支付凭证和其他合法凭证为依据。

(3)地方各级财政部门除国库集中支付结余外,不得采用权责发生制列支。权责发生制列支只限于年末采用,平时不得采用。

二、预算支出的调整

预算调整有广义和狭义两种。

广义的预算调整,是指经过立法机构批准的预算法案在实际执行过程中由于种种原因需要进行调整和变更,一般包括全面调整和局部调整。全面调整,是指在某些特殊情况下(如整个宏观经济或者经济管理体制发生重大变化),需要对预算进行全面的修正和变更,一般很少发生。局部调整,是指经过立法机构批准的预算法案的某个部分因为需要而进行的调整和变更,这种调整是经常发生的。局部调整从理论上看,一般包括动用预备费、预算的追加追减、经费流用和预算划转。预备费是按照本级一般公共预算支出额的1%—3%设置的机动费,用于当年预算执行中的自然灾害等突发事件处理增加的支出及其他难以预见的开支。所以动用预备费就是将原来预算中没有明确支出类别资金用到明确的支出中去。预算的追加追减就是预算规模的追加和追减。经费流用又称为科目流用,就是在预算总额不变的情况下,在不同"类"或者同类下不同"款"和不同"项"之间的调整。预算划转就是由于预算隶属发生变化等原因导致了上下级财政预算收支进行调整。

狭义的预算调整,特指《预算法》规定的需要各级财政编制预算调整草案,并经过各级人大常委会审批同意后才能实施的预算调整。按照《预算法》的规定,经全国人民代表大会批准的中央预算和经地方各级人民代表大会批准的地方各级预算,在执行中出现下列情况之一的,应当进行预算调整:需要增加或者减少预算总支出的;需要调入预算稳定调节基金的;需要调减预算安排的重点支出数额的;需要增加举借债务数额的。

在预算执行中,由于发生自然灾害等突发事件,必须及时增加预算支出的,应当先动支预备费;预备费不足支出的,各级政府可以先安排支出,属于预算调整的,列入预算调整方案。在预算执行中,地方各级政府因上级政府增加不需要本级政府提供配套资金的专项转移支付而引起的预算支出变化,不属于狭义的预算调整。《预算法》还规定:各部门、各单位的预算支出应当按照预算科目执行。严格控制不同预算科目、预算级次或者项目间的预算资金的调剂,确需调剂使用的,按照国务院财政部门的规定办理。

三、《政府收支分类科目》中的支出分类

《2019政府收支分类科目》中预算支出有两种分类:一是按功能分类,分为"类""款""项"三级;二是按经济分类,分为"类""款"两级。经济分类又分为"政府预算支出经济分类"和"部门预算支出经济分类"。《财政总预算会计》规定,"一般公共预算本级支出""政府性基金预算本级支出""国有资本经营预算本级支出"和"财政专户管理资金支出"都必须按照《政府收支分类科目》中的支出功能分类设置明细,并按照需要按支出经济分类和部门进行明细核算。

(一)支出功能分类

按功能分类一般是按照政府的职能分类，反映了政府的职能有哪些，为完成这些职能政府支出了多少财政资金，可以比较清楚地看清政府完成财政责任所执行的职能。《2019政府收支分类科目》按“支出功能分类”，支出共分为29类。

1. 一般公共服务

一般公共服务科目反映政府提供一般公共服务的支出，包括如下27个款级科目：人大事务、政协事务、政府办公厅(室)及相关机构事务、发展与改革事务、统计信息事务、财政事务、税收事务、审计事务、海关事务、人力资源事务、纪检监察事务、商贸事务、知识产权事务、民族事务、港澳台侨事务、档案事务、民主党派及工商联事务、群众团体事务、党委办公厅(室)及相关机构事务、组织事务、宣传事务、统战事务、对外联络事务、其他共产党事务支出、网信事务、市场监督管理事务和其他一般公共服务支出等。所有款都属于一般公共预算支出。

2. 外交

外交科目反映我国政府外交事务支出，包括如下9个款级科目：外交管理事务、驻外机构、对外援助、国际组织、对外合作与交流、对外宣传、边界勘界联检、国际发展合作和其他外交支出等。所有款都属于一般公共预算支出。

3. 国防

国防科目反映我国政府用于现役部队、国防动员、国防科研事业等方面的支出，包括如下5个款级科目：现役部队、国防科研事业、专项工程、国防动员和其他国防支出等。所有款都属于一般公共预算支出。

4. 公共安全

公共安全科目反映我国各级政府用于社会公共安全方面的支出，包括如下11个款级科目：武装警察部队、公安、国家安全、检察、法院、司法、监狱、强制隔离戒毒、国家保密、缉私警察和其他公共安全支出等。所有款都属于一般公共预算支出。

5. 教育

教育科目反映政府教育事务支出，包括如下10个款级科目：教育管理事务、普通教育、职业教育、成人教育、广播电视教育、留学教育、特殊教育、进修及培训、教育费附加安排的支出和其他教育支出等。所有款都属于一般公共预算支出。

6. 科学技术

科学技术科目反映政府用于科学技术方面的支出，包括如下11个款级科目：科学技术管理事务、基础研究、应用研究、技术研究与开发、科技条件与服务、社会科学、科学技术普及、科技交流与合作、科技重大专项、其他科学技术支出、核电站乏燃料处理处置基金支出等。其中“核电站乏燃料处理处置基金支出”属于政府性基金预算支出，其他“款”属于一般公共预算支出。

7. 文化旅游体育与传媒

文化体育与传媒科目反映我国各级政府在文化、旅游、文物、体育、广播电视、电影、新闻出版等方面的支出，包括如下8个款级科目：文化和旅游、文物、体育、新闻出版广播影视、其他文化体育与传媒支出、国家电影事业发展专项资金安排的支出、旅游发展基金支出、国家电影事业发展专项资金对应的专项债务收入安排的支出等。其中,国家电影事业发展专项资金安排的支出、旅游发展基金支出和国家电影事业发展专项资金对应的专项债务收入安排的支出属于政府性基金预算支出。其他"款"属于一般公共预算支出。

8. 社会保障和就业

社会保障和就业科目反映各级政府用于社会保障和就业方面的支出,包括如下23个款级科目:人力资源和社会保障管理事务、民政管理事务、补充全国社会保障基金、行政事业单位离退休、企业改革补助、就业补助、抚恤、退役安置、社会福利、残疾人事业、红十字事业、最低生活保障、临时救助、特困人员救助供养、补充道路交通事故社会救助基金、其他生活救助、财政对基本养老保险基金的补助、财政对其他社会保险基金的补助、退役军人管理事务、其他社会保障和就业支出、大中型水库移民后期扶持基金支出、小型水库移民扶助基金安排的支出、小型水库移民扶助基金安排对应专项债务收入安排的支出。其中,大中型水库移民后期扶持基金支出、小型水库移民扶助基金安排的支出和小型水库移民扶助基金安排对应专项债务收入安排的支出属于政府性基金预算支出。"补充全国社会保障基金"是一般公共预算支出和国有资本经营预算支出共用的科目。其他"款"属于一般公共预算支出。

9. 卫生健康支出

卫生健康支出科目反映各级政府用于卫生健康方面的支出,包括如下13个款级科目:卫生健康管理事务、公立医院、基层医疗卫生机构、公共卫生、中医药、计划生育事务、行政事业单位医疗、财政对基本医疗保险基金的补助、医疗补助、优抚对象医疗、医疗保障管理事务、老龄卫生健康事务、其他卫生管理支出。所有"款"属于一般公共预算支出。

10. 节能环保

节能环保科目反映各级政府用于节能环保方面的支出,包括如下17个款级科目:环境保护管理事务、环境监测与监察、污染防治、自然生态保护、天然林保护、退耕还林、风沙荒漠治理、退牧还草、已垦草原退耕还草、能源节约利用、污染减排、可再生能源、循环经济、能源管理事务、其他环境保护支出、可再生能源电价附加收入安排的支出、废弃电器电子产品处理基金支出。其中,可再生能源电价附加收入安排的支出和废弃电器电子产品处理基金支出属于政府性基金预算支出。其他"款"属于一般公共预算支出。

11. 城乡社区事务

城乡社区事务科目反映各级政府用于城乡社区事务方面的支出,包括如下15个款级科目:城乡社区管理事务、城乡社区规划与管理、城乡社区公共设施、城乡社区环境卫生、建设市场管理与监督、其他城乡社区事务支出、国有土地使用权出让收入及对应专项债务收入安排的支出、国有土地收益基金及对应专项债务收入安排的支出、农业土地开发资金安排的支出、城市基础设施配套费安排的支出、污水处理费安排的支出、土地储备专项债券收入安排的支出、棚户区改造专项债券收入安排的支出、城市基础设施配套费对应专项债务收入安排的支出、污水处理费对应专项债务收入安排的支出。其中,国有土地使用权出让收入及对应专项债务收入安排的支出、国有土地收益基金及对应专项债务收入安排的支出、农业土地开发资金安排的支出、城市基础设施配套费安排的支出、污水处理费安排的支出、土地储备专项债券收入安排的支出、棚户区改造专项债券收入安排的支出、城市基础设施配套费对应专项债务收入安排的支出、污水处理费对应专项债务收入安排的支出属于政府性基金预算支出。其他“款”属于一般公共预算支出。

12. 农林水事务

农林水事务科目反映各级政府用于农林水事务方面的支出,包括如下 15 个款级科目:农业、林业和草原、水利、南水北调、扶贫、农业综合开发、农村综合改革、惠普金融负债、目标价格补贴、其他农林水事务支出、大中型水库库区基金安排的支出、三峡水库库区基金支出、国家重大水利工程建设基金安排的支出、大中型水库库区基金对应专项债务收入安排的支出、国家重大水利工程建设基金对应专项债务收入安排的支出。其中,大中型水库库区基金安排的支出、三峡水库库区基金支出、国家重大水利工程建设基金安排的支出、大中型水库库区基金对应专项债务收入安排的支出、国家重大水利工程建设基金对应专项债务收入安排的支出属于政府性基金预算支出。其他“款”属于一般公共预算支出。

13. 交通运输

交通运输科目反映各级政府用于交通运输和邮政业方面的支出,包括如下 17 个款级科目:公路水路运输、铁路运输、民用航空运输、成品油价格改革对交通运输的补贴、邮政业支出、车辆购置税支出、其他交通运输支出、海南省高等级公路车辆通行附加费安排的支出、车辆通行费安排的支出、港口建设费安排的支出、船舶油污损害赔偿基金支出、民航发展基金支出、海南省高等级公路车辆通行附加费对应专项债务收入安排的支出、政府收费公路专项债券收入安排的支出、车辆通行费对应专项债务收入安排的支出、港口建设费对应专项债务收入安排的支出。其中,海南省高等级公路车辆通行附加费安排的支出、车辆通行费安排的支出、港口建设费安排的支出、船舶油污损害赔偿基金支出、民航发展基金支出、海南省高等级公路车辆通行附加费对应专项债务收入安排的支出、政府收费公路专项债券收入安排的支出、车辆通行费对应专项债务收入安排的支出、港口建设费对应专项债务收入安排的支出属于政府性基金预算支出。其他“款”属于一般公共预算支出。

14. 资源勘探信息等支出

资源勘探信息等支出科目反映各级政府用于资源勘探、制造业、建筑业、工业信息等方面的支出,包括如下 8 个科目:资源勘探开发、制造业、建筑业、工业和信息产业监管、国有资产监管、支持中小企业发展和管理支出、其他资源勘探信息等支出、农网还贷资金支出。其中“农网还贷资金支出”属于政府性基金预算支出。其他“款”属于一般公共预算支出。

15. 商业服务业等事务

商业服务业等事务科目反映各级政府用于商业服务业等方面的支出，包括如下 3 个款级科目：商业流通事务、涉外发展服务支出、其他商业服务业等支出。所有“款”属于一般公共预算支出。

16. 金融支出

金融支出科目反映各级政府用于金融方面的支出，包括如下 5 个款级科目：金融部门行政支出、金融部门监管支出、金融发展支出、金融调控支出、其他金融支出。其中“金融调控支出”是一般公共预算与“政府性基金预算”共用的支出科目。

17. 援助其他地区支出

援助其他地区支出科目反映各级政府安排并管理的对其他地区各类援助、捐赠等资金支出，包括一般公共服务、教育、文化体育与传媒、医疗卫生、节能环保、农业、交通运输、住房保障和其他支出共计 9 个款级科目。所有“款”属于一般公共预算支出。

18. 自然资源海洋气象等支出

自然资源海洋气象等支出科目反映各级政府用于自然资源、海洋、测绘、气象等公益服务事业方面的支出，包括如下 5 个款级科目：自然资源事务、海洋管理事务、测绘事务、气象事务和其他自然资源海洋气象等支出。所有“款”属于一般公共预算支出。

19. 住房保障支出

住房保障支出科目反映各级政府用于住房方面的支出，包括如下 3 个款级科目：保障性安居工程支出、住房改革支出和城乡社区住宅。所有“款”属于一般公共预算支出。

20. 粮油物资储备支出

粮油物资储备支出科目反映各级政府用于粮油物资储备方面的支出，包括粮油事务、物资事务、能源事务、粮油储备、重要商品储备 5 个款级科目。所有“款”属于一般公共预算支出。

21. 灾害防治及应急管理支出

灾害防治及应急管理支出科目反映政府用于自然灾害防治、安全生产监管及应急管理等方面的支出，包括 8 个款级科目：应急管理事务、消防事务、森林消防事务、煤矿安全、地震事务、自然灾害防治、自然灾害救灾及恢复重建支出、其他灾害防治及应急管理支出。所有“款”属于一般公共预算支出。

22. 预备费

预备费科目反映各级政府预算安排的预备费，主要解决当年预算执行中的自然灾害救灾开支及其他难以预见的特殊开支。我国《预算法》第四十条规定，各级一般公共预算应当按照本级一般公共预算支出额的 1%－3%设置预备费。

23. 其他支出

其他支出科目反映各级政府在上述各类支出项目以外不能划分到具体功能科目中的支出项目。它包括“年初预留”和“其他支出”2 个一般公共预算支出的款级科目；还包括“其他政府性基金及对应专项债务收入安排的支出”“彩票发行销售机构业务费安排的支出”和“彩票公益金安排的支出”3个政府性基金预算支出的款级科目。

24. 转移性支出

转移性支出科目反映政府的转移支付以及不同性质资金之间的调拨支出。该科目包括返还性支出、一般性转移支付、专项转移支付、上解支出、调出资金、年终结余、债券转贷支出、援助其他地区支出、安排预算稳定调节基金、补充预算周转金、政府性基金转移支付、国有资本经营预算转移支付12个款级科目。其中“政府性基金转移支付”属于政府性基金预算支出款级科目;“国有资本经营预算转移支付”属于国有资本经营预算支出款级科目;“年终结余”和“债券转贷支出”属于一般公共预算支出和政府性基金预算支出共用的款级科目;“调出资金”属于一般公共预算支出、政府性基金预算支出和国有资本经营预算支出共用的款级科目。

25. 债务还本支出

债务还本支出科目反映政府归还债务本金所发生的支出。该科目分设4款:“中央政府债务还本支出”“中央政府国外债务还本支出”和“地方政府一般债务还本支出”属于一般公共预算支出;“地方政府专项债务还本支出”属于政府性基金预算支出。

26. 债务付息支出

债务付息支出科目反映政府归还政府利息所发生的支出。该科目分设4款:“中央政府国内债务付息支出”“中央政府国外债务付息支出”和“地方政府一般债务付息支出”属于一般公共预算支出;“地方政府专项债务付息支出”属于政府性基金预算支出。

27. 债务发行费用支出

债务发行费用支出科目反映政府债务发行兑付费用的支出。该科目分设4款:“中央政府国内债务发行费用支出”“中央政府国外债务发行费用支出”和“地方政府一般债务发行费用支出”属于一般公共预算支出;“地方政府专项债务发行费用支出”属于政府性基金预算支出。

28. 国有资本经营预算支出

“国有资本经营预算支出”属于国有资本经营预算的支出科目。下设5个款级科目:解决历史遗留问题及改革成本支出、国有企业资本金注入、国有企业政策性补贴、金融国有资本经营预算支出和其他国有资本经营预算支出。

29. 社会保险基金支出

由于社会保险基金支出不在财政总预算会计中核算,我们不再详细介绍。

(二)支出经济分类

按经济分类是指主要按照财政支出的投入要素(如工资、商品和服务购买等)分类,也就是按照支出的成本要素进行分类,反映政府支出的经济性质,有利于会计核算和统计以及经济分析。如果说功能分类是反映政府支出“做了什么事”的问题,经济分类则是反映“怎么样去做”的问题,主要是反映各项支出的具体经济构成,反映政府的每一笔钱具体是怎么花的,也就是反映了整个政府支出的成本结构。

《2019政府收支分类科目》按“政府预算支出经济分类”,支出共分为15类。

1. 机关工资福利支出

机关工资福利支出科目反映机关和参照公务员法管理的事业单位(简称“参公事

业单位”)在职职工和编制外长期聘用人员的各类劳动报酬以及为上述人员缴纳的各项社会保险费等。该科目下设 4 个款级科目:工资奖金补贴、社会保障缴费、住房公积金和其他工资福利支出。

2. 机关商品和服务支出

机关商品和服务支出科目反映机关和参公事业购买商品和服务的支出,不包括用于购置固定资产、战略性和应急性物资储备等资本性支出。该科目下设 10 个款级科目:办公经费、会议费、培训费、专用材料购置费、委托业务费、公务接待费、因公出国(境)费用、公务用车运行维护费、维修(护)费和其他商品和服务支出。

3. 机关资本性支出(一)

机关资本性支出(一)科目反映机关和参公事业单位资本性支出。切块由发展改革部门安排的基本建设支出中机关和参公事业单位资本性支出不在此科目反映。该科目下设 7 个款级科目:房屋建筑物构建、基础设施建设、公务用车购置、土地征迁补偿和安置支出、设备购置、大型修缮和其他资本性支出。

4. 机关资本性支出(二)

机关资本性支出(二)科目反映切块由发展改革部门安排的基本建设支出中机关和参公事业单位的资本性支出。该科目下设 6 个款级科目:房屋建筑物构建、基础设施建设、公务用车购置、设备购置、大型修缮和其他资本性支出。

5. 对事业单位经常性补助

对事业单位经常性补助科目反映对事业单位(不含参公事业单位)的经常性补助支出。该科目下设 3 个款级科目:工资福利支出、商品和服务支出、其他对事业单位补助。

6. 对事业单位资本性补助

对事业单位资本性补助科目反映对事业单位(不含参公事业单位)的资本性补助支出。该科目下设 2 个款级科目:资本性支出(一)和资本性支出(二)。

7. 对企业补助

对企业补助科目反映政府对各类企业的补助支出。对企业资本性支出不在此科目反映。该科目下设 3 个款级科目:费用补贴、利息补贴和其他对企业补助。

8. 对企业资本性支出

对企业资本性支出科目反映政府对各类企业的资本性支出。该科目下设 2 个款级科目:对企业资本性支出(一)和对企业资本性支出(二)。

9. 对个人和家庭的补助

对个人和家庭的补助科目反映政府用于个人和家庭的补助支出。该科目下设 5 个款级科目:社会福利和救助、助学金、个人农业生产补贴、离退休费和其他对个人和家庭补助。

10. 对社会保障基金补助

对社会保障基金补助科目反映政府对社会保险基金的补助以及补充全国社会保障基金的支出。该科目下设 2 个款级科目:对社会保险基金补助和补充全国社会保障基金。

11. 债务利息及费用支出

债务利息及费用支出科目反映政府债务利息及费用支出。该科目下设 4 个款级科目：国内债务付息、国外债务付息、国内债务发行费用和国外债务发行费用。

12. 债务还本支出

债务还本支出科目反映政府债务还本支出。该科目下设 2 个款级科目：国内债务还本和国外债务还本。

13. 转移性支出

转移性支出科目反映政府间和不同性质预算间的转移性支出。该科目下设 6 个款级科目：上下级政府间转移性支出、援助其他地区支出、债务转贷、调出资金、安排预算稳定调节基金和补充预算周转金。

14. 预备费及预留

预备费及预留反映政府依法设置的预备费及预留。该科目下设 2 个款级科目：预备费和预留。

15. 其他支出

其他支出科目反映不能划分到上述经济分类科目的其他支出。该科目下设 4 个款级科目：赠予、国家赔偿费用支出、对民间非营利组织和群众性自治组织补贴和其他支出。

第三节　三大政府预算的本级支出

一、一般公共预算本级支出

(一)“一般公共预算本级支出”的核算内容及明细设置

“一般公共预算本级支出”科目核算政府财政管理的由本级政府使用的列入一般公共预算的支出。本科目应当根据《政府收支分类科目》中支出功能分类科目设置明细科目。同时，根据管理需要，按照支出经济分类科目、部门等进行明细核算。本科目平时借方余额反映一般公共预算本级支出的累计数。年终转账后，本科目无余额。

按照《2019 年政府收支分类科目》，一般公共预算支出功能分类主要涉及本章上节提到的 29 类中的 27 类，不包括国有资本经营预算支出和社会保险基金支出这两类。“一般公共预算本级支出”会计科目并没有涉及剩下的全部 27 类，转移性支出和债务还本支出在相关支出会计科目中核算，所以只涉及 25 类。

(二)“一般公共预算本级支出”的主要账务处理

1. 实际发生一般公共预算本级支出时，借记本科目，贷记“国库存款”“其他财政存款”等科目。

2. 年度终了，对纳入国库集中支付管理的、当年未支而需结转下一年度支付的款项(国库集中支付结余)，采用权责发生制确认支出时，借记本科目，贷记“应付国库集中支付结余”科目。具体案例参考第五章第一节。

3. 年终转账时，本科目借方余额应全数转入“一般公共预算结转结余”科目，借记“一般公共预算结转结余”科目，贷记本科目。

【例8—1】 经财政主管业务机构核准，某市财政支付市公安局刑事侦查费110 000元。应该根据相关的凭证编制如下的会计分录：

借：一般公共预算本级支出——公共安全——公安——执法办案　110 000

　贷：国库存款——一般公共预算存款　110 000

【例8—2】 经财政主管业务机构核准，某市财政支付市农业局基本支出经费90 000元。应该根据相关的凭证编制如下的会计分录：

借：一般公共预算本级支出——农林水支出——农业——行政运行　90 000

　贷：国库存款——一般公共预算存款　90 000

【例8—3】 2018年1月15日，某市财政将预拨给市教育局的义务教育费1 000 000元列报一般公共预算本级支出，其中小学教育费600 000元，初中教育费400 000元。该市财政总预算会计的账务处理如下：

借：一般公共预算本级支出——教育支出——普通教育——小学教育　600 000

——初中教育　400 000

　贷：预拨经费　1 000 000

【例8—4】 2018年终，该市财政将“一般公共预算本级支出”账户借方余额9 000 000元全数转入“一般公共预算结转结余”账户。

借：一般公共预算结转结余　9 000 000

　贷：一般公共预算本级支出　9 000 000

二、政府性基金预算本级支出

(一)“政府性基金预算本级支出”的核算内容及明细设置

“政府性基金预算本级支出”科目核算政府财政管理的由本级政府使用的列入政府性基金预算的支出。本科目应当按照《政府收支分类科目》中支出功能分类科目设置明细科目。同时，根据管理需要，按照支出经济分类科目、部门等进行明细核算。本科目平时借方余额反映政府性基金预算本级支出的累计数。年终转账后，本科目无余额。

按照《2019年政府收支分类科目》，政府性基金预算支出的功能分类主要涉及14类的几个具体款项(具体的款项见上节介绍)，这14类是：科学技术支出(1款)、文化旅游体育与传媒支出(3款)、社会保障和就业支出(3款)、节能环保支出(2款)、城乡社区支出(9款)、农林水支出(5款)、交通运输支出(10款)、资源勘探信息等支出(1款)、金融支出(1款)、其他支出(3款)、转移性支出(4款)、债务还本支出(1款)、债务利息支出（1 款）、债务发行费用支出（1 款），除转移性支出和债务还本支出不在政府性基金预算本级支出中核算，其他类都在政府性基金预算本级支出中核算。转移性支出和债务还本支出在相关会计科目中核算。

（二）"政府性基金预算本级支出"的主要账务处理

1. 实际发生政府性基金预算本级支出时，借记本科目，贷记"国库存款"科目。

2. 年度终了，对纳入国库集中支付管理的、当年未支而需结转下一年度支付的款项（国库集中支付结余），采用权责发生制确认支出时，借记本科目，贷记"应付国库集中支付结余"科目。具体案例参考第五章第一节。

3. 年终转账时，本科目借方余额应全数转入"政府性基金预算结转结余"科目，借记"政府性基金预算结转结余"科目，贷记本科目。结转后，本科目无余额。

【例 8—5】 2018 年 9 月 3 日，某市财政用于体育的彩票公益金安排支出 900 000 元。该市财政总预算会计的账务处理如下：

借：政府性基金预算本级支出——其他支出—彩票公益金安排的支出—用于体育事业的彩票公益金支出　900 000

　贷：国库存款——政府性基金预算存款　900 000

【例 8—6】 该市财政年终将用基金预算收入安排的基金预算支出累计 2 000 000 元转账。该市财政总预算会计的账务处理如下：

借：政府性基金预算结转结余　2 000 000

　贷：政府性基金预算本级支出　2 000 000

三、国有资本经营预算本级支出

（一）"国有资本经营预算本级支出"的核算内容及明细设置

"国有资本经营预算本级支出"科目核算政府财政管理的由本级政府使用的列入国有资本经营预算的支出。本科目应当按照《政府收支分类科目》中的支出功能分类科目设置明细科目。同时，根据管理需要，按照支出经济分类科目、部门等进行明细核算。本科目平时借方余额反映国有资本经营预算本级支出的累计数。年终转账后，本科目无余额。

按照《2019 年政府收支分类科目》，资本经营预算支出的功能分类主要涉及社会保障和就业支出（1 款）、国有资本经营预算支出（全部的 5 款）和转移性支出（2 款）。

（二）"国有资本经营预算本级支出"的主要账务处理

1. 实际发生国有资本经营预算本级支出时，借记本科目，贷记"国库存款"科目。

2. 年度终了，对纳入国库集中支付管理的、当年未支而需结转下一年度支付的款项（国库集中支付结余），采用权责发生制确认支出时，借记本科目，贷记"应付国库集中支付结余"科目。

3. 年终转账时，本科目借方余额应全数转入"国有资本经营预算结转结余"科目，借记"国有资本经营预算结转结余"科目，贷记本科目。结转后，本科目无余额。

可见，具体核算与一般公共预算本级支出和政府性基金预算本级支出类似，这里不再重复。

第四节　转移性支出

2015 年《财政总预算会计制度》是这样定义转移性支出的：转移性支出是指在各级政府财政之间进行资金调拨以及在本级政府财政不同类型资金之间调剂所形成的支出，包括补助支出、上解支出、调出资金、地区间援助支出等。《2019 年政府收支分类科目》则是这么规定的：转移性支出是政府的转移支付以及不同性质资金之间的调拨支出，包括返还性支出、一般性转移支付、专项转移支付、政府性基金转移支付、国有资本经营预算转移支付、上解支出、调出资金、年终结余、债务转贷支出、援助其他地区支出、安排预算稳定调节基金和补充预算周转金。可见《财政总预算会计制度》的转移性支出的范围与《政府收支分类科目》的转移性支出的范围不一致。但由于转移性支出不是财政总预算会计的核算科目，所以范围的不一致不会影响具体的核算。为了更好地反映它们之间的区别，我们用表 8—1 来列示其不同。

表 8—1　　　　**转移性支出**

<table>
<tr><th colspan="3">2019 年《政府收支分类科目》</th><th colspan="2">2015 年《财政总预算会计制度》</th></tr>
<tr><th>政府收支分类科目的“类”</th><th>政府收支分类科目的“款”</th><th>政府收支分类科目中的不同预算支出</th><th>财政总预算会计制度分类</th><th>财政总预算会计制度会计科目</th></tr>
<tr><td rowspan="12">转移性支出</td><td>返还性支出</td><td rowspan="3">一般公共预算支出</td><td rowspan="8">转移性支出</td><td rowspan="5">补助支出</td></tr>
<tr><td>一般性转移支付</td></tr>
<tr><td>专项转移支付</td></tr>
<tr><td>政府性基金转移支付</td><td>政府性基金预算支出</td></tr>
<tr><td>国有资本经营预算转移支付</td><td>国有资本经营预算支出</td></tr>
<tr><td>上解支出</td><td>一般公共预算支出</td><td>上解支出</td></tr>
<tr><td>援助其他地区支出</td><td>一般公共预算支出</td><td>地区间援助支出</td></tr>
<tr><td>调出资金</td><td>一般公共预算支出、政府性基金预算支出和国有资本经营预算支出</td><td>调出资金</td></tr>
<tr><td>安排预算稳定调节基金</td><td>一般公共预算支出</td><td>安排预算稳定调节基金</td><td>安排预算稳定调节基金</td></tr>
<tr><td>补充预算周转金</td><td>一般公共预算支出</td><td>作为一般公共预算结转结余减少处理</td><td></td></tr>
<tr><td>年终结余</td><td>一般公共预算支出和政府性基金预算支出</td><td></td><td></td></tr>
<tr><td>债务转贷支出</td><td>一般公共预算支出和政府性基金预算支出</td><td>债务转贷支出</td><td>债务转贷支出</td></tr>
</table>

一、补助支出和上解支出

补助支出是指本级政府财政按财政体制规定或因专项需要补助给下级政府财政的款项，包括对下级的税收返还、转移支付等。上解支出是指按照财政体制规定由本级政府财政上交给上级政府财政的款项。

补助支出和上解支出都是上下级政府财政之间发生的转移性支出。

（一）补助支出

“补助支出”科目核算本级政府财政按财政体制规定或因专项需要补助给下级政府财政的款项，包括对下级的税收返还、转移支付等。本科目下应当按照不同资金性质设置“一般公共预算补助支出”“政府性基金预算补助支出”等明细科目，同时还应当按照补助地区进行明细核算。本科目平时借方余额反映补助支出的累计数。年终转账后，本科目无余额。

对于本级政府财政而言是补助支出，而对于收到补助的下级财政而言则是补助收入。所以补助支出与补助收入是对应的，在上下级财政合并政府综合财务报告时，本级政府的补助支出和下级政府的补助收入应相互抵消。

从表 8－1 可以看出，“补助支出”科目对应政府收支分类中三个内容：

(1)一般公共预算的返还性支出、一般性转移支付和专项转移支付，应在“一般公共预算补助支出”明细科目中核算；

(2)政府性基金预算中的政府性基金转移支付，应在“政府性基金预算补助支出”明细科目中核算；

(3)国有资本经营预算中的国有资本经营预算转移支付，应在“国有资本经营预算补助支出”明细科目中核算。

“补助支出”的主要账务处理如下：

1. 发生补助支出或从“与下级往来”科目转入时，借记本科目，贷记“国库存款”“其他财政存款”“与下级往来”等科目。

【例 8－7】 某市财政向其下属甲县拨付一般公共预算体制补助 220 000 元，根据基金预算向其下属的乙县拨付政府性基金补助 60 000 元。应该分别编制如下的会计分录：

借：补助支出——一般公共预算补助支出——甲县	220 000	
贷：国库存款——一般公共预算存款		220 000
借：补助支出——政府性基金预算补助支出——乙县	60 000	
贷：国库存款——政府性基金预算存款		60 000

2. 专项转移支付资金实行特设专户管理的，本级政府财政应当根据本级政府财政下达的预算文件确认补助支出，借记本科目，贷记“国库存款”“与下级往来”等科目。

【例 8－8】 中央财政拨付 B 省财政实行特设专户管理的农业扶持的专项转移支

付资金200 000 000元。中央财政总预算会计的账务处理如下：

(1)年度中拨付时：

借：与下级往来——B省 200 000 000

贷：国库存款——一般公共预算存款 200 000 000

(2)年终根据本级政府财政下达的预算文件确认补助支出时：

借：补助支出——一般公共预算补助支出 200 000 000

贷：与下级往来——B省 200 000 000

3. 有主权外债业务的财政部门，贷款资金由下级政府财政同级部门(单位)使用，且贷款最终还款责任由本级政府财政承担的，本级政府财政部门支付贷款资金时，借记本科目，贷记“其他财政存款”科目；外方将贷款资金直接支付给用款单位或供应商时，借记本科目，贷记“债务收入”“债务转贷收入”等科目；根据债务管理部门转来的相关外债转贷管理资料，按照实际支付的金额，借记“待偿债净资产”科目，贷记“借入款项”“应付主权外债转贷款”等科目。

【例8—9】 某省财政将借入的国际金融组织的贷款资金150 000 000元补贴给A市财政，由A市×局使用。该笔贷款是由省财政划账给A市财政，A市财政按照规定进行支付，用于A市×局的项目上。如果该贷款资金最终还款责任由省级财政承担，该省财政总预算会计的账务处理如下：

借：补助支出——一般公共预算补助支出——A市 150 000 000

贷：其他财政存款 150 000 000

【例8—10】 某省财政将借入的国际金融组织的贷款资金150 000 000元补贴给A市财政，由A市×局使用。但该笔贷款是外方将贷款资金直接支付给用款单位。如果该贷款资金最终还款责任由省级财政承担，该省财政总预算会计的账务处理如下：

借：补助支出——一般公共预算补助支出——A市 150 000 000

贷：债务收入 1 000 000

借：待偿债净资产——借入款项 150 000 000

贷：借入款项 150 000 000

4. 年终与下级政府财政结算时，按照尚未拨付的补助金额，借记本科目，贷记“与下级往来”科目。退还或核减补助支出时，借记“国库存款”“与下级往来”等科目，贷记本科目。

年终与下级政府财政结算时，按照尚未拨付的补助金额：

借：补助支出

贷：与下级往来

退还或核减补助支出时：

借：国库存款/与下级往来

贷:补助支出

5. 年终转账时,本科目借方余额应根据不同资金性质分别转入对应的结转结余科目,借记"一般公共预算结转结余""政府性基金预算结转结余"等科目,贷记本科目。结转后,本科目无余额。

【例8—11】 年终,某省财政"补助支出"账户的借方余额1 800 000 000元,有关明细账户借方余额为:"一般公共预算补助支出"1 000 000 000元,"政府性基金预算补助支出"800 000 000元。年终结账时,该省财政总预算会计的账务处理如下:

借:一般公共预算结转结余	1 000 000 000	
政府性基金预算结转结余	800 000 000	
贷:补助支出——一般公共预算补助支出		1 000 000 000
补助支出——政府性基金预算补助支出		800 000 000

(二)上解支出

"上解支出"科目核算本级政府财政按照财政体制规定上交给上级政府财政的款项。本科目下应当按照不同资金性质设置"一般公共预算上解支出""政府性基金预算上解支出"等明细科目。本科目平时借方余额反映上解支出的累计数。年终转账后,本科目无余额。

按照《2019年政府收支分类科目》,政府性基金预算的支出中没有上解支出。《财政总预算会计制度》却提到可以在"上解支出"科目下设置"政府性基金预算上解支出"明细。到底要不要设立这一明细,应该按照各地政府财政部门的具体业务进行判断:如果真有政府性基金预算中的上解支出,那就应该设立;没有,则没必要设立。

对于本级政府财政而言是上解支出,而对于收到上解款的上级财政而言则是上解收入。所以上解支出与上解收入是对应的,在上下级财政合并政府综合财务报告时,本级政府的上解支出和上级政府的上解收入应相互抵消。

上解支出的主要账务处理如下:

1. 发生上解支出时,借记本科目,贷记"国库存款""与上级往来"等科目。

2. 年终与上级政府财政结算时,按照尚未支付的上解金额,借记本科目,贷记"与上级往来"科目。退还或核减上解支出时,借记"国库存款""与上级往来"等科目,贷记本科目。

3. 年终转账时,本科目借方余额应根据不同资金性质分别转入对应的结转结余科目,借记"一般公共预算结转结余""政府性基金预算结转结余"等科目,贷记本科目。结转后,本科目无余额。

【例8—12】 某市财政按照体制规定,体制上解省财政560 000元。该市财政总预算会计的账务处理如下:

借:上解支出——一般公共预算上解支出	560 000	
贷:国库存款——一般公共预算存款		560 000

【例8—13】 2018年终，某市财政与上级财政（某省财政）进行体制结算，需要支付上解一般公共预算资金1 800 000元，但并未支付。该市财政总预算会计的账务处理如下：

借：上解支出——一般公共预算上解支出　　1 800 000
　贷：与上级往来　　1 800 000

【例8—14】 2018年终，某市财政上解支出借方余额为3 000 000元，都是一般公共预算上解支出。年终结账时，该市财政总预算会计的账务处理如下：

借：一般公共预算结转结余　　3 000 000
　贷：上解支出——一般公共预算上解支出　　3 000 000

二、地区间的援助支出

"地区间的援助支出"科目核算援助方政府财政安排用于受援方政府财政统筹使用的各类援助、捐赠等资金支出。受援方政府和援助方政府不是上下级财政关系。虽然也是政府间的资金转移，但不是上下级政府。而"补助支出"和"上解支出"则是上下级政府间的资金转移。

本科目应当按照受援地区及管理需要进行相应明细核算。本科目平时借方余额反映地区间援助支出的累计数。年终转账后，本科目无余额。

"地区间援助支出"的主要账务处理如下：

1. 发生地区间援助支出时，借记本科目，贷记"国库存款"科目。

2. 年终转账时，本科目借方余额全数转入"一般公共预算结转结余"科目，借记"一般公共预算结转结余"科目，贷记本科目。结转后，本科目无余额。

【例8—15】 某市财政援助B市政府，援助金额为5 000 000元。该市财政总预算会计的账务处理如下：

借：地区间援助支出——B市　　5 000 000
　贷：国库存款——一般公共预算存款　　5 000 000

【例8—16】 某市财政年终地区间援助支出借方余额为5 000 000元。年终结账时，该市财政总预算会计的账务处理如下：

借：一般公共预算结转结余　　5 000 000
　贷：地区间援助支出　　5 000 000

三、调出资金

调出资金是指政府财政为平衡预算收支、从某类资金向其他类型预算调出的资金，是本级政府内部不同类型资金的转移，不同于补助支出、上解支出和地区间援助支出。补助支出和上解支出是上下级政府财政资金的转移，地区间援助支出是没有隶属关系的地区政府之间财政资金的转移。而调出资金则是同一政府不同类型资金的转移，不是政府间转移。

一般公共预算、政府性基金预算和国有资本经营预算都有调出资金。一般公共预算资金可以调出到政府性基金预算；政府性基金预算资金一般可以调出到一般公共预算；国有资本经营预算一般也是调出到一般公共预算。只有国有资本经营预算没有调入资金，只有调出资金。

（一）“调出资金”的核算内容与明细设置

“调出资金”科目核算政府财政为平衡预算收支、从某类资金向其他类型预算调出的资金。本科目下应当设置“一般公共预算调出资金”“政府性基金预算调出资金”和“国有资本经营预算调出资金”等明细科目。本科目平时借方余额反映调出资金的累计数。年终转账后，本科目无余额。

（二）“调出资金”的主要账务

1．从一般公共预算调出资金时，按照调出的金额，借记本科目（一般公共预算调出资金），贷记“调入资金”相关明细科目。

2．从政府性基金预算调出资金时，按照调出的金额，借记本科目（政府性基金预算调出资金），贷记“调入资金”相关明细科目。

3．从国有资本经营预算调出资金时，按照调出的金额，借记本科目（国有资本经营预算调出资金），贷记“调入资金”相关明细科目。

4．年终转账时，本科目借方余额分别转入相应的结转结余科目，借记“一般公共预算结转结余”“政府性基金预算结转结余”和“国有资本经营预算结转结余”等科目，贷记本科目。结转后，本科目无余额。

【例 8－17】　某市财政为平衡一般公共预算，从政府性基金预算调入资金 800 000 元，国有资本经营预算调入资金 300 000 元。该市财政总预算会计的账务处理如下：

借：调出资金——政府性基金预算调出资金　　800 000
　　调出资金——国有资本经营预算调出资金　　300 000
　　贷：调入资金—— 一般公共预算调入资金　　1 100 000

【例 8－18】　接上题，年终对上题的业务进行转账处理：

借：政府性基金预算结转结余　　800 000
　　国有资本经营预算结转结余　　300 000
　　贷：调出资金——政府性基金预算调出资金　　800 000
　　　　调出资金——国有资本经营预算调出资金　　300 000
借：调入资金—— 一般公共预算调入资金　　1 100 000
　　贷：一般公共预算结转结余　　1 100 000

四、安排预算稳定调节基金

“安排预算稳定调节基金”科目核算政府财政按照有关规定安排的预算稳定调节

基金。安排的预算稳定调节基金是同一政府在不同年度之间的资金转移，就是将本年的资金转移到以后年度使用。所以“安排预算稳定调节基金”与“调出资金”一样，都是同一政府财政内部的转移，只不过“调出资金”是同一政府不同类型资金的转移，而“安排预算稳定调节基金”是同一政府在不同年度之间的资金转移。

安排预算稳定调节基金只能在一般公共预算中发生。所以“安排预算稳定调节基金”年终转账时，转入“一般公共预算结转结余”科目。本科目平时借方余额反映安排预算稳定调节基金的累计数。年终转账后，本科目无余额。

“安排预算稳定调节基金”的主要账务处理如下：

1. 补充预算稳定调节基金时，借记本科目，贷记“预算稳定调节基金”科目。

2. 年终转账时，本科目借方余额全数转入“一般公共预算结转结余”科目，借记“一般公共预算结转结余”科目，贷记本科目。结转后，本科目无余额。

【例 8—19】 某市财政把当年的超收收入 1 000 000 元用来补充预算稳定调节基金。该市财政总预算会计的账务处理如下：

借：安排预算稳定调节基金　　　　1 000 000

　　贷：预算稳定调节基金　　　　1 000 000

第五节　其他支出科目

由于其他支出科目内容较少，所以在本节合并介绍。这些支出科目包括：专用基金支出、财政专户管理资金支出、债务还本支出和债务转贷支出四个科目。

一、专用基金支出

（一）“专用基金支出”的核算内容及明细设置

“专用基金支出”科目核算政府财政用专用基金收入安排的支出。本科目应当根据专用基金的种类设置明细科目。同时，根据管理需要，按部门等进行明细核算。在管理上与政府性基金预算相同，要求专款专用，不得随意改变用途，同时也要做到先收后支，量入为出。本科目平时借方余额反映专用基金支出的累计数。年末转账后，本科目无余额。

（二）“专用基金支出”的主要账务处理

1. 发生专用基金支出时，借记本科目，贷记“其他财政存款”等有关科目。退回专用基金支出时，做相反的会计分录。

2. 年终转账时，本科目借方余额全数转入“专用基金结余”科目，借记“专用基金结余”科目，贷记本科目。结转后，本科目无余额。

【例 8—20】 某市财政根据相关的文件，运用粮食风险基金 260 000 元以平抑市场粮价。该市财政总预算会计应该编制如下的会计分录：

借：专用基金支出——粮食风险基金　　260 000

　　贷：其他财政存款——专用基金存款　　260 000

【例 8—21】 年终，某市财政将“专用基金支出”科目的借方余额 410 000 元全部转入“专用基金结余”科目。该市财政总预算会计应该编制如下的会计分录：

借：专用基金结余　　410 000

　　贷：专用基金支出　　410 000

二、财政专户管理资金支出

(一)“财政专户管理资金支出”的核算内容及明细设置

“财政专户管理资金支出”科目核算政府财政用纳入财政专户管理的教育收费等资金安排的支出。本科目应当按照《政府收支分类科目》中支出功能分类科目设置相应明细科目。同时，根据管理需要，按照支出经济分类科目、部门(单位)等进行明细核算。本科目平时借方余额反映财政专户管理资金支出的累计数，年末转账后，本科目无余额。

(二)“财政专户管理资金支出”的主要账务处理

1. 发生财政专户管理资金支出时，借记本科目，贷记“其他财政存款”等有关科目。

2. 年终转账时，本科目借方余额全数转入“财政专户管理资金结余”科目，借记“财政专户管理资金结余”科目，贷记本科目。结转后，本科目无余额。

【例 8—22】 某市财政根据相关的文件运用财政专户管理的教育收费支付相关教育费用 300 000 元。该市财政总预算会计应该编制如下的会计分录：

借：财政专户管理资金支出——教育　　300 000

　　贷：其他财政存款——财政专户管理资金　　300 000

【例 8—23】 年终，某市财政将“财政专户管理资金支出”科目的借方余额 2 000 000 元全部转入“财政专户管理资金结余”科目。该市财政总预算会计应该编制如下的会计分录：

借：财政专户管理资金结余　　2 000 000

　　贷：财政专户管理资金支出　　2 000 000

三、债务还本支出

既然有债务收入和债务转贷收入，就会有债务还本支出和债务付息支出。债务付息支出根据债务资金的性质分别在一般公共预算本级支出和政府性基金预算本级支出中核算。不管是本级发生的债务收入还是上级转贷的债务转贷收入，如果要本级财政承担本金偿付，那么归还的本金就在“债务还本支出”科目中核算。

(一)“债务还本支出”的核算内容及明细设置

“债务还本支出”科目核算政府财政偿还本级政府财政承担的纳入预算管理的债务本金支出。本科目应当根据《政府收支分类科目》中“债务还本支出”有关规定设置明细科目。本科目平时借方余额反映本级政府财政债务还本支出的累计数。年末转账后,本科目无余额。

《2019 政府收支分类科目》中债务还本支出类下设 4 个款级科目:“中央政府债务还本支出”“中央政府国外债务还本支出”和“地方政府一般债务还本支出”属于一般公共预算支出;“地方政府专项债务还本支出”属于政府性基金预算支出。“地方政府一般债务还本支出”和“地方政府专项债务还本支出”款下还有若干项,所以应该按照项设置二级明细。

(二)“债务还本支出”的主要账务处理

1. 偿还本级政府财政承担的政府债券、主权外债等纳入预算管理的债务本金时,借记本科目,贷记“国库存款”“其他财政存款”等科目;根据债务管理部门转来相关资料,按照实际偿还的本金金额,借记“应付短期政府债券”“应付长期政府债券”“借入款项”“应付地方政府债券转贷款”“应付主权外债转贷款”等科目,贷记“待偿债净资产”科目。

2. 偿还截至 2014 年 12 月 31 日本级政府财政承担的存量债务本金时,借记本科目,贷记“国库存款”“其他财政存款”等科目。

3. 年终转账时,本科目下“专项债务还本支出”明细科目的借方余额应按照对应的政府性基金种类分别转入“政府性基金预算结转结余”相应明细科目,借记“政府性基金预算结转结余”科目,贷记本科目(专项债务还本支出)。本科目下其他明细科目的借方余额全数转入“一般公共预算结转结余”科目,借记“一般公共预算结转结余”科目,贷记本科目(其他明细科目)。结转后,本科目无余额。

【例 8—24】 2018 年 12 月 29 日,某省财政偿还到期的 3 年期地方政府一般债券本金 100 000 000 元。该省财政总预算会计的账务处理如下:

借:债务还本支出——地方政府一般债务还本支出——地方政府一般债券还本支出 100 000 000

贷:国库存款 100 000 000

借:应付长期政府债券——应付地方政府一般债券——应付本金 100 000 000

贷:待偿债净资产 100 000 000

【例 8—25】 2018 年终,某省财政“债务还本支出”账户的借方余额 800 000 000 元,有关明细账户借方余额为:“一般债务还本支出”500 000 000 元,“专项债务还本支出”300 000 000 元。年终转账时,该省财政总预算会计的账务处理如下:

借:一般公共预算结转结余 500 000 000

政府性基金预算结转结余 300 000 000

贷：债务还本支出——地方政府一般债务还本支出 500 000 000

债务还本支出——地方政府专项债务还本支出 300 000 000

四、债务转贷支出

在《2019 年政府收支分类科目》中，债务转贷支出是转移性支出“类”下的一个“款”级科目。债务转贷支出是本级政府向下机政府财政转贷的债务支出。同一笔转贷资金，对于本级政府是债务转贷支出；但对于下级政府而言，则是债务转贷收入。比如上海市市级政府发行地方债券 5 亿元，形成上海市市级债务收入 5 亿元。上海市市级财政将发行的 5 亿元地方债券转贷给青浦区政府，对于上海市市本级政府而言，是债务转贷支出；对于青浦区政府而言，则是债务转贷收入。但对于上海市整体财务状况而言，全部的债务收入就是 5 亿元。上海市市级的债务转贷支出应与青浦区政府的债务转贷收入抵消。

（一）“债务转贷支出”的核算内容及明细设置

“债务转贷支出”科目核算本级政府财政向下级政府财政转贷的债务支出。本科目下应当设置“地方政府一般债务转贷支出”“地方政府专项债务转贷支出”明细科目，同时还应当按照转贷地区进行明细核算。本科目平时借方余额反映债务转贷支出的累计数。年终转账后，本科目无余额。

（二）“债务转贷支出”的主要账务处理

1. 本级政府财政向下级政府财政转贷地方政府债券资金时，借记本科目，贷记“国库存款”科目；根据债务管理部门转来的相关资料，按照到期应收回的转贷款本金金额，借记“应收地方政府债券转贷款”科目，贷记“资产基金——应收地方政府债券转贷款”科目。

【例 8－26】 某省财政向下级政府财政转贷地方一般债券资金 300 000 000 元，总会计处理如下：

借：债务转贷支出——地方政府一般债务转贷支出 300 000 000

贷：国库存款——一般公共预算存款 300 000 000

同时，根据债务管理部门转来的相关资料，按照到期应收回的转贷本金金额：

借：应收地方政府债券转贷款——应收地方政府一般债券转贷款（应收本金）

300 000 000

贷：资产基金——应收地方政府债券转贷款 300 000 000

2. 本级政府财政向下级政府财政转贷主权外债资金，且主权外债最终还款责任由下级政府财政承担的，相关账务处理如下：

（1）本级政府财政支付转贷资金时，根据转贷资金支付相关资料，借记“债务转贷支出”科目，贷记“其他财政存款”科目；根据债务管理部门转来的相关资料，按照实际持有的债权金额，借记“应收主权外债转贷款”科目，贷记“资产基金——应收主权外债转贷款”科目。

【例 8—27】 某省政府将向某国际金融机构的贷款 700 000 000 元转贷给所属 A 市政府，用于该市范围内的公共基础设施建设，并明确该笔转贷债务由 A 市政府承担最终还款责任。根据转贷资金支付相关资料，总会计处理如下：

借：债务转贷支出　　700 000 000

　　贷：其他财政存款　　700 000 000

同时：

借：应收主权外债转贷款——应收本金——A 市政府　　700 000 000

　　贷：资产基金——应收主权外债转贷款　　700 000 000

（2）外方将贷款资金直接支付给用款单位或供应商时，本级政府财政根据转贷资金支付相关资料，借记本科目，贷记“债务收入”“债务转贷收入”科目；根据债务管理部门转来的相关资料，按照实际持有的债权金额，借记“应收主权外债转贷款”科目，贷记“资产基金——应收主权外债转贷款”科目；同时，借记“待偿债净资产”科目，贷记“借入款项”“应付主权外债转贷款”等科目。

【例 8—28】 某省政府将向某国际金融机构的贷款 700 000 000 元转贷给所属 A 市政府，用于该市范围内的公共基础设施建设，并明确该笔转贷债务由 A 市政府承担最终还款责任。这笔贷款由该国际金融机构直接支付给 A 市政府的用款单位。根据转贷资金支付相关资料，总会计处理如下：

借：债务转贷支出　　700 000 000

　　贷：债务收入　　700 000 000

同时：

借：应收主权外债转贷款——应收本金——A 市政府　　700 000 000

　　贷：资产基金——应收主权外债转贷款　　700 000 000

借：待偿债净资产——借入款项　　700 000 000

　　贷：借入款项——应付本金　　700 000 000

3. 年终转账时，本科目下“地方政府一般债务转贷支出”明细科目的借方余额全数转入“一般公共预算结转结余”科目，借记“一般公共预算结转结余”科目，贷记“债务转贷支出——地方政府一般债务转贷支出”科目。本科目下“地方政府专项债务转贷支出”明细科目的借方余额全数转入“政府性基金预算结转结余”科目，借记“政府性基金预算结转结余”科目，贷记“债务转贷支出——地方政府专项债务转贷支出”科目。结转后，本科目无余额。

【例 8—29】 2018 年终，某省财政“债务转贷支出”账户借方余额为 1 500 000 000 元，有关明细账户贷方余额为：“地方政府一般债务转贷支出” 1 000 000 000 元，“地方政府专项债务转贷支出 500 000 000 元。年终结账时，该省财政总预算会计的账务处理如下：

借：一般公共预算结转结余　　1 000 000 000
　　政府性基金预算结转结余　　500 000 000
　　贷：债务转贷支出——地方政府一般债务转贷支出　　1 000 000 000
　　　　债务转贷支出——地方政府专项债务转贷支出　　500 000 000

复习思考题

1. 财政总预算会计核算的支出范围有哪些？
2. 什么是转移性支出？转移性支出包括哪些内容？
3. 按照《预算法》的规定，在预算执行中相关部门应该遵循哪些规定？
4. 按照《财政总预算会计制度》的规定，在预算执行中相关部门应该遵循哪些规定？
5. 什么是广义和狭义的预算调整？
6. 什么是支出功能分类？什么是支出经济分类？
7. 各类支出的列报口径有什么不同？

练习题

1. 经财政主管业务机构核准，某市财政支付市属卫生局基本支出经费160 000元。该市财政总预算会计该如何进行账务处理？

2. 经财政主管业务机构核准，某市财政支付该市伤残抚恤65 000元，儿童福利113 000元，职业培训补贴140 000元。该市财政总预算会计该如何进行账务处理？

3. 某市财政总预算会计在年终将“一般公共预算本级支出”科目的借方余额11 570 000元全部转入“一般公共预算结转结余”科目。该市财政总预算会计该如何进行账务处理？

4. 2019年2月1日某市财政用政府收费公路专项债券收入安排支出300 000元。该市财攻总预算会计该如何进行账务处理？

5. 2019年12月29日，某省财政偿还到期的3年期地方政府专项债券本金300 000 000元。该市财政总预算会计该如何进行账务处理？同时年末转账时如何进行会计处理？

6. 某省财政向下级政府财政转贷地方专项债券资金800 000 000元，该市财政总预算会计该如何进行账务处理？

7. 某省政府将向某国际金融机构的贷款100 000 000元转贷给所属B市政府，并明确该笔转贷债务由B市政府承担最终还款责任。以下各种情况下该省财政总预算会计的账务该如何处理？

(1)如果这笔债务由省级财政借入，然后再转贷给B市政府。资金经过了省级政府银行账户进行划转。

(2)这笔贷款由该国际金融机构直接支付给B市政府的用款单位。资金并未经过省级政府银行账户。

8. 市财政向其下属丁县拨付专项转移支付134 000元，根据政府性基金预算向其下属的丙县拨付政府性基金预算补助 70 000 元。该市财政总预算会计该如何进行账务处理?

9. 某省财政将通过财政部借入的国际金融组织的贷款资金 1 000 000 元补助给所属某市×局使用。该笔资金由外方直接转账给用款单位。如果该贷款资金最终还款责任由省级财政承担,该省财政总预算会计该如何进行账务处理?

10. 某省财政“补助支出”账户的借方余额 1 800 000 元,有关明细账户借方余额为:“一般公共预算补助支出”1 200 000 元,“政府性基金预算补助支出”600 000 元。年终结账时,该省财政总预算会计该如何进行账务处理?

11. 某市财政按照体制规定,体制上解省财政 800 000 元。该市财政总预算会计该如何进行账务处理?

12. 2018 年年终,某市财政与上级财政(某省财政)进行体制结算,需要上解一般公共预算资金 20 000 000 元,但并未支付。该市财政总预算会计该如何进行账务处理?

13. 某省政府财政向某自治区政府财政支付可统筹使用的捐助资金 500 000 元。该省财政总预算会计该如何进行账务处理?

14. 年终,某省财政“地区间援助支出”账户的借方余额 800 000 元。年终结账时,该省财政总预算会计该如何进行账务处理?

15. 年终,某省财政“调出资金”账户的借方余额 1 000 000 元,有关明细账户借方余额为:“一般公共预算调出资金”500 000 元,“国有资本经营预算调出资金”500 000 元年终转账时。该省财政总预算会计该如何进行账务处理?

第九章　财政总预算会计的会计报表

第一节　财政总预算会计主要报表编制前的准备工作

财政总预算会计的会计报表编制之前，应该做一些准备工作。月报表编制前，总会计应当先按月进行会计结账。年报表编制前，应该先进行年终清算和结算、年终结账。

一、年终清算和结算

政府财政部门应当及时进行年终清理结算。年终清理结算的主要事项如下：

1. 核对年度预算。预算是预算执行和办理会计结算的依据。年终前，总会计应配合预算管理部门将本级政府财政全年预算指标与上、下级政府财政总预算和本级各部门预算进行核对，及时办理预算调整和转移支付事项。本年预算调整和对下转移支付一般截至11月底；各项预算拨款，一般截至12月25日。

2. 清理本年预算收支。认真清理本年预算收入，督促征收部门和国家金库年终前如数缴库。应在本年预算支领列报的款项，非特殊原因，应在年终前办理完毕。清理财政专户管理资金和专用基金收支。凡属应列入本年的收入，应及时催收，并缴入国库或指定财政专户。

3. 组织征收部门和国家金库进行年度对账。

4. 清理核对当年拨款支出。总会计对本级各单位的拨款支出应与单位的拨款收入核对无误。属于应收回的拨款，应及时收回，并按收回数相应冲减预算支出。属于预拨下年度的经费，不得列入当年预算支出。

5. 核实股权、债权和债务。财政部门内部相关资产、债务管理部门应于12月20日前向总会计提供与股权、债权、债务等核算和反映相关的资料。总会计对股权投资、借出款项、应收股利、应收地方政府债券转贷款、应收主权外债转贷款、借入款项、应付短期政府债券、应付长期政府债券、应付地方政府债券转贷款、应付主权外债转贷款、其他负债等余额应与相关管理部门进行核对，记录不一致的要及时查明原因，按规定调整账务，做到账实相符，账账相符。

6. 清理往来款项。政府财政要认真清理其他应收款、其他应付款等各种往来款项,在年度终了前予以收回或归还。应转作收入或支出的各项款项,要及时转入本年有关收支账。

7. 进行年终财政结算。财政预算管理部门要在年终清理的基础上,于次年元月底前结清上下级政府财政的转移支付收支和往来款项。总会计要按照财政管理体制的规定,根据预算结算单,与年度预算执行过程中已补助和已上解数额进行比较,结合往来款和借垫款情况,计算出全年最后应补或应退数额,填制"年终财政决算结算单",经核对无误后,作为年终财政结算凭证,据以入账。

总会计对年终决算清理期内发生的会计事项,应当划清会计年度。属于清理上年度的会计事项,记入上年度会计账;属于新年度的会计事项,记入新年度会计账,防止错记漏记。

二、年终结账

经过年终清理和结算,把各项结算收支入账后,即可办理年终结账。年终结账工作一般分为年终转账、结清旧账和记入新账三个步骤,依次做账。

1. 年终转账。计算出各科目 12 月份合计数和全年累计数,结出 12 月末余额,编制结账前的"资产负债表",再根据收支余额填制记账凭证,将收支分别转入"一般公共预算结转结余""政府性基金预算结转结余""国有资本经营预算结转结余""专用基金结余""财政专户管理资金结余"等科目冲销。

2. 结清旧账。将各个收入和支出科目的借方、贷方结出全年总计数。对年终有余额的科目,在"摘要"栏内注明"结转下年"字样,表示转入新账。

3. 记入新账。根据年终转账后的总账和明细账余额编制年终"资产负债表"和有关明细表(不需填制记账凭证),将表列各科目余额直接记入新年度有关总账和明细账年初余额栏内,并在"摘要"栏注明"上年结转"字样,以区别新年度发生数。

决算经本级人民代表大会常务委员会(或人民代表大会)审查批准后,如需更正原报决算草案收入、支出时,则要相应调整有关账目,重新办理结账事项。

第二节 财政总预算会计会计报表的编制

一、财政总预算会计报表概述

总会计报表是反映政府财政预算执行结果和财务状况的书面文件,是各级政府和上级财政部门了解情况、掌握政策、指导预算执行工作的重要资料,也是编制下年度预算的基础。总会计报表包括资产负债表、收入支出表、一般公共预算执行情况表、政府性基金预算执行情况表、国有资本经营预算执行情况表、财政专户管理资金收支情况表、专用基金收支情况表等会计报表和附注。

总会计应当按照下列规定编制会计报表：

1. 一般公共预算执行情况表、政府性基金预算执行情况表、国有资本经营预算执行情况表应当按旬、月度和年度编制，财政专户管理资金收支情况表和专用基金收支情况表应当按月度和年度编制，收入支出表按月度和年度编制，资产负债表和附注应当至少按年度编制。旬报、月报的报送期限及编报内容应当根据上级政府财政具体要求和本行政区域预算管理的需要办理。

2. 总会计应当根据制度编制并提供真实、完整的会计报表，切实做到账表一致，不得估列代编，弄虚作假。

3. 总会计要严格按照统一规定的种类、格式、内容、计算方法和编制口径填制会计报表，以保证全国统一汇总和分析。汇总报表的单位，要把所属单位的报表汇集齐全，防止漏报。

二、财政总预算会计报表的编制

（一）资产负债表

在财政总预算会计的报表中，资产负债表是反映政府财政在某一特定日期财务状况的报表。资产负债表应当按照资产、负债和净资产分类、分项列示。各级政府财政编制的资产负债表的格式如表 9—1 所示。

表 9—1　　**资产负债表**　　会财政 01 表

编制单位：　　____年____月____日　　单位：元

资　产	年初余额	期末余额	负债和净资产	年初余额	期末余额
流动资产：			流动负债：		
国库存款			应付短期政府债券		
国库现金管理存款			应付利息		
其他财政存款			应付国库集中支付结余		
有价证券			与上级往来		
在途款			其他应付款		
预拨经费			应付代管资金		
借出款项			一年内到期的非流动负债		
应收股利			流动负债合计		
应收利息			非流动负债：		
与下级往来			应付长期政府债券		
其他应收款			借入款项		
流动资产合计			应付地方政府债券转贷款		

续表

资　产	年初余额	期末余额	负债和净资产	年初余额	期末余额
非流动资产：			应付主权外债转贷款		
应收地方政府债券转贷款			其他负债		
应收主权外债转贷款			非流动负债合计		
股权投资			**负债合计**		
待发国债			一般公共预算结转结余		
非流动资产合计			政府性基金预算结转结余		
			国有资本经营预算结转结余		
			财政专户管理资金结余		
			专用基金结余		
			预算稳定调节基金		
			预算周转金		
			资产基金		
			减：待偿债净资产		
			净资产合计		
资产总计			**负债和净资产总计**		

资产负债表按照“资产＝负债＋净资产”的平衡公式设置。左方为资产，右方为负债和净资产，两方总计数相等。该表“年初余额”栏内各项数字，应当根据上年末资产负债表“期末余额”栏内数字填列。如果本年度资产负债表规定的各个项目的名称和内容同上年度不一致，应对上年年末资产负债表各项目的名称和数字按照本年度的规定进行调整，填入本表“年初余额”栏内。

该表“期末余额”栏各项目的内容和填列方法：

1. 资产类项目

“国库存款”“国库现金管理存款”“其他财政存款”“有价证券”“在途款”“预拨经费”“借出款项”“应收股利”“与下级往来”“其他应收款”“股权投资”“待发国债”都是按照各自科目的期末余额填列。

“应收利息”项目应当根据“应收地方政府债券转贷款”科目和“应收主权外债转贷款”科目下“应收利息”明细科目的期末余额合计数填列。“应收地方政府债券转贷款”和“应收主权外债转贷款”都是按照对应各自科目的“应收本金”明细科目的期末余额填列，如“应收地方政府债券转贷款”项目应当根据“应收地方政府债券转贷款”科目下“应收本金”明细科目的期末余额填列。

2. 负债类项目

“应付国库集中支付结余”“与上级往来”“其他应付款”“应付代管资金”都是按照

各自科目的期末余额填列。

“应付利息”项目应当根据“应付短期政府债券”“借入款项”“应付地方政府债券转贷款”“应付主权外债转贷款”科目下的“应付利息”明细科目期末余额，以及属于分期付息到期还本的“应付长期政府债券”的“应付利息”明细科目期末余额计算填列。

“应付短期政府债券”项目应当根据“应付短期政府债券”科目下的“应付本金”明细科目的期末余额填列。

“一年内到期的非流动负债”项目，反映政府财政期末承担的1年以内(含1年)到偿还期的非流动负债。本项目应当根据“应付长期政府债券”“借入款项”“应付地方政府债券转贷款”“应付主权外债转贷款”“其他负债”等科目的期末余额及债务管理部门提供的资料分析填列。

“应付地方政府债券转贷款”“应付主权外债转贷款”“借入款项”项目都是反映政府财政期末承担的偿还期限超过1年的长期负债，所以应该按照各自科目下“应付本金”明细科目的期末余额分析填列。

“其他负债”，反映政府财政期末承担的偿还期限超过1年的其他负债金额。本项目应当根据“其他负债”科目的期末余额分析填列。

“应付长期政府债券”项目，反映政府财政期末承担的偿还期限超过1年的长期政府债券的本金金额及到期一次还本付息的长期政府债券的应付利息金额。本项目应当根据“应付长期政府债券”科目的期末余额分析填列。

3. 净资产类项目

“一般公共预算结转结余”“政府性基金预算结转结余”“国有资本经营预算结转结余”“财政专户管理资金结余”“专用基金结余”“预算稳定调节基金”“预算周转金”“资产基金”都根据各自科目的期末余额填列。

“待偿债净资产”项目应当根据“待偿债净资产”科目的期末借方余额以“－”号填列。

(二)收入支出表

收入支出表是反映政府财政在某一会计期间各类财政资金收支余情况的报表。收入支出表根据资金性质按照收入、支出、结转结余的构成分类、分项列示。各级政府财政编制的收入支出表的格式如表9－2所示。

表9－2　　**收入支出表**　　会财政02表

编制单位：　　____年____月　　单位：元

项　目	一般公共预算		政府性基金预算		国有资本经营预算		财政专户管理资金		专用基金	
	本月数	本年累计数	本月数	本年累计数	本月数	本年累计数	本月数	本年累计数	本月数	本年累计数
年初结转结余										
收入合计										

续表

项　目	一般公共预算		政府性基金预算		国有资本经营预算		财政专户管理资金		专用基金	
	本月数	本年累计数	本月数	本年累计数	本月数	本年累计数	本月数	本年累计数	本月数	本年累计数
本级收入										
其中：来自预算安排的收入	—	—	—	—	—	—	—	—		
补助收入					—	—	—	—	—	—
上解收入					—	—	—	—	—	—
地区间援助收入			—	—	—	—	—	—	—	—
债务收入					—	—	—	—	—	—
债务转贷收入					—	—	—	—	—	—
动用预算稳定调节基金			—	—	—	—	—	—	—	—
调入资金					—	—	—	—	—	—
支出合计										
本级支出										
其中：权责发生制列支							—	—	—	—
预算安排专用基金的支出			—	—	—	—	—	—	—	—
补助支出					—	—	—	—	—	—
上解支出					—	—	—	—	—	—
地区间援助支出			—	—	—	—	—	—	—	—
债务还本支出					—	—	—	—	—	—
债务转贷支出					—	—	—	—	—	—
安排预算稳定调节基金			—	—	—	—	—	—	—	—
调出资金							—	—	—	—
结余转出			—	—	—	—	—	—	—	—
其中：增设预算周转金			—	—	—	—	—	—	—	—
年末结转结余										

注：表中有“—”的部分不必填列。

收入支出表按照“收入－支出＝结转结余”的平衡公式设置。“行”上列示收入、支出和结转结余；“列”上分一般公共预算、政府性基金预算、国有资本经营预算、财政专户管理资金和专用基金五类。

该表“本月数”栏反映各项目的本月实际发生数。在编制年度收入支出表时，应将本栏改为“上年数”栏，反映上年度各项目的实际发生数；如果本年度收入支出表规定的各个项目的名称和内容同上年度不一致，应对上年度收入支出表各项目的名称和数字按照本年度的规定进行调整，填入本年度收入支出表的“上年数”栏。该表“本年累计数”栏反映各项目自年初起至报告期末止的累计实际发生数。编制年度收入支出表时，应当将本栏改为“本年数”。

该表"本月数"栏各项目的内容和填列方法是：

1."年初结转结余"按照五大类资金各自的结转结余科目的年初余额填列。

2."收入合计"项目按照五大类资金各自的收入合计填列。"本级收入"项目中"一般公共预算本级收入""政府性基金预算本级收入""国有资本经营预算本级收入"按照各自科目的本期发生数填列；财政专户管理资金的"本级收入"应当根据"财政专户管理资金收入"科目的本期发生额填列；专用基金的"本级收入"应当根据"专用基金收入"科目的本期发生额填列。"补助收入""上解收入""债务收入""债务转贷收入""调入资金"按照各自科目下明细科目本期发生额填列；"地区间援助收入""动用预算稳定调节基金"按照各自科目本期发生额填列

3."支出合计"项目按照五大类资金各自的支出合计填列。"补助支出""上解支出""债务还本支出""债务转贷支出""调出资金"按照各自科目下明细科目本期发生额填列；"地区间援助支出""安排预算稳定调节基金"应当根据各自科目的本期发生额填列；"增设预算周转金"项目，反映政府财政本期设置和补充预算周转金的金额。本项目应当根据"预算周转金"科目的本期贷方发生额填列。

4."年末结转结余"按照五大类资金各自的结转结余科目的年末余额填列。

(三)预算执行情况表

1. 一般公共预算执行情况表及列报方法

一般公共预算执行情况表是反映政府财政在某一会计期间一般公共预算收支执行结果的报表，按照《政府收支分类科目》中一般公共预算收支科目列示。一般公共预算执行情况表的格式如表 9—3 所示。

表 9—3　　**一般公共预算执行情况表**　　会财政 03—1 表

编制单位：　　____年____月____旬　　单位：元

项　目	本月(旬)数	本年(月)累计数
一般公共预算本级收入		
101 税收收入		
10101 增值税		
1010101 国内增值税		
……		
一般公共预算本级支出		
201 一般公共服务支出		
20101 人大事务		
2010101 行政运行		
……		

（1）“一般公共预算本级收入”项目及所属各明细项目，应当根据“一般公共预算本级收入”科目及所属各明细科目的本期发生额填列。

（2）“一般公共预算本级支出”项目及所属各明细项目，应当根据“一般公共预算本级支出”科目及所属各明细科目的本期发生额填列。

2. 政府性基金预算执行情况表及列报方法

政府性基金预算执行情况表是反映政府财政在某一会计期间政府性基金预算收支执行结果的报表。该表应当按照《政府收支分类科目》中政府性基金预算收支科目列示。政府性基金预算执行情况表的格式如表 9－4 所示。

表 9－4 **政府性基金预算执行情况表** 会财政 03－2 表

编制单位： ____年____月____旬 单位：元

项　目	本月(旬)数	本年(月)累计数
政府性基金预算本级收入		
10301 政府性基金收入		
1030102 农网还贷资金收入		
103010201 中央农网还贷资金收入		
……		
政府性基金预算本级支出		
206 科学技术支出		
20610 核电站乏燃料处理处置基金支出		
2061001 乏燃料运输		
……		

（1）“政府性基金预算本级收入”项目及所属各明细项目，应当根据“政府性基金预算本级收入”科目及所属各明细科目的本期发生额填列。

（2）“政府性基金预算本级支出”项目及所属各明细项目，应当根据“政府性基金预算本级支出”科目及所属各明细科目的本期发生额填列。

3. 国有资本经营预算执行情况表及列报方法

国有资本经营预算执行情况表是反映政府财政在某一会计期间国有资本经营预算收支执行结果的报表。该表应当按照《政府收支分类科目》中国有资本经营预算收支科目列示。国有资本经营预算执行情况表的格式如表 9－5 所示。

表 9—5　　国有资本经营预算执行情况表　　会财政 03—3 表

编制单位：　　____年____月____旬　　单位：元

项　目	本月(旬)数	本年(月)累计数
国有资本经营预算本级收入		
10306 国有资本经营收入		
1030601 利润收入		
103060103 烟草企业利润收入		
……		
国有资本经营预算本级支出		
208 社会保障和就业支出		
20804 补充全国社会保障基金		
2080451 国有资本经营预算补充社保基金支出		
……		

(1)“国有资本经营预算本级收入”项目及所属各明细项目，应当根据“国有资本经营预算本级收入”科目及所属各明细科目的本期发生额填列。

(2)“国有资本经营预算本级支出”项目及所属各明细项目，应当根据“国有资本经营预算本级支出”科目及所属各明细科目的本期发生额填列。

(四)财政专户管理资金收支情况表和专用基金收支情况表

1. 财政专户管理资金收支情况表及列报方法

财政专户管理资金收支情况表是反映政府财政在某一会计期间纳入财政专户管理的财政专户管理资金全部收支情况的报表，该表应当按照相关政府收支分类科目列示。财政专户管理资金收支情况表的格式如表 9—6 所示。

表 9—6　　财政专户管理资金收支情况表　　会财政 04 表

编制单位：　　____年____月　　单位：元

项　目	本月数	本年累计数
财政专户管理资金收入		

续表

项　目	本月数	本年累计数
财政专户管理资金支出		

（1）“财政专户管理资金收入”项目及所属各明细项目，应当根据“财政专户管理资金收入”科目及所属各明细科目的本期发生额填列。

（2）“财政专户管理资金支出”项目及所属各明细项目，应当根据“财政专户管理资金支出”科目及所属各明细科目的本期发生额填列。

2. 专用基金收支情况表及列报方法

专用基金收支情况表是反映政府财政在某一会计期间专用基金收支情况的报表。该表应当按照不同类型的专用基金分别列示。专用基金收支情况表的格式如表 9—7 所示。

表 9—7　　专用基金收支情况表　　会财政 05 表

编制单位：　　____年____月　　单位：元

项　目	本月数	本年累计数
专用基金收入		
粮食风险基金		
……		
专用基金支出		
粮食风险基金		
……		

（1）“专用基金收入”项目及所属各明细项目，应当根据“专用基金收入”科目及所属各明细科目的本期发生额填列。

（2）“专用基金支出”项目及所属各明细项目，应当根据“专用基金支出”科目及所属各明细科目的本期发生额填列。

（五）附注

附注是指对在会计报表中列示项目的文字描述或明细资料，以及对未能在会计报表中列示项目的说明。附注一般一年一次。总会计报表附注应当至少披露下列内容：

1. 遵循《财政总预算会计制度》的声明；

2. 本级政府财政预算执行情况和财务状况的说明；

3. 会计报表中列示的重要项目的进一步说明，包括其主要构成、增减变动情况等；

4. 或有负债情况的说明；

5. 有助于理解和分析会计报表的其他需要说明的事项。

复习思考题

1. 在会计年度结束前，各级财政总预算会计进行年终清理结算的主要事项包括哪些？
2. 年终结账工作一般有哪三个环节？
3. 财政总预算会计报表主要包括哪些？
4. 资产负债表应该怎么填列？
5. 收入支出表应该怎么填列？
6. 附注应该披露哪些内容？

第十章　行政事业单位会计概述

行政事业单位会计遵循《政府会计准则——基本准则》《政府会计具体准则》和《政府会计制度——行政事业单位会计科目和报表》等。行政事业单位会计分为两部分：预算会计和财务会计。预算会计实行收付实现制，国务院另有规定的，依照其规定。财务会计实行权责发生制。在介绍具体的行政事业单位会计制度之前，我们先对行政事业单位会计进行一个概述性的介绍。

第一节　行政事业单位会计的适用范围与特点

一、行政事业单位会计的适用范围

《政府会计准则——基本准则》规定："本准则适用于各级政府、各部门、各单位（以下统称政府会计主体）。前款所称各部门、各单位是指与本级政府财政部门直接或者间接发生预算拨款关系的国家机关、军队、政党组织、社会团体、事业单位和其他单位。军队、已纳入企业财务管理体系的单位和执行《民间非营利组织会计制度》的社会团体，不适用本准则。"《政府会计制度——行政事业单位会计科目和报表》（简称《政府会计制度》）规定："本制度适用于各级各类行政单位和事业单位（以下统称单位，特别说明的除外）。纳入企业财务管理体系执行企业会计准则或小企业会计准则的单位，不执行本制度。本制度尚未规范的有关行业事业单位的特殊经济业务或事项的会计处理，由财政部另行规定。"

可见行政事业单位是符合《政府会计准则》和《政府会计制度》的适用范围的。行政事业单位也就是《政府会计准则——基本准则》中的"各部门、各单位"，《政府会计准则——基本准则》也明确给定了具体的定义。军队、已纳入企业财务管理体系执行企业会计准则或小企业会计准则的单位和执行《民间非营利组织会计制度》的社会团体，不适用我们这里介绍的行政事业单位会计制度。

行政事业单位对基本建设投资应当按照《政府会计制度》规定统一进行会计核算，不再单独建账，但是应当按项目单独核算，并保证项目资料完整。

二、行政事业单位会计的特点

与原来的《行政单位会计制度》和《事业单位会计制度》不同，这次新的《政府会计制度——行政事业单位会计科目和报表》是遵循新的《政府会计准则——基本准则》和若干《政府会计具体准则》及其应用指南制定的。构建了财务会计和预算会计适度分离并相互衔接的会计核算模式；统一了行政事业单位会计制度；扩增了资产负债内容等。

1. 财务会计和预算会计适度分离并相互衔接的会计核算模式

新的政府会计制度规定：单位会计核算应当具备财务会计与预算会计双重功能，实现财务会计与预算会计适度分离并相互衔接，全面、清晰反映单位财务信息和预算执行信息。单位财务会计核算实行权责发生制；单位预算会计核算实行收付实现制，国务院另有规定的，依照其规定。单位对于纳入部门预算管理的现金收支业务，在采用财务会计核算的同时应当进行预算会计核算；对于其他业务，仅需进行财务会计核算。

这种财务会计和预算会计适度分离并相互衔接的会计核算模式使得新的行政事业单位会计具有以下3个相关特点：

(1)双会计功能：预算会计反映和记录行政事业单位预算执行的情况和结果，有利于财政部门对行政事业单位进行预算管理，为单位编制预算、财政部门审核预算提供信息；财务会计反映和记录行政事业单位财务状况和运营情况，特别有成本核算功能，可以为财政和单位的绩效管理提供财务信息，同时也有利于政府控制债务风险。

(2)双会计核算基础：预算会计采用收付实现制，财务会计采用权责发生制。收付实现制的预算会计能够很好地反映预算资金的现金流，为财政部门控制政府债务风险提供了技术支持；权责发生制的财务会计才能真实地反映资产和负债，并能为行政事业单位的项目进行成本核算，为项目实行绩效管理提供所需数据，同时也可以为提高行政事业单位的运营能力和控制政府部门债务风险提供基础。

(3)双报告：预算会计是政府编制政府决算的基础，财务会计是部门编制财务报告和政府编制综合财务报告的基础。决算报告是监督政府预算执行和为下年预算编制提供基础。而政府综合财务报告是控制和防范政府债务的主要依据。

2. 建立了统一的行政事业单位会计制度

《政府会计制度——行政事业单位会计科目和报表》虽然从名称看是政府会计制度，但这个文件的适用范围是行政事业单位，实际上是行政事业单位会计制度。原来行政单位会计制度和事业单位会计制度是分离的，而且事业单位会计制度又包括中小学会计制度、医院会计制度、高等学校会计制度、科学事业单位会计制度等，各种事业单位会计制度也不统一。新的《政府会计制度——行政事业单位会计科目和报表》不仅将所有的事业单位会计制度统一起来，而且还将行政单位会计制度也统一在一起，这样有利于政府部门将所有的行政事业单位的财务会计报表进行合并，从而编制准确的政府综合财务报告，才能为政府债务风险的控制提供真实的财务信息。

3. 扩大了资产负债的核算范围，提高了资产负债的真实性

由于采用了权责发生制，有关的往来核算内容增加。同时在资产方面，增加了公

共基础设施、政府储备物资、文物文化资产、保障性住房和受托代理资产等以往因为计价困难而没有核算的资产；在负债方面也增加了预计负债、受托代理负债，特别是预计负债，将会计谨慎性原则很好地体现出来。同时将基建会计整合进了行政单位大账中，不再单独建账。这就将与基建会计相关的资产和负债也实时体现在行政事业单位会计的资产负债中，使得行政事业单位的资产和负债信息更加全面和真实。

第二节　行政事业单位会计要素

为了全面了解行政事业单位会计，我们必须先学习一下行政事业单位会计核算的具体对象。根据《政府会计制度——行政事业单位会计科目和报表》，行政事业单位会计核算应当以行政事业单位的各项经济业务为对象，记录和反映行政事业单位自身的各项经济活动。行政事业单位核算对象即行政事业单位的会计要素包括财务会计要素和预算会计要素。财务会计要素包括资产、负债、净资产、收入和费用，预算会计要素包括预算收入、预算支出和预算结余。

一、行政事业单位财务会计要素

1. 资产

资产是指政府会计主体过去的经济业务或者事项形成的，由政府会计主体控制的，预期能够产生服务潜力或者带来经济利益流入的经济资源。行政事业单位的资产按照流动性，分为流动资产、非流动资产和受托代理资产。流动资产包括货币资金、短期投资、财政应返还额度、应收及预付款项、存货等。非流动资产包括固定资产、在建工程、无形资产、长期投资、公共基础设施、政府储备资产、文物文化资产、保障性住房等。

2. 负债

负债是指政府会计主体过去的经济业务或者事项形成的，预期会导致经济资源流出政府会计主体的现时义务。行政事业单位的负债按照流动性，分为流动负债、非流动负债和受托代理负债。流动负债包括应付及预收款项、应付职工薪酬、应缴款项等。非流动负债包括长期应付款、应付政府债券和政府依法担保形成的债务等。

3. 净资产

净资产是指政府会计主体资产扣除负债后的净额。行政事业单位财务会计中净资产的来源主要包括累计实现的盈余和无偿调拨的净资产。在日常核算中，单位应当在财务会计中设置“累计盈余”“专用基金”“无偿调拨净资产”“权益法调整”和“本期盈余”“本期盈余分配”“以前年度盈余调整”等科目。

4. 收入

收入是指报告期内导致政府会计主体净资产增加的、含有服务潜力或者经济利益的经济资源的流入。行政事业单位财务会计的收入包括：财政拨款收入、事业收入、上级补助收入、附属单位上缴收入、经营收入、非同级财政拨款收入、投资收益、捐赠收入、利息收入、租金收入和其他收入。

5. 费用

费用是指报告期内导致政府会计主体净资产减少的、含有服务潜力或者经济利益的经济资源的流出。行政事业单位财务会计的费用包括：业务活动费用、单位管理费用、经营费用、资产处置费用、上缴上级费用、对附属单位补助费用、所得税费用和其他费用。

二、行政事业单位预算会计要素

1. 预算收入

预算收入是指行政事业单位会计主体在预算年度内依法取得的并纳入预算管理的现金流入。预算收入采用收付实现制，一般在实际收到时予以确认，以实际收到的金额计量。行政事业单位的预算收入包括财政拨款预算收入、事业预算收入、上级补助预算收入、附属单位上缴预算收入、经营预算收入、债务预算收入、非同级财政拨款预算收入、投资预算收益和其他预算收入。

2. 预算支出

预算支出是指行政事业单位会计主体在预算年度内依法发生并纳入预算管理的现金流出。预算支出一般在实际支付时予以确认，以实际支付的金额计量。包括行政支出、事业支出、经营支出、上缴上级支出、对附属单位补助支出、投资支出、债务还本支出和其他支出。

3. 预算结余

预算结余是指行政事业会计主体预算年度内预算收入扣除预算支出后的资金金额，以及历年滚存的资金金额。预算结余包括结余资金和结转资金。结余资金是指年度预算执行终了，预算收入实际完成数扣除预算支出和结转资金后剩余的资金。结转资金是指预算安排项目的支出年终尚未执行完毕或者因故未执行，且下年需要按原用途续效使用的资金。

第三节　行政事业单位的会计科目与报表

一、行政事业单位的会计科目

(一)会计科目管理的规定

1. 单位应当按照政府会计制度的规定设置和使用会计科目。在不影响会计处理和编制报表的前提下，单位可以根据实际情况自行增设或减少某些会计科目。

2. 单位应当执行政府会计制度统一规定的会计科目编号，以便于填制会计凭证、登记账簿、查阅账目，实行会计信息化管理。

3. 单位在填制会计凭证、登记会计账簿时，应当填列会计科目的名称，或者同时填列会计科目的名称和编号，不得只填列会计科目编号、不填列会计科目名称。

4. 单位设置明细科目或进行明细核算，除遵循政府会计制度规定外，还应当满足权责发生制政府部门财务报告和政府综合财务报告编制的其他需要。

(二)会计科目名称

1. 财务会计科目名称

行政事业单位财务会计科目名称见表10—1。

表10—1　　行政事业单位财务会计科目表

资产类科目	负债和净资产类科目	收入类和费用类科目
一、资产	二、负债	四、收入
库存现金	短期借款	财政拨款收入
银行存款	应交增值税	事业收入
零余额账户用款额度	其他应交税费	上级补助收入
其他货币资金	应缴财政款	附属单位上缴收入
短期投资	应付职工薪酬	经营收入
财政应返还额度	应付票据	非同级财政拨款收入
应收票据	应付账款	投资收益
应收账款	应付政府补贴款	捐赠收入
预付账款	应付利息	利息收入
应收股利	预收账款	租金收入
应收利息	其他应付款	其他收入
其他应收款	预提费用	
坏账准备	长期借款	
在途物品	长期应付款	
库存物品	预计负债	
加工物品	受托代理负债	
待摊费用		
长期股权投资	三、净资产	五、费用
长期债券投资	累计盈余	业务活动费用
固定资产	专用基金	单位管理费用
固定资产累计折旧	权益法调整	经营费用

续表

资产类科目	负债和净资产类科目	收入类和费用类科目
工程物资	本期盈余	资产处置费用
在建工程	本年盈余分配	上缴上级费用
无形资产	无偿调拨净资产	对附属单位补助费用
无形资产累计摊销	以前年度盈余调整	所得税费用
研发支出		其他费用
公共基础设施		
公共基础设施累计折旧		
政府储备物资		
文物文化资产		
保障性住房		
保障性住房累计折旧		
受托代理资产		
长期待摊费用		
待处理财产损溢		

2. 预算会计科目

行政事业单位预算会计科目名称见表10—2。

表10—2　　行政事业单位预算会计科目表

预算收入类科目	预算支出类科目	预算结余类科目
财政拨款预算收入	行政支出	资金结存
事业预算收入	事业支出	财政拨款结转
上级补助预算收入	经营支出	财政拨款结余
附属单位上缴预算收入	上缴上级支出	非财政拨款结转
经营预算收入	对附属单位补助支出	非财政拨款结余
债务预算收入	投资支出	专用结余
非同级财政拨款预算收入	债务还本支出	经营结余
投资预算收益	其他支出	其他结余
其他预算收入		非财政拨款结余分配

二、行政事业单位的财务报表和预算会计报表

行政事业单位会计因为由财务会计和预算会计两部分组成。所以既需要编制财

务报表，又需要编制预算会计报表。行政事业单位应当至少按照年度编制财务报表和预算会计报表。

财务报表是反映行政事业单位某一特定日期的财务状况和某一会计期间的运行情况和现金流量等信息的报表。财务报表由会计报表及其附注构成。会计报表一般包括资产负债表、收入费用表和净资产变动表。单位可根据实际情况自行选择编制现金流量表。财务报表的编制主要以权责发生制为基础，以单位财务会计核算生成的数据为准

预算会计报表是反映行政事业单位预算执行及其结果的报表。预算会计报表至少包括预算收入支出表、预算结转结余变动表和财政拨款预算收入支出表。预算会计报表的编制主要以收付实现制为基础，以单位预算会计核算生成的数据为准。

行政事业单位应当根据《政府会计制度》规定编制真实、完整的财务报表和预算会计报表，不得违反该制度规定随意改变财务报表和预算会计报表的编制基础、编制依据、编制原则和方法，不得随意改变该制度规定的财务报表和预算会计报表有关数据的会计口径。

财务报表和预算会计报表应当根据登记完整、核对无误的账簿记录和其他有关资料编制，做到数字真实、计算准确、内容完整、编报及时。财务报表和预算会计报表应当由单位负责人和主管会计工作的负责人、会计机构负责人（会计主管人员）签名并盖章。

复习思考题

1. 行政事业单位会计制度的适用范围是什么？
2. 行政事业单位会计制度的特点有哪些？
3. 行政事业单位财务会计的会计要素有哪些？
4. 行政事业单位预算会计的会计要素有哪些？
5. 行政事业单位的会计科目有哪些？
6. 行政事业单位预算会计报表和财务报表的内容有哪些？

第十一章 行政事业单位的资产(上)

资产是指行政事业单位(以下简称"单位")过去的经济业务或者事项形成的,由单位控制的,预期能够产生服务潜力或者带来经济利益流入的经济资源。

单位的资产按照流动性,分为流动资产、非流动资产和受托代理资产。流动资产是指预计在1年内(含1年)耗用或者可以变现的资产,包括货币资金、短期投资、财政应返还额度、应收及预付款项、存货、待摊费用等。非流动资产是指流动资产以外的资产,包括固定资产、在建工程、无形资产、长期投资、公共基础设施、政府储备资产、文物文化资产、保障性住房等。受托代理资产指单位接受委托方委托代为管理的资产。

行政事业单位资产管理的要求是:

1. 单位应当建立健全单位资产管理制度,加强和规范资产配置、使用和处置管理,维护资产安全完整。

2. 单位应当按照科学规范、从严控制、保障工作需要的原则合理配置资产。单位资产有原始凭证的,按照原始凭证记账;无原始凭证的,应当依法进行评估,按照评估价值记账。

3. 单位应当加强资产日常管理工作,做好资产建账、核算和登记工作,定期或者不定期进行清查盘点,保证账账相符、账实相符。年度终了,应当进行全面清查盘点,对资产盘点、盘亏应当及时处理。

4. 单位开设银行存款账户,应当报同级财政部门审批,并由财务部门统一管理。

5. 单位应当加强应收及暂付款项的管理,严格控制规模,并及时进行清理,不得长期挂账。

6. 单位的资产增加时,应当及时登记入账;减少时,应当按照资产处置规定办理报批手续,进行账务处理。

7. 单位不得以任何形式用占有、使用的国有资产对外投资或者举办经济实体。对未与单位脱钩的经济实体,单位应当按照有关规定进行监管。除法律、行政法规另有规定外,单位不得举借债务,不得对外提供担保。

8. 未经同级财政部门批准,单位不得将占有、使用的国有资产对外出租、出借。

9. 单位应当按照国家有关规定实行资源共享、装备共建,提高资产使用效率。

10. 单位资产处置应当遵循公开、公平、公正的原则,依法进行评估,严格履行相关审批程序。

第一节 货币资金

单位货币资金包括库存现金、银行存款、零余额账户用款额度、其他货币资金。库存现金是指单位留存在单位的现金。银行存款是指单位存入银行和其他金融机构的各种存款。零余额账户用款额度是指在国库集中收付制度下，财政部门授权单位使用的资金额度。其他货币资金是指单位外埠存款、银行本票存款、银行汇票存款、信用卡存款等各种其他货币资金。

一、库存现金

单位应当建立健全现金管理制度，严格按照国家有关现金管理的规定收支现金，根据业务需要正确核定库存现金限额，除零星开支外一切付款均应由支票付款，不得"坐支"现金。

单位应当设置"库存现金日记账"，由出纳人员根据收付款凭证，按照业务发生顺序逐笔登记。每日终了，应当计算当日的现金收入合计数、现金支出合计数和结余数，并将结余数与实际库存数相核对，做到账款相符。

现金收入业务繁多、单独设有收款部门的单位，收款部门的收款员应当将每天所收现金连同收款凭据一并交财务部门核收记账，或者将每天所收现金直接送存开户银行后，将收款凭据及向银行送存现金的凭证等一并交财务部门核收记账。

单位有外币现金的，应当分别按照人民币、外币种类设置"库存现金日记账"进行明细核算。有关外币现金业务的账务处理参见"银行存款"科目的相关规定。本科目期末借方余额，反映单位实际持有的库存现金。

库存现金的主要账务处理如下：

(一)存取现金

从银行等金融机构提取现金，按照实际提取的金额，借记"库存现金"，贷记"银行存款"科目；将现金存入银行等金融机构，按照实际存入金额，借记"银行存款"科目，贷记"库存现金"。

根据规定从单位零余额账户提取现金，按照实际提取的金额，借记"库存现金"科目，贷记"零余额账户用款额度"科目。将现金退回单位零余额账户，按照实际退回的金额，借记"零余额账户用款额度"科目，贷记"库存现金"科目。

【例 11—1】 某事业单位 2019 年 1 月 18 日开出现金支票，从银行存款中提取现金 6 000 元备用。财会部门根据有关凭证，应做账务处理如下：

财务会计	预算会计
借:库存现金　6 000 　贷:银行存款　6 000 　　(存现,做相反的分录)	—

(二) 因公借款

支付单位内部职工因出差等原因借出的现金,按照实际借出的现金金额,借记"其他应收款"科目,贷记"库存现金"科目。出差人员报销差旅费时,按照实际报销的金额,借记"业务活动费用""单位管理费用"等科目,按照实际借出的现金金额,贷记"其他应收款"科目,按照其差额,借记或贷记"库存现金"科目。

【例 11—2】 某事业单位专业业务部门职工张三于 2019 年 5 月 10 日出差借现金 5 000 元。财会部门根据有关凭证,应做账务处理如下:

财务会计	预算会计
借:其他应收款　5 000 　贷:库存现金　5 000	—

【例 11—3】 续例 11—2,张三 5 月 20 日出差回来报销,实际报销金额为 4 800 元,多退少补,退回现金 200 元。财会部门根据有关凭证,应做账务处理如下:

财务会计	预算会计
借:业务活动费用　4 800 　库存现金　200 　贷:其他应收款　5 000	借:事业支出　4 800 　贷:资金结存——货币资金　4 800

(三) 收付现金

因提供服务、物品或者其他事项收到现金,按照实际收到的金额,借记"库存现金"科目,贷记"事业收入""应收账款"等相关科目。涉及增值税业务的,相关账务处理参见"应交增值税"科目。因购买服务、物品或者其他事项支付现金,按照实际支付的金额,借记"业务活动费用""单位管理费用""库存物品"等相关科目,贷记"库存现金"科目。涉及增值税业务的,相关账务处理参见"应交增值税"科目。

【例 11—4】 某事业单位后勤处室 2019 年 4 月 3 日购买零星办公用品,支付现金 250 元。财会部门根据有关凭证,应做账务处理如下:

财务会计	预算会计
借：单位管理费用 250 贷：库存现金 250	借：事业支出 250 贷：资金结存——货币资金 250

（四）对外捐赠

单位以库存现金对外捐赠，按照实际捐出的金额，借记“其他费用”科目，贷记“库存现金”科目。

（五）受托代理

收到受托代理、代管的现金，按照实际收到的金额，借记“库存现金——受托代理资产”科目，贷记“受托代理负债”科目；支付受托代理、代管的现金，按照实际支付的金额，借记“受托代理负债”科目，贷记“库存现金——受托代理资产”科目。

（六）短缺或溢余

单位每日账款核对中发现有待查明原因的现金短缺或溢余的，应当通过“待处理财产损溢”科目核算。属于现金溢余的，应当按照实际溢余的金额，借记“库存现金”科目，贷记“待处理财产损溢”科目；属于现金短缺的，应当按照实际短缺的金额，借记“待处理财产损溢”科目，贷记“库存现金”科目。待查明原因后及时进行账务处理，具体内容参见“待处理财产损溢”科目。

二、银行存款

为核算单位存入银行及其他金融机构的各种存款，设置“银行存款”科目。本科目核算单位存入银行或者其他金融机构的各种存款。

单位应当严格按照国家有关支付结算办法的规定办理银行存款收支业务，并按照本制度规定核算银行存款的各项收支业务。本科目应当设置“受托代理资产”明细科目，核算单位受托代理、代管的银行存款。本科目期末借方余额，反映单位实际存放在银行或其他金融机构的款项。

单位应当按照开户银行或其他金融机构、存款种类及币种等，分别设置“银行存款日记账”，由出纳人员根据收付款凭证，按照业务的发生顺序逐笔登记，每日终了应结出余额。“银行存款日记账”应定期与“银行对账单”核对，至少每月核对一次。月度终了，单位银行存款日记账账面余额与银行对账单余额之间如有差额，应当逐笔查明原因并进行处理，按月编制“银行存款余额调节表”，调节相符。

银行存款的主要账务处理如下：

1. 将款项存入银行或者其他金融机构，按照实际存入的金额，借记“银行存款”科目，贷记“库存现金”“应收账款”“事业收入”“经营收入”“其他收入”等相关科目。涉及增值税业务的，相关账务处理参见“应交增值税”科目。

【例 11—5】 某事业单位 2019 年 4 月 28 日将 10 000 元现金存入银行。财会部

门根据有关凭证,应做账务处理如下:

财务会计	预算会计
借:银行存款　10 000 　贷:库存现金　10 000	—

收到银行存款利息,按照实际收到的金额,借记"银行存款"科目,贷记"利息收入"科目。

2. 从银行等金融机构提取现金,按照实际提取的金额,借记"库存现金"科目,贷记"银行存款"科目。

3. 以银行存款支付相关费用,按照实际支付的金额,借记"业务活动费用""单位管理费用""其他费用"等相关科目,贷记"银行存款"科目。涉及增值税业务的,相关账务处理参见"应交增值税"科目。

【例 11—6】 2019 年 3 月 18 日,某事业单位专业业务部门采购自用材料一批,价款 6 000 元,验收入库,以银行存款支付。不考虑税费,财会部门根据有关凭证,应做账务处理如下:

财务会计	预算会计
借:库存物品　6 000 　贷:银行存款　6 000	借:事业支出　6 000 　贷:资金结存——货币资金　6 000

以银行存款对外捐赠,按照实际捐出的金额,借记"其他费用"科目,贷记"银行存款"科目。

4. 收到受托代理、代管的银行存款,按照实际收到的金额,借记"银行存款——受托代理资产"科目,贷记"受托代理负债"科目;支付受托代理、代管的银行存款,按照实际支付的金额,借记"受托代理负债"科目,贷记"银行存款——受托代理资产"科目。

5. 单位发生外币业务的,应当按照业务发生当日的即期汇率,将外币金额折算为人民币金额记账,并登记外币金额和汇率。

期末,各种外币账户的期末余额,应当按照期末的即期汇率折算为人民币,作为外币账户期末人民币余额。调整后的各种外币账户人民币余额与原账面余额的差额,作为汇兑损益计入当期费用。

(1)以外币购买物资、设备等,按照购入当日的即期汇率将支付的外币或应支付的外币折算为人民币金额,借记"库存物品"等科目,贷记"银行存款""应付账款"等科目的外币账户。涉及增值税业务的,相关账务处理参见"应交增值税"科目。

(2)销售物品、提供服务以外币收取相关款项等,按照收入确认当日的即期汇率将收取的外币或应收取的外币折算为人民币金额,借记"银行存款""应收账款"等科目的外币账户，贷记“事业收入”等相关科目。

(3)期末，根据各外币银行存款账户按照期末汇率调整后的人民币余额与原账面人民币余额的差额，作为汇兑损益，借记或贷记“银行存款”科目，贷记或借记“业务活动费用”“单位管理费用”等科目。

“应收账款”“应付账款”等科目有关外币账户期末汇率调整业务的账务处理参照本科目。

三、零余额账户用款额度

国库集中收付制度下，单位经财政部门审批，在国库集中支付代理银行开设单位零余额账户，用于财政授权支付的结算。财政部门根据预算安排和资金使用计划，定期向单位下达财政授权支付额度。单位可以在下达的额度内，自行签发授权支付指令，通知代理银行办理资金支付业务。

单位会计应当设置“零余额账户用款额度”科目，核算实行国库集中支付的单位根据财政部门批复的用款计划收到和支用的零余额账户用款额度。收到代理银行转来的“授权支付到账通知书”时，根据下达的额度金额确认零余额账户用款额度。“零余额账户用款额度”科目的借方余额，反映单位尚未支用的用款额度。年末注销后，“零余额账户用款额度”应无余额。

零余额账户用款额度的主要账务处理如下：

(一)收到额度

单位收到“财政授权支付到账通知书”时，根据通知书所列金额，借记“零余额账户用款额度”科目，贷记“财政拨款收入”科目。

【例 11—7】 2019 年 3 月 11 日，某行政单位收到代理银行的“授权支付到账通知书”，通知到账用款额度 800 000 元。财会部门根据有关凭证，应做账务处理如下：

财务会计	预算会计
借：零余额账户用款额度　　800 000 　贷：财政拨款收入　　800 000	借：资金结存——零余额账户用款额度　　800 000 　贷：财政拨款预算收入　　800 000

(二)支用额度

支付日常活动费用时，按照支付的金额，借记“业务活动费用”“单位管理费用”等科目，贷记“零余额账户用款额度”科目。

购买库存物品或购建固定资产，按照实际发生的成本，借记“库存物品”“固定资产”“在建工程”等科目，按照实际支付或应付的金额，贷记“零余额账户用款额度”“应付账款”等科目。涉及增值税业务的，相关账务处理参见“应交增值税”科目。

从零余额账户提取现金时，按照实际提取的金额，借记“库存现金”科目，贷记“零余额账户用款额度”科目。

【例 11－8】 2019 年 4 月 14 日，某行政单位支付一笔专业培训费 150 000 元，从零余额账户用款额度中支付。财会部门根据有关凭证，应做账务处理如下：

财务会计	预算会计
借：业务活动费用　150 000 　贷：零余额账户用款额度　150 000	借：行政支出　150 000 　贷：资金结存——零余额账户用款额度 　150 000

(三)款项退回

因购货退回等发生财政授权支付额度退回的，按照退回的金额，借记“零余额账户用款额度”科目，贷记“库存物品”等科目。

(四)年末

年末，根据代理银行提供的对账单作注销额度的相关账务处理，借记“财政应返还额度——财政授权支付”科目，贷记“零余额账户用款额度”科目。

年末，单位本年度财政授权支付预算指标数大于零余额账户用款额度下达数的，根据未下达的用款额度，借记“财政应返还额度——财政授权支付”科目，贷记“财政拨款收入”科目。

【例 11－9】 在年度终了，代理银行注销某单位尚未使用的零余额账户用款额度 120 000 元。财会部门根据有关凭证，应做账务处理如下：

财务会计	预算会计
借：财政应返还额度——财政授权支付 　120 000 　贷：零余额账户用款额度　120 000	借：资金结存——财政应返还额度　120 000 　贷：资金结存——零余额账户用款额度 　120 000

【例 11－10】 在年度终了，本年度财政授权支付预算指标数大于零余额账户额度下达数的未下达用款额度 180 000 元。财会部门根据有关凭证，应做账务处理如下：

财务会计	预算会计
借：财政应返还额度——财政授权支付 　180 000 　贷：财政拨款收入　180 000	借：资金结存——财政应返还额度　180 000 　贷：财政拨款预算收入　180 000

(五)下年初

下年初，单位根据代理银行提供的上年度注销额度恢复到账通知书做恢复额度的相关账务处理，借记“零余额账户用款额度”科目，贷记“财政应返还额度——财政授权支付”科目。单位收到财政部门批复的上年未下达零余额账户用款额度，借记“零余额账户用款额度”，贷记“财政应返还额度——财政授权支付”科目。

【例 11—11】 续例 11—9 和例 11—10，年初单位收到代理银行的用款额度恢复到账通知书，通知本单位恢复上年末注销的尚未使用的零余额账户用款额度 120 000 元，上年尚未下达的用款额度 180 000 元，共计 300 000 元。财会部门根据有关凭证，应做账务处理如下：

财务会计	预算会计
借：零余额账户用款额度 300 000 　贷：财政应返还额度——财政授权支付 　　300 000	借：资金结存——零余额账户用款额度 　　300 000 　贷：资金结存——财政应返还额度 300 000

四、其他货币资金

其他货币资金包括外埠存款、银行本票存款、银行汇票存款、信用卡存款等各种其他货币资金，应当设置“外埠存款”“银行本票存款”“银行汇票存款”“信用卡存款”等明细科目，进行明细核算，本科目期末借方余额，反映单位实际持有的其他货币资金。

单位应当加强对其他货币资金的管理，及时办理结算，对于逾期尚未办理结算的银行汇票、银行本票等，应当按照规定及时转回，并按照规定进行相应账务处理。

其他货币资金的主要账务处理如下：

(一)外埠存款

单位按照有关规定需要在异地开立银行账户，将款项委托本地银行汇往异地开立账户时，借记“其他货币资金”科目，贷记“银行存款”科目。收到采购员交来供应单位发票账单等报销凭证时，借记“库存物品”等科目，贷记“其他货币资金”科目。将多余的外埠存款转回本地银行时，根据银行的收账通知，借记“银行存款”科目，贷记“其他货币资金”科目。

(二)银行本票存款、银行汇票存款

将款项交存银行取得银行本票、银行汇票，按照取得的银行本票、银行汇票金额，借记“其他货币资金”科目，贷记“银行存款”科目。使用银行本票、银行汇票购买库存物品等资产时，按照实际支付金额，借记“库存物品”等科目，贷记“其他货币资金”科目。如有余款或因本票、汇票超过付款期等原因而退回款项，按照退款金额，借记“银行存款”科目，贷记“其他货币资金”科目。

(三)信用卡存款

将款项交存银行取得信用卡，按照交存金额，借记“其他货币资金”科目，贷记“银行存款”科目。用信用卡购物或支付有关费用，按照实际支付金额，借记“单位管理费

用”“库存物品”等科目，贷记“其他货币资金”科目。单位信用卡在使用过程中，需向其账户续存资金的，按照续存金额，借记“其他货币资金”科目，贷记“银行存款”科目。

第二节　财政应返还额度

财政应返还额度是指单位年终注销的，需要在次年恢复的年度未实现的用款额度。实行国库集中收付制度后，单位的财政经费由财政部门通过国库单一账户统一拨付。单位的年度预算指标包括财政直接支付额度和财政授权支付额度。财政直接支付额度由财政部门完成支付，财政授权支付额度下达到代理银行由单位完成支付。年度终了，单位需要对年度未实现的用款额度进行注销，形成财政应返还额度，以待在次年得以恢复。

单位的财政应返还额度包括财政应返还直接额度和财政应返还授权额度。财政应返还直接额度，是财政直接支付额度本年预算指标与当年财政实际支付数的差额。财政应返还授权额度，是财政授权支付额度本年预算指标与当年单位实际支付数的差额，包括以下两部分：

(1)未下达的授权额度，是指当年预算已经安排，但财政部门当年没有下达到单位代理银行的授权额度，即授权额度的本年预算指标与当年下达数之间的差额。

(2)未使用的授权额度，是财政部门当年已经将授权额度下达到代理银行，但单位当年尚未完成实际支付的数额，即授权额度的本年下达数据与当年实际使用数之间的差额。

单位应当设置“财政直接支付”“财政授权支付”两个明细科目进行明细核算。本科目期末借方余额，反映单位应收财政返还的资金额度。

一、财政直接支付

年末，单位根据本年度财政直接支付预算指标数大于当年财政直接支付实际发生数的差额，借记“财政应返还额度——财政直接支付”科目，贷记“财政拨款收入”科目。

单位使用以前年度财政直接支付额度支付款项时，借记“业务活动费用”“单位管理费用”等科目，贷记“财政应返还额度——财政直接支付”科目。

【例 11-12】 某单位 2019 年度财政直接支付额度预算指标 5 000 000 元，当年财政实际完成支付 4 500 000 元。年末，财会部门根据有关凭证，应做账务处理如下：

财务会计	预算会计
借：财政应返还额度——财政直接支付 500 000 贷：财政拨款收入 500 000	借：资金结存——财政应返还额度 500 000 贷：财政拨款预算收入 50 0000

二、财政授权支付

年末，根据代理银行提供的对账单做注销额度的相关账务处理，借记“财政应返还额度——财政授权支付”科目，贷记“零余额账户用款额度”科目。

年末，单位本年度财政授权支付预算指标数大于零余额账户用款额度下达数的，根据未下达的用款额度，借记“财政应返还额度——财政授权支付”科目，贷记“财政拨款收入”科目。

下年初，单位根据代理银行提供的上年度注销额度恢复到账通知书做恢复额度的相关账务处理，借记“零余额账户用款额度”科目，贷记“财政应返还额度——财政授权支付”科目。单位收到财政部门批复的上年未下达零余额账户用款额度，借记“零余额账户用款额度”科目，贷记“财政应返还额度——财政授权支付”科目。

【例 11－13】 某单位 2019 年度财政授权支付额度预算指标为 3 000 000 元，根据代理银行提供的对账单，本年已经下达的财政授权支付额度为 2 600 000 元，单位实际使用了授权额度 2 400 000 元。年末，财会部门根据有关凭证，应做账务处理如下：

财务会计	预算会计
借：财政应返还额度——财政授权支付 600 000 贷：财政拨款收入 400 000 零余额账户用款额度 200 000	借：资金结存——财政应返还额度 600 000 贷：财政拨款预算收入 400 000 资金结存——零余额账户用款额度 200 000

第三节 应收及预付款项

应收及预付款项是单位与其他单位及个人之间由于销售商品、提供劳务或其他结算关系形成的待结算债权款项。单位开展各项业务活动产生的事业收入和经营收入，除收取货币资金外，还可以通过票据、挂账等方式结算。应收及预付款项是单位的债权资产，需要及时结算并收回，减少资金占用及坏账损失。单位的应收及预付款项主要包括应收票据、应收账款、预付账款和其他应收款。

一、应收票据

应收票据核算事业单位因开展经营活动销售产品、提供有偿服务等而收到的商业汇票,包括银行承兑汇票和商业承兑汇票。

事业单位应当设置"应收票据备查簿",逐笔登记每一应收票据的种类、号数、出票日期、到期日、票面金额、交易合同号和付款人、承兑人、背书人姓名或单位名称、背书转让日、贴现日期、贴现率和贴现净额、收款日期、收回金额和退票情况等。应收票据到期结清票款或退票后,应当在备查簿内逐笔注销。

事业单位应当按照开出、承兑商业汇票的单位等进行明细核算。本科目期末借方余额,反映事业单位持有的商业汇票票面金额。

(一)取得应收票据

事业单位因销售产品、提供服务等收到商业汇票,按照商业汇票的票面金额,借记"应收票据"科目,按照确认的收入金额,贷记"经营收入"等科目。涉及增值税业务的,相关账务处理参见"应交增值税"科目。

【例 11—14】 某事业单位开展经营业务,销售商品一批,销售额 10 000 元,收到不带息商业汇票一张,期限 3 个月。不考虑增值税,财会部门根据有关凭证,应做账务处理如下:

财务会计			预算会计
借:应收票据	10 000		—
贷:经营收入		10 000	

(二)票据贴现

事业单位持未到期的商业汇票向银行贴现,按照实际收到的金额(即扣除贴现息后的净额),借记"银行存款"科目,按照贴现息金额,借记"经营费用"等科目,按照商业汇票的票面金额,贷记"应收票据"(无追索权)或"短期借款"科目(有追索权)。附追索权的商业汇票到期未发生追索事项的,按照商业汇票的票面金额,借记"短期借款"科目,贷记"应收票据"科目。

【例 11—15】 续例 11—14,该事业单位将未到期的商业汇票向银行贴现(无追索权),实际收到贴现金额 9 800 元,银行扣贴现息金额 200 元。财会部门根据有关凭证,应做账务处理如下:

财务会计		预算会计	
借:银行存款	9 800	借:资金结存——货币资金	9 800
经营费用	200	贷:经营预算收入	9 800
贷:应收票据	10 000		

(三)票据背书转让

事业单位将持有的商业汇票背书转让以取得所需物资时,按照取得物资的成本,借记“库存物品”等科目,按照商业汇票的票面金额,贷记“应收票据”科目,如有差额,借记或贷记“银行存款”等科目。涉及增值税业务的,相关账务处理参见“应交增值税”科目。

(四)票据到期

商业汇票到期时,应当分别以下情况处理:

1. 收回票款时,按照实际收到的商业汇票票面金额,借记“银行存款”科目,贷记“应收票据”科目。

2. 因付款人无力支付票款,收到银行退回的商业承兑汇票、委托收款凭证、未付票款通知书或拒付款证明等,按照商业汇票的票面金额,借记“应收账款”科目,贷记“应收票据”科目。

【例 11—16】 续例 11—14,该事业单位的商业汇票到期时,收回票款。财会部门根据有关凭证,应做账务处理如下:

财务会计		预算会计	
借:银行存款	10 000	借:资金结存——货币资金	10 000
贷:应收票据	10 000	贷:经营预算收入	10 000
若到期,付款人无力支付票款。		若到期,付款人无力支付票款。	
借:应收账款	10 000	—	
贷:应收票据	10 000		

二、应收账款

应收账款核算事业单位提供服务、销售产品等应收取的款项,以及单位因出租资产、出售物资等应收取的款项。事业单位应当按照债务单位(或个人)进行明细核算。本科目期末借方余额,反映单位尚未收回的应收账款。

(一)应收账款收回后不需上缴财政

单位发生应收账款时,按照应收未收金额,借记“应收账款”科目,贷记“事业收入”“经营收入”“租金收入”“其他收入”等科目。涉及增值税业务的,相关账务处理参见“应交增值税”科目。收回应收账款时,按照实际收到的金额,借记“银行存款”等科目,贷记“应收账款”科目。

【例 11—17】 某事业单位开展经营业务，销售商品一批，销售额 9 000 元，货款未收到。不考虑增值税，财会部门根据有关凭证，应做账务处理如下：

财务会计	预算会计
借：应收账款　9 000 　贷：经营收入　9 000	—

【例 11—18】 续例 11—17，该单位收到货款，款项存入银行。财会部门根据有关凭证，应做账务处理如下：

财务会计	预算会计
借：银行存款　9 000 　贷：应收账款　9 000	借：资金结存——货币资金　9 000 　贷：经营预算收入　9 000

(二)应收账款收回后需上缴财政

单位出租资产发生应收未收租金款项时或出售物资发生应收未收款项时，按照应收未收金额，借记“应收账款”科目，贷记“应缴财政款”科目。收回应收账款时，按照实际收到的金额，借记“银行存款”等科目，贷记“应收账款”科目。涉及增值税业务的，相关账务处理参见“应交增值税”科目。

【例 11—19】 某事业单位出租房屋，取得应收未收租金收入 7000 元(该租金收入需上缴财政)。财会部门根据有关凭证，应做账务处理如下：

财务会计	预算会计
借：应收账款　7 000 　贷：应缴财政款　7 000	—

【例 11—20】 续例 11—19，该单位收到货款，款项存入银行。

财务会计	预算会计
借：银行存款　7 000 　贷：应收账款　7 000	—

(三)计提坏账准备

事业单位应当于每年年末，对收回后不需上缴财政的应收账款进行全面检查，分析其可收回性，对预计可能产生的坏账损失计提坏账准备、确认坏账损失。

事业单位可以采用应收款项余额百分比法、账龄分析法、个别认定法等方法计提坏账准备。坏账准备计提方法一经确定，不得随意变更。如需变更，应当按照规定报经批准，并在财务报表附注中予以说明。

当期应补提或冲减的坏账准备金额的计算公式如下：

当期应补提或冲减的坏账准备＝按照期末应收账款计算应计提的坏账准备金额－坏账准备期末贷方余额（或＋坏账准备期末借方余额）

【例 11－21】 某事业单位年末应收账款（收回后不需上缴财政）50 000 元，坏账准备期末贷方余额 800 元，按照期末应收账款计算应计提的坏账准备金额为 1 000 元，应补计提坏账准备 200 元。财会部门根据有关凭证，应做账务处理如下：

财务会计	预算会计
借：其他费用　200 　贷：坏账准备　200 若坏账准备期末余额 1 300 元，则应冲减坏账准备 300 元。 借：坏账准备　300 　贷：其他费用　300	—

（四）核销

1. 事业单位应当于每年年末，对收回后不需上缴财政的应收账款进行全面检查。

对于账龄超过规定年限、确认无法收回的应收账款，按照规定报经批准后予以核销。按照核销金额，借记“坏账准备”科目，贷记“应收账款”科目。核销的应收账款应在备查簿中保留登记。

已核销的应收账款在以后期间又收回的，按照实际收回金额，借记“应收账款”科目，贷记“坏账准备”科目；同时，借记“银行存款”等科目，贷记“应收账款”科目。

2. 单位应当于每年年末，对收回后应当上缴财政的应收账款进行全面检查。

对于账龄超过规定年限、确认无法收回的应收账款，按照规定报经批准后予以核销。按照核销金额，借记“应缴财政款”科目，贷记“应收账款”科目。核销的应收账款应当在备查簿中保留登记。

已核销的应收账款在以后期间又收回的，按照实际收回金额，借记“银行存款”等科目，贷记“应缴财政款”科目。

【例 11－22】 某事业单位对收回后不需上缴财政的应收账款的账龄进行分析，发现逾期 3 年没有收回的应收账款余额 2 500 元，确认无法收回，按照规定报经批准后予以核销。财会部门根据有关凭证，应做账务处理如下：

财务会计	预算会计
借：坏账准备　2 500 　贷：应收账款　2 500	—

续表

财务会计	预算会计
若已核销的应收账款在以后期间又收回的，按照实际收回金额。 借：应收账款　2 500 　贷：坏账准备　2 500 同时： 借：银行存款　2 500 　贷：应收账款　2 500	若已核销的应收账款在以后期间又收回的，按照实际收回金额。 借：资金结存——货币资金　2 500 　贷：非财政拨款结余　2 500

三、预付账款

预付账款核算单位按照购货、服务合同或协议规定预付给供应单位(或个人)的款项，以及按照合同规定向承包工程的施工企业预付的备料款和工程款。

单位应当按照供应单位(或个人)及具体项目进行明细核算；对于基本建设项目发生的预付账款，还应当在"预付账款"所属基建项目明细科目下设置"预付备料款""预付工程款""其他预付款"等明细科目，进行明细核算。本科目期末借方余额，反映单位实际预付但尚未结算的款项。

(一)发生预付账款

单位根据购货、服务合同或协议规定预付款项时，按照预付金额，借记"预付账款"科目，贷记"财政拨款收入""零余额账户用款额度""银行存款"等科目。

【例 11－23】 某事业单位开展经营业务，签订合同预购办公用品一批，合同金额 10 000 元，预付货款 3 000 元，以银行存款支付。财会部门根据有关凭证，应做账务处理如下：

财务会计	预算会计
借：预付账款　3 000 　贷：银行存款　3 000	借：经营支出　3 000 　贷：资金结存——货币资金　3 000

(二)收到所购资产或服务

单位收到所购资产或服务时，按照购入资产或服务的成本，借记"库存物品""固定资产""无形资产""业务活动费用"等相关科目，按照相关预付账款的账面余额，贷记"预付账款"科目，按照实际补付的金额，贷记"财政拨款收入""零余额账户用款额度""银行存款"等科目。涉及增值税业务的，相关账务处理参见"应交增值税"科目。

【例 11－24】 续例 11－23，单位收到该批办公用品，已验收，以银行存款支付余额 7 000 元。不考虑增值税，财会部门根据有关凭证，应做账务处理如下：

财务会计		预算会计	
借:经营费用	10 000	借:经营支出	7 000
贷:预付账款	3 000	贷:资金结存——货币资金	7 000
银行存款	7 000		

(三)根据工程进度结算工程价款及备料款

单位根据工程进度结算工程价款及备料款时,按照结算金额,借记“在建工程”科目,按照相关预付账款的账面余额,贷记“预付账款”科目,按照实际补付的金额,贷记“财政拨款收入”“零余额账户用款额度”“银行存款”等科目。

(四)预付款退回

单位发生预付账款退回的,按照实际退回金额,借记“财政拨款收入”[本年直接支付]“财政应返还额度”[以前年度直接支付]“零余额账户用款额度”“银行存款”等科目,贷记“预付账款”科目。

(五)年末账务处理

单位应当于每年年末,对预付账款进行全面检查。如果有确凿证据表明预付账款不再符合预付款项性质,或者因供应单位破产、撤销等原因可能无法收到所购货物、服务的,应当先将其转入其他应收款,再按照规定进行处理。将预付账款账面余额转入其他应收款时,借记“其他应收款”科目,贷记“预付账款”科目。

四、其他应收款

其他应收款核算单位除财政应返还额度、应收票据、应收账款、预付账款、应收股利、应收利息以外的其他各项应收及暂付款项,如职工预借的差旅费、已经偿还银行尚未报销的本单位公务卡欠款、拨付给内部有关部门的备用金、应向职工收取的各种垫付款项、支付的可以收回的订金或押金、应收的上级补助和附属单位上缴款项等。

单位应当按照其他应收款的类别以及债务单位(或个人)进行明细核算。本科目期末借方余额,反映单位尚未收回的其他应收款。

其他应收款的主要账务处理如下:

(一)发生其他应收款

单位发生其他各种应收及暂付款项时,按照实际发生金额,借记“其他应收款”科目,贷记“零余额账户用款额度”“银行存款”“库存现金”“上级补助收入”“附属单位上缴收入”等科目。涉及增值税业务的,相关账务处理参见“应交增值税”科目。纳入部门预算管理的暂付款,暂付时不用进行预算会计核算。实际报销或者结算时,再记入预算支出科目。对于不纳入部门预算管理的暂收暂付款,仅做财务会计处理,不做预算会计处理。

【例 11—25】 某单位支付饮用水水桶押金 1 000 元,以现金支付。财会部门根

据有关凭证,应做账务处理如下:

财务会计	预算会计
借:其他应收款——押金　1 000 　贷:库存现金　1 000	—

(二)收回其他应收款

单位收回其他各种应收及暂付款项时,按照收回的金额,借记“库存现金”“银行存款”等科目,贷记“其他应收款”科目。

(三)备用金

单位内部实行备用金制度的,有关部门使用备用金以后应当及时到财务部门报销并补足备用金。财务部门核定并发放备用金时,按照实际发放金额,借记“其他应收款”科目,贷记“库存现金”等科目。

根据报销金额用现金补足备用金定额时,借记“业务活动费用”“单位管理费用”等科目,贷记“库存现金”等科目,报销数和拨补数都不再通过“其他应收款”核算。

【例 11—26】 某行政单位某职工借用备用金 2 000 元,以现金支付。财会部门根据有关凭证,应做账务处理如下:

财务会计	预算会计
借:其他应收款——备用金　2 000 　贷:库存现金　2 000	—

【例 11—27】 续例 11—26,该职工报销差旅费 1 900 元,差额以现金退回。财会部门根据有关凭证,应做账务处理如下:

财务会计	预算会计
借:业务活动费用　1 900 　库存现金　100 　贷:其他应收款——备用金　2 000	借:行政支出　1 900 　贷:资金结存——货币资金　1 900

(四)公务卡

单位偿还尚未报销的本单位公务卡欠款时,按照偿还的款项,借记“其他应收款”科目,贷记“零余额账户用款额度”“银行存款”等科目;持卡人报销时,按照报销金额,借记“业务活动费用”“单位管理费用”等科目,贷记”其他应收款”科目。

(五)计提坏账准备

事业单位应当于每年年末,对其他应收款进行全面检查,分析其可收回性,对预计可能产生的坏账损失计提坏账准备、确认坏账损失。

事业单位可以采用应收款项余额百分比法、账龄分析法、个别认定法等方法计提坏账准备。坏账准备计提方法一经确定，不得随意变更。如需变更，应当按照规定报经批准，并在财务报表附注中予以说明。

当期应补提或冲减的坏账准备金额的计算公式如下：

当期应补提或冲减的坏账准备＝按照期末其他应收款计算应计提的坏账准备金额－坏账准备期末贷方余额(或＋坏账准备期末借方余额)

(六)其他应收款核销

1. 事业单位应当于每年年末，对其他应收款进行全面检查，如发生不能收回的迹象，应当计提坏账准备。

对于账龄超过规定年限、确认无法收回的其他应收款，按照规定报经批准后予以核销。按照核销金额，借记“坏账准备”科目，贷记“其他应收款”科目。核销的其他应收款应当在备查簿中保留登记。

已核销的其他应收款在以后期间又收回的，按照实际收回金额，借记“其他应收款”科目，贷记“坏账准备”科目；同时，借记“银行存款”等科目，贷记“其他应收款”科目。

2. 行政单位应当于每年年末，对其他应收款进行全面检查。对于超过规定年限、确认无法收回的其他应收款，应当按照有关规定报经批准后予以核销。核销的其他应收款应在备查簿中保留登记。

经批准核销其他应收款时，按照核销金额，借记“资产处置费用”科目，贷记“其他应收款”科目。

已核销的其他应收款在以后期间又收回的，按照收回金额，借记“银行存款”等科目，贷记“其他收入”科目。

第四节　存　货

存货是指单位在开展业务活动及其他活动中为耗用或出售而储存的资产，如材料、产品、包装物和低值易耗品等，以及未达到固定资产标准的用具、装具、动植物等。

单位的存货具体通过以下三个会计科目核算：

1.“在途物品”，核算采购材料等物资时货款已付或已开出商业汇票但尚未验收入库的在途物品的成本。本科目可按照供应单位和物品种类进行明细核算。

2.“库存物品”，核算单位在开展业务活动及其他活动中为耗用或出售而储存的各种材料、产品、包装物、低值易耗品，以及达不到固定资产标准的用具、装具、动植物等成本。

已完成的测绘、地质勘查、设计成果等的成本，也通过“库存物品”核算。

单位随买随用的零星办公用品，可以在购进时直接列作费用，不通过“库存物品”核算。

单位控制的政府储备物资，应当通过“政府储备物资”科目核算，不通过“库存物品”核算。

单位受托存储保管的物资和受托转赠的物资，应当通过“受托代理资产”科目核算，不通过“库存物品”核算。

单位为在建工程购买和使用的材料物资，应当通过“工程物资”科目核算，不通过“库存物品”核算。

本科目应当按照库存物品的种类、规格、保管地点等进行明细核算。单位储存的低值易耗品、包装物较多的，可以在库存物品(低值易耗品、包装物)下按照“在库”“在用”和“摊销”等进行明细核算。

3.“加工物品”，核算单位自制或委托外单位加工的各种物品的成本。未完成的测绘、地质勘察、设计成果的实际成本，也通过“加工物品”核算。

本科目应当设置“自制物品”“委托加工物品”两个一级明细科目，并按照物品类别、品种、项目等设置明细账，进行明细核算。

存货必须在符合定义的前提下，同时满足下列两个条件，才能予以确认：

(1)与该存货相关的服务潜力很可能实现或者经济利益很可能流入单位；

(2)该存货的成本或者价值能够可靠地计量。

一、存货的取得

单位取得存货应当按照成本进行初始计量。

(一)外购的存货

单位购入的存货，其成本包括购买价款、相关税费、运输费、装卸费、保险费以及使得存货达到目前场所和状态所发生的归属于存货成本的其他支出。

1. 单位采购材料等物资时货款已付或已开出商业汇票但尚未验收入库的在途物品，按照确定的物品采购成本的金额，借记“在途物品”，按照实际支付的金额，贷记“财政拨款收入”“零余额账户用款额度”“银行存款”等科目。涉及增值税业务的，相关账务处理参见“应交增值税”科目。

所购材料等物品到达验收入库，按照确定的库存物品成本金额，借记“库存物品”科目，按照物品采购成本金额，贷记“在途物品”科目，按照使得入库物品达到目前场所和状态所发生的其他支出，贷记“银行存款”等科目。

2. 单位外购的物品验收入库，按照确定的成本，借记“库存物品”，贷记“财政拨款收入”“零余额账户用款额度”“银行存款”“应付账款”“在途物品”等科目。涉及增值税业务的，相关账务处理参见“应交增值税”科目。

【例 11－28】 某事业单位通过政府采购购入自用材料 50 箱，每箱 200 元，价款

10 000 元，暂未验收入库，财政直接支付货款。财会部门根据有关凭证，应做账务处理如下：

财务会计	预算会计
借：在途物品 10 000 贷：财政拨款收入 10 000	借：事业支出 10 000 贷：财政拨款预算收入 10 000

【例 11—29】 续例 11—28，上述自用材料到达本单位并验收入库。

财务会计	预算会计
借：库存物品 10 000 贷：在途物品 10 000	—

(二)自行加工的存货

单位自行加工的存货，其成本包括耗用的直接材料费用、发生的直接人工费用和按照一定方法分配的与存货加工有关的间接费用。

自行加工的存货通过"加工物品——自制物品"科目核算，一级明细科目下应当设置"直接材料""直接人工""其他直接费用"等二级明细科目归集自制物品发生的直接材料、直接人工（专门从事物品制造人员的人工费）等直接费用；对于自制物品发生的间接费用，应当在"加工物品——自制物品"一级明细科目下单独设置"间接费用"二级明细科目予以归集，期末再按照一定的分配标准和方法，分配计入有关物品的成本。

1. 为自制物品领用材料等，按照材料成本，借记"加工物品——自制物品——直接材料"科目，贷记"库存物品"科目。

2. 专门从事物品制造的人员发生的直接人工费用，按照实际发生的金额，借记"加工物品——自制物品——直接人工"科目，贷记"应付职工薪酬"科目。

3. 为自制物品发生的其他直接费用，按照实际发生的金额，借记"加工物品——自制物品——其他直接费用"科目，贷记"零余额账户用款额度""银行存款"等科目。

4. 为自制物品发生的间接费用，按照实际发生的金额，借记"加工物品——自制物品——间接费用"科目，贷记"零余额账户用款额度""银行存款""应付职工薪酬""固定资产累计折旧""无形资产累计摊销"等科目。间接费用一般按照生产人员工资、生产人员工时、机器工时、耗用材料的数量或成本、直接费用（直接材料和直接人工）或产品产量等进行分配。单位可根据具体情况自行选择间接费用的分配方法。分配方法一经确定，不得随意变更。

5. 已经制造完成并验收入库的物品，按照所发生的实际成本（包括耗用的直接材料费用、直接人工费用、其他直接费用和分配的间接费用），借记"库存物品"科目，贷记"加工物品——自制物品"科目。

【例 11—30】 某事业单位自行加工实验产品一批，共发生如下费用：领用 A 材料价值 5 000 元，发生本单位职工工资 12 000 元。财会部门根据有关凭证，应做账务处理如下：

财务会计			预算会计
借：加工物品——自制物品——直接材料	5 000		—
加工物品——自制物品——直接人工	12 000		
贷：库存物品		5 000	
应付职工薪酬		12 000	

【例 11—31】 续例 11—30，上述实验产品加工完成后验收入库。

财务会计			预算会计
借：库存物品	17 000		—
贷：加工物品——自制物品——直接材料		5 000	
加工物品——自制物品——直接人工		12 000	

(三)委托加工的存货

单位委托加工的存货，其成本包括委托加工前存货成本、委托加工的成本(如委托加工费以及按规定应计入委托加工存货成本的相关税费等)以及使存货达到目前场所和状态所发生的归属于存货成本的其他支出。

委托加工的存货通过“加工物品——委托加工物品”科目核算。

1. 发给外单位加工的材料等，按照其实际成本，借记“加工物品——委托加工物品”科目，贷记“库存物品”科目。

2. 支付加工费、运输费等费用，按照实际支付的金额，借记“加工物品——委托加工物品”科目，贷记“零余额账户用款额度”“银行存款”等科目。涉及增值税业务的，相关账务处理参见“应交增值税”科目。

3. 委托加工完成的材料等验收入库，按照加工前发出材料的成本和加工、运输成本等，借记“库存物品”等科目，贷记“加工物品——委托加工物品”科目。

【例 11—32】 某事业单位委托外单位加工装具一批，发出材料价值 10 000 元，另以零余额账户用款额度支付运输费 1 000 元。财会部门根据有关凭证，应做账务处理如下：

财务会计			预算会计		
借：加工物品——委托加工物品	11 000		借：事业支出	1 000	
贷：库存物品		10 000	贷：资金结存——零余额账户用款额度		1 000
零余额账户用款额度		1 000			

【例 11－33】 续例 11－32，上述装具加工完成后验收入库。

财务会计	预算会计
借：库存物品　　11 000 　贷：加工物品—委托加工物品　　11 000	—

(四)置换取得的存货

单位通过置换取得的存货，其成本按照换出资产的评估价值，加上支付的补价或减去收到的补价，加上为换入存货发生的其他相关支出确定。

置换换入的库存物品验收入库，按照确定的成本，借记"库存物品"科目，按照换出资产的账面余额，贷记相关资产科目(换出资产为固定资产、无形资产的，还应当借记"固定资产累计折旧""无形资产累计摊销"科目)，按照置换过程中发生的其他相关支出，贷记"银行存款"等科目，按照借贷方差额，借记"资产处置费用"科目或贷记"其他收入"科目。涉及补价的，分别以下情况处理：

1. 支付补价的，按照确定的成本，借记"库存物品"科目，按照换出资产的账面余额，贷记相关资产科目(换出资产为固定资产、无形资产的，还应当借记"固定资产累计折旧""无形资产累计摊销"科目)，按照支付的补价和置换过程中发生的其他相关支出，贷记"银行存款"等科目，按照借贷方差额，借记"资产处置费用"科目或贷记"其他收入"科目。

2. 收到补价的，按照确定的成本，借记"库存物品"科目，按照收到的补价，借记"银行存款"等科目，按照换出资产的账面余额，贷记相关资产科目(换出资产为固定资产、无形资产的，还应当借记"固定资产累计折旧""无形资产累计摊销"科目)，按照置换过程中发生的其他相关支出，贷记"银行存款"等科目，按照补价扣减其他相关支出后的净收入，贷记"应缴财政款"科目，按照借贷方差额，借记"资产处置费用"科目或贷记"其他收入"科目。

【例 11－34】 A 事业单位用自己的甲无形资产置换 C 公司的乙产成品，甲无形资产原值 1 000 万元，已经累计摊销 400 万元，评估价为 500 万元，A 单位用自有资金以银行存款的方式支付各种置换税费 3 万元。A 单位同时收到 C 公司支付给甲单位的补价 2 万元。不考虑增值税，财会部门根据有关凭证，A 单位应做账务处理如下：

财务会计		预算会计	
借:库存物品——乙	5 010 000	借:其他支出——其他资金支出——税费	10 000
银行存款	20 000	贷:资金结存——货币资金	10 000
无形资产累计摊销	4 000 000		
资产处置费用——无形资产——置换	1 000 000		
贷:无形资产——甲无形资产	10 000 000		
银行存款	30 000		

(五)接受捐赠的存货

单位接受捐赠的存货,其成本按照有关凭据注明的金额加上相关税费、运输费等确定;没有相关凭据可供取得,但按规定经过资产评估的,其成本按照评估价值加上相关税费、运输费等确定;没有相关凭据可供取得、也未经资产评估的,其成本比照同类或类似资产的市场价格加上相关税费、运输费等确定;没有相关凭据且未经资产评估、同类或类似资产的市场价格也无法可靠取得的,按照名义金额入账,相关税费、运输费等计入当期费用。

接受捐赠的库存物品验收入库,按照确定的成本,借记"库存物品"科目,按照发生的相关税费、运输费等,贷记"银行存款"等科目,按照其差额,贷记"捐赠收入"科目。

接受捐赠的库存物品按照名义金额入账的,按照名义金额,借记"库存物品"科目,贷记"捐赠收入"科目;同时,按照发生的相关税费、运输费等,借记"其他费用"科目,贷记"银行存款"等科目。

【例 11—35】 某事业单位接受港商捐赠的实验用材料一批,价值 60 000 元,发生运输费 2 500 元,以银行存款支付,材料已验收入库。财会部门根据有关凭证,应做账务处理如下:

财务会计		预算会计	
借:库存物品	62 500	借:其他支出	2 500
贷:捐赠收入	60 000	贷:资金结存——货币资金	2 500
银行存款	2 500		

(六)无偿调入的存货

单位无偿调入的存货,其成本按照调出方账面价值加上相关税费、运输费等确定。

无偿调入的库存物品验收入库,按照确定的成本,借记"库存物品"科目,按照发生的相关税费、运输费等,贷记"银行存款"等科目,按照其差额,贷记"无偿调拨净资产"科目。

【例 11—36】 某行政单位接受外单位无偿调入一批包装物,以银行存款支付运输费 500 元。该包装物在调出单位的账面价值是 6 500 元。包装物已验收入库。财会部门根据有关凭证，应做账务处理如下：

财务会计		预算会计	
借：库存物品	7 000	借：其他支出	500
贷：无偿调拨净资产	6 500	贷：资金结存——货币资金	500
银行存款	500		

在确定存货成本的过程中，下列各项应当在发生时确认为当期费用，不计入存货成本：

(1)非正常消耗的直接材料、直接人工和间接费用。

(2)仓储费用(不包括在加工过程中为达到下一个加工阶段所必需的费用)。

(3)不能归属于使存货达到目前场所和状态所发生的其他支出。

二、存货的发出

单位应当根据各类存货的实物流转方式、单位管理的要求、存货的性质等实际情况，合理地选择发出存货成本的计算方法，以合理确定当期发出存货的实际成本。对于性质和用途相似的存货，应当采用相同的成本计算方法确定发出存货的成本。单位在确定发出存货的成本时，可以采用先进先出法、加权平均法或者个别计价法。对于不能替代使用的存货、为特定项目专门购入或加工的存货，通常采用个别计价法确定发出存货的成本。计价方法一经确定，不得随意变更。

单位对于已发出的存货，应当将其成本结转为当期费用或者计入相关资产成本。按规定报经批准对外捐赠、无偿调出的存货，应当将其账面余额予以转销，对外捐赠、无偿调出中发生的归属于捐出方、调出方的相关费用应当计入当期费用。

(一)领用的存货

单位开展业务活动等领用、按照规定自主出售发出或加工发出库存物品，按照领用、出售等发出物品的实际成本，借记“业务活动费用”“单位管理费用”“经营费用”“加工物品”等科目，贷记“库存物品”科目。

采用一次转销法摊销低值易耗品、包装物的，在首次领用时将其账面余额一次性摊销计入有关成本费用，借记有关科目，贷记“库存物品”科目。

采用五五摊销法摊销低值易耗品、包装物的，首次领用时，将其账面余额的 50% 摊销计入有关成本费用，借记有关科目，贷记“库存物品”科目；使用完时，将剩余的账面余额转销计入有关成本费用，借记有关科目，贷记“库存物品”科目。

【例 11—37】 某事业单位的 A 部门(属于后勤管理部门)领取材料一批，按先进先出法核算该批材料价值 1 500 元。财会部门根据有关凭证，应做账务处理如下：

财务会计	预算会计
借:单位管理费用　1 500 　贷:库存物品　1 500	—

(二)出售的存货

经批准对外出售的库存物品(不含可自主出售的库存物品)发出时,按照库存物品的账面余额,借记"资产处置费用"科目,贷记"库存物品"科目;同时,按照收到的价款,借记"银行存款"等科目,按照处置过程中发生的相关费用,贷记"银行存款"等科目,按照其差额,贷记"应缴财政款"科目。

【例 11—38】 某行政单位经批准将一批不可自主出售的材料对外销售,其账面价值为 5 500 元,销售价款为 6 000 元,销售过程中发生包装运输费 300 元,以银行存款收支。不考虑增值税,财会部门根据有关凭证,应做账务处理如下:

财务会计	预算会计
借:资产处置费用　5 500 　贷:库存物品　5 500	—
借:银行存款　6 000 　贷:银行存款　300 　　应缴财政款　5 700	—

(三)对外捐赠的存货

经批准对外捐赠的库存物品发出时,按照库存物品的账面余额和对外捐赠过程中发生的归属于捐出方的相关费用合计数,借记"资产处置费用"科目,按照库存物品账面余额,贷记"库存物品"科目,按照对外捐赠过程中发生的归属于捐出方的相关费用,贷记"银行存款"等科目。

【例 11—39】 某事业单位对外捐赠一批非自用材料,按加权平均法计算出该材料的账面价值为 30 000 元,另支付 2 000 元运输费,不考虑增值税。财会部门根据有关凭证,应做账务处理如下:

财务会计	预算会计
借:资产处置费用　32 000 　贷:库存物品　30 000 　　银行存款　2 000	借:其他支出　2 000 　贷:资金结存——货币资金　2 000

(四)无偿调出的存货

经批准无偿调出的库存物品发出时,按照库存物品的账面余额,借记"无偿调拨净资产"科目,贷记"库存物品"科目;同时,按照无偿调出过程中发生的归属于调出方的相关费用，借记“资产处置费用”科目，贷记“银行存款”等科目。

【例 11—40】 某行政单位无偿调出一批低值易耗品，账面价值 20 000 元，以银行存款支付运费 1 500 元。财会部门根据有关凭证，应做账务处理如下：

财务会计	预算会计
借：无偿调拨净资产 20 000 　贷：库存物品 20 000 借：资产处置费用 1 500 　贷：银行存款 1 500	借：其他支出 1 500 　贷：资金结存——货币资金 1 500

(五)置换换出的存货

经批准置换换出的库存物品，参照有关置换换入库存物品的规定进行账务处理。

三、存货的期末处理

单位应当定期对库存物品进行清查盘点，每年至少盘点一次。对于发生的库存物品盘盈、盘亏或者报废、毁损，应当先记入“待处理财产损溢”科目，按照规定报经批准后及时进行后续账务处理。

1. 盘盈的存货

单位盘盈的存货，其成本按照有关凭据注明的金额确定；没有相关凭据、但按照规定经过资产评估的，其成本按照评估价值确定；没有相关凭据、也未经过评估的，其成本按照重置成本确定。如无法采用上述方法确定盘盈的库存物品成本的，按照名义金额入账。

盘盈的存货，按照确定的成本，借记“库存物品”科目，贷记“待处理财产损溢”科目。按照规定报经批准后处理。

【例 11—41】 某事业单位对库存物资进行期末盘点，盘盈甲材料 2 箱，每箱价值 200 元，共计 400 元。财会部门根据有关凭证，应做账务处理如下：

财务会计	预算会计
借：库存物品 400 　贷：待处理财产损溢 400	—

【例 11—42】 接例 11—41，经批准，盘盈的甲材料冲减单位管理费用。

财务会计	预算会计
借：待处理财产损溢 400 　贷：单位管理费用 400	—

2. 盘亏或者毁损、报废的存货

单位盘亏或者毁损、报废的库存物品等存货，按照待处理库存物品的账面余额，借记“待处理财产损溢”科目，贷记“库存物品”科目。

属于增值税一般纳税人的单位，若因非正常原因导致的库存物品盘亏或毁损，还应当将与该库存物品相关的增值税进项税额转出，按照其增值税进项税额，借记“待处理财产损溢”科目，贷记“应交增值税——应交税金(进项税额转出)”科目。

【例 11－43】 某事业单位对库存物资进行期末盘点，盘亏对外加工产品所用的物品 20 千克，每千克 80 元，共计 1 600 元，该物品的进项税 272 元，已抵扣。该事业单位为增值税一般纳税人，物品是非正常原因导致的盘亏。财会部门根据有关凭证，应做账务处理如下：

财务会计	预算会计
借：待处理财产损溢　1 872 　贷：库存物品　1 600 　　应交增值税——应交税金——进项税额转出　272	—

第五节　对外投资

对外投资，是指事业单位按规定以货币资金、实物资产、无形资产等方式形成的债权或股权投资。

对外投资分为短期投资和长期投资。短期投资，是指事业单位取得的持有时间不超过 1 年(含 1 年)的投资。长期投资，是指事业单位取得的除短期投资以外的债权和股权性质的投资。债权投资主要是国债投资，股权投资主要是长期股权投资。

事业单位应当严格控制对外投资。在保证单位正常运转和事业发展的前提下，按照国家有关规定可以对外投资的，应当履行相关审批程序。事业单位不得使用财政拨款及其结余进行对外投资，不得从事股票、期货、基金、企业债券等投资，国家另有规定的除外。事业单位以非货币性资产对外投资的，应当按照国家有关规定进行资产评估，合理确定资产价值。事业单位应当严格遵守国家法律、行政法规以及财政部门、主管部门关于对外投资的有关规定，保障对外投资资金的安全。

一、短期投资

短期投资是指事业单位依法取得的，持有时间不超过 1 年(含 1 年)的投资。

事业单位应当设置“短期投资”科目，核算事业单位按照规定取得的，持有时间不超过 1 年 (含 1 年)的投资

"短期投资"科目应当按照投资的种类等进行明细核算。本科目期末借方余额,反映事业单位持有短期投资的成本。

(一)短期投资的取得

短期投资在取得时,应当按照实际成本(包括购买价款和相关税费,下同)作为初始投资成本。实际支付价款中包含的已到付息期但尚未领取的利息,应当于收到时冲减短期投资成本。

取得短期投资时,按照确定的投资成本,借记"短期投资"科目,贷记"银行存款"等科目。收到取得投资时实际支付价款中包含的已到付息期但尚未领取的利息,按照实际收到的金额,借记"银行存款"科目,贷记"短期投资"科目。

【例 11—44】 某事业单位 2019 年 1 月 1 日购入一年期国债 100 000 元,每半年支付一次利息,购买时发生手续费 500 元,用银行存款支付。财会部门根据有关凭证,应做账务处理如下:

财务会计			预算会计		
借:短期投资	100 500		借:投资支出	100 500	
贷:银行存款		100 500	贷:资金结存——货币资金		100 500

(二)短期投资的持有期间

短期投资持有期间的利息,应当于实际收到时确认为投资收益。

收到短期投资持有期间的利息,按照实际收到的金额,借记"银行存款"科目,贷记"投资收益"科目。

【例 11—45】 续例 11—44,2019 年 7 月 1 日,该单位收到利息 3 000 元,并存入银行。财会部门根据有关凭证,应做账务处理如下:

财务会计			预算会计		
借:银行存款	3 000		借:资金结存——货币资金	3 000	
贷:投资收益		3 000	贷:投资预算收益		3 000

(三)短期投资的处置

单位按规定出售或到期收回短期投资,应当将收到的价款扣除短期投资账面余额和相关税费后的差额计入投资损益。

出售短期投资或到期收回短期投资本息,按照实际收到的金额,借记"银行存款"科目,按照出售或收回短期投资的账面余额,贷记"短期投资"科目,按照其差额,借记或贷记"投资收益"科目。涉及增值税业务的,相关账务处理参见"应交增值税"科目。

【例 11—46】 接例 11—44,2020 年 1 月 1 日该单位所购国债到期,收到本金和利息共计 103 000 元,并存入银行。不考虑增值税,财会部门根据有关凭证,应做账务处理如下：

财务会计	预算会计
借：银行存款　103 000 　贷：短期投资　100 500 　　投资收益　2 500	借：资金结存——货币资金　103 000 　贷：其他结余　100 500 　　投资预算收益　2 500

二、长期债券投资

"长期债券投资"科目，核算事业单位按照规定取得的，持有时间超过1年(不含1年)的债券投资。"长期债券投资"科目应当设置"成本"和"应计利息"明细科目，并按照债券投资的种类进行明细核算。本科目期末借方余额，反映事业单位持有的长期债券投资的价值

(一)长期债券投资的取得

长期债券投资在取得时，应当按照实际成本作为初始投资成本。实际支付价款中包含的已到付息期但尚未领取的债券利息，应当单独确认为应收利息，不计入长期债券投资初始投资成本。

取得的长期债券投资，按照确定的投资成本，借记"长期债券投资——成本"科目，按照支付的价款中包含的已到付息期但尚未领取的利息，借记"应收利息"科目，按照实际支付的金额，贷记"银行存款"等科目。

实际收到取得债券时所支付价款中包含的已到付息期但尚未领取的利息时，借"银行存款"科目，贷记"应收利息"科目。

【例11—47】 某事业单位2019年1月1日购入5年期国家债券180 000元，支付手续费500元，该债券票面利率7%，分期付息，到期一次还本，以银行存款支付。财会部门根据有关凭证，应做账务处理如下：

财务会计	预算会计
借：长期债券投资——成本　180 500 　贷：银行存款　180 500	借：投资支出　180 500 　贷：资金结存——货币资金　180 500

(二)长期债券投资的持有期间

长期债券投资持有期间，应当按期以票面金额与票面利率计算确认利息收入。

对于分期付息、一次还本的长期债券投资，应当将计算确定的应收未收利息确认为应收利息，计入投资收益；对于一次还本付息的长期债券投资，应当将计算确定的应收未收利息计入投资收益，并增加长期债券投资的账面余额。

长期债券投资持有期间，按期以债券票面金额与票面利率计算确认利息收入时，

如为到期一次还本付息的债券投资，借记“长期债券投资——应计利息”科目，贷记“投资收益”科目；如为分期付息、到期一次还本的债券投资，借记“应收利息”科目，贷记“投资收益”科目。

收到分期支付的利息时，按照实收的金额，借记“银行存款”等科目，贷记“应收利息”科目。

【例 11－48】 续例 11－47，2019 年年末，单位计提本年应收利息 12 600 元，次年 1 月 10 日，收入利息存入银行。财会部门根据有关凭证，应做账务处理如下：

财务会计			预算会计		
计提时：					
借：应收利息	12 600		—		
贷：投资收益		12 600			
收到时：					
借：银行存款	12 600		借：资金结存——货币资金	12 600	
贷：应收利息		12 600	贷：投资预算收益		12 600

(三)长期债券投资的处置

单位按规定出售或到期收回长期债券投资，应当将实际收到的价款扣除长期债券投资账面余额和相关税费后的差额计入投资损益。

1. 到期收回长期债券投资，按照实际收到的金额，借记“银行存款”科目，按照长期债券投资的账面余额，贷记“长期债券投资”科目，按照相关应收利息金额，贷记“应收利息”科目，按照其差额，贷记“投资收益”科目。

2. 对外出售长期债券投资，按照实际收到的金额，借记“银行存款”科目，按照长期债券投资的账面余额，贷记“长期债券投资”科目，按照已记入“应收利息”科目但尚未收取的金额，贷记“应收利息”科目，按照其差额，贷记或借记“投资收益”科目。涉及增值税业务的，相关账务处理参见“应交增值税”科目。

【例 11－49】 续例 11－47，2024 年 1 月 1 日，该债券到期，收到本金和最后一期利息 192 600 元(假设 2023 年 12 月 31 日确认应收利息 12 600 元和投资收益 12 600 元)，不考虑增值税，财会部门根据有关凭证，应做账务处理如下：

财务会计			预算会计		
借：银行存款	12 600		借：资金结存——货币资金	12 600	
贷：应收利息		12 600	贷：投资预算收益		12 600
借：银行存款	180 000		借：资金结存——货币资金	180 000	
投资收益	500		投资预算收益	500	
贷：长期债券投资——成本		180 500	贷：其他结余		180 500

三、长期股权投资

事业单位应当设置"长期股权投资"科目，核算按照规定取得的，持有时间超过1年(不含1年)的股权性质的投资。

"长期股权投资"应当按照被投资单位和长期股权投资取得方式等进行明细核算。长期股权投资采用权益法核算的，还应当按照"成本""损益调整""其他权益变动"设置明细科目，进行明细核算。本科目期末借方余额，反映事业单位持有的长期股权投资的价值。

(一)长期股权投资的取得

长期股权投资在取得时，应当按照实际成本作为初始投资成本。

1. 支付现金取得

单位以支付现金取得的长期股权投资，按照实际支付的全部价款(包括购买价款和相关税费)作为实际成本。实际支付价款中包含的已宣告但尚未发放的现金股利，应当单独确认为应收股利，不计入长期股权投资初始投资成本。

以现金取得的长期股权投资，按照确定的投资成本，借记"长期股权投资"或"长期股权投资——成本"科目，按照支付的价款中包含的已宣告但尚未发放的现金股利，借记"应收股利"科目，按照实际支付的全部价款，贷记"银行存款"等科目。

实际收到取得投资时所支付价款中包含的已宣告但尚未发放的现金股利时，借记"银行存款"科目，贷记"应收股利"科目。

【例11－50】 某科研事业单位2019年1月1日用银行存款1 000万元对A公司进行投资，占A公司股份的80%。A公司2018年12月25日已宣告在2019年1月13日发放股利20万元。2019年1月13日，该科研事业单位收到16万元(即20万元的80%)股利。

财务会计	预算会计
1月1日： 借：长期股权投资——成本——A公司——现金支付　9 840 000 　应收股利——A公司　160 000 　贷：银行存款　10 000 000	1月1日： 借：投资支出——长期股权投资——A公司　10 000 000 　贷：资金结存——货币资金　10 000 000
1月13日： 借：银行存款　160 000 　贷：应收股利——A公司　160 000	1月13日： 借：资金结存——货币资金　160 000 　贷：投资支出—长期股权投资——A公司　160 000

2. 以现金以外的其他资产置换取得

单位以现金以外的其他资产置换取得的长期股权投资，其成本按照换出资产的评估价值加上支付的补价或减去收到的补价，加上换入长期股权投资发生的其他相关支出确定。

以现金以外的其他资产置换取得的长期股权投资，参照存货中置换取得库存物品的相关规定进行账务处理。

以未入账的无形资产取得的长期股权投资，按照评估价值加相关税费作为投资成本，借记"长期股权投资"科目，按照发生的相关税费，贷记"银行存款""其他应交税费"等科目，按其差额，贷记"其他收入"科目。

【例 11－51】 某事业单位以 10 台设备对 M 公司进行长期股权投资，每台设备估值 10 000 元，发生评估费用 2 000 元，评估费用以银行存款支付。该批设备账面余额 95 000 元，已计提折旧 15 000 元，账面价值 80 000 元。财会部门根据有关凭证，应做账务处理如下：

财务会计			预算会计		
借：长期股权投资——成本	102 000		借：其他支出	2 000	
固定资产累计折旧	15 000		贷：资金结存——货币资金		2 000
贷：固定资产		95 000			
其他收入		20 000			
银行存款		2 000			

3. 接受捐赠取得

单位接受捐赠的长期股权投资，其成本按照有关凭据注明的金额加上相关税费确定；没有相关凭据可供取得，但按规定经过资产评估的，其成本按照评估价值加上相关税费确定；没有相关凭据可供取得、也未经资产评估的，其成本比照同类或类似资产的市场价格加上相关税费确定。

接受捐赠的长期股权投资，按照确定的投资成本，借记"长期股权投资"或"长期股权投资——成本"科目，按照发生的相关税费，贷记"银行存款"等科目，按照其差额，贷记"捐赠收入"科目。

【例 11－52】 某事业单位接受捐赠取得 N 公司的股权 10 000 股，每股价格 10 元，发生相关税费 800 元。财会部门根据有关凭证，应做账务处理如下：

财务会计			预算会计		
借：长期股权投资——成本	100 800		借：其他支出	800	
贷：捐赠收入		100 000	贷：资金结存——货币资金		800
银行存款		800			

4. 无偿调入取得

无偿调入的长期股权投资,其成本按照调出方账面价值加上相关税费确定。

无偿调入的长期股权投资,按照确定的投资成本,借记“长期股权投资”或“长期股权投资——成本”科目,按照发生的相关税费,贷记“银行存款”等科目,按照其差额,贷记“无偿调拨净资产”科目的。

【例 11-53】 某事业单位无偿接受调入取得的 P 公司的股权 5 000 股,每股价格 20 元,相关税费 800 元,以银行存款支付。财会部门根据有关凭证,应做账务处理如下:

财务会计	预算会计
借:长期股权投资——成本　100 800 　贷:无偿调拨净资产　100 000 　　银行存款　800	借:其他支出　800 　贷:资金结存——货币资金　800

(二)长期股权投资的持有期间

长期股权投资在持有期间,通常采用权益法进行核算。单位无权决定被投资单位的财务和经营政策或无权参与被投资单位的财务和经营政策决策的,应当采用成本法进行核算。

1. 成本法

成本法,是指投资按照投资成本计量的方法。

在成本法下,长期股权投资的账面余额通常保持不变,但追加或收回投资时,应当相应调整其账面余额。长期股权投资持有期间,被投资单位宣告分派的现金股利或利润,单位应当按照宣告分派的现金股利或利润中属于单位应享有的份额确认为投资收益。

被投资单位宣告发放现金股利或利润时,按照应收的金额,借记“应收股利”科目,贷记“投资收益”科目。收到现金股利或利润时,按照实际收到的金额,借记“银行存款”等科目,贷记“应收股利”科目。

【例 11-54】 某事业单位持有 L 公司的股权 1 500 股,L 公司年末宣告分红 6 000 元,该事业单位于次年 1 月收到股利,存入银行。财会部门根据有关凭证,应做账务处理如下:

财务会计	预算会计
宣告时: 借:应收股利　6 000 　贷:投资收益　6 000	—

续表

财务会计	预算会计
收款时： 借：银行存款 6 000 贷：应收股利 6 000	借：资金结存——货币资金 6 000 贷：投资预算收益 6 000

2. 权益法

权益法，是指投资最初以投资成本计量，以后根据单位在被投资单位所享有的所有者权益份额的变动对投资的账面余额进行调整的方法。

采用权益法的，按照如下原则进行会计处理：

(1)单位取得长期股权投资后，对于被投资单位所有者权益的变动，应当按照下列规定进行处理：

①按照应享有或应分担的被投资单位实现的净损益的份额，确认为投资损益，同时调整长期股权投资的账面余额。

被投资单位实现净利润的，按照应享有的份额，借记"长期股权投资——损益调整"科目，贷记"投资收益"科目。

【例 11－55】 某事业单位于 2019 年 1 月投资 M 公司 300 000 元，取得 20%的有表决权股份，能够对其施加重大影响。M 公司 2019 年实现净利润 320 000 元。财会部门根据有关凭证，应做账务处理如下：

财务会计	预算会计
借：长期股权投资——损益调整 64 000 贷：投资收益 64 000	—

②按照被投资单位宣告分派的现金股利或利润计算应享有的份额，确认为应收股利，同时减少长期股权投资的账面余额。

被投资单位宣告分派现金股利或利润的，按照应享有的份额，借记"应收股利"科目，贷记"长期股权投资——损益调整"科目。

【例 11－56】 续例 11－55，M 公司 2019 年末宣告分配股利 120 000 元，该事业单位按其持股比例享有分红 24 000 元。财会部门根据有关凭证，应做账务处理如下：

财务会计	预算会计
借：应收股利 24 000 贷：长期股权投资——损益调整 24 000	—

③按照被投资单位除净损益和利润分配以外的所有者权益变动的份额，确认为净

资产，同时调整长期股权投资的账面余额。

被投资单位发生除净损益和利润分配以外的所有者权益变动的，按照应享有或应分担的份额，借记或贷记“权益法调整”科目，贷记或借记“长期股权投资——其他权益变动”科目。

【例 11—57】 续例 11—55，M 公司 2019 年其他所有者权益增加 12 000 元。财会部门根据有关凭证，应做账务处理如下：

财务会计			预算会计
借：长期股权投资——其他权益变动	2 400		—
贷：权益法调整		2 400	

(2)单位确认被投资单位发生的净亏损，应当以长期股权投资的账面余额减记至零为限，单位负有承担额外损失义务的除外。被投资单位发生净亏损但以后年度又实现净利润的，单位应当在其收益分享额弥补未确认的亏损分担额等后，恢复确认投资收益。

被投资单位发生净亏损的，按照应分担的份额，借记“投资收益”科目，贷记“长期股权投资——损益调整”科目，但以“长期股权投资”的账面余额减记至零为限。发生亏损的被投资单位以后年度又实现净利润的，按照收益分享额弥补未确认的亏损分担额等后的金额，借记“长期股权投资——损益调整”科目，贷记“投资收益”科目。

【例 11—58】 续例 11—55，M 公司 2020 年发生净亏损 300 000 元。财会部门根据有关凭证，应做账务处理如下：

财务会计			预算会计
借：投资收益	300 000		—
贷：长期股权投资——权益调整		300 000	

(三)长期股权投资核算方法的转换

1. 权益法转成本法

单位因处置部分长期股权投资等原因无权再决定被投资单位的财务和经营政策或者参与被投资单位的财务和经营政策决策的，应当对处置后的剩余股权投资改按成本法核算，并以该剩余股权投资在权益法下的账面余额作为按照成本法核算的初始投资成本。

其后，被投资单位宣告分派现金股利或利润时，属于已计入投资账面余额的部分，作为成本法下长期股权投资成本的收回，冲减长期股权投资的账面余额。按照应分得的现金股利或利润份额，借记“应收股利”科目，贷记“长期股权投资”科目。

【例 11—59】 某事业单位持有 N 公司 30%的有表决权股份，能够对 N 公司施加重大影响，对该股权投资采用权益法核算。2020 年 9 月 5 日，该事业单位将此项投资中的 50%出售给其他单位，相关手续于当日完成。甲公司无法再对乙公司施加重大影响，对该股权投资采用成本法核算。出售后，剩余的长期股权投资的账面余额为 180 000 元，其中投资成本 160 000 元，损益调整为 20 000 元。财会部门根据有关凭证，将权益法转入成本法，应做账务处理如下：

财务会计	预算会计
借：长期股权投资　　180 000 　贷：长期股权投资——成本　　160 000 　　　长期股权投资——损益调整　　20 000	—

2. 成本法转权益法

单位因追加投资等原因对长期股权投资的核算从成本法改为权益法的，应当自有权决定被投资单位的财务和经营政策或者参与被投资单位的财务和经营政策决策时，按成本法下长期股权投资的账面余额加上追加投资的成本作为按照权益法核算的初始投资成本。

单位因追加投资等原因对长期股权投资的核算从成本法改为权益法的，应当按照成本法下“长期股权投资”账面余额与追加投资成本的合计金额，借记“长期股权投资——成本”科目，按照成本法下“长期股权投资”账面余额，贷记“长期股权投资”科目，按照追加投资的成本，贷记“银行存款”等科目。

【例 11—60】 2019 年 1 月 1 日，某事业单位以 60 000 元现金取得 N 公司 10%的股权。2020 年 1 月 1 日，该事业单位又以 120 000 元的现金取得 N 公司 22%的股权，相关手续于当日完成。增投后，该事业单位能够对 N 公司施加重大影响，对该项股权投资转为采用权益法核算。不考虑相关税费。财会部门根据有关凭证，增投后应做账务处理如下：

财务会计	预算会计
借：长期股权投资——成本　　180 000 　贷：长期股权投资　　60 000 　　　银行存款　　120 000	借：投资支出　　120 000 　贷：资金结存——货币资金　　120 000

(四)长期股权投资的处置

单位按规定报经批准处置长期股权投资，应当冲减长期股权投资的账面余额，并按规定将处置价款扣除相关税费后的余额做应缴款项处理，或者按规定将处置价款扣除相关税费后的余额与长期股权投资账面余额的差额计入当期投资损益。

采用权益法核算的长期股权投资,因被投资单位除净损益和利润分配以外的所有者权益变动而将应享有的份额计入净资产的,处置该项投资时,还应当将原计入净资产的相应部分转入当期投资损益。

1. 按照规定报经批准出售(转让)长期股权投资时,应当区分长期股权投资取得方式分别进行处理:

(1)处置以现金取得的长期股权投资,按照实际取得的价款,借记“银行存款”等科目,按照被处置长期股权投资的账面余额,贷记“长期股权投资”科目,按照尚未领取的现金股利或利润,贷记“应收股利”科目,按照发生的相关税费等支出,贷记“银行存款”等科目,按照借贷方差额,借记或贷记“投资收益”科目。

【例 11—61】 某事业单位 2019 年以现金取得一项长期股权投资,2023 年该事业单位向外单位转让此长期股权投资,转让日其账面余额为 120 000 元,未领取的现金股利为 10 000 元,支付相关税费 200 元,取得价款 140 000 元。财会部门根据有关凭证,应做账务处理如下:

财务会计		预算会计	
借:银行存款	140 000	借:资金结存——货币资金	139 800
贷:长期股权投资	120 000	贷:投资支出	120 000
应收股利	10 000	投资预算收益	19 800
银行存款	200		
投资收益	9 800		

(2)处置以现金以外的其他资产取得的长期股权投资,按照被处置长期股权投资的账面余额,借记“资产处置费用”科目,贷记“长期股权投资”科目;同时,按照实际取得的价款,借记“银行存款”等科目,按照尚未领取的现金股利或利润,贷记“应收股利”科目,按照发生的相关税费等支出,贷记“银行存款”等科目,按照贷方差额,贷记“应缴财政款”科目。按照规定将处置时取得的投资收益纳入本单位预算管理的,应当按照所取得价款大于被处置长期股权投资账面余额、应收股利账面余额和相关税费支出合计的差额,贷记“投资收益”科目。

【例 11—62】 某事业单位 2019 年以无形资产取得一项长期股权投资,2023 年该事业单位向外单位转让此长期股权投资,转让日其账面余额为 496 000 元,未领取的现金股利为 30 000 元,银行存款支付相关税费 5 000 元,取得价款 505 000 元,处置净收入需上缴财政。财会部门根据有关凭证,应做账务处理如下:

财务会计		预算会计	
借：资产处置费用	496 000	借：资金结存——货币资金	30 000
贷：长期股权投资	496 000	贷：投资预算收益	30 000
借：银行存款	505 000		
贷：应收股利	30 000		
银行存款	5 000		
应缴财政款	470 000		

2. 因被投资单位破产清算等原因，有确凿证据表明长期股权投资发生损失，按照规定报经批准后予以核销时，按照予以核销的长期股权投资的账面余额，借记“资产处置费用”科目，贷记“长期股权投资”科目。

【例 11－63】 某事业单位于 2019 年 1 月投资 M 公司，取得 20%的有表决权股份，能够对其施加重大影响。2025 年 M 公司宣告破产，该事业单位对所购的股权投资按规定报经批准后予以核销，当时该笔“长期股权投资”科目的账面余额为 300 000 元。财会部门根据有关凭证，应做账务处理如下：

财务会计		预算会计
借：资产处置费用	300 000	—
贷：长期股权投资	300 000	

3. 报经批准置换转出长期股权投资时，参照“库存物品”科目中置换换入库存物品的规定进行账务处理。

【例 11－64】 经与 S 公司协商，某事业单位以长期股权投资换入 S 公司的一批产成品，交换日，该事业单位换出长期股权投资的账面价值为 560 000 元，换入的 S 公司产成品公允价值为 520 000 元。不考虑其他因素。财会部门根据有关凭证，应做账务处理如下：

财务会计		预算会计
借：库存物品	520 000	—
资产处置费用	40 000	
贷：长期股权投资	560 000	

4. 采用权益法核算的长期股权投资的处置，除进行上述账务处理外，还应结转原直接计入净资产的相关金额，借记或贷记“权益法调整”科目，贷记或借记“投资收益”科目。

【例 11－65】 某事业单位持有 M 公司 20%的表决权股份。M 公司 2019 年因持有的可供出售金融资产公允价值的变动计入其他综合收益的金额为 12 000 元。2021 年处置该项长期股权投资。财会部门根据有关凭证,应做账务处理如下:

财务会计	预算会计
借:权益法调整　　2 400 　贷:投资收益　　2 400	—

复习思考题

1. 行政事业单位资产的定义是什么?
2. 行政事业单位资产的确认条件是什么?
3. 行政事业单位资产的计量属性包括哪几种?
4. 事业单位货币资金包括哪些? 其中其他货币资金又包括哪些?
5. 财政直接支付和财政授权支付各自的会计处理有何不同?
6. 其他应收款当期应补提或冲减的坏账准备如何计算?
7. 存货购入、自行加工、委托加工、置换、捐赠、无偿调入和盘盈都是怎么计量的?
8. 存货的发出、捐赠、无偿调出又是如何计量的?
9. 事业单位短期投资和长期投资的定义是什么?
10. 事业单位对外股权投资,划分为长期股权投资,在其持有期间,被投资单位宣告发放股利,如何进行会计处理?
11. 什么是成本法? 什么是权益法?
12. 事业单位长期股权投资后续计量成本法、权益法的会计处理及二者相互转化的会计处理该如何进行?

练习题

1. 某事业单位 2019 年 12 月发生的业务资料如下:

(1)5 日,开出现金支票从银行提取现金 10 000 元。

(2)15 日,购买了一批自用物资,以银行存款实际支付购买价款 46 800 元,当日验收后入库。

(3)18 日,以财政授权支付的方式支付印刷费 8 000 元。

(4)31 日,对库存现金进行盘点时发现现金溢余 200 元。经查后原因不明,经批准做其他收入处理。

要求:编制该单位上述业务的相关会计分录。

2. 2019 年 12 月 31 日,某事业单位经与代理银行提供的对账单核对无误后,将 150 000 元零余额账户用款额度予以注销。另外,本年度财政授权支付预算指标数大于零余额账户用款额度下达数,未下达的用款额度为 200 000 元。2020 年初,该单位收到代理银行提供的上年度注销额度恢复到账通知书及财政部门批复的上年末未下达零余额账户用款额度。

要求：根据上述资料，编制相关会计分录。

3. 某事业单位 2019 年 12 月发生的业务资料如下：

(1)5 日，销售商品一批，销售额 9 000 元，货款尚未收到。

(2)15 日，与某厂签订采购合同，购买办公用品一批，合同金额 8 000 元，预付货款 3 000 元，以银行存款支付。

(3)18 日，某职工预借差旅备用金 3 000 元，以现金支付。

要求：不考虑增值税，编制该单位上述业务的相关会计分录。

4. 某事业单位 2019 年 1 月发生的业务资料如下：

(1)自行加工实验产品一批，共发生如下费用：领用甲材料价值 8 000 元，发生本单位职工工资 20 000 元。

(2)上述实验产品加工完成后验收入库

(3)该单位用自己的甲无形资产置换 C 公司乙库存物品。甲无形资产原值 800 万元，已经累计摊销 400 万元，评估价为 600 万元，该单位用自有资金以银行存款的方式支付各种置换税费 5 万元。该单位同时向 C 公司支付补价 3 万元。

(4)接受 D 公司捐赠的材料一批，价值 16 000 元，发生运输费 500 元，以银行存款支付，材料已验收入库。

(5)无偿调出一批低值易耗品，账面价值 10 000 元，以银行存款支付运费 500 元。

要求：根据上述资料，编制相关会计分录。

5. 某事业单位用银行存款购买 L 公司的股权 1 500 股，每股购入价 30 元，相关税费 200 元，共计 45 200 元，以银行存款支付。要求：根据上述资料，编制相关会计分录。

6. 某单位 20×5 年—20×8 年发生的对外投资业务的相关资料如下：

(1)20×5 年 1 月 1 日，购买 3 个月到期国债，购买金额为 100 000 元，票面利率为 3%，一次还本付息，用银行存款支付。3 个月后国债到期，该单位收回本息。

(2)20×5 年 6 月 30 日，以银行存款购入 3 年期国债 100 000 元，年利率为 4%，按年分期付息，到期还本，付息日为每年 7 月 1 日，最后一年偿还本金并支付最后一次利息。

(3)20×5 年 12 月 15 日，经上级主管部门批准，以一项专利权投资 M 公司，取得该企业 20%的股份，能够对其施加重大影响。专利权的原价为 500 000 元，已提取摊销 100 000 元，评估价为 1 500 000 元。

(4)20×6 年末，M 公司发生净亏损 300 000 元。当年 M 公司因持有的可供出售金融资产公允价值的变动计入其他综合收益的金额为 12 000 元。

(5)20×8 年末对外转让该项长期股权投资，取得价款 1 400 000 元。该项长期股权投资的账面价值 120 000 元，相关费用 20 000 元。

假定不考虑增值税、所得税因素。

要求：根据上述相关资料，编制有关会计分录。

第十二章　行政事业单位的资产(下)

第一节　固定资产

一、固定资产概述

(一)固定资产的概念和科目核算内容

固定资产，是指单位为满足自身开展业务活动或其他活动需要而控制的，使用年限超过 1 年(不含 1 年)、单位价值在规定标准以上，并在使用过程中基本保持原有物质形态的资产，一般包括房屋及构筑物、专用设备、通用设备等。单位价值虽未达到规定标准，但是使用年限超过 1 年(不含 1 年)的大批同类物资，如图书、家具、用具、装具等，应当确认为固定资产。单位的固定资产一般分为六类：房屋及构筑物；专用设备；通用设备；文物和陈列品；图书、档案；家具、用具、装具及动植物。

“固定资产”科目核算固定资产的原值，按类别和项目进行明细核算。

固定资产核算时，应当考虑以下情况：(1)购入需要安装的固定资产，应当先通过“在建工程”科目核算，安装完毕交付使用时再转入本科目核算。(2)以借入、经营租赁租入方式取得的固定资产，不通过本科目核算，应当设置备查簿进行登记。(3)采用融资租入方式取得的固定资产，通过本科目核算，并在本科目下设置“融资租入固定资产”明细科目。(4)经批准在境外购买具有所有权的土地，作为固定资产，通过本科目核算；单位应当在本科目下设置“境外土地”明细科目，进行相应明细核算。

(二)固定资产的确认

固定资产同时满足下列条件的，应当予以确认：(1)与该固定资产相关的服务潜力很可能实现或者经济利益很可能流入单位。(2)该固定资产的成本或者价值能够可靠地计量。通常情况下，购入、换入、接受捐赠、无偿调入不需安装的固定资产，在固定资产验收合格时确认；购入、换入、接受捐赠、无偿调入需要安装的固定资产，在固定资产安装完成交付使用时确认；自行建造、改建、扩建的固定资产，在建造完成交付使用时确认。

确认固定资产时，应当考虑以下情况：(1)固定资产的各组成部分具有不同使用年限或者以不同方式为单位实现服务潜力或提供经济利益，适用不同折旧率或折旧方法且可以分别确定各自原价的，应当分别将各组成部分确认为单项固定资产。(2)应用软件构成相关硬件不可缺少的组成部分的，应当将该软件的价值包括在所属的硬件价值中，一并确认为固定资产，不构成相关硬件不可缺少的组成部分的，应当将该软件确认为无形资产。(3)购建房屋及构筑物时，不能分清购建成本中的房屋及构筑物部分与土地使用权部分的，应当全部确认为固定资产；能够分清购建成本中的房屋及构筑物部分与土地使用权部分的，应当将其中的房屋及构筑物部分确认为固定资产，将其中的土地使用权部分确认为无形资产。

二、固定资产的取得

固定资产在取得时应当按照成本进行初始计量。

(一)外购的固定资产

单位外购的固定资产，其成本包括购买价款、相关税费以及固定资产交付使用前所发生的可归属于该项资产的运输费、装卸费、安装费和专业人员服务费等。以一笔款项购入多项没有单独标价的固定资产，应当按照各项固定资产同类或类似资产市场价格的比例对总成本进行分配，分别确定各项固定资产的成本。

购入不需安装的固定资产验收合格时，按照确定的固定资产成本，借记“固定资产”科目，贷记“财政拨款收入”“零余额账户用款额度”“应付账款”“银行存款”等科目。

购入需要安装的固定资产，在安装完毕交付使用前通过“在建工程”科目核算，安装完毕交付使用时再转入“固定资产”科目。

购入固定资产扣留质量保证金的，应当在取得固定资产时，按照确定的固定资产成本，借记“固定资产”[不需安装]或“在建工程”科目[需要安装]，按照实际支付或应付的金额，贷记“财政拨款收入”“零余额账户用款额度”“应付账款”[不含质量保证金]、“银行存款”等科目，按照扣留的质量保证金数额，贷记“其他应付款”[扣留期在1年以内(含1年)]或“长期应付款”[扣留期超过1年]科目。

质保期满支付质量保证金时，借记“其他应付款”“长期应付款”科目，贷记“财政拨款收入”“零余额账户用款额度”“银行存款”等科目。

【例12—1】 某行政单位购入不需安装的设备一台，价款500 000元，运输费2 000元，共计502 000元，通过财政直接支付付款。不考虑增值税，财会部门根据有关凭证，应做账务处理如下：

财务会计			预算会计		
借：固定资产	502 000		借：行政支出	502 000	
贷：财政拨款收入		502 000	贷：财政拨款预算收入		502 000

(二)自行建造的固定资产

单位自行建造的固定资产，其成本包括该项资产至交付使用前所发生的全部必要支出,包括建筑安装工程投资成本、设备投资成本、应分摊的间接费用等。

在原有固定资产基础上进行改建、扩建、修缮后的固定资产,其成本按照原固定资产账面价值加上改建、扩建、修缮发生的支出,再扣除固定资产被替换部分的账面价值后的金额确定。为建造固定资产借入的专门借款的利息,属于建设期间发生的,计入在建工程成本;不属于建设期间发生的,计入当期费用。已交付使用但尚未办理竣工决算手续的固定资产,应当按照估计价值入账,待办理竣工决算后再按实际成本调整原来的暂估价值。

自行建造的固定资产交付使用时,按照在建工程成本,借记"固定资产"科目,贷记"在建工程"科目。已交付使用但尚未办理竣工决算手续的固定资产,按照估计价值入账,待办理竣工决算后再按照实际成本调整原来的暂估价值。

(三)置换取得的固定资产

单位通过置换取得的固定资产,其成本按照换出资产的评估价值加上支付的补价或减去收到的补价,加上换入固定资产发生的其他相关支出确定。

置换取得的固定资产,参照存货中置换取得库存物品的相关规定进行账务处理。

(四)接受捐赠的固定资产

单位接受捐赠的固定资产,其成本按照有关凭据注明的金额加上相关税费、运输费等确定;没有相关凭据可供取得,但按规定经过资产评估的,其成本按照评估价值加上相关税费、运输费等确定;没有相关凭据可供取得、也未经资产评估的,其成本比照同类或类似资产的市场价格加上相关税费、运输费等确定;没有相关凭据且未经资产评估、同类或类似资产的市场价格也无法可靠取得的,按照名义金额入账,相关税费、运输费等计入当期费用。如受赠的系旧的固定资产,在确定其初始入账成本时应当考虑该项资产的新旧程度。

接受捐赠的固定资产,按照确定的固定资产成本,借记"固定资产"[不需安装]或"在建工程"科目[需安装],按照发生的相关税费、运输费等,贷记"零余额账户用款额度""银行存款"等科目,按照其差额,贷记"捐赠收入"科目。

接受捐赠的固定资产按照名义金额入账的,按照名义金额,借记"固定资产"科目,贷记"捐赠收入"科目;按照发生的相关税费、运输费等,借记"其他费用"科目,贷记"零余额账户用款额度""银行存款"等科目。

【例12—2】 某事业单位接受捐赠50台电脑,有关凭据注明金额215 000元。发生运输费1 000元,以银行存款支付。财会部门根据有关凭证,应做账务处理如下:

财务会计	预算会计
借:固定资产　216 000 　贷:捐赠收入　215 000 　　银行存款　1 000	借:其他支出　1 000 　贷:资金结存——货币资金　1 000

【例 12－3】 某事业单位收到一件设备，未取得相关凭据等价值信息，按照名义金额入账，发生运输保管相关费用 1 000 元。财会部门根据有关凭证，应做账务处理如下：

财务会计			预算会计		
借：固定资产	1		借：其他支出	1 000	
贷：捐赠收入		1	贷：资金结存——货币资金		1 000
借：其他费用	1 000				
贷：银行存款		1 000			

(五)无偿调入的固定资产

单位无偿调入的固定资产，其成本按照调出方账面价值加上相关税费、运输费等确定。无偿调入的固定资产，按照确定的固定资产成本，借记“固定资产”[不需安装]或“在建工程”科目[需安装]，按照发生的相关税费、运输费等，贷记“零余额账户用款额度”“银行存款”等科目，按照其差额，贷记“无偿调拨净资产”科目。

【例 12－4】 某事业单位接受无偿调入的专用设备 2 台，调出方调出设备的账面价值 160 000 元。发生运输费 800 元，以银行存款支付。财会部门根据有关凭证，应做账务处理如下：

财务会计			预算会计		
借：固定资产	160 800		借：其他支出	800	
贷：无偿调拨净资产		160 000	贷：资金结存——货币资金		800
银行存款		800			

(六)融资租赁取得的固定资产

融资租赁取得的固定资产，其成本按照租赁协议或者合同确定的租赁价款、相关税费以及固定资产交付使用前所发生的可归属于该项资产的运输费、途中保险费、安装调试费等确定。

融资租入的固定资产，按照确定的成本，借记“固定资产”[不需安装]或“在建工程”科目[需安装]，按照租赁协议或者合同确定的租赁付款额，贷记“长期应付款”科目，按照支付的运输费、途中保险费、安装调试费等金额，贷记“财政拨款收入”“零余额账户用款额度”“银行存款”等科目。

定期支付租金时，按照实际支付金额，借记“长期应付款”科目，贷记“财政拨款收入”“零余额账户用款额度”“银行存款”等科目。

按照规定跨年度分期付款购入固定资产的账务处理，参照融资租入固定资产。

【例 12－5】 某事业单位融资租入经营用的不需安装设备 6 台，合同规定的租赁价为 80 000 元，租赁期限 5 年，以银行存款支付运输费 2 000 元。财会部门根据有关

凭证,应做账务处理如下:

财务会计	预算会计

借:固定资产 82 000
  贷:长期应付款 80 000
    银行存款 2 000
	借:经营支出 2 000
	  贷:资金结存——货币资金 2 000

三、固定资产的持有期间

固定资产的后续计量主要包括固定资产折旧的计提以及后续支出的计量。减值损失的确定目前尚不需要考虑。

(一)固定资产折旧

行政事业单位的固定资产必须按照规定计提折旧。折旧,是指在固定资产的预计使用年限内,按照确定的方法对应计的折旧额进行系统分摊。固定资产应计的折旧额为其成本,计提固定资产折旧时不考虑预计净残值。

单位确定固定资产使用年限,应当考虑下列因素:(1)预计实现服务潜力或提供经济利益的期限;(2)预计有形损耗和无形损耗;(3)法律或者类似规定对资产使用的限制。

下列各项固定资产不计提折旧:(1)文物和陈列品;(2)动植物;(3)图书、档案;(4)单独计价入账的土地;(5)以名义金额计量的固定资产。

固定资产应当按月计提折旧,当月增加的固定资产,当月开始计提折旧;当月减少的固定资产,当月不再计提折旧。固定资产提足折旧后,无论能否继续使用,均不再计提折旧;提前报废的固定资产,也不再补提折旧。已提足折旧的固定资产,可以继续使用的,应当继续使用,规范实物管理。

单位一般采用年限平均法或者工作量法计提固定资产折旧。

在确定固定资产的折旧方法时,应当考虑与固定资产相关的服务潜力或经济利益的预期实现方式。固定资产折旧方法一经确定,不得随意变更。单位应当根据相关规定以及固定资产的性质和使用情况,合理确定固定资产的使用年限。固定资产的使用年限一经确定,不得随意变更。

固定资产因改建、扩建或修缮等原因而延长其使用年限的,应当按照重新确定的固定资产的成本以及重新确定的折旧年限计算折旧额。单位应当对暂估入账的固定资产计提折旧,实际成本确定后不需调整原已计提的折旧额。单位盘盈、无偿调入、接受捐赠以及置换的固定资产,应当考虑该项资产的新旧程度,按照其尚可使用的年限计提折旧。单位计提融资租入固定资产折旧时,应当采用与自有固定资产相一致的折旧政策。能够合理确定租赁期届满时将会取得租入固定资产所有权的,应当在租入固定资产尚可使用年限内计提折旧;无法合理确定租赁期届满时能够取得租入固定资产所有权的，应当在租赁期与租入固定资产尚可使用年限两者中较短的期间内计提折旧。

计提的折旧应通过“固定资产累计折旧”科目核算，并根据用途计入当期费用或者相关资产成本。该科目应当按照所对应固定资产的明细分类进行明细核算、按月计提固定资产折旧时，按照应计提折旧金额，借记“业务活动费用”“单位管理费用”“经营费用”“加工物品”“在建工程”等科目，贷记“固定资产累计折旧”科目。

(二)固定资产的后续支出

固定资产在使用过程中发生的后续支出，符合确认条件的，应当计入固定资产成本；不符合确认条件的，应当在发生时计入当期费用或者相关资产成本。将发生的固定资产后续支出计入固定资产成本的，应当同时从固定资产账面价值中扣除被替换部分的账面价值。

1. 符合固定资产确认条件的后续支出

固定资产发生可资本化的后续支出时，单位一般将该固定资产的原价、已计提的累计折旧转销，将固定资产的账面价值转入在建工程，并在此基础上重新确定固定资产的原价。当固定资产转入在建工程时，应停止计提折旧。在固定资产发生的后续支出完工并达到预定可使用状态时，再从在建工程转入固定资产，并按重新确定的固定资产原值、使用寿命和折旧方法计提折旧。固定资产发生的可资本化的后续支出，通过“在建工程”科目核算。

通常情况下，将固定资产转入改建、扩建时，按照固定资产的账面价值，借记“在建工程”科目，按照固定资产已计提折旧，借记“固定资产累计折旧”科目，按照固定资产的账面余额，贷记“固定资产”科目。

为增加固定资产使用效能或延长其使用年限而发生的改建、扩建等后续支出，借记“在建工程”科目，贷记“财政拨款收入”“零余额账户用款额度”“银行存款”等科目。固定资产改建、扩建等完成交付使用时，按照在建工程成本，借记“固定资产”科目，贷记“在建工程”科目。

【例 12－6】 某行政单位对服务中心大楼进行改扩建，该楼的账面原值 1 628 000 元，已提折旧 732 600 元，账面价值 895 400 元，改扩建支出 650 000 元，通过财政直接支付付款，后交付使用。财会部门根据有关凭证，应做账务处理如下：

财务会计			预算会计
转入改扩建时：			—
借：在建工程	895 400		
固定资产累计折旧	732 600		
贷：固定资产		1 628 000	

续表

财务会计	预算会计
改扩建支出时： 借：在建工程　650 000 　贷：财政拨款收入　650 000	借：行政支出　650 000 　贷：财政拨款预算收入　650 000
交付使用时： 借：固定资产　1 545 400 　贷：在建工程　1 545 400	—

2. 不符合固定资产确认条件的后续支出

与固定资产有关的修理费用等后续支出，不符合固定资产确认条件的，应当根据不同的情况分别在发生时记入当期损益。为保证固定资产正常使用发生的日常维修等支出，借记"业务活动费用""单位管理费用"等科目，贷记"财政拨款收入""零余额账户用款额度""银行存款"等科目。

【例 12—7】 某行政单位对服务中心大楼进行日常维修，发生费用 50 000 元，以银行存款支付。财会部门根据有关凭证，应做账务处理如下：

财务会计	预算会计
借：业务活动费用　50 000 　贷：银行存款　50 000	借：行政支出　50 000 　贷：资金结存——货币资金　50 000

四、固定资产的处置和盘点

(一)固定资产的处置

1. 单位按规定报经批准出售、转让固定资产的，应当将固定资产账面价值转销计入当期费用，并将处置收入扣除相关处置税费后的差额按规定做应缴款项处理(差额为净收益时)或计入当期费用(差额为净损失时)。

报经批准出售、转让固定资产，按照被出售、转让固定资产的账面价值，借记"资产处置费用"科目，按照固定资产已计提的折旧，借记"固定资产累计折旧"科目，按照固定资产账面余额，贷记"固定资产"科目；同时，按照收到的价款，借记"银行存款"等科目，按照处置过程中发生的相关费用，贷记"银行存款"等科目，按照其差额，贷记"应缴财政款"科目。

【例 12—8】 某行政单位经批准出售一台多年前购入设备，其账面原值 95 000 元，计提折旧 76 000 元，账面价值 19 000 元，收到价款 35 000 元，未发生其他相关费用。财会部门根据有关凭证，应做账务处理如下：

财务会计			预算会计
借:资产处置费用	19 000		—
固定资产累计折旧	76 000		
贷:固定资产		95 000	
借:银行存款	35 000		—
贷:应缴财政款		35 000	

2. 单位按规定报经批准对外捐赠、无偿调出固定资产的,应当将固定资产的账面价值予以转销,对外捐赠、无偿调出中发生的归属于捐出方、调出方的相关费用应当计入当期费用。

报经批准对外捐赠固定资产,按照固定资产已计提的折旧,借记"固定资产累计折旧"科目,按照被处置固定资产账面余额,贷记"固定资产"科目,按照捐赠过程中发生的归属于捐出方的相关费用,贷记"银行存款"等科目,按照其差额,借记"资产处置费用"科目。

报经批准无偿调出固定资产,按照固定资产已计提的折旧,借记"固定资产累计折旧"科目,按照被处置固定资产账面余额,贷记"固定资产"科目,按照其差额,借记"无偿调拨净资产"科目;同时,按照无偿调出过程中发生的归属于调出方的相关费用,借记"资产处置费用"科目,贷记"银行存款"等科目。

【例 12—9】 某事业单位经批准对外捐赠一台仪器,固定资产的账面原值 65 200 元,已提折旧 29 992 元,账面价值 35 208 元,以银行存款支付运费 500 元。财会部门根据有关凭证,应做账务处理如下:

财务会计			预算会计		
借:资产处置费用	35 708		借:其他支出	500	
固定资产累计折旧	29 992		贷:资金结存——货币资金		500
贷:固定资产		65 200			
银行存款		500			

3. 报经批准置换换出固定资产,参照存货中置换换入库存物品的规定进行账务处理。

4. 单位按规定报经批准以固定资产对外投资的,应当将该固定资产的账面价值予以转销,并将固定资产在对外投资时的评估价值与其账面价值的差额计入当期收入或费用。

【例 12—10】 某事业单位经批准以一台专用设备对外投资,其账面原值 3 000 000 元,已提折旧 1 380 000 元,账面价值 1 620 000 元。该专用设备评估价值 2 000 000 元。财会部门根据有关凭证,应做账务处理如下:

财务会计	预算会计
借:长期股权投资 2 000 000 固定资产累计折旧 1 380 000 贷:固定资产 3 000 000 其他收入 380 000	—

固定资产处置时涉及增值税业务的,相关账务处理参见“应交增值税”科目。

(二)固定资产的盘点

单位应当定期对固定资产进行清查盘点,每年至少盘点一次。对于发生的固定资产盘盈、盘亏或毁损、报废,应当先记入“待处理财产损溢”科目,按照规定报经批准后及时进行后续账务处理。

1. 盘盈的固定资产,其成本按照有关凭据注明的金额确定;没有相关凭据、但按照规定经过资产评估的,其成本按照评估价值确定;没有相关凭据、也未经过评估的,其成本按照重置成本确定。如无法采用上述方法确定盘盈固定资产成本的,按照名义金额(人民币 1 元)入账。

盘盈的固定资产,按照确定的入账成本,借记“固定资产”科目,贷记“待处理财产损溢”科目。

【例 12—11】 年末,某行政单位对固定资产进行盘点,盘盈设备一台,评估价值 58 000 元。财会部门根据有关凭证,应做账务处理如下:

财务会计	预算会计
借:固定资产 58 000 贷:待处理财产损溢 58 000	—

2. 盘亏、毁损或报废的固定资产,按照待处理固定资产的账面价值,借记“待处理财产损溢”科目,按照已计提折旧,借记“固定资产累计折旧”科目,按照固定资产的账面余额,贷记“固定资产”科目。

固定资产盘亏造成的损失,按规定报经批准后应当计入当期费用。

【例 12—12】 某行政单位进行年末清点,盘亏电脑一台,账面原值 8 000 元,已提折旧 4 000 元,账面价值 4 000 元。财会部门根据有关凭证,应做账务处理如下:

财务会计	预算会计
借:待处理财产损溢 4 000 固定资产累计折旧 4 000 贷:固定资产 8 000	—

第二节 在建工程

单位在建的建设项目工程的实际成本通过“在建工程”科目核算，“在建工程”应当设置“建筑安装工程投资”“设备投资”“待摊投资”“其他投资”“待核销基建支出”“基建转出投资”等明细科目，并按照具体项目进行明细核算。单位在建的信息系统项目工程、公共基础设施项目工程、保障性住房项目工程的实际成本，也通过“在建工程”科目核算。

一、“建筑安装工程投资”明细科目的核算

“建筑安装工程投资”明细科目，核算单位发生的构成建设项目实际支出的建筑工程和安装工程的实际成本，不包括被安装设备本身的价值以及按照合同规定支付给施工单位的预付备料款和预付工程款。本明细科目应当设置“建筑工程”和“安装工程”两个明细科目进行明细核算。

1. 将固定资产等资产转入改建、扩建等时，按照固定资产等资产的账面价值，借记“在建工程——建筑安装工程投资”，按照已计提的折旧或摊销，借记“固定资产累计折旧”等科目，按照固定资产等资产的原值，贷记“固定资产”等科目。固定资产等资产改建、扩建过程中涉及替换（或拆除）原资产的某些组成部分的，按照被替换（或拆除）部分的账面价值，借记“待处理财产损溢”科目，贷记“在建工程——建筑安装工程投资”。

2. 单位对于发包建筑安装工程，根据建筑安装工程价款结算账单与施工企业结算工程价款时，按照应承付的工程价款，借记“在建工程——建筑安装工程投资”，按照预付工程款余额，贷记“预付账款”科目，按照其差额，贷记“财政拨款收入”“零余额账户用款额度”“银行存款”“应付账款”等科目。

3. 单位自行施工的小型建筑安装工程，按照发生的各项支出金额，借记“在建工程——建筑安装工程投资”科目，贷记“工程物资”“零余额账户用款额度”“银行存款”“应付职工薪酬”等科目。

4. 工程竣工，办妥竣工验收交接手续交付使用时，按照建筑安装工程成本（含应分摊的待摊投资），借记“固定资产”等科目，贷记“在建工程——建筑安装工程投资”科目。

【例 12－13】 某行政单位对一栋办公楼以发包形式改扩建，该楼的固定资产账面原值 6 100 000 元，已计提折旧 2 440 000 元，账面价值 3 660 000 元；发生改扩建费用共计 2 274 000 元，通过财政直接支付付款。财会部门根据有关凭证，应做账务处理如下：

财务会计	预算会计
转为改扩建时： 借:在建工程——建筑安装工程投资 3 660 000 固定资产累计折旧 2 440 000 贷:固定资产 6 100 000	—
发生改扩建费用时： 借:在建工程——建筑安装工程投资 2 274 000 贷:财政拨款收入 2 274 000	借:行政支出 2 274 000 贷:财政拨款预算收入 2 274 000
交付使用时： 借:固定资产 5 934 000 贷:在建工程——建筑安装工程投资 5 934 000	—

二、"设备投资"明细科目的核算

"设备投资"明细科目，核算单位发生的构成建设项目实际支出的各种设备的实际成本。

1. 购入设备时，按照购入成本，借记"在建工程——设备投资"科目，贷记"财政拨款收入""零余额账户用款额度""银行存款"等科目；采用预付款方式购入设备的，有关预付款的账务处理参照"在建工程——建筑安装工程投资"明细科目的规定。

2. 设备安装完毕，办妥竣工验收交接手续交付使用时，按照设备投资成本(含设备安装工程成本和分摊的待摊投资)，借记"固定资产"等科目，贷记"在建工程——设备投资、建筑安装工程投资——安装工程"科目。

将不需要安装的设备和达不到固定资产标准的工具、器具交付使用时，按照相关设备、工具、器具的实际成本，借记"固定资产""库存物品"科目，贷记"在建工程——设备投资"科目。

【例 12—14】 某行政单位购入需要安装的专用设备 2 台，购买价格及相关税费共计 117 000 元，发生安装费用 12 000 元，采用财政授权支付，现交付使用。财会部门根据有关凭证，应做账务处理如下：

财务会计	预算会计
购入时： 借:在建工程——设备投资 117 000 贷:零余额账户用款额度 117 000	借:行政支出 117 000 贷:资金结存——零余额账户用款额度 117 000

续表

财务会计	预算会计
安装时： 借：在建工程——建筑安装工程投资 12 000 贷：零余额账户用款额度 12 000	借：行政支出 12 000 贷：资金结存——零余额账户用款额度 12 000
交付时： 借：固定资产 129 000 贷：在建工程——设备投资 117 000 在建工程——建筑安装工程投资 12 000	—

三、"待摊投资"明细科目的核算

"待摊投资"明细科目，核算单位发生的构成建设项目实际支出的、按照规定应当分摊计入有关工程成本和设备成本的各项间接费用和税费支出。本明细科目的具体核算内容包括：(1)勘察费、设计费、研究试验费、可行性研究费及项目其他前期费用；(2)土地征用及迁移补偿费、土地复垦及补偿费、森林植被恢复费及其他为取得土地使用权、租用权而发生的费用；(3)土地使用税、耕地占用税、契税、车船税、印花税及按照规定缴纳的其他税费；(4)项目建设管理费、代建管理费、临时设施费、监理费、招投标费、社会中介审计(审查)费及其他管理性质的费用；(5)项目建设期间发生的各类专门借款利息支出或融资费用；(6)工程检测费、设备检验费、负荷联合试车费及其他检验检测类费用；(7)固定资产损失、器材处理亏损、设备盘亏及毁损、单项工程或单位工程报废、毁损净损失及其他损失；(8)系统集成等信息工程的费用支出；(9)其他待摊性质支出。

本明细科目应当按照上述费用项目进行明细核算，其中有些费用(如项目建设管理费等)，还应当按照更为具体的费用项目进行明细核算。

建设工程发生的构成建设项目实际支出的、按照规定应当分摊计入有关工程成本和设备成本的各项间接费用和税费支出，先在本明细科目中归集；建设工程办妥竣工验收手续交付使用时，按照合理的分配方法，摊入相关工程成本、在安装设备成本等。

1. 单位发生的构成待摊投资的各类费用，按照实际发生金额，借记"在建工程——待摊投资"科目，贷记"财政拨款收入""零余额账户用款额度""银行存款""应付利息""长期借款""其他应交税费""固定资产累计折旧""无形资产累计摊销"等科目。

2. 对于建设过程中试生产、设备调试等产生的收入，按照取得的收入金额，借记"银行存款"等科目，按照依据有关规定应当冲减建设工程成本的部分，贷记"在建工程——待摊投资"科目，按照其差额贷记"应缴财政款"或"其他收入"科目。

3. 由于自然灾害、管理不善等原因造成的单项工程或单位工程报废或毁损，扣除残料价值和过失人或保险公司等赔款后的净损失，报经批准后计入继续施工的工程成本的，按照工程成本扣除残料价值和过失人或保险公司等赔款后的净损失，借记“在建工程——待摊投资”科目，按照残料变价收入、过失人或保险公司赔款等，借记“银行存款”“其他应收款”等科目，按照报废或毁损的工程成本，贷记“在建工程——建筑安装工程投资”科目。

4. 工程交付使用时，按照合理的分配方法分配待摊投资，借记“在建工程——建筑安装工程投资”“在建工程——设备投资”科目，贷记“在建工程——待摊投资”科目。

待摊投资的分配方法，可按照下列公式计算：

(1)按照实际分配率分配。适用于建设工期较短、整个项目的所有单项工程一次竣工的建设项目。

实际分配率＝待摊投资明细科目余额÷(建筑工程明细科目余额＋安装工程明细科目余额＋设备投资明细科目余额)×100%

(2)按照概算分配率分配。适用于建设工期长、单项工程分期分批建成投入使用的建设项目。

概算分配率＝(概算中各待摊投资项目的合计数－其中可直接分配部分)÷(概算中建筑工程、安装工程和设备投资合计)×100%

某项固定资产应分配的待摊投资＝该项固定资产的建筑工程成本或该项固定资产(设备)的采购成本和安装成本合计×分配率

【例12—15】 某行政单位2019年发生设计费10 000元，以银行存款支付。此设计费涉及两个工程(建筑安装工程甲、设备工程乙)。在两个工程都完工后，工程甲的造价为500 000元，工程乙的造价为300 000元。按各工程造价分摊设计费用10 000元。财会部门根据有关凭证，应做账务处理如下：

财务会计	预算会计
支付设计费时： 借：在建工程——待摊投资　10 000 　贷：银行存款　10 000	借：行政支出　10 000 　贷：资金结存——货币资金　10 000
分摊待摊投资时： 借：在建工程——建筑安装工程投资6 250 　在建工程——设备投资　3 750 　贷：在建工程——待摊投资　10 000	—

四、“其他投资”明细科目的核算

“其他投资”明细科目，核算单位发生的构成建设项目实际支出的房屋购置支出，基本畜禽、林木等购置、饲养、培育支出，办公生活用家具、器具购置支出，软件研发和不能计入设备投资的软件购置等支出。单位为进行可行性研究而购置的固定资产，以及取得土地使用权支付的土地出让金，也通过本明细科目核算。本明细科目应当设置"房屋购置""基本畜禽支出""林木支出""办公生活用家具、器具购置""可行性研究固定资产购置""无形资产"等明细科目。

单位为建设工程发生的房屋购置支出，基本畜禽、林木等的购置、饲养、培育支出，办公生活用家具、器具购置支出，软件研发和不能计入设备投资的软件购置等支出，按照实际发生金额，借记"在建工程——其他投资"，贷记"财政拨款收入""零余额账户用款额度""银行存款"等科目。

工程完成将形成的房屋、基本畜禽、林木等各种财产以及无形资产交付使用时，按照其实际成本，借记"固定资产""无形资产"等科目，贷记"在建工程——其他投资"科目。

【例 12—16】 某行政单位为信息系统建设工程而开发软件，开发费用为 180 000 元，通过财政直接支付付款，后交付使用。财会部门根据有关凭证，应做账务处理如下：

财务会计	预算会计
开发软件时： 借：在建工程——其他投资　180 000 　贷：财政拨款收入　180 000	借：行政支出　180 000 　贷：财政拨款预算收入　180 000
形成无形资产交付使用时： 借：无形资产　180 000 　贷：在建工程——其他投资　180 000	—

五、"待核销基建支出"明细科目的核算

"待核销基建支出"明细科目，核算建设项目发生的江河清障、航道清淤、飞播造林、补助群众造林、水土保持、城市绿化、取消项目的可行性研究费以及项目整体报废等不能形成资产部分的基建投资支出。本明细科目应按照待核销基建支出的类别进行明细核算。

1. 建设项目发生的江河清障、航道清淤、飞播造林、补助群众造林、水土保持、城市绿化等不能形成资产的各类待核销基建支出，按照实际发生金额，借记"在建工程——待核销基建支出"，贷记"财政拨款收入""零余额账户用款额度""银行存款"等科目。

2. 取消的建设项目发生的可行性研究费，按照实际发生金额，借记"在建工程——待核销基建支出"科目，贷记"在建工程——待摊投资"科目。

3. 由于自然灾害等原因发生的建设项目整体报废所形成的净损失，报经批准后

转入待核销基建支出,按照项目整体报废所形成的净损失,借记“在建工程——待核销基建支出”科目,按照报废工程回收的残料变价收入、保险公司赔款等,借记“银行存款”“其他应收款”等科目,按照报废的工程成本,贷记“在建工程—建筑安装工程投资”等科目。

4. 建设项目竣工验收交付使用时,对发生的待核销基建支出进行冲销,借记“资产处置费用”科目,贷记“在建工程——待核销基建支出”科目。

【例 12－17】 由于自然灾害造成某行政单位某项水利工程整体报废,经评估净损失达到 3 000 000 元。报批后该单位予以处理。财会部门根据有关凭证,应做账务处理如下:

财务会计			预算会计
借:在建工程——待核销基建支出	3 000 000		—
贷:在建工程——建筑安装工程投资		3 000 000	

六、“基建转出投资”明细科目的核算

“基建转出投资”明细科目,核算为建设项目配套而建成的、产权不归属本单位的专用设施的实际成本。本明细科目应按照转出投资的类别进行明细核算。

为建设项目配套而建成的、产权不归属本单位的专用设施,在项目竣工验收交付使用时,按照转出的专用设施的成本,借记“在建工程——基建转出投资”科目,贷记“在建工程——建筑安装工程投资”科目;同时,借记“无偿调拨净资产”科目,贷记“在建工程——基建转出投资”科目。

【例 12－18】 某行政单位为建设项目配套而建成的、产权不归属本单位的地下管道,实际投入成本 580 000 元,该项目竣工验收交付使用。财会部门根据有关凭证,应做账务处理如下:

财务会计			预算会计
借:在建工程——基建转出投资	580 000		—
贷:在建工程——建筑安装工程投资		580 000	
借:无偿调拨净资产	580 000		
贷:在建工程——基建转出投资		580 000	

第三节　无形资产

无形资产,是指单位控制的没有实物形态的可辨认非货币性资产。无形资产通常

包括专利权、商标权、著作权、土地使用权、非专利技术等。

资产满足下列条件之一的，符合无形资产定义中的可辨认性标准：(1)能够从单位中分离或者划分出来，并能单独或者与相关合同、资产或负债一起，用于出售、转移、授予许可、租赁或者交换。(2)源自合同性权利或其他法定权利，无论这些权利是否可以从单位或其他权利和义务中转移或者分离。

无形资产同时满足下列条件的，应当予以确认：(1)与该无形资产相关的服务潜力很可能实现或者经济利益很可能流入单位；(2)该无形资产的成本或者价值能够可靠地计量。

单位在判断无形资产的服务潜力或经济利益是否很可能实现或流入时，应当对无形资产在预计使用年限内可能存在的各种社会、经济、科技因素做出合理估计，并且应当有确凿的证据支持。

单位购入的不构成相关硬件不可缺少组成部分的软件，应当确认为无形资产。单位自创商誉及内部产生的品牌、报刊名等，不应确认为无形资产。

“无形资产”科目核算单位无形资产的原值，本科目应当按照无形资产的类别、项目等进行明细核算。

一、无形资产的取得

无形资产在取得时应当按照成本进行初始计量。

(一)外购的无形资产

单位外购的无形资产，其成本包括购买价款、相关税费以及可归属于该项资产达到预定用途前所发生的其他支出。

外购的无形资产，按照确定的成本，借记“无形资产”，贷记“财政拨款收入”“零余额账户用款额度”“应付账款”“银行存款”等科目。

非大批量购入、单价小于 1 000 元的无形资产，可以于购买的当期将其成本直接计入当期费用。

【例 12－19】 某行政单位通过政府集中采购购入计算机软件，价款 600 000 元，通过财政直接支付方式支付。财会部门根据有关凭证，应做账务处理如下：

财务会计			预算会计		
借：无形资产	600 000		借：行政支出	600 000	
贷：财政拨款收入		600 000	贷：财政拨款预算收入		600 000

(二)委外研发的无形资产

单位委托软件公司开发的软件，视同外购无形资产确定其成本。

合同中约定预付开发费用的，按照预付金额，借记“预付账款”科目，贷记“财政拨款收入”“零余额账户用款额度”“银行存款”等科目。

软件开发完成交付使用并支付剩余或全部软件开发费用时，按照软件开发费用总额，借记“无形资产”，按照相关预付账款金额，贷记“预付账款”科目，按照支付的剩余金额，贷记“财政拨款收入”“零余额账户用款额度”“银行存款”等科目。

(三)自行研发的无形资产

单位自行开发的无形资产，其成本包括自该项目进入开发阶段后至达到预定用途前所发生的支出总额。具体核算参考“研发支出”。

(四)接受捐赠的无形资产

单位接受捐赠的无形资产，其成本按照有关凭据注明的金额加上相关税费确定；没有相关凭据可供取得，但按规定经过资产评估的，其成本按照评估价值加上相关税费确定；没有相关凭据可供取得、也未经资产评估的，其成本比照同类或类似资产的市场价格加上相关税费确定；没有相关凭据且未经资产评估、同类或类似资产的市场价格也无法可靠取得的，按照名义金额入账，相关税费计入当期费用。确定接受捐赠无形资产的初始入账成本时，应当考虑该项资产尚可为单位带来服务潜力或经济利益的能力。其账务处理与固定资产的相关业务相同，可以参考本章“固定资产”一节。

(五)无偿调入的无形资产

单位无偿调入的无形资产，其成本按照调出方账面价值加上相关税费确定。

无偿调入的无形资产，按照确定的无形资产成本，借记“无形资产”科目，按照发生的相关税费等，贷记“零余额账户用款额度”“银行存款”等科目，按照其差额，贷记“无偿调拨净资产”科目。

【例 12－20】 某行政单位接受无偿调入一项专利技术，其调出方的账面价值 258 000 元，以银行存款支付相关税费 43 860 元。财会部门根据有关凭证，应做账务处理如下：

财务会计		预算会计	
借：无形资产	301 860	借：其他支出	43 860
贷：无偿调拨净资产	258 000	贷：资金结存——货币资金	43 860
银行存款	43 860		

(六)置换取得的无形资产

单位通过置换取得的无形资产，其成本按照换出资产的评估价值加上支付的补价或减去收到的补价，加上换入无形资产发生的其他相关支出确定。

置换取得的无形资产，参照存货中置换取得库存物品的相关规定进行账务处理。无形资产取得时涉及增值税业务的，相关账务处理参见“应交增值税”科目。

二、内部研究开发支出(研发支出)

首先，为评价单位内部产生的无形资产是否满足确认标准，单位应当将资产的形成过程分为研究阶段与开发阶段两部分；其次，对于开发过程中发生的费用，在符合一定条件的情况下，才可确认为一项无形资产。在实务工作中，具体划分研究阶段与开发阶段以及是否符合资本化的条件，应当根据单位的实际情况以及相关信息予以判断。

(一)内部研究开发支出的计量

对于单位自行进行的研究开发项目，应当区分研究阶段与开发阶段两个部分分别进行核算。研究是指为获取并理解新的科学或技术知识而进行的独创性的有计划调查。开发是指在进行生产或使用前，将研究成果或其他知识应用于某项计划或设计，以生产出新的或具有实质性改进的材料、装置、产品等。

单位自行研究开发项目研究阶段的支出，应当于发生时计入当期费用。单位自行研究开发项目开发阶段的支出，先按合理方法进行归集，如果最终形成无形资产的，应当确认为无形资产；如果最终未形成无形资产的，应当计入当期费用。

单位自行研究开发项目尚未进入开发阶段，或者确实无法区分研究阶段支出和开发阶段支出，但按法律程序已申请取得无形资产的，应当将依法取得时发生的注册费、聘请律师费等费用确认为无形资产。

(二)内部研究开发支出的会计处理

单位设置“研发支出”科目核算单位自行研究开发项目研究阶段和开发阶段发生的各项支出。单位应当按照自行研究开发项目，分别按“研究支出”“开发支出”进行明细核算。

建设项目中的软件研发支出，应当通过“在建工程”科目核算，不通过“研发支出”科目核算。

1. 自行研究开发项目研究阶段的支出，应当先在“研发支出”科目归集。按照从事研究及其辅助活动人员计提的薪酬，研究活动领用的库存物品，发生的与研究活动相关的管理费、间接费和其他各项费用，借记“研发支出——研究支出”科目，贷记“应付职工薪酬”“库存物品”“财政拨款收入”“零余额账户用款额度”“固定资产累计折旧”“银行存款”等科目。期(月)末，应当将“研发支出”归集的研究阶段的支出金额转入当期费用，借记“业务活动费用”等科目，贷记“研发支出——研究支出”科目。

2. 自行研究开发项目开发阶段的支出，先通过“研发支出”科目进行归集。按照从事开发及其辅助活动人员计提的薪酬，开发活动领用的库存物品，发生的与开发活动相关的管理费、间接费和其他各项费用，借记“研发支出——开发支出”科目，贷记“应付职工薪酬”“库存物品”“财政拨款收入”“零余额账户用款额度”“固定资产累计折旧”“银行存款”等科目。自行研究开发项目完成，达到预定用途形成无形资产的，按照“研发支出”科目归集的开发阶段的支出金额，借记“无形资产”科目，贷记“研发支出——开发支出”科目。

单位应于每年年度终了评估研究开发项目是否能达到预定用途，如预计不能达到预定用途(如无法最终完成开发项目并形成无形资产的),应当将已发生的开发支出金额全部转入当期费用,借记“业务活动费用”等科目,贷记“研发支出——开发支出”科目。

3. 自行研究开发项目尚未进入开发阶段,或者确实无法区分研究阶段支出和开发阶段支出,但按照法律程序已申请取得无形资产的,按照依法取得时发生的注册费、聘请律师费等费用,借记“无形资产”科目,贷记“财政拨款收入”“零余额账户用款额度”“银行存款”等科目;按照依法取得前发生的研究开发支出,借记“业务活动费用”等科目,贷记“研发支出”科目。

【例 12—21】 某事业单位自行研发一项专利技术,无法区分研究阶段支出和开发阶段支出,研发成功后按法律程序申请取得专利权,注册费 10 000 元,聘请律师费 30 000 元,以银行存款支付。财会部门根据有关凭证,应做账务处理如下:

财务会计	预算会计
借:无形资产　　40 000 　贷:银行存款　　40 000	借:事业支出　　40 000 　贷:资金结存——货币资金　　40 000

单位自创商誉及内部产生的品牌、报刊名等,不应确认为无形资产。

三、无形资产的持有期间

与无形资产有关的后续支出,符合无形资产确认条件的,应当计入无形资产成本;不符合无形资产确认条件的,应当在发生时计入当期费用或者相关资产成本。

(一)符合无形资产确认条件的后续支出

为增加无形资产的使用效能对其进行升级改造或扩展其功能时,如需暂停对无形资产进行摊销的,按照无形资产的账面价值,借记“在建工程”科目,按照无形资产已摊销金额,借记“无形资产累计摊销”科目,按照无形资产的账面余额,贷记“无形资产”科目。

无形资产后续支出符合无形资产确认条件的,按照支出的金额,借记“无形资产”[无须暂停摊销的]或“在建工程”科目[需暂停摊销的],贷记“财政拨款收入”“零余额账户用款额度”“银行存款”等科目。

暂停摊销的无形资产升级改造或扩展功能等完成交付使用时,按照在建工程成本,借记“无形资产”科目,贷记“在建工程”科目。

【例 12—22】 某行政单位对软件暂停使用、升级改造,支付升级费用 25 000 元,以零余额账户用款额度支付。该软件账面原值 100 000 元,累计摊销 50 000 元,账面价值 50 000 元。财会部门根据有关凭证,应做账务处理如下:

财务会计	预算会计
暂停使用时： 借：在建工程 50 000 无形资产累计摊销 50 000 贷：无形资产 100 000	—
支付升级费用时： 借：在建工程 25 000 贷：零余额账户用款额度 25 000	借：行政支出 25 000 贷：资金结存——零余额账户用款额度 25 000
交付使用时： 借：无形资产 75 000 贷：在建工程 75 000	—

(二)不符合无形资产确认条件的后续支出

为保证无形资产正常使用发生的日常维护等支出，借记“业务活动费用”“单位管理费用”等科目，贷记“财政拨款收入”“零余额账户用款额度”“银行存款”等科目。

【例 12—23】 某行政单位对软件进行技术维护，以银行存款支付维护费用 3 000 元。财会部门根据有关凭证，应做账务处理如下：

财务会计	预算会计
借：业务活动费用 3 000 贷：银行存款 3 000	借：行政支出 3 000 贷：资金结存——货币资金 3 000

(三)无形资产的摊销

单位应当于取得或形成无形资产时合理确定其使用年限。无形资产的使用年限为有限的，应当估计该使用年限。无法预见无形资产为单位提供服务潜力或者带来经济利益期限的，应当视为使用年限不确定的无形资产。

单位应当对使用年限有限的无形资产进行摊销，但已摊销完毕仍继续使用的无形资产和以名义金额计量的无形资产除外。使用年限不确定的无形资产不应摊销。摊销是指在无形资产使用年限内，按照确定的方法对应摊销金额进行系统分摊。单位应当采用年限平均法或者工作量法对无形资产进行摊销，应摊销金额为其成本，不考虑预计残值。因发生后续支出而增加无形资产成本的，对于使用年限有限的无形资产，应当按照重新确定的无形资产成本以及重新确定的摊销年限计算摊销额。

对于使用年限有限的无形资产，单位应当按照以下原则确定无形资产的摊销年限：(1)法律规定了有效年限的，按照法律规定的有效年限作为摊销年限；(2)法律没有规定有效年限的，按照相关合同或单位申请书中的受益年限作为摊销年限；(3)法律没有规定有效年限、相关合同或单位申请书也没有规定受益年限的，应当根据无形资产为单位带来服务潜力或经济利益的实际情况，预计其使用年限；(4)非大批量购入、单价小于1 000元的无形资产，可以于购买的当期将其成本一次性全部转销。

“无形资产累计摊销”科目核算对使用年限有限的无形资产计提的累计摊销，该科目应当按照对应无形资产的明细分类进行明细核算。

单位应当按月对使用年限有限的无形资产进行摊销，并根据用途计入当期费用或者相关资产成本。按月对无形资产进行摊销时，按照应摊销金额，借记“业务活动费用”“单位管理费用”“加工物品”“在建工程”等科目，贷记“无形资产累计摊销”科目。

【例12—24】 月末，某行政单位计提无形资产摊销。单位共有2项无形资产：著作权的账面余额是200 000元，法律规定的有效年限是20年，每月计提的无形资产摊销额是834元；专利权的账面余额是180 000元，法律没有规定有效年限，单位申请书中的受益年限是10年，每月计提的无形资产摊销额是1 500元。财会部门根据有关凭证，应做账务处理如下：

财务会计		预算会计
借：业务活动费用	2 334	—
贷：无形资产累计摊销——著作权	834	
无形资产累计摊销——专利权	1 500	

四、无形资产的处置和盘点

(一)无形资产的处置

1. 出售、转让无形资产

单位按规定报经批准出售、转让无形资产，应当将无形资产账面价值转销计入当期费用，并将处置收入大于相关处置税费后的差额按规定计入当期收入或者做应缴款项处理，将处置收入小于相关处置税费后的差额计入当期费用。

报经批准出售、转让无形资产，按照被出售、转让无形资产的账面价值，借记“资产处置费用”科目，按照无形资产已计提的摊销，借记“无形资产累计摊销”科目，按照无形资产账面余额，贷记“无形资产”科目；同时，按照收到的价款，借记“银行存款”等科目，按照处置过程中发生的相关费用，贷记“银行存款”等科目，按照其差额，贷记“应缴财政款”[按照规定应上缴无形资产转让净收入的]或“其他收入”[按照规定将无形资产转让收入纳入本单位预算管理的]科目。

2. 对外捐赠、无偿调出无形资产

单位按规定报经批准对外捐赠、无偿调出无形资产的，应当将无形资产的账面价值予以转销，对外捐赠、无偿调出中发生的归属于捐出方、调出方的相关费用应当计入当期费用。具体会计核算参考固定资产相关账务处理。

3. 以无形资产对外投资

单位按规定报经批准以无形资产对外投资的，应当将该无形资产的账面价值予以转销，并将无形资产在对外投资时的评估价值与其账面价值的差额计入当期收入或费用。

【例 12—25】 某事业单位经批准以一项专利技术对外投资，该专利技术的账面原值是 180 000 元，累计摊销额是 24 000 元，账面价值是 156 000 元；其评估价值是 200 000 元。财会部门根据有关凭证，应做账务处理如下：

财务会计			预算会计
借：长期股权投资	200 000		—
无形资产累计摊销	24 000		
贷：无形资产		180 000	
其他收入		44 000	

无形资产处置时涉及增值税业务的，相关账务处理参见“应交增值税”科目。

“公共基础设施”科目核算单位控制的公共基础设施的原值。本科目应当按照公共基础设施的类别、项目进行明细核算。

(二)无形资产的清查盘点

单位应当定期对无形资产进行清查盘点，每年至少盘点一次。单位资产清查盘点过程中发现的无形资产盘盈、盘亏等，参照“固定资产”科目相关规定进行账务处理。

无形资产预期不能为单位带来服务潜力或者经济利益的，应当在报经批准后将该无形资产的账面价值予以转销。

无形资产预期不能为单位带来服务潜力或经济利益，按照规定报经批准核销时，按照待核销无形资产的账面价值，借记“资产处置费用”科目，按照已计提摊销，借记“无形资产累计摊销”科目，按照无形资产的账面余额，贷记“无形资产”科目。

第四节　经管类资产

经管类资产是指属于单位控制的，供社会公众使用的经济资源，主要包括公共基础设施、政府储备物资、文物文化资产、保障性住房等。

一、公共基础设施

(一)公共基础设施及其科目概述

1. 公共基础设施的概念和范围

公共基础设施，是指单位为满足社会公共需求而控制的，同时具有以下特征的有形资产:(1)是一个有形资产系统或网络的组成部分;(2)具有特定用途;(3)一般不可移动。

公共基础设施主要包括市政基础设施(如城市道路、桥梁、隧道、公交场站、路灯、广场、公园绿地、室外公共健身器材,以及环卫、排水、供水、供电、供气、供热、污水处理、垃圾处理系统等)、交通基础设施(如公路、航道、港口等)、水利基础设施(如大坝、堤防、水闸、泵站、渠道等)和其他公共基础设施。

不包括以下内容:(1)独立于公共基础设施、不构成公共基础设施使用不可缺少组成部分的管理维护用房屋建筑物、设备、车辆等;(2)属于文物文化资产的公共基础设施;(3)采用政府和社会资本合作模式(即 PPP 模式)形成的公共基础设施。

2. 公共基础设施的确认

(1)确认的条件

同时满足下列条件的,应当予以确认:①与该公共基础设施相关的服务潜力很可能实现或者经济利益很可能流入单位;②该公共基础设施的成本或者价值能够可靠地计量。

(2)确认主体

通常情况下,符合确认条件的公共基础设施,应当由按规定对其负有管理维护职责的单位予以确认。多个单位共同管理维护的公共基础设施,应当由对该资产负有主要管理维护职责或者承担后续主要支出责任的单位予以确认。分为多个组成部分,由不同单位分别管理维护的公共基础设施,应当由各个单位分别对其负责管理维护的公共基础设施的相应部分予以确认。负有管理维护公共基础设施职责的单位通过政府购买服务方式委托企业或其他会计主体代为管理维护公共基础设施的,该公共基础设施应当由委托方予以确认。

(3)确认的时间

通常情况下,对于自建或外购的公共基础设施,单位应当在该项公共基础设施验收合格并交付使用时确认;对于无偿调入、接受捐赠的公共基础设施,单位应当在开始承担该项公共基础设施管理维护职责时确认。

(4)确认时要注意的其他事项

单位应当根据公共基础设施提供公共产品或服务的性质或功能特征对其进行分类确认。

公共基础设施的各组成部分具有不同使用年限或者以不同方式提供公共产品或服务,适用不同折旧率或折旧方法且可以分别确定各自原价的,应当分别将各组成部分确认为该类公共基础设施的一个单项公共基础设施。

单位在购建公共基础设施时,能够分清购建成本中的构筑物部分与土地使用权部分的,应当将其中的构筑物部分和土地使用权部分分别确认为公共基础设施;不能分清购建成本中的构筑物部分与土地使用权部分的,应当整体确认为公共基础设施。

“公共基础设施”科目核算单位控制的公共基础设施的原值。本科目应当按照公共基础设施的类别、项目进行明细核算。

(二)公共基础设施的取得

公共基础设施在取得时应当按照成本进行初始计量。

1. 自行建造的公共基础设施

单位自行建造的公共基础设施,其成本包括完成批准的建设内容所发生的全部必要支出,包括建筑安装工程投资支出、设备投资支出、待摊投资支出和其他投资支出。具体核算与固定资产相似,参考本章“固定资产”一节。

2. 无偿调入的公共基础设施

单位接受其他会计主体无偿调入的公共基础设施,其成本按照该项公共基础设施在调出方的账面价值加上归属于调入方的相关费用确定。

接受其他单位无偿调入的公共基础设施,按照确定的成本,借记“公共基础设施”科目,按照发生的归属于调入方的相关费用,贷记“财政拨款收入”“零余额账户用款额度”“银行存款”等科目,按照其差额,贷记“无偿调拨净资产”科目。

无偿调入的公共基础设施成本无法可靠取得的,按照发生的相关税费、运输费等金额,借记“其他费用”科目,贷记“财政拨款收入”“零余额账户用款额度”“银行存款”等科目。

3. 接受捐赠的公共基础设施

单位接受捐赠的公共基础设施,其成本按照有关凭据注明的金额加上相关费用确定;没有相关凭据可供取得、但按规定经过资产评估的,其成本按照评估价值加上相关费用确定;没有相关凭据可供取得、也未经资产评估的,其成本比照同类或类似资产的市场价格加上相关费用确定。如受赠的系旧的公共基础设施,在确定其初始入账成本时应当考虑该项资产的新旧程度。

接受捐赠的公共基础设施,按照确定的成本,借记“公共基础设施”科目,按照发生的相关费用,贷记“财政拨款收入”“零余额账户用款额度”“银行存款”等科目,按照其差额,贷记“捐赠收入”科目。接受捐赠的公共基础设施成本无法可靠取得的,按照发生的相关税费等金额,借记“其他费用”科目,贷记“财政拨款收入”“零余额账户用款额度”“银行存款”等科目。

4. 外购的公共基础设施

单位外购的公共基础设施,其成本包括购买价款、相关税费以及公共基础设施交付使用前所发生的可归属于该项资产的运输费、装卸费、安装费和专业人员服务费等。

外购的公共基础设施,按照确定的成本,借记“公共基础设施”科目,贷记“财政拨款收入”“零余额账户用款额度”“银行存款”等科目。

对于包括不同组成部分的公共基础设施,其只有总成本、没有单项组成部分成本的,单位可以按照各单项组成部分同类或类似资产的成本或市场价格比例对总成本进行分配,分别确定公共基础设施中各单项组成部分的成本。

对于成本无法可靠取得的公共基础设施,单位应当设置备查簿进行登记,待成本能够可靠确定后按照规定及时入账。

(三)公共基础设施的持有期间

1. 公共基础设施的改扩建与维护

符合公共基础设施确认条件的,应当计入公共基础设施成本;不符合公共基础设施确认条件的,应当在发生时计入当期费用。

通常情况下,为增加公共基础设施使用效能或延长其使用年限而发生的改建、扩建等后续支出,应当计入公共基础设施成本;为维护公共基础设施的正常使用而发生的日常维修、养护等后续支出,应当计入当期费用。

在原有公共基础设施基础上进行改建、扩建等建造活动后的公共基础设施,其成本按照原公共基础设施账面价值加上改建、扩建等建造活动发生的支出,再扣除公共基础设施被替换部分的账面价值后的金额确定。

公共基础设施改建、扩建和日常维修养护的账务处理与固定资产相似,请参考固定资产相关业务核算。

2. 公共基础设施的折旧或摊销

单位应当对公共基础设施计提折旧,但单位持续进行良好的维护使得其性能得到永久维持的公共基础设施和确认为公共基础设施的单独计价入账的土地使用权除外。

单位应当根据公共基础设施的性质和使用情况,合理确定公共基础设施的折旧年限。单位确定公共基础设施折旧年限,应当考虑下列因素:(1)设计使用年限或设计基准期;(2)预计实现服务潜力或提供经济利益的期限;(3)预计有形损耗和无形损耗;(4)法律或者类似规定对资产使用的限制。公共基础设施的折旧年限一经确定,不得随意变更,有特殊规定的除外。对于单位接受无偿调入、捐赠的公共基础设施,应当考虑该项资产的新旧程度,按照其尚可使用的年限计提折旧。

单位一般采用年限平均法或者工作量法计提公共基础设施折旧。折旧方法一经确定,不得随意变更。在确定公共基础设施的折旧方法时,应当考虑与公共基础设施相关的服务潜力或经济利益的预期实现方式。

公共基础设施应计提的折旧总额为其成本,计提公共基础设施折旧时不考虑预计净残值。

公共基础设施应当按月计提折旧,并计入当期费用。当月增加的公共基础设施,当月开始计提折旧;当月减少的公共基础设施,当月不再计提折旧。处于改建、扩建等建造活动期间的公共基础设施,应当暂停计提折旧。因改建、扩建等原因而延长公共基础设施使用年限的,应当按照重新确定的公共基础设施的成本和重新确定的折旧年限计算折旧额,不需调整原已计提的折旧额。

单位应当对暂估入账的公共基础设施计提折旧,实际成本确定后不需调整原已计提的折旧额。公共基础设施提足折旧后，无论能否继续使用，均不再计提折旧；已提足折旧的公共基础设施，可以继续使用的，应当继续使用，并规范实物管理。提前报废的公共基础设施，不再补提折旧。

对于确认为公共基础设施的单独计价入账的土地使用权，单位应当按照无形资产的相关规定进行摊销。

为核算公共基础设施计提折旧，设置“公共基础设施累计折旧（摊销）”科目，该科目应当按照对应公共基础设施的明细分类进行明细核算。

按月计提公共基础设施折旧时，按照应计提的折旧额，借记“业务活动费用”科目，贷记“公共基础设施累计折旧（摊销）”科目。按月对确认为公共基础设施的单独计价入账的土地使用权进行摊销时，按照应计提的摊销额，借记“业务活动费用”科目，贷记“公共基础设施累计折旧（摊销）”科目。

（四）公共基础设施的处置和盘点

1. 公共基础设施的处置

单位按规定报经批准无偿调出、对外捐赠公共基础设施的，应当将公共基础设施的账面价值予以转销，无偿调出、对外捐赠中发生的归属于调出方、捐出方的相关费用应当计入当期费用。具体会计核算参考固定资产相关账务处理。

2. 公共基础设施的清查盘点

单位应当定期对公共基础设施进行清查盘点。公共基础设施报废或遭受重大毁损的，单位应当在报经批准后将公共基础设施账面价值予以转销，并将报废、毁损过程中取得的残值变价收入扣除相关费用后的差额按规定做应缴款项处理（差额为净收益时）或计入当期费用（差额为净损失时）。

对于发生的公共基础设施盘盈、盘亏、毁损或报废，应当先记入“待处理财产损溢”科目，按照规定报经批准后及时进行后续账务处理。具体会计核算参考固定资产相关账务处理。

盘盈的公共基础设施，其成本按照有关凭据注明的金额确定；没有相关凭据但按照规定经过资产评估的，其成本按照评估价值确定；没有相关凭据也未经过评估的，其成本按照重置成本确定。盘盈的公共基础设施成本无法可靠取得的，单位应当设置备查簿进行登记，待成本确定后按照规定及时入账。

二、政府储备物资

政府储备物资，是指单位为满足实施国家安全与发展战略、进行抗灾救灾、应对公共突发事件等特定公共需求而控制的，同时具有下列特征的有形资产：(1)在应对可能发生的特定事件或情形时动用；(2)其购入、存储保管、更新（轮换）、动用等由政府及相关部门发布的专门管理制度规范。

政府储备物资包括战略及能源物资、抢险抗灾救灾物资、农产品、医药物资和其他重要商品物资，通常情况下由单位委托承储单位存储。不包括：(1)企业以及纳入企业财务管理体系的事业单位接受政府委托收储并按企业会计准则核算的储备物资。(2)单位的存货。

政府储备物资同时满足下列条件的，应当予以确认：(1)与该政府储备物资相关的服务潜力很可能实现或者经济利益很可能流入单位；(2)该政府储备物资的成本或者价值能够可靠地计量。

通常情况下，符合本节规定的政府储备物资，应当由按规定对其负有行政管理职责的单位予以确认。行政管理职责主要是指提出或拟定收储计划、更新(轮换)计划、动用方案等。相关行政管理职责由不同单位行使的政府储备物资，由负责提出收储计划的单位予以确认。对政府储备物资不负有行政管理职责但接受委托具体负责执行其存储保管等工作的单位，应当将受托代储的政府储备物资作为受托代理资产核算。

(一)政府储备物资的取得

政府储备物资在取得时应当按照成本进行初始计量。下列各项不计入政府储备物资成本：(1)仓储费用；(2)日常维护费用；(3)不能归属于使政府储备物资达到目前场所和状态所发生的其他支出。

单位应当按照政府储备物资的种类、品种、存放地点等进行明细核算。单位根据需要，可在“政府储备物资”下设置“在库”“发出”等明细科目进行明细核算。

1. 购入的政府储备物资

单位购入的政府储备物资，其成本包括购买价款和单位承担的相关税费、运输费、装卸费、保险费、检测费以及使政府储备物资达到目前场所和状态所发生的归属于政府储备物资成本的其他支出。购入的政府储备物资验收入库，按照确定的成本，借记“政府储备物资”科目，贷记“财政拨款收入”“零余额账户用款额度”“银行存款”等科目。

2. 委托加工的政府储备物资

单位委托加工的政府储备物资，其成本包括委托加工前物料成本、委托加工的成本(如委托加工费以及按规定应计入委托加工政府储备物资成本的相关税费等)以及单位承担的使政府储备物资达到目前场所和状态所发生的归属于政府储备物资成本的其他支出。涉及委托加工政府储备物资业务的，相关账务处理参照加工物品。

3. 接受捐赠和无偿调入的政府储备物资

单位接受捐赠的政府储备物资，其成本按照有关凭据注明的金额加上单位承担的相关税费、运输费等确定；没有相关凭据可供取得、但按规定经过资产评估的，其成本按照评估价值加上单位承担的相关税费、运输费等确定；没有相关凭据可供取得、也未经资产评估的，其成本比照同类或类似资产的市场价格加上单位承担的相关税费、运输费等确定。

单位接受无偿调入的政府储备物资，其成本按照调出方账面价值加上归属于单位的相关税费、运输费等确定。

捐赠和无偿调入的账务处理可参考库存物品的相关业务处理。

(二)政府储备物资的发出

单位应当根据实际情况采用先进先出法、加权平均法或者个别计价法确定政府储备物资发出的成本。计价方法一经确定,不得随意变更。对于性质和用途相似的政府储备物资,单位应当采用相同的成本计价方法确定发出物资的成本。对于不能替代使用的政府储备物资、为特定项目专门购入或加工的政府储备物资,单位通常应采用个别计价法确定发出物资的成本。

1. 无须收回的政府储备物资

因动用而发出无须收回的政府储备物资的,单位应当在发出物资时将其账面余额予以转销,计入当期费用。在发出物资时,按照发出物资的账面余额,借记"业务活动费用"科目,贷记"政府储备物资"科目。

2. 需要收回或可能收回的政府储备物资

因动用而发出需要收回或者预期可能收回的政府储备物资的,单位应当在按规定的质量验收标准收回物资时,将未收回物资的账面余额予以转销,计入当期费用。

在发出物资时,按照发出物资的账面余额,借记"政府储备物资——发出"科目,贷记"政府储备物资——在库"科目;按照规定的质量验收标准收回物资时,按照收回物资原账面余额,借记"政府储备物资——在库"科目,按照未收回物资的原账面余额,借记"业务活动费用"科目,按照物资发出时登记在"政府储备物资"所属"发出"明细科目中的余额,贷记"政府储备物资——发出"科目。

【例 12—26】 经批准,A 行政单位向 Z 单位提供一批政府储备物资,该批物资的账面价值 608 900 元。Z 单位使用完毕后退还其中部分物资,退回的物资价值 524 000 元。A 行政单位按规定的质量验收标准办理入库。财会部门根据有关凭证,应做账务处理如下:

财务会计			预算会计
发出时:			—
借:政府储备物资——发出	608 900		
贷:政府储备物资——在库	608 900		
收回时:			
借:政府储备物资——在库	524 000		
业务活动费用	84 900		
贷:政府储备物资——发出		608 900	

3. 调拨的政府储备物资

因行政管理主体变动等原因而将政府储备物资调拨给其他主体的,单位应当在发出物资时将其账面余额予以转销。

按照无偿调出政府储备物资的账面余额，借记“无偿调拨净资产”科目，贷记“政府储备物资”科目。

4. 对外销售的政府储备物资

单位对外销售政府储备物资的，应当在发出物资时将其账面余额转销计入当期费用，并按规定确认相关销售收入或将销售取得的价款大于所承担的相关税费后的差额做应缴款项处理。

对外销售政府储备物资并将销售收入纳入单位预算统一管理的，发出物资时，按照发出物资的账面余额，借记“业务活动费用”科目，贷记“政府储备物资”科目；实现销售收入时，按照确认的收入金额，借记“银行存款”“应收账款”等科目，贷记“事业收入”等科目。

【例 12－27】 某事业单位对外销售一批政府储备物资，该批物资的账面余额 542 000 元，实现收入 658 000 元，款项已收到。该事业单位销售收入纳入单位预算统一管理。财会部门根据有关凭证，应做账务处理如下：

财务会计			预算会计		
借：业务活动费用	542 000				
贷：政府储备物资		542 000			
借：银行存款	658 000		借：资金结存——货币资金	658 000	
贷：事业收入		658 000	贷：事业预算收入		658 000

对外销售政府储备物资并按照规定将销售净收入上缴财政的，发出物资时，按照发出物资的账面余额，借记“资产处置费用”科目，贷记“政府储备物资”科目；取得销售价款时，按照实际收到的款项金额，借记“银行存款”等科目，按照发生的相关税费，贷记“银行存款”等科目，按照销售价款大于所承担的相关税费后的差额，贷记“应缴财政款”科目。

【例 12－28】 某事业单位对外销售一批政府储备物资，该批物资的账面价值 542 000 元，实现收入 658 000 元，款项已收到，该事业单位销售净收入需上缴财政。财会部门根据有关凭证，应做账务处理如下：

财务会计			预算会计
借：资产处置费用	542 000		—
贷：政府储备物资		542 000	
借：银行存款	658 000		
贷：应缴财政款		658 000	

单位采取销售采购方式对政府储备物资进行更新(轮换)的，应当将物资轮出视为物资销售；将物资轮入视为物资采购。

(三)政府储备物资的盘点

单位应当定期对政府储备物资进行清查盘点，每年至少盘点一次。对于发生的政府储备物资盘盈、盘亏或者报废、毁损，应当先记入“待处理财产损溢”科目，按照规定报经批准后及时进行后续账务处理。

1. 单位盘盈的政府储备物资，其成本按照有关凭据注明的金额确定；没有相关凭据，但按规定经过资产评估的，其成本按照评估价值确定；没有相关凭据、也未经资产评估的，其成本按照重置成本确定。盘盈的政府储备物资，按照确定的入账成本，借记本科目，贷记“待处理财产损溢”科目。

2. 政府储备物资报废、毁损的，单位应当按规定报经批准后将报废、毁损的政府储备物资的账面余额予以转销，确认应收款项（确定追究相关赔偿责任的）或计入当期费用（因储存年限到期报废或非人为因素致使报废、毁损的）；同时，将报废、毁损过程中取得的残值变价收入扣除单位承担的相关费用后的差额按规定做应缴款项处理（差额为净收益时）或计入当期费用（差额为净损失时）。

3. 政府储备物资盘亏的，单位应当按规定报经批准后将盘亏的政府储备物资的账面余额予以转销，确定追究相关赔偿责任的，确认应收款项；属于正常耗费或不可抗力因素造成的，计入当期费用。

盘亏或者毁损、报废的政府储备物资，按照待处理政府储备物资的账面余额，借记“待处理财产损溢”科目，贷记“政府储备物资”科目。批准后再由“待处理财产损溢”科目转入“其他应收款”科目或“资产处置费用”科目。

【例 12－29】　某事业单位清查盘点政府储备物资，盘亏物资的账面价值为 53 690 元，批准后确定需要追究相关赔偿责任。财会部门根据有关凭证，应做账务处理如下：

财务会计			预算会计
批准前：			—
借：待处理财产损溢	53 690		
贷：政府储备物资		53 690	
批准后：			
借：其他应收款	53 690		
贷：待处理财产损溢	53 690		

三、文物文化资产

单位应设置“文物文化资产”科目，核算单位为满足社会公共需求而控制的文物文化资产的成本。单位为满足自身开展业务活动或其他活动需要而控制的文物和陈列品，应当通过“固定资产”科目核算，不通过本科目核算。本科目应当按照文物文化资产的类别、项目等进行明细核算

（一）文物文化资产的取得

文物文化资产在取得时，应当按其成本入账。

1. 外购的文物文化资产，其成本包括购买价款、相关税费以及可归属于该项资产达到预定用途前所发生的其他支出(如运输费、安装费、装卸费等)。

外购的文物文化资产，按照确定的成本，借记“文物文化资产”科目，贷记“财政拨款收入”“零余额账户用款额度”“银行存款”等科目。

2. 接受其他单位无偿调入的文物文化资产，其成本按照该项资产在调出方的账面价值加上归属于调入方的相关费用确定。具体核算与公共基础设施相似，参考公共基础设施相关业务的核算。

3. 接受捐赠的文物文化资产，其成本按照有关凭据注明的金额加上相关费用确定；没有相关凭据可供取得，但按照规定经过资产评估的，其成本按照评估价值加上相关费用确定；没有相关凭据可供取得且未经评估的，其成本比照同类或类似资产的市场价格加上相关费用确定。具体核算与公共基础设施相似，参考公共基础设施相关业务的核算。

4. 对于成本无法可靠取得的文物文化资产，单位应当设置备查簿进行登记，待成本能够可靠确定后按照规定及时入账。接受捐赠和无偿调入成本无法可靠取得的文物文化资产，发生的相关税费、运输费等金额，借记“其他费用”科目。具体核算与公共基础设施相似，参考公共基础设施相关业务的核算。

(二)文物文化资产的后续支出

与文物文化资产有关的后续支出，参照“公共基础设施”科目相关规定进行处理。

(三)文物文化资产的处置

1. 报经批准对外捐赠文物文化资产，按照被处置文物文化资产账面余额和捐赠过程中发生的归属于捐出方的相关费用合计数，借记“资产处置费用”科目，按照被处置文物文化资产账面余额，贷记“文物文化资产”科目，按照捐赠过程中发生的归属于捐出方的相关费用，贷记“银行存款”等科目。

2. 报经批准无偿调出文物文化资产，按照被处置文物文化资产账面余额，借记“无偿调拨净资产”科目，贷记“文物文化资产”科目；同时，按照无偿调出过程中发生的归属于调出方的相关费用，借记“资产处置费用”科目，贷记“银行存款”等科目。

(四)文物文化资产的盘点

单位应当定期对文物文化资产进行清查盘点，每年至少盘点一次。

对于发生的文物文化资产盘盈、盘亏、毁损或报废，参照“公共基础设施”科目相关规定进行账务处理。

四、保障性住房

单位设置“保障性住房”科目核算单位为满足社会公共需求而控制的保障性住房。本科目应当按照保障性住房的类别、项目等进行明细核算。

(一)保障性住房的取得

保障性住房在取得时，应当按其成本入账。

1. 外购的保障性住房，其成本包括购买价款、相关税费以及可归属于该项资产达到预定用途前所发生的其他支出。外购的保障性住房，按照确定的成本，借记"保障性住房"科目，贷记"财政拨款收入""零余额账户用款额度""银行存款"等科目。

2. 自行建造的保障性住房交付使用时，按照在建工程成本，借记"保障性住房"科目，贷记"在建工程"科目。已交付使用但尚未办理竣工决算手续的保障性住房，按照估计价值入账，待办理竣工决算后再按照实际成本调整原来的暂估价值。

3. 接受其他单位无偿调入、接受捐赠、融资租赁取得的保障性住房，参照"固定资产"科目相关规定进行处理。

(二)保障性住房的后续支出

与保障性住房有关的后续支出，参照"固定资产"科目相关规定进行处理。

(三)保障性住房的出租

按照规定出租保障性住房并将出租收入上缴同级财政，按照收取的租金金额，借记"银行存款"等科目，贷记"应缴财政款"科目。

【例12—30】 某行政单位将自建的保障性住房出租，收取的租金金额537 000元。财会部门根据有关凭证，应做账务处理如下：

财务会计	预算会计
借：银行存款 537 000 　贷：应缴财政款 537 000	—

(四)保障性住房的折旧

按月计提保障性住房折旧时，按照应计提的折旧额，借记"业务活动费用"科目，贷记"保障性住房累计折旧"科目。折旧的规定与固定资产折旧一致。

(五)保障性住房的处置

无偿调出保障性住房和报经批准出售保障性住房账务处理与固定资产相似，参考固定资产相关业务处理。

(六)保障性住房的盘点

单位应当定期对保障性住房进行清查盘点。对于发生的保障性住房盘盈、盘亏、毁损或报废等，参照"固定资产"科目相关规定进行账务处理。

第五节　其他资产

一、受托代理资产

"受托代理资产"科目核算单位接受委托方委托管理的各项资产，包括受托指定转赠的物资、受托存储保管的物资。单位管理的罚没物资也应当通过“受托代理资产”核算。

收到的受托代理资产为现金和银行存款的，不通过“受托代理资产”科目核算，应当通过“库存现金”“银行存款”科目进行核算。

本科目应当按照资产的种类和委托人进行明细核算；属于转赠资产的，还应当按照受赠人进行明细核算。

(一)受托转赠物资

1. 接受委托人委托需要转赠给受赠人的物资，其成本按照有关凭据注明的金额确定。接受委托转赠的物资验收入库，按照确定的成本，借记“受托代理资产”科目，贷记“受托代理负债”科目。

受托协议约定由受托方承担相关税费、运输费等的，还应当按照实际支付的相关税费、运输费等金额，借记“其他费用”科目，贷记“银行存款”等科目。

【例 12－31】 某行政单位接受委托转赠物资一批，有关凭据注明的金额为228 000元，以银行存款支付运输费900元(协议约定由受托方承担相关税费、运输费)，物资已验收入库。财会部门根据有关凭证，应做账务处理如下：

财务会计			预算会计		
借：受托代理资产	228 000				
贷：受托代理负债		228 000			
借：其他费用	900		借：其他支出	900	
贷：银行存款		900	贷：资金结存——货币资金		900

2. 将受托转赠物资交付受赠人时，按照转赠物资的成本，借记“受托代理负债”科目，贷记“受托转赠物资”科目。

3. 转赠物资的委托人取消了对捐赠物资的转赠要求，且不再收回捐赠物资的，应当将转赠物资转为单位的存货、固定资产等。按照转赠物资的成本，借记“受托代理负债”科目，贷记“受托代理资产”科目；同时，借记“库存物品”“固定资产”等科目，贷记“其他收入”科目。

【例 12－32】 续例 12－31，转赠物资的委托人取消了对捐赠物资的转赠要求，且不再收回捐赠物资。转赠物资价值转为存货。财会部门根据有关凭证，应做账务处理如下：

财务会计			预算会计
借：受托代理负债	228 000		—
贷：受托代理资产		228 000	
借：库存物品	228 000		
贷：其他收入		228 000	

(二)受托存储保管物资

1. 接受委托人委托存储保管的物资,其成本按照有关凭据注明的金额确定。接受委托储存的物资验收入库,按照确定的成本,借记“受托代理资产”科目,贷记“受托代理负债”科目。

2. 发生由受托单位承担的与受托存储保管的物资相关的运输费、保管费等费用时,按照实际发生的费用金额,借记“其他费用”等科目,贷记“银行存款”等科目。

3. 根据委托人要求交付或发出受托存储保管的物资时,按照发出物资的成本,借记“受托代理负债”科目,贷记“受托代理资产”科目。

(三)罚没物资

1. 取得罚没物资时,其成本按照有关凭据注明的金额确定。罚没物资验收(入库),按照确定的成本,借记“受托代理资产”科目,贷记“受托代理负债”科目。罚没物资成本无法可靠确定的,单位应当设置备查簿进行登记。

2. 按照规定处置或移交罚没物资时,按照罚没物资的成本,借记“受托代理负债”科目,贷记“受托代理资产”科目。处置时取得款项的,按照实际取得的款项金额,借记“银行存款”等科目,贷记“应缴财政款”等科目。

单位受托代理的其他实物资产,参照“受托代理资产”有关受托转赠物资、受托存储保管物资的规定进行账务处理。

二、待摊费用与长期待摊费用

“待摊费用”是科目核算单位已经支付,但应当由本期和以后各期分别负担的分摊期在 1 年以内(含 1 年)的各项费用,如预付航空保险费、预付租金等。本科目应当按照待摊费用种类进行明细核算。

“长期待摊费用”科目核算单位已经支出,但应由本期和以后各期负担的分摊期限在 1 年以上(不含 1 年)的各项费用,如以经营租赁方式租入的固定资产发生的改良支出等。本科目应当按照费用项目进行明细核算。

待摊费用应当在其受益期限内分期平均摊销。

待摊费用和长期待摊费用期末借方余额,反映单位各种已支付但尚未摊销完毕的费用。

单位应严格按制度的规定进行会计处理,不得多摊、少摊或不摊。

(一)发生待摊费用或长期待摊费用

发生待摊费用或者长期待摊费用时,借记“待摊费用”科目,贷记“财政拨款收入”“零余额账户用款额度”“银行存款”等科目。

【例 12—33】 某行政单位对一栋租入的办公楼进行整体装修,装修费用 300 000 元,采用财政授权支付方式,预计未来受益期限为 5 年。财会部门根据有关凭证,应做账务处理如下:

财务会计	预算会计
借:长期待摊费用　300 000 　贷:零余额账户用款额度　300 000	借:行政支出　300 000 　贷:资金结存——零余额账户用款额度　300 000

(二)分期摊销待摊费用或长期待摊费用

按照受益期限分期平均摊销待摊费用或者长期待摊费用时,按照摊销金额,借记“业务活动费用”“单位管理费用”“经营费用”等科目,贷记“待摊费用”科目。

【例 12—34】 上述行政单位将 300 000 元的装修费用按照 5 年分摊,本年度分摊金额为 60 000 元。财会部门根据有关凭证,应做账务处理如下:

财务会计	预算会计
借:业务活动费用　60 000 　贷:长期待摊费用　60 000	—

(三)全部转销时

如果某项待摊费用或长期待摊费用已经不能使单位受益,应当将其摊余金额一次全部转入当期费用。按照摊销金额,借记“业务活动费用”“单位管理费用”“经营费用”等科目,贷记“待摊费用”或“长期待摊费用”科目。

【例 12—35】 上述单位租用的办公楼在租满 3 年的时候,房东提出解除租赁合同,并赔偿违约金 150 000 元,单位同意并将收到的违约金上缴国库。财会部门根据有关凭证,应做账务处理如下:

财务会计	预算会计
借:其他费用　120 000 　贷:长期待摊费用　120 000 借:银行存款　150 000 　贷:应缴财政款　150 000	—

三、待处理财产损溢

“待处理财产损溢”科目核算单位在资产清查过程中查明的各种资产盘盈、盘亏和报废、毁损的价值。本科目应当按照待处理的资产项目进行明细核算;对于在资产处理过程中取得收入或发生相关费用的项目,还应当设置“待处理财产价值”“处理净收入”明细科目,进行明细核算。

单位资产清查中查明的资产盘盈、盘亏、报废和毁损，一般先记入本科目，按照规定报经批准后及时进行账务处理。年末结账前应处理完毕。

"待处理财产损溢"科目期末如为借方余额，反映尚未处理完毕的各种资产的净损失；期末如为贷方余额，反映尚未处理完毕的各种资产净溢余。年末，经批准处理后，"待处理财产损溢"科目一般无余额。

（一）库存现金短缺或溢余

1. 每日账款核对中发现现金短缺或溢余，属于现金短缺，按照实际短缺的金额，借记"待处理财产损溢"科目，贷记"库存现金"科目；属于现金溢余，按照实际溢余的金额，借记"库存现金"科目，贷记"待处理财产损溢"科目。

2. 如为现金短缺，属于应由责任人赔偿或向有关人员追回的，借记"其他应收款"科目，贷记"待处理财产损溢"科目；属于无法查明原因的，报经批准核销时，借记"资产处置费用"科目，贷记"待处理财产损溢"科目。

3. 如为现金溢余，属于应支付给有关人员或单位的，借记"待处理财产损溢"科目，贷记"其他应付款"科目；属于无法查明原因的，报经批准后，借记"待处理财产损溢"科目，贷记"其他收入"科目。

【例 12－36】 某单位在盘点库存现金时，发现现金短缺，短缺金额 3 600 元，经调查发现职员李某借款 3 000 元，手续齐全，未及时入账，剩余短缺款项未能查明原因，经上报审批后，作为损失处理。财会部门根据有关凭证，应做账务处理如下：

财务会计			预算会计		
借：待处理财产损溢	3 600				
贷：库存现金		3 600			
借：其他应收款	3 000		借：其他支出	600	
贷：待处理财产损溢		3 000	贷：资金结存——货币资金		600
借：资产处置费用	600				
贷：待处理财产损溢		600			

（二）除库存现金以外的各种资产盘盈、盘亏或报废、毁损

单位在资产清查过程中发现的存货、固定资产、无形资产、公共基础设施、政府储备物资、文物文化资产、保障性住房等各种资产盘盈、盘亏或报废、毁损。

1. 盘盈的各类资产

（1）转入待处理资产时，按照确定的成本，借记"库存物品""固定资产""无形资产""公共基础设施""政府储备物资""文物文化资产""保障性住房"等科目，贷记"待处理财产损溢"科目。

(2)按照规定报经批准后处理时,对于盘盈的流动资产,借记“待处理财产损溢”科目,贷记“单位管理费用”[事业单位]或“业务活动费用”[行政单位]科目。对于盘盈的非流动资产,如属于本年度取得的,按照当年新取得相关资产进行账务处理;如属于以前年度取得的,按照前期差错处理,借记“待处理财产损溢”科目,贷记“以前年度盈余调整”科目。

【例 12—37】 某单位在固定资产盘点中,盘盈以前年度取得的一台检测设备,经批准按照评估价 16 000 元入账。财会部门根据有关凭证,应做账务处理如下:

财务会计	预算会计
借:固定资产　16 000 　贷:待处理财产损溢　16 000 借:待处理财产损溢　16 000 　贷:以前年度盈余调整　16 000	—

2. 盘亏或者毁损、报废的各类资产

(1)转入待处理资产时,借记“待处理财产损溢——待处理财产价值”[盘亏、毁损、报废固定资产、无形资产、公共基础设施、保障性住房的,还应借记“固定资产累计折旧”“无形资产累计摊销”“公共基础设施累计折旧(摊销)”“保障性住房累计折旧”科目],贷记“库存物品”“固定资产”“无形资产”“公共基础设施”“政府储备物资”“文物文化资产”“保障性住房”“在建工程”等科目。涉及增值税业务的,相关账务处理参见“应交增值税”科目。

报经批准处理时,借记“资产处置费用”科目,贷记“待处理财产损溢——待处理财产价值”科目。

(2)处理毁损、报废实物资产过程中取得的残值或残值变价收入、保险理赔和过失人赔偿等,借记“库存现金”“银行存款”“库存物品”“其他应收款”等科目,贷记“待处理财产损溢——处理净收入”科目;处理毁损、报废实物资产过程中发生的相关费用,借记“待处理财产损溢——处理净收入”科目,贷记“库存现金”“银行存款”等科目。

处理收支结清,如果处理收入大于相关费用的,按照处理收入减去相关费用后的净收入,借记“待处理财产损溢——处理净收入”科目,贷记“应缴财政款”等科目;如果处理收入小于相关费用的,按照相关费用减去处理收入后的净支出,借记“资产处置费用”科目,贷记“待处理财产损溢——处理净收入”科目。

【例 12—38】 某事业单位报废一台科研专用设备,原价 15 000 元,已提折旧 14 000 元,收到残值收入 800 元,用银行存款方式支付清理费用 900 元。

财务会计	预算会计
批准前： 借：待处理财产损溢——待处理财产价值 1 000 固定资产累计折旧 14 000 贷：固定资产——专用设备 15 000 批准后： 借：银行存款 800 贷：待处理财产损溢——处理净收入 800 借：待处理财产损溢——处理净收入 900 贷：银行存款 900 借：资产处置费用 100 贷：待处理财产损溢——处理净收入 100 借：资产处置费用 1 000 贷：待处理财产损溢——待处理财产价值 1 000	批准前： — 批准后： 借：其他支出——其他资金支出 100 贷：资金结存——货币资金 100

复习思考题

1. 简述行政事业单位固定资产的定义、类别。
2. 固定资产的折旧方法有哪些？
3. 行政事业单位无形资产通常包括哪些？确认条件是什么？
4. 事业单位自行研究开发项目研究阶段支出和开发阶段支出各自的会计处理有何异同？
5. 简述公共基础设施的定义及内容。
6. 简述公共基础设施的确认条件、确认时间和确认主体。
7. 简述政府储备物资的定义、确认条件。
8. 简述文物文化资产的定义。如何与固定资产中的文物和陈列品资产区分？
9. 受托代理资产主要包括哪些？
10. 待摊费用与长期待摊费用的区别是什么？

练习题

1. 某单位 20×4 年—20×7 年与固定资产有关的业务资料如下：

(1)20×4 年 12 月 1 日，购入需要安装的设备一台，设备价款 80 000 元，运输费 600 元，装卸费 200 元，共计 80 800 元，财政授权支付 50 000 元，余款 30 800 元作为扣留质量保证金(一年以上)。

(2)20×4 年 12 月 20 日，支付设备安装调试费 6 000 元，以零余额账户用款额度支付。

(3)20×4 年 12 月 31 日，设备安装完工交付使用。该设备预计使用年限为 3 年，采用年限平均法计提折旧。

(4)20×5 年 12 月 31 日，质保期满，该单位以财政授权支付方式支付质量保证金 30 800 元。

(5)20×6 年 6 月 30 日，对设备进行日常维修，支付维修费用 9 000 元，以银行存款支付。

(6)20×7 年 12 月末，对固定资产进行盘点，盘亏笔记本电脑一台，账面原值为 12 000 元，已提折旧 2 000 元，报经批准后予以核销。

假设不考虑其他相关税费。

要求：根据上述相关资料，编制有关会计分录。

2. 某单位 2019 年与无形资产有关的业务资料如下：

(1)1 月，使用财政项目补助资金购入一项外观设计专利权，价款为 600 000 元，以财政授权支付的方式支付，预计使用年限为 5 年。

(2)3 月，自行研发一项专利技术，领用材料价值 60 000 元，支付研发人员工资 30 000 元。6 月份，该技术研发成功，按照法律程序已申请取得专利权，注册费 10 000 元，以银行存款支付。

(3)9 月，该单位将其拥有的一项专利技术转让，取得转让收入 80 000 元，该专利权账面原值为 24 000 元，已计提摊销 2 400 元。

假设不考虑相关税费。

要求：根据上述相关资料，编制有关会计分录。

3. 某单位 2019 年与公共基础设施相关的业务资料如下：

(1)自行建设市民健身广场，建设完工后交付使用，建造成本 3 000 000 元，验收后投入使用。

(2)经批准，接受调入某道路配套开发的公共照明设施，设施的原账面价值为 86 000 元。并对所接管的某道路配套开发的公共照明设施进行日常维护，以现金支付维修人员费用 6 000 元。

(3)报废一项公共基础设施，该设施账面原值 80 000 元，已提折旧 64 000 元。

假设不考虑其他相关税费。

要求：编制该单位上述业务的相关会计分录。

4. 某行政单位 2019 年发生的业务资料如下：

(1)2 月，接受捐赠的历史文物一批，有关凭据上注明该批文物价值 500 000 元，以银行存款支付保险费 80 000 元。

(2)6 月，外购保障性住房 100 套，以银行存款支付相关购买价款及税费 16 000 万元，验收后投入使用，预计使用年限 60 年。次月，将该批保障性住房全部出租，每月取得租金收入 35 万元。

(3)接受委托转赠物资一批，有关凭据上注明的金额为 100 000 元。次月将该物资交付受赠人，以现金支付运输费用 3 000 元。

假设不考虑其他相关税费。

要求：编制该单位上述业务的相关会计分录。

第十三章　行政事业单位的负债和净资产

负债是指单位过去的经济业务或者事项形成的，预期会导致经济资源流出政府会计主体的现时义务。

单位的负债按照流动性，分为流动负债、非流动负债和受托代理负债。流动负债是指预计在 1 年内(含 1 年)偿还的负债，包括短期借款、应交增值税、其他应交税费、应交财政款、应付职工薪酬、应付票据、应付账款、应付政府补贴款、应付利息、预收账款、其他应付款、预提费用等。非流动负债是指流动负债以外的负债，包括长期应付款、长期借款、预计负债和其他非流动负债等。受托代理负债指单位接受委托取得受托代理资产时形成的负债。

行政事业单位的负债管理应该遵循下面的原则：

(1)单位依法取得的应当上缴财政的资金，包括罚没收入、行政事业性收费、政府性基金、国有资产处置和出租出借收入等，应当按照国库集中收缴的有关规定及时足额上缴，不得隐瞒、滞留、截留、挪用和坐支。

(2)单位在业务活动中发生的暂存款项，包括与其他单位或者个人预收、代管等待结算的款项，应当加强管理，不得将应当纳入单位收入管理的款项列入暂存款项；对各种暂存款项应当及时清理、结算，不得长期挂账。

(3)划转撤并的单位应当对单位的财产、债权、债务等进行全面清理，编制财产目录和债权、债务清单，提出财产作价依据和债权、债务处理办法，做好资产的移交、接收、划转和管理工作，并妥善处理各项遗留问题。

(4)单位应当对不同性质的负债分类管理，及时清理并按照规定办理结算，保证各项负债在规定期限内归还。

(5)单位应当建立健全财务风险控制机制，规范和加强借入款项管理，严格执行审批程序，不得违反规定举借债务和提供担保。

第一节　借　款

借款是指事业单位为了维持和补充正常业务活动所需要的资金，经批准向银行或其他金融机构借入的有偿使用各种款项。事业单位的借入款项，主要用于特殊性或临时性的资金需求。

借款按期限分为短期借款和长期借款。

一、短期借款

“短期借款”科目核算事业单位经批准向银行或其他金融机构等借入的期限在 1 年内(含 1 年)的各种借款。短期借款科目应当按照债权人和借款种类进行明细核算。期末贷方余额,反映事业单位尚未偿还的短期借款本金。

(1)借入各种短期借款时,按照实际借入的金额,借记“银行存款”科目,贷记“短期借款”科目。

银行承兑汇票到期,本单位无力支付票款的,按照应付票据的账面余额,借记“应付票据”科目,贷记“短期借款”科目。

(2)短期借款一般不需要计提利息,待实际支付利息时直接记入“其他费用”科目。

(3)归还短期借款时,借记“短期借款”科目,贷记“银行存款”科目。

【例 13—1】 2019 年 4 月 1 日,某事业单位向银行借入一笔短期借款,借款本金 3 000 000 元,借款期限 3 个月,借款年利率 6%,到期还本付息。财会部门根据有关凭证,应做账务处理如下:

财务会计			预算会计		
(1)取得短期借款时:					
借:银行存款	3 000 000		借:资金结存——货币资金	3 000 000	
贷:短期借款		3 000 000	贷:债务预算收入		3 000 000
(2)偿还借款本金并支付利息时:					
借:短期借款	3 000 000		借:债务还本支出	3 000 000	
其他费用	45 000		其他支出	45 000	
贷:银行存款		3 045 000	贷:资金结存——货币资金		3 045 000

二、长期借款

长期借款核算事业单位经批准向银行或其他金融机构等借入的期限超过 1 年(不含 1 年)的各种借款本息。

长期借款科目应当设置“本金”和“应计利息”明细科目,并按照贷款单位和贷款种类进行明细核算。对于建设项目借款,还应按照具体项目进行明细核算。期末贷方余额,反映事业单位尚未偿还的长期借款本息金额。

(一)取得借款

借入各项长期借款时,按照实际借入的金额,借记“银行存款”科目,贷记“长期借款——本金”科目。

【例 13－2】 某事业单位计划新建一栋办公楼，2019 年 7 月 1 日专门从银行借入 20 000 000 元，借款期限 36 个月，年利率 6%，到期一次还本付息。取得借款时，财会部门根据有关凭证，应做账务处理如下：

财务会计	预算会计
借：银行存款　20 000 000 　贷：长期借款——本金　20 000 000	借：资金结存——货币资金　20 000 000 　贷：债务预算收入　20 000 000

(二)计提借款利息

1. 一般情况下，按期计提长期借款的利息时，按照计算确定的应支付的利息金额，借记“其他费用”科目，贷记“应付利息”科目[分期付息、到期还本借款的利息]或“长期借款——应计利息”科目[到期一次还本付息借款的利息]。

2. 为建造固定资产、公共基础设施等应支付的专门借款利息，按期计提利息时，分别以下情况处理：

(1)属于工程项目建设期间发生的利息，计入工程成本，按照计算确定的应支付的利息金额，借记“在建工程”科目，贷记“应付利息”科目。

(2)属于工程项目完工交付使用后发生的利息，计入当期费用，按照计算确定的应支付的利息金额，借记“其他费用”科目，贷记“应付利息”科目。

【例 13－3】 续例 13－2，该建设项目在 2019 年 7 月 1 日开工，预计 2020 年 6 月 30 日完工。财会部门根据有关凭证，在 2019 年 12 月 31 日应做账务处理如下：

财务会计	预算会计
借：在建工程　600 000 　贷：长期借款——应计利息　600 000	—

(三)归还借款

到期归还长期借款本金、利息时，借记长期借款(本金、应计利息)，贷记“银行存款”科目。

【例 13－4】 续例 13－2，2022 年 6 月 30 日，该事业单位归还借款本金，同时支付借款利息。财会部门根据有关凭证，应做账务处理如下：

财务会计	预算会计
借：长期借款——本金　20 000 000 　长期借款——应计利息　3 600 000 　贷：银行存款　23 600 000	借：债务还本支出　20 000 000 　其他支出　3 600 000 　贷：资金结存——货币资金　23 600 000

第二节　应缴款项

应缴款项是指单位按规定应向有关部门上缴的各种款项，主要包括应缴财政款、应交增值税及其他应交税费。

一、应缴财政款

单位应缴财政款是指单位取得或应收的按照规定应当上缴财政的款项，包括应缴国库的款项和应缴财政专户的款项。

为核算应缴财政的各类款项，单位应当设置“应缴财政款”科目。单位按照国家税法等有关规定应当缴纳的各种税费，通过“应交增值税”“其他应交税费”科目核算，不通过本科目核算。本科目应当按照应缴财政款项的类别进行明细核算。本科目期末贷方余额，反映单位应当上缴财政但尚未缴纳的款项。年终清缴后，本科目一般应无余额。

1. 单位取得或应收按照规定应缴财政的款项时，借记“银行存款”“应收账款”等科目，贷记“应缴财政款”科目。

单位处置资产取得的应上缴财政的处置净收入的账务处理，参见“待处理财产损溢”等科目。

【例 13—5】 某事业单位收到一项应上缴财政专户的事业收入 213 000 元，款项已存入开户银行。财会部门根据有关凭证，应做账务处理如下：

财务会计			预算会计
借：银行存款	213 000		—
贷：应缴财政款——应缴财政专户		213 000	

2. 单位上缴应缴财政的款项时，按照实际上缴的金额，借记“应缴财政款”科目，贷记“银行存款”科目。

【例 13—6】 上述事业单位将取得的应缴财政款上缴财政专户。财会部门根据有关凭证，应做账务处理如下：

财务会计			预算会计
借：应缴财政款——应缴财政专户	213 000		—
贷：银行存款		213 000	

二、应交增值税

（一）“应交增值税”科目核算的内容及明细设置

“应交增值税”科目核算单位按照税法规定计算应交纳的增值税。“应交增值税”科目期末如为贷方余额，反映单位应交未交的增值税；期末如为借方余额，反映单位尚未抵扣或多交的增值税。

属于增值税小规模纳税人的单位只需在本科目下设置“转让金融商品应交增值税”“代扣代交增值税”明细科目。

属于增值税一般纳税人的单位，应当在本科目下设置“应交税金”“未交税金”“预交税金”“待抵扣进项税额”“待认证进项税额”“待转销项税额”“简易计税”“转让金融商品应交增值税”“代扣代交增值税”等明细科目。

1.“应交税金”明细账内应当设置“进项税额”“已交税金”“转出未交增值税”“减免税款”“销项税额”“进项税额转出”“转出多交增值税”等专栏。

（1）“进项税额”专栏，记录单位购进货物、加工修理修配劳务、服务、无形资产或不动产而支付或负担的、准予从当期销项税额中抵扣的增值税额；

（2）“已交税金”专栏，记录单位当月已交纳的应交增值税额；

（3）“转出未交增值税”和“转出多交增值税”专栏，分别记录一般纳税人月度终了转出当月应交未交或多交的增值税额；

（4）“减免税款”专栏，记录单位按照现行增值税制度规定准予减免的增值税额；

（5）“销项税额”专栏，记录单位销售货物、加工修理修配劳务、服务、无形资产或不动产应收取的增值税额；

（6）“进项税额转出”专栏，记录单位购进货物、加工修理修配劳务、服务、无形资产或不动产等发生非正常损失以及其他原因而不应从销项税额中抵扣、按照规定转出的进项税额。

2.“未交税金”明细科目，核算单位月度终了从“应交税金”或“预交税金”明细科目转入当月应交未交、多交或预缴的增值税额，以及当月交纳以前期间未交的增值税额。

3.“预交税金”明细科目，核算单位转让不动产、提供不动产经营租赁服务等，以及其他按照现行增值税制度规定应预缴的增值税额。

4.“待抵扣进项税额”明细科目，核算单位已取得增值税扣税凭证并经税务机关认证，按照现行增值税制度规定准予以后期间从销项税额中抵扣的进项税额。

5.“待认证进项税额”明细科目，核算单位由于未经税务机关认证而不得从当期销项税额中抵扣的进项税额，包括：一般纳税人已取得增值税扣税凭证并按规定准予从销项税额中抵扣，但尚未经税务机关认证的进项税额；一般纳税人已申请稽核但尚未取得稽核相符结果的海关缴款书进项税额。

6.“待转销项税额”明细科目，核算单位销售货物、加工修理修配劳务、服务、无形资产或不动产，已确认相关收入（或利得）但尚未发生增值税纳税义务而需于以后期间确认为销项税额的增值税额。

7."简易计税"明细科目，核算单位采用简易计税方法发生的增值税计提、扣减、预缴、缴纳等业务。

8."转让金融商品应交增值税"明细科目，核算单位转让金融商品发生的增值税额。

9."代扣代交增值税"明细科目，核算单位购进在境内未设经营机构的境外单位或个人在境内的应税行为代扣代缴的增值税。

（二）进项税的核算

1. 采购等业务进项税额允许抵扣

单位（如不特别说明，本部分内容中的"单位"指增值税一般纳税人）购买用于增值税应税项目的资产或服务等时，按照应计入相关成本费用或资产的金额，借记"业务活动费用""在途物品""库存物品""工程物资""在建工程""固定资产""无形资产"等科目，按照当月已认证的可抵扣增值税额，借记"应交增值税——应交税金—进项税额"科目，按照当月未认证的可抵扣增值税额，借记"应交增值税——待认证进项税额"科目，按照应付或实际支付的金额，贷记"应付账款""应付票据""银行存款""零余额账户用款额度"等科目。发生退货的，如原增值税专用发票已做认证，应根据税务机关开具的红字增值税专用发票做相反的会计分录；如原增值税专用发票未做认证，应将发票退回并做相反的会计分录。

小规模纳税人购买资产或服务等时不能抵扣增值税，发生的增值税计入资产成本或相关成本费用。

【例 13－7】 某事业单位属于增值税一般纳税人，2019 年 5 月 10 日购入一批材料用于经营性业务，材料价款 10 000 元，增值税专用发票上注明的增值税税额 1 700 元（当月未认证），以银行存款支付 11 700 元。财会部门根据有关凭证，应做账务处理如下：

财务会计			预算会计		
借：库存物品	10 000		借：经营支出	11 700	
应交增值税——待认证进项税额	1 700		贷：资金结存——货币资金		11 700
贷：银行存款		11 700			

2. 采购等业务进项税额不得抵扣

单位购进资产或服务等，用于简易计税方法计税项目、免征增值税项目、集体福利或个人消费等，其进项税额按照现行增值税制度规定不得从销项税额中抵扣的，取得增值税专用发票时，应按照增值税发票注明的金额，借记相关成本费用或资产科目，按照待认证的增值税进项税额，借记"应交增值税——待认证进项税额"科目，按照实际支付或应付的金额，贷记“银行存款”“应付账款”“零余额账户用款额度”等科目。经税务机关认证为不可抵扣进项税时，借记“应交增值税——应交税金——进项税额”科目，贷记“应交增值税——待认证进项税额”科目，同时，将进项税额转出，借记相关成本费用科目，贷记“应交增值税——应交税金——进项税额转出”科目。

【例 13—8】 续例 13—7，增值税发票税务局认证没有通过。该批材料还没被领用。财会部门根据有关凭证，应做账务处理如下：

财务会计			预算会计
借：应交增值税——应交税金——进项税额	1 700		—
贷：应交增值税——待认证进项税额	1 700		
借：库存物品	1 700		
贷：应交增值税——应交税金——进项税额转出		1 700	

3. 购进不动产或不动产在建工程按照规定进项税额分年抵扣

单位取得应税项目为不动产或者不动产在建工程，其进项税额按照现行增值税制度规定自取得之日起分 2 年从销项税额中抵扣的，应当按照取得成本，借记“固定资产”“在建工程”等科目，按照当期可抵扣的增值税额，借记“应交增值税——应交税金——进项税额”科目，按照以后期间可抵扣的增值税额，借记“应交增值税——待抵扣进项税额”科目，按照应付或实际支付的金额，贷记“应付账款”“应付票据”“银行存款”“零余额账户用款额度”等科目。

尚未抵扣的进项税额待以后期间允许抵扣时，按照允许抵扣的金额，借记“应交增值税——应交税金——进项税额”科目，贷记“应交增值税——待抵扣进项税额”科目。

【例 13—9】 某事业单位属于增值税一般纳税人，2019 年 11 月 4 日从房地产开发企业购入不动产作为经营业务开展的场所，按固定资产核算。为购置该项不动产共支付价款和相关税费 8 000 000 元，其中含增值税 330 000 元。根据税法规定，其进项税额自取得之日起分 2 年从销项税额中抵扣，第一年抵扣比例为 60%，第二年抵扣比例为 40%。财会部门根据有关凭证，应做账务处理如下：

财务会计			预算会计		
取得不动产时：			取得不动产时：		
借：固定资产	7 670 000		借：经营支出	8 000 000	
应交增值税——应交税金——进项税额	198 000		贷：资金结存——货币资金		
应交增值税——待抵扣进项税额	132 000				8 000 000
贷：银行存款		8 000 000			
第二年允许抵扣剩余的增值税时：					
借：应交增值税——应交税金——进项税额	132 000		第二年允许抵扣剩余的增值税时：		
贷：应交增值税——待抵扣进项税额		132 000	—		

4. 进项税额抵扣情况发生改变

单位因发生非正常损失或改变用途等，原已计入进项税额、待抵扣进项税额或待认证进项税额，但按照现行增值税制度规定不得从销项税额中抵扣的，借记“待处理财产损溢”“固定资产”“无形资产”等科目，贷记“应交增值税——应交税金——进项税额转出”“应交增值税——待抵扣进项税额”或“应交增值税——待认证进项税额”科目；原不得抵扣且未抵扣进项税额的固定资产、无形资产等，因改变用途等用于允许抵扣进项税额的应税项目的，应按照允许抵扣的进项税额，借记“应交增值税——应交税金——进项税额”科目，贷记“固定资产”“无形资产”等科目。固定资产、无形资产等经上述调整后，应按照调整后的账面价值在剩余尚可使用年限内计提折旧或摊销。

单位购进时已全额计入进项税额的货物或服务等转用于不动产在建工程的，对于结转以后期间的进项税额，应借记“应交增值税——待抵扣进项税额”科目，贷记“应交增值税——应交税金——进项税额转出”科目。

【例 13—10】 某事业单位属于增值税一般纳税人，2019 年 3 月 5 日购入一批货物，用于专业业务活动，增值税专用发票上注明的价款为 1 200 000 元(已认证)，增值税额为 204 000 元，采用银行存款支付。货物入库后，单位将该批货物改变用途，用于发放职工福利。财会部门根据有关凭证，应做账务处理如下：

财务会计	预算会计
货物入库时： 借：库存物品　1 200 000 　应交增值税——应交税金——进项税额　204 000 　贷：银行存款　1 404 000	货物入库时： 借：事业支出　1 404 000 　贷：资金结存——货币资金　1 404 000
用于发放职工福利时： 借：应付职工薪酬　1 404 000 　贷：应交增值税——应交税金——进项税额转出　204 000 　库存物品　1 200 000	用于发放职工福利时： —

5. 购买方作为扣缴义务人

按照现行增值税制度的规定，境外单位或个人在境内发生应税行为，在境内未设有经营机构的，以购买方为增值税扣缴义务人。境内一般纳税人购进服务或资产时，按照应计入相关成本费用或资产的金额，借记“业务活动费用”“在途物品”“库存物品”“工程物资”“在建工程”“固定资产”“无形资产”等科目，按照可抵扣的增值税额，借记“应交增值税——应交税金——进项税额”科目[小规模纳税人应借记相关成本费用或资产科目]，按照应付或实际支付的金额，贷记“银行存款”“应付账款”等科目，按照应代扣代缴的增值税额，贷记“应交增值税——代扣代交增值税”科目。实际缴纳代扣代缴增值税时，按照代扣代缴的增值税额，借记“应交增值税——代扣代交增值税”科目，贷记“银行存款”“零余额账户用款额度”等科目。

【例 13－11】 某事业单位为增值税一般纳税人，向境外某公司购买专业咨询服务，合同价款折合人民币 100 000 元，增值税 6 000 元，价税合计 106 000 元，该事业单位为扣缴义务人。财会部门根据有关凭证，应做账务处理如下：

财务会计	预算会计
借：业务活动费用　100 000 　应交增值税——应交税金——进项税额　6 000 　贷：银行存款　100 000 　应交增值税——代扣代交增值税　6 000	借：事业支出　100 000 　贷：资金结存——货币资金 　100 000

（三）销项税的核算

1. 销售资产或提供服务业务

单位销售货物或提供服务，应当按照应收或已收的金额，借记“应收账款”“应收票据”“银行存款”等科目，按照确认的收入金额，贷记“经营收入”“事业收入”等科目，按照现行增值税制度规定计算的销项税额（或采用简易计税方法计算的应纳增值税额），贷记“应交增值税——应交税金——销项税额”科目 或“应交增值税——简易计税”科目［小规模纳税人应贷记“应交增值税”科目］。发生销售退回的，应根据按照规定开具的红字增值税专用发票做相反的会计分录。

按照政府会计制度及相关政府会计准则确认收入的时点早于按照增值税制度确认增值税纳税义务发生时点的，应将相关销项税额计入“应交增值税——待转销项税额”科目，待实际发生纳税义务时再转入“应交增值税——应交税金——销项税额” 或“应交增值税——简易计税”科目。

按照增值税制度确认增值税纳税义务发生时点早于按照政府会计制度及相关政府会计准则确认收入的时点的，应按照应纳增值税额，借记“应收账款”科目，贷记“应交增值税——应交税金——销项税额”或“应交增值税——简易计税”科目。

【例 13－12】 某事业单位属于增值税一般纳税人，2019 年 10 月 10 日对外销售产品一批，产品价款 20 000 元，增值税税额 3 400 元，价税合计 23 400 元，货款尚未收到。财会部门根据有关凭证，应做账务处理如下：

财务会计	预算会计
借：应收账款　23 400 　贷：经营收入　20 000 　　应交增值税——应交税金——销项税额　3 400	—

2. 金融商品转让按照规定以盈亏相抵后的余额作为销售额

金融商品实际转让月末，如产生转让收益，则按照应纳税额，借记“投资收益”科目，贷记“应交增值税——转让金融商品应交增值税”科目；如产生转让损失，则按照可结转下月抵扣税额，借记“应交增值税——转让金融商品应交增值税”科目，贷记“投资收益”科目。交纳增值税时，应借记“应交增值税——转让金融商品应交增值税”科目，贷记“银行存款”等科目。年末，“应交增值税——转让金融商品应交增值税”科目，如有借方余额，则借记“投资收益”科目，贷记“应交增值税——转让金融商品应交增值税”科目。

【例 13—13】 某事业单位属于增值税一般纳税人，2019 年 9 月 30 日对外出售未到期的有价债券（当年购入），成本价为 60 000 元，转让价为 61 000 元，计提应交增值税 60 元。财会部门根据有关凭证，应做账务处理如下：

财务会计		预算会计	
借：银行存款	61 00	借：资金结存——货币资金	
贷：短期投资	60 000		61 000
投资收益	1 000	贷：投资预算收益	1 000
借：投资收益	60	投资支出	60 000
贷：应交增值税——转让金融商品应交增值税	60		

(四)月末转出多交增值税和未交增值税

月度终了，单位应当将当月应交未交或多交的增值税自“应交税金”明细科目转入“未交税金”明细科目。对于当月应交未交的增值税，借记“应交增值税——应交税金——转出未交增值税”科目，贷记“应交增值税——未交税金”科目；对于当月多交的增值税，借记“应交增值税——未交税金”科目，贷记“应交增值税——应交税金——转出多交增值税”科目。

(五)交纳增值税

1. 交纳当月应交增值税

单位交纳当月应交的增值税，借记“应交增值税——应交税金——已交税金”科目［小规模纳税人借记“应交增值税”科目］，贷记“银行存款”等科目。

2. 交纳以前期间未交增值税

单位交纳以前期间未交的增值税，借记“应交增值税——未交税金”科目［小规模纳税人借记“应交增值税”科目］，贷记“银行存款”等科目。

3. 预交增值税

单位预交增值税时，借记“应交增值税——预交税金”科目，贷记“银行存款”等科目。月末，单位应将“预交税金”明细科目余额转入“未交税金”明细科目，借记“应交增值税——未交税金”科目，贷记“应交增值税——预交税金”科目。

4. 减免增值税

对于当期直接减免的增值税，借记“应交增值税——应交税金——减免税款”科目，贷记“业务活动费用”“经营费用”等科目。

按照现行增值税制度的规定，单位初次购买增值税税控系统专用设备支付的费用以及缴纳的技术维护费允许在增值税应纳税额中全额抵减的，按照规定抵减的增值税应纳税额，借记“应交增值税——应交税金——减免税款”科目[小规模纳税人借记“应交增值税”科目]，贷记“业务活动费用”“经营费用”等科目。

【例 13－14】 某事业单位属于增值税一般纳税人，2019 年 12 月缴纳了两笔增值税(都属于该事业单位专业业务产生的税收)，一笔属于上月未交的增值税 3 500 元，另一笔属于本月应交的增值税 1 200 元。财会部门根据有关凭证，应做账务处理如下：

财务会计	预算会计
借：应交增值税——未交税金 3 500 　应交增值税——应交税金——已交税金 1 200 　贷：银行存款 4 700	借：事业支出 4 700 　贷：资金结存——货币资金 4 700

三、其他应交税费

“其他应交税费”科目核算单位按照税法等规定计算应交纳的除增值税以外的各种税费，包括城市维护建设税、教育费附加、地方教育费附加、车船税、房产税、城镇土地使用税和企业所得税等。单位代扣代缴的个人所得税，也通过本科目核算。单位应交纳的印花税不需要预提应交税费，直接通过“业务活动费用”“单位管理费用”“经营费用”等科目核算，不通过本科目核算。

其他应交税费应当按照应交纳的税费种类进行明细核算。期末贷方余额，反映单位应交未交的除增值税以外的税费金额；期末如为借方余额，反映单位多交纳的除增值税以外的税费金额。

(一)发生应交税费

1. 发生城市维护建设税、教育费附加、地方教育费附加、车船税、房产税、城镇土地使用税等纳税义务的，按照税法规定计算的应缴税费金额，借记“业务活动费用”“单位管理费用”“经营费用”等科目，贷记“其他应交税费——应交城市维护建设税、应交教育费附加、应交地方教育费附加、应交车船税、应交房产税、应交城镇土地使用税”等科目。

2. 按照税法规定计算应代扣代缴职工(含长期聘用人员)的个人所得税，借记“应付职工薪酬”科目，贷记“其他应交税费——应交个人所得税”科目。

按照税法规定计算应代扣代缴支付给职工(含长期聘用人员)以外人员劳务费的

个人所得税，借记“业务活动费用”“单位管理费用”等科目，贷记“其他应交税费——应交个人所得税”科目。

3. 发生企业所得税纳税义务的，按照税法规定计算的应交所得税额，借记“所得税费用”科目，贷记“其他应交税费——单位应交所得税”科目。

【例 13—15】 某事业单位 2019 年 8 月计算出经营业务应纳以下税收：应纳城市维护建设税 140 元，教育费附加 60 元，地方教育费附加 40 元。财会部门根据有关凭证，应做账务处理如下：

财务会计	预算会计
借：经营费用　240 　贷：其他应交税费——应交城市维护建设税　140 　　其他应交税费——应交教育费附加　60 　　其他应交税费——应交地方教育费附加　40	—

(二)缴纳应交税费

单位实际交纳上述各种税费时，借记“其他应交税费——应交城市维护建设税、应交教育费附加、应交地方教育费附加、应交车船税、应交房产税、应交城镇土地使用税、应交个人所得税、单位应交所得税”等科目，贷记“财政拨款收入”“零余额账户用款额度”“银行存款”等科目。

【例 13—16】 续例 13—15，上述事业单位 2019 年 9 月缴纳例 13—15 中的城市维护建设税、教育费附加、地方教育费附加。财会部门根据有关凭证，应做账务处理如下：

财务会计	预算会计
借：其他应交税费——应交城市维护建设税　140 　其他应交税费——应交教育费附加　60 　其他应交税费——应交地方教育费附加　40 　贷：银行存款　240	借：经营支出　240 　贷：资金结存——货币资金　240

第三节　应付职工薪酬

单位的应付职工薪酬是指单位按照有关规定应付给职工(含长期聘用人员)及为职工支付的各种薪酬，包括基本工资、国家统一规定的津贴补贴、规范津贴补贴(绩效工资)、改革性补贴、社会保险费(如职工基本养老保险费、职业年金、基本医疗保险费等)、住房公积金等。

为核算应付职工薪酬业务，单位应当设置“应付职工薪酬”科目，该科目应当根据国家有关规定按照“基本工资”(含离退休费)“国家统一规定的津贴补贴”“规范津贴补贴(绩效工资)”“改革性补贴”“社会保险费”“住房公积金”“其他个人收入”等进行明细核算。其中，“社会保险费”“住房公积金”明细科目核算内容包括单位从职工工资中代扣代缴的社会保险费、住房公积金，以及单位为职工计算缴纳的社会保险费、住房公积金。

应付职工薪酬科目期末贷方余额，反映单位应付未付的职工薪酬。

一、计提当期应付职工薪酬

单位应当每期计算确认当期应付职工薪酬(含单位为职工计算缴纳的社会保险费、住房公积金)。

1. 计提从事专业及其辅助活动人员的职工薪酬，借记“业务活动费用”“单位管理费用”科目，贷记“应付职工薪酬”科目。

2. 计提应由在建工程、加工物品、自行研发无形资产负担的职工薪酬，借记“在建工程”“加工物品”“研发支出”等科目，贷记“应付职工薪酬”科目。

3. 计提从事专业及其辅助活动之外的经营活动人员的职工薪酬，借记“经营费用”科目，贷记“应付职工薪酬”科目。

4. 因解除与职工的劳动关系而给予的补偿，借记“单位管理费用”等科目，贷记“应付职工薪酬”科目。

【例 13－17】 某事业单位计提 2019 年 2 月份应付职工薪酬，假设行政处和财务处应付职工薪酬总额为 300 000 元，其他处室应付工资薪酬总额为 700 000 元(均从事专业活动及辅助活动)。财会部门根据有关凭证，应做账务处理如下：

财务会计			预算会计
借：单位管理费用	300 000		—
业务活动费用	700 000		
贷：应付职工薪酬		1 000 000	

二、计提当期代扣款项

按照税法规定代扣职工个人所得税时，借记“应付职工薪酬——基本工资”科目，贷记“其他应交税费——应交个人所得税”科目。从应付职工薪酬中代扣为职工垫付的水电费、房租等费用时，按照实际扣除的金额，借记“应付职工薪酬——基本工资”科目，贷记“其他应收款”等科目。从应付职工薪酬中代扣社会保险费和住房公积金，按照代扣的金额，借记“应付职工薪酬——基本工资”科目，贷记“应付职工薪酬——社会保险费、住房公积金”科目。

【例 13—18】 某事业单位 2019 年 2 月应从职工工资中代扣代缴社会保险费 200 000 元、住房公积金 120 000 元，按照税法规定代扣职工个人所得税 90 000 元。财会部门根据有关凭证，应做账务处理如下：

财务会计			预算会计
借：应付职工薪酬——基本工资	410 000		—
贷：应付职工薪酬——社会保险费		200 000	
应付职工薪酬——住房公积金		120 000	
其他应交税费——应交个人所得税		90 000	

三、支付职工薪酬

单位向职工支付工资、津贴补贴等薪酬时，按照实际支付的金额，借记“应付职工薪酬”，贷记“财政拨款收入”“零余额账户用款额度”“银行存款”等科目。

【例 13—19】 某事业单位 2019 年 3 月支付上月职工薪酬，实际支付 650 000 元，采用财政直接支付。财会部门根据有关凭证，应做账务处理如下：

财务会计			预算会计		
借：应付职工薪酬	650 000		借：事业支出	650 000	
贷：财政拨款收入		650 000	贷：财政拨款预算收入		650 000

四、缴纳社保、公积金及个税

按照国家有关规定缴纳职工社会保险费和住房公积金时，按照实际支付的金额，借记本科目(社会保险费、住房公积金)，贷记“财政拨款收入”“零余额账户用款额度”“银行存款”等科目。

缴纳代扣的个人所得税时，按照代扣的个人所得税金额，借记“其他应交税费——应交个人所得税”科目，贷记“财政拨款收入”“零余额账户用款额度”“银行存款”等科目。

【例 13—20】 某事业单位 2019 年 3 月缴纳社会保险金和住房公积金合计 300 000 元，缴纳个人所得税 50 000 元，以上均采用财政直接支付。财会部门根据有关凭证，应做账务处理如下：

财务会计			预算会计		
缴纳个人承担的社会保险金和住房公积金时：					
借：应付职工薪酬	300 000		借：事业支出	300 000	
贷：财政拨款收入		300 000	贷：财政拨款预算收入		300 000

续表

财务会计		预算会计	
缴纳个人所得税时：			
借：其他应交税费——应交个人所得	50 000	借：事业支出	50 000
贷：财政拨款收入	50 000	贷：财政拨款预算收入	50 000

第四节 应付及预收款项

应付及预收款项是单位在与其他单位及个人之间由于购买商品、接受劳务或其他结算关系形成的待结算债务款项。单位在购买商品或接受劳务需要支付款项时，除通过货币资金结清款项外，还可以通过票据、挂账等信用方式结算，形成一些应付款项。事业单位在销售商品或提供劳务时，可以采用订购的方式，形成一些预收款项。单位还可能与其他单位或个人之间产生一定的暂收款项、代扣款项等。应付及预收款项是单位的债务，应当及时办理结算，避免长时间拖欠。

单位应付及预收款项包括应付票据、应付账款、预收账款、其他应付款、长期应付款等往来款项。

一、应付票据

"应付票据"科目核算事业单位因购买材料、物资等而开出、承兑的商业汇票，包括银行承兑汇票和商业承兑汇票。本科目应当按照债权人进行明细核算。本科目期末贷方余额，反映事业单位开出、承兑的尚未到期的应付票据金额。

单位应当设置"应付票据备查簿"，详细登记每一应付票据的种类、号数、出票日期、到期日、票面金额、交易合同号、收款人姓名或单位名称以及付款日期和金额等。应付票据到期结清票款后，应当在备查簿内逐笔注销。

（一）开出商业汇票

事业单位开出商业汇票时，借记"库存物品""固定资产"等科目，贷记"应付票据"科目。涉及增值税业务的，相关账务处理参见"应交增值税"科目。以商业汇票抵付应付账款时，借记"应付账款"科目，贷记"应付票据"科目。支付银行承兑汇票的手续费时，借记"业务活动费用""经营费用"等科目，贷记"银行存款""零余额账户用款额度"等科目。

【例 13－21】 某事业单位 2019 年 7 月 5 日，购入一批货物（经营业务用），含税价款为 20 000 元，货物已验收入库，单位向供应商开具了商业承兑汇票。财会部门根据有关凭证，应做账务处理如下：

财务会计	预算会计
借：库存物品　20 000 　贷：应付票据　20 000	—

(二)商业汇票到期

1. 事业单位收到银行支付到期票据的付款通知时，借记“应付票据”科目，贷记“银行存款”科目。

2. 银行承兑汇票到期，单位无力支付票款的，按照应付票据账面余额，借记“应付票据”科目，贷记“短期借款”科目。商业承兑汇票到期，单位无力支付票款的，按照应付票据账面余额，借记“应付票据”科目，贷记“应付账款”科目。

【例13—22】 续例13—21，该事业单位的应付票据到期，事业单位收到银行支付到期票据的付款通知。财会部门根据有关凭证，应做账务处理如下：

财务会计	预算会计
借：应付票据　20 000 　贷：银行存款　20 000	借：经营支出　20 000 　贷：资金结存——货币资金　20 000

二、应付账款

“应付账款”科目核算单位因购买物资、接受服务、开展工程建设等而应付的偿还期限在1年以内(含1年)的款项。本科目应当按照债权人进行明细核算。对于建设项目，还应设置“应付器材款”“应付工程款”等明细科目，并按照具体项目进行明细核算。本科目期末贷方余额，反映单位尚未支付的应付账款金额。

(一)发生应付账款

单体收到所购材料、物资、设备或服务以及确认完成工程进度但尚未付款时，根据发票及账单等有关凭证，按照应付未付款项的金额，借记“库存物品”“固定资产”“在建工程”等科目，贷记“应付账款”科目。涉及增值税业务的，相关账务处理参见“应交增值税”科目。

(二)偿付应付账款

1. 单位偿付应付账款时，按照实际支付的金额，借记“应付账款”科目，贷记“财政拨款收入”“零余额账户用款额度”“银行存款”等科目。

2. 开出、承兑商业汇票抵付应付账款时，借记“应付账款”科目，贷记“应付票据”科目。

3. 无法偿付或债权人豁免偿还的应付账款，应当按照规定报经批准后进行账务处理。经批准核销时，借记“应付账款”科目，贷记“其他收入”科目。核销的应付账款应在备查簿中保留登记。

三、应付政府补贴款

“应付政府补贴款”科目核算负责发放政府补贴的行政单位，按照规定应当支付给政府补贴接受者的各种政府补贴款。本科目应当按照应支付的政府补贴种类进行明细核算。单位还应当根据需要按照补贴接受者进行明细核算，或者建立备查簿对补贴接受者予以登记。本科目期末贷方余额，反映行政单位应付未付的政府补贴金额。

所以本科目是行政单位特有的，事业单位不能使用本科目。

应付政府补贴款的主要账务处理如下：

1. 发生应付政府补贴时，按照依规定计算确定的应付政府补贴金额，借记“业务活动费用”科目，贷记本科目。

2. 支付应付政府补贴款时，按照支付金额，借记本科目，贷记“零余额账户用款额度”“银行存款”等科目。

四、预收账款

“预收账款”科目核算事业单位预先收取但尚未结算的款项。本科目应当按照债权人进行明细核算。本科目期末贷方余额，反映事业单位预收但尚未结算的款项金额。

（一）发生预收账款

事业单位从付款方预收款项时，按照实际预收的金额，借记“银行存款”等科目，贷记“预收账款”科目。

【例 13－23】 某事业单位开展经营活动，对某公司提供咨询服务，合同总价款为 100 000 元，合同签订后的 5 个工作日内预收合同总价的 10%。2019 年 5 月 25 日，单位收到款项。财会部门根据有关凭证，应做账务处理如下：

财务会计		预算会计	
借：银行存款	10 000	借：资金结存——货币资金	10 000
贷：预收账款	10 000	贷：经营预算收入	10 000

（二）冲减预收账款

事业单位确认有关收入时，按照预收账款账面余额，借记“预收账款”科目，按照应确认的收入金额，贷记“事业收入”“经营收入”等科目，按照付款方补付或退回付款方的金额，借记或贷记“银行存款”等科目。涉及增值税业务的，相关账务处理参见“应交增值税”科目。

无法偿付或债权人豁免偿还的预收账款，应当按照规定报经批准后进行账务处理。经批准核销时，借记“预收账款”科目，贷记“其他收入”科目。核销的预收账款应在备查簿中保留登记。

【例 13－24】 续例 13－23，该事业单位按合同规定时间交付工作成果，向客户收取剩余全部款项，不考虑增值税。财会部门根据有关凭证，应做账务处理如下：

财务会计		预算会计	
借：银行存款	90 000	借：资金结存——货币资金	90 000
预收账款	10 000	贷：经营预算收入	90 000
贷：经营收入	100 000		

五、其他应付款

"其他应付款"科目核算单位除应交增值税、其他应交税费、应缴财政款、应付职工薪酬、应付票据、应付账款、应付政府补贴款、应付利息、预收账款以外，其他各项偿还期限在 1 年内(含 1 年)的应付及暂收款项，如收取的押金、存入保证金、已经报销但尚未偿还银行的本单位公务卡欠款等。本科目应当按照其他应付款的类别以及债权人等进行明细核算。本科目期末贷方余额，反映单位尚未支付的其他应付款金额。

同级政府财政部门预拨的下期预算款和没有纳入预算的暂付款项，以及采用实拨资金方式通过本单位转拨给下属单位的财政拨款，也通过本科目核算。对于不纳入部门预算管理的暂收暂付款项，单位仅做财务会计处理，不做预算会计处理。

其他应付款的主要账务处理如下：

1. 单位发生其他应付及暂收款项时，借记"银行存款"等科目，贷记"其他应付款"科目。支付(或退回)其他应付及暂收款项时，借记"其他应付款"科目，贷记"银行存款"等科目。将暂收款项转为收入时，借记"其他应付款"科目，贷记"事业收入"等科目。

2. 单位收到同级政府财政部门预拨的下期预算款和没有纳入预算的暂付款项，按照实际收到的金额，借记"银行存款"等科目，贷记"其他应付款"科目；待到下一预算期或批准纳入预算时，借记"其他应付款"科目，贷记"财政拨款收入"科目。预拨的下期预算款本年不做预算会计的账务处理，等下一预算期或批准纳入预算再做预算会计的账务处理。不纳入部门预算管理的暂收款，只做财务会计处理，不做预算会计处理。

3. 采用实拨资金方式通过本单位转拨给下属单位的财政拨款，按照实际收到的金额，借记"银行存款"科目，贷记"其他应付款"科目；向下属单位转拨财政拨款时，按照转拨的金额，借记"其他应付款"科目，贷记"银行存款"科目。

4. 本单位公务卡持卡人报销时，按照审核报销的金额，借记"业务活动费用""单位管理费用"等科目，贷记"其他应付款"科目；偿还公务卡欠款时，借记"其他应付款"科目，贷记"零余额账户用款额度"等科目。

5. 涉及质保金形成其他应付款的，相关账务处理参见"固定资产"科目。

6. 无法偿付或债权人豁免偿还的其他应付款项，应当按照规定报经批准后进行账务处理。经批准核销时，借记"其他应付款"科目，贷记"其他收入"科目。

核销的其他应付款应在备查簿中保留登记。

【例 13－25】 某行政单位使用单位公务卡从京东商城采购一批办公用品，总价为 10 000 元，签收后立即投入使用，公务卡欠款尚未偿还。财会部门根据有关凭证，应做账务处理如下：

财务会计	预算会计
借：业务活动费用　10 000 　贷：其他应付款　10 000	—

【例 13－26】 某事业单位收到同级政府财政部门预拨的下期预算款 180 000 元，下年初确认预算拨款收入。财会部门根据有关凭证，应做账务处理如下：

财务会计	预算会计
预拨时： 借：银行存款　180 000 　贷：其他应付款　180 000	预拨时： —
下年初确认预算拨款收入时： 借：其他应付款　180 000 　贷：财政拨款收入　180 000	下年初确认预算拨款收入时： 借：资金结存——货币资金　180 000 　贷：财政拨款预算收入　180 000

六、长期应付款

"长期应付款"科目核算单位发生的偿还期限超过 1 年(不含 1 年)的应付款项，如以融资租赁方式取得固定资产应付的租赁费等。本科目应当按照长期应付款的类别以及债权人进行明细核算。本科目期末贷方余额，反映单位尚未支付的长期应付款金额。

(一)发生长期应付款

单位发生长期应付款时，借记"固定资产""在建工程"等科目，贷记"长期应付款"科目。

涉及质保金形成长期应付款的，相关账务处理参见"固定资产"科目。

【例 13－27】 某事业单位 2019 年 12 月 10 日购入一台医疗设备，合同价款 1 000 000 元，不考虑增值税，合同约定货款的 10%作为质保金，质保期两年，其余款项在设备验收后以财政授权支付方式支付。财会部门根据有关凭证，应做账务处理如下：

财务会计	预算会计
借：固定资产　1 000 000 　贷：零余额账户用款额度　900 000 　　长期应付款　100 000	借：事业支出　900 000 　贷：资金结存——零余额账户用款额度 　　900 000

(二)支付长期应付款

单位支付长期应付款时,按照实际支付的金额,借记"长期应付款"科目,贷记"财政拨款收入""零余额账户用款额度""银行存款"等科目。涉及增值税业务的,相关账务处理参见"应交增值税"科目。

【例 13－28】 续例 13－27,质保期到期,单位按合同约定以银行存款支付质保金。财会部门根据有关凭证,应做账务处理如下:

财务会计	预算会计
借:长期应付款　100 000 　贷:银行存款　100 000	借:事业支出　100 000 　贷:资金结存——货币资金　100 000

(三)经批准核销长期应付款

无法偿付或债权人豁免偿还的长期应付款,应当按照规定报经批准后进行账务处理。经批准核销时,借记"长期应付款"科目,贷记"其他收入"科目。核销的长期应付款应在备查簿中保留登记。

第五节　其他负债

其他负债是指除借款、应缴款项、应付职工薪酬、应付及预收款项以外的其他负债,包括预提费用、预计负债、受托代理负债等。

一、预提费用

"预提费用"科目核算单位预先提取的已经发生但尚未支付的费用,如预提租金费用等。本科目期末贷方余额,反映单位已预提但尚未支付的各项费用。

事业单位按规定从科研项目收入中提取的项目间接费用或管理费,也通过本科目核算。本科目应当按照预提费用的种类进行明细核算。对于提取的项目间接费用或管理费,应当在本科目下设置"项目间接费用或管理费"明细科目,并按项目进行明细核算。

事业单位计提的借款利息费用,通过"应付利息""长期借款"科目核算,不通过本科目核算。

(一)发生预提费用

1. 单位按规定从科研项目收入中提取项目间接费用或管理费时,按照提取的金额,借记"单位管理费用"科目,贷记"预提费用——项目间接费用或管理费"科目。

2. 按期预提租金等费用时,按照预提的金额,借记"业务活动费用""单位管理费用”“经营费用”等科目,贷记“预提费用”科目。

【例 13—29】 某科研事业单位 2019 年 12 月按规定从科研项目收入中提取项目间接费用,提取金额为 120 000 元。财会部门根据有关凭证,应做账务处理如下:

财务会计	预算会计
借:单位管理费用 120 000 贷:预提费用——项目间接费用和管理费用 120 000	—

(二)实际支付预提费用

1. 单位实际使用计提的项目间接费用或管理费时,按照实际支付的金额,借“预提费用——项目间接费用或管理费”科目,贷记“银行存款”“库存现金”等科目。

2. 实际支付预提租金等费用时,按照支付金额,借记“预提费用”科目,贷记“零余额账户用款额度”“银行存款”等科目。

【例 13—30】 续例 13—29,该单位实际使用计提的项目间接费用,以银行存款支付 120 000 元。财会部门根据有关凭证,应做账务处理如下:

财务会计	预算会计
借:预提费用——项目间接费用和管理费用 120 000 贷:银行存款 120 000	借:事业支出 120 000 贷:资金结存——货币资金 120 000

二、预计负债

“预计负债”科目核算单位对因或有事项所产生的现时义务而确认的负债,如对未决诉讼等确认的负债。本科目应当按照预计负债的项目进行明细核算。本科目期末贷方余额,反映单位已确认但尚未支付的预计负债金额。

(一)确认预计负债

确认预计负债时,按照预计的金额,借记“业务活动费用”“经营费用”“其他费用”等科目,贷记“预计负债”科目。

【例 13—31】 某事业单位 2019 年 10 月因一项业务活动合同纠纷,被供应商起诉,咨询代理律师,单位很可能败诉,如果败诉将赔偿 200 000 元。年底,财会部门根据有关凭证,应做账务处理如下:

财务会计	预算会计
借:业务活动费用 200 000 贷:预计负债 200 000	—

(二)调整预计负债

根据确凿证据需要对已确认的预计负债账面余额进行调整的,按照调整增加的金额,借记有关科目,贷记"预计负债"科目;按照调整减少的金额,借记"预计负债",贷记有关科目。

(三)实际偿付预计负债

实际偿付预计负债时,按照偿付的金额,借记"预计负债"科目,贷记"银行存款""零余额账户用款额度"等科目。

【例 13—32】 续例 13—31,2020 年 3 月,法院判决该单位应赔偿款 210 000 元,该单位以银行存款支付了此笔赔款。财会部门根据有关凭证,应做账务处理如下:

财务会计	预算会计
借:预计负债　200 000 　业务活动费用　10 000 　贷:银行存款　210 000	借:事业支出　210 000 　贷:资金结存——货币资金　210 000

三、受托代理负债

受托代理负债是指单位接受委托取得受托代理资产时形成的负债。

本科目的账务处理参见"受托代理资产""库存现金""银行存款"等科目。

本科目期末贷方余额,反映单位尚未交付或发出受托代理资产形成的受托代理负债金额。

第六节　行政事业单位的净资产

净资产是指行政事业单位资产扣除负债后的净额,其金额取决于资产和负债的计量。

单位财务会计中净资产的来源主要包括累计实现的盈余和无偿调拨的净资产。在日常核算中,单位应当在财务会计中设置"累计盈余""专用基金""无偿调拨净资产""权益法调整"和"本期盈余""本期盈余分配""以前年度盈余调整"等科目。

一、本期盈余

"本期盈余"科目核算单位本期各项收入、费用相抵后的余额。

期末,单位应当将各类收入科目的本期发生额转入本期盈余,借记"财政拨款收入""事业收入""上级补助收入""附属单位上缴收入""经营收入""非同级财政拨款收入""投资收益""捐赠收入""利息收入""租金收入""其他收入"科目,贷记"本期盈余"

科目；将各类费用科目本期发生额转入本期盈余，借记“本期盈余”科目，贷记“业务活动费用”“单位管理费用”“经营费用”“所得税费用”“资产处置费用”“上缴上级费用”“对附属单位补助费用”“其他费用”科目。

本科目期末如为贷方余额，反映单位自年初至当期期末累计实现的盈余；如为借方余额，反映单位自年初至当期期末累计发生的亏损。

年末，完成上述结转后，将“本期盈余”科目余额转入“本年盈余分配”科目，借记或贷记“本期盈余”科目，贷记或借记“本年盈余分配”科目。

年末结账后，本期盈余应无余额。

【例 13－33】 某行政单位 2019 年 1 月发生财政拨款收入 1 000 000 元，发生业务活动费用 900 000 元，除此以外未发生其他收入和费用。在 1 月末结转时，应做如下账务处理：

财务会计			预算会计
借：财政拨款收入	1 000 000		—
贷：本期盈余		1 000 000	
借：本期盈余	900 000		
贷：业务活动费用		900 000	

【例 13－34】 某行政单位 2019 年 12 月 31 日结账前，本期盈余科目为贷方余额 800 000 元，将“本期盈余”科目余额转入“本年盈余分配”科目，应做如下账务处理：

财务会计			预算会计
借：本期盈余	800 000		—
贷：本年盈余分配		800 000	

二、本年盈余分配

单位应当设置“本年盈余分配”科目，反映单位本年度盈余分配的情况和结果。年末结账后，本科目应无余额。

1. 年末，将“本期盈余”科目余额转入“本年盈余分配”科目，借记或贷记“本期盈余”科目，贷记或借记“本年盈余分配”科目。

2. 根据有关规定从本年度非财政拨款结余或经营结余中提取专用基金的，按照预算会计下计算的提取金额，借记“本年盈余分配”科目，贷记“专用基金”科目。

3. 按照规定完成上述处理后，将“本年盈余分配”科目余额转入累计盈余，借记或贷记“本年盈余分配”科目，贷记或借记“累计盈余”科目。

【例 13－35】 某行政单位 2019 年 12 月 31 日结账前，本年盈余分配科目为贷方余额 100 000 元，应做账务处理如下：

财务会计	预算会计
借：本年盈余分配　100 000 　贷：累计盈余　100 000	—

三、专用基金

专用基金是指事业单位按照规定提取或设置的具有专门用途的净资产，主要包括职工福利基金、科技成果转换基金等。事业单位在财务会计下应当设计“专用基金”科目，核算专用基金的取得和使用情况。本科目应当按照专用基金的类别进行明细核算。本科目期末贷方余额，反映事业单位累计提取或设置的尚未使用的专用基金。

（一）专用基金的取得

1. 年末，根据有关规定从本年度非财政拨款结余或经营结余中提取专用基金的，按照预算会计下计算的提取金额，借记“本年盈余分配”科目，贷记“专用基金”科目。具体核算见例13—36。

2. 根据有关规定从收入中提取专用基金并计入费用的，一般按照预算会计下基于预算收入计算提取的金额，借记“业务活动费用”等科目，贷记“专用基金”科目。国家另有规定的，从其规定。预算会计不需要核算。

3. 根据有关规定设置的其他专用基金，按照实际收到的基金金额，借记“银行存款”等科目，贷记“专用基金”科目。预算会计不需要核算。

【例13—36】 2019年12月31日，某事业单位按规定从本年度非财政拨款结余中提取专用基金130 000元。财会部门根据有关凭证，应做账务处理如下：

财务会计	预算会计
借：本年盈余分配　130 000 　贷：专用基金　130 000	借：非财政拨款结余分配　130 000 　贷：专用结余　130 000

（二）专用基金的使用

1. 使用从当年收入中提取并列入费用的专用基金：

财务会计	预算会计
借：专用基金 　贷：银行存款	借：事业支出等 　贷：资金结存——货币资金

2. 使用从非财政拨款结余或经营结余中提取的专用基金：

财务会计	预算会计
借:专用基金 　　贷:银行存款	借:专用结余 　　贷:资金结存——货币资金

3. 单位使用提取的专用基金购置固定资产、无形资产的,按照固定资产、无形资产成本金额,借记"固定资产""无形资产"科目,贷记"银行存款"等科目;同时,按照专用基金使用金额,借记本科目,贷记"累计盈余"科目。

【例 13—37】 2020 年 5 月 5 日,某事业单位使用上年从非财政拨款结余中提取的专用基金 100 000 元,用于购买专用设备 1 台,购置成本为 100 000 元,以银行存款支付。财会部门根据有关凭证,假设不考虑相关税费,应做账务处理如下:

财务会计	预算会计
借:固定资产　　100 000 　　贷:银行存款　　10 000 借:专用基金　　100 000 　　贷:累计盈余　　10 000	借:专用结余　　100 000 　　贷:资金结存——货币资金　　100 000

四、权益法调整

"权益法调整"科目核算事业单位持有的长期股权投资采用权益法核算时,按照被投资单位除净损益和利润分配以外的所有者权益变动份额调整长期股权投资账面余额而计入净资产的金额。本科目应当按照被投资单位进行明细核算。本科目期末余额,反映事业单位在被投资单位除净损益和利润分配以外的所有者权益变动中累积享有(或分担)的份额。

1. 年末,按照被投资单位除净损益和利润分配以外的所有者权益变动应享有(或应分担)的份额,借记或贷记"长期股权投资——其他权益变动"科目,贷记或借记"权益法调整"科目。

2. 采用权益法核算的长期股权投资,因被投资单位除净损益和利润分配以外的所有者权益变动而将应享有(或应分担)的份额计入单位净资产的,处置该项投资时,按照原计入净资产的相应部分金额,借记或贷记"权益法调整"科目,贷记或借记"投资收益"科目。

【例 13—38】 某事业单位于 2019 年 1 月 1 日对外股权投资一家企业,持股比例为 30%,采用权益法核算。2019 年度该企业除净损益和利润分配以外的所有者权益变动为 200 000 元(即该企业的其他综合收益增加 200 000 元)。在 2019 年 12 月 31 日,财会部门根据有关凭证,应做账务处理如下:

财务会计		预算会计
借:长期股权投资——其他权益变动	60 000	—
贷:权益法调整	60 000	

五、无偿调拨净资产

按照行政事业单位资产管理的相关规定，经批准政府单位之间可以无偿调拨资产。无偿调拨资产业务属于政府部门间净资产的变化，调入调出方不确认相应收入和费用。单位应当设置“无偿调拨净资产”科目，核算无偿调入或调出非现金资产所引起的净资产变动金额。

1. 单位按照规定取得无偿调入的存货、长期股权投资、固定资产、无形资产、公共基础设施、政府储备物资、文物文化资产、保障性住房等，按照确定的成本，借记“库存物品”“长期股权投资”“固定资产”“无形资产”“公共基础设施”“政府储备物资”“文物文化资产”“保障性住房”等科目，按照调入过程中发生的归属于调入方的相关费用，贷记“零余额账户用款额度”“银行存款”等科目，按照其差额，贷记“无偿调拨净资产”科目。

【例 13－39】 2019 年 5 月 25 日，某行政单位接受其他部门无偿调入固定资产一批，该批固定资产在调出方的账面价值为 80 000 元(账面原值为 200 000 元，账面累计折旧为 120 000 元)，资产调入过程中该单位以银行存款支付了包装运输费 5 000 元。财会部门根据有关凭证，假设不考虑相关税费，应做账务处理如下：

财务会计		预算会计	
借:固定资产	85 000	借:其他支出	5 000
贷:银行存款	5 000	贷:资金结存——货币资金	5 000
无偿调拨净资产	80 000		

2. 按照规定经批准无偿调出存货、长期股权投资、固定资产、无形资产、公共基础设施、政府储备物资、文物文化资产、保障性住房等，按照调出资产的账面余额或账面价值，借记“无偿调拨净资产”科目，按照固定资产累计折旧、无形资产累计摊销、公共基础设施累计折旧或摊销、保障性住房累计折旧的金额，借记“固定资产累计折旧”“无形资产累计摊销”“公共基础设施累计折旧(摊销)”“保障性住房累计折旧”科目，按照调出资产的账面余额，贷记“库存物品”“长期股权投资”“固定资产”“无形资产”“公共基础设施”“政府储备物资”“文物文化资产”“保障性住房”等科目；同时，按照调出过程中发生的归属于调出方的相关费用，借记“资产处置费用”科目，贷记“零余额账户用款额度”“银行存款”等科目。

【例 13－40】 2019 年 8 月 3 日，某事业单位经批准对外无偿调出一套设备，该套设备账面余额为 200 000 元，已计提折旧 120 000 元。设备调拨过程中该单位支付运输安装费5 000元，以银行存款支付。财会部门根据有关凭证，假设不考虑相关税费，应做账务处理如下：

财务会计	预算会计
借：无偿调拨净资产 80 000 固定资产累计折旧 120 000 贷：固定资产 200 000 借：资产处置费用 5 000 贷：银行存款 5 000	借：其他支出 5 000 贷：资金结存——货币资金 5 000

3. 年末，将"无偿调拨净资产"科目的余额转入累计盈余，借记或贷记"无偿调拨净资产"科目，贷记或借记"累计盈余"科目。年末结账后，本科目应无余额。

六、以前年度盈余调整

"以前年度盈余调整"科目核算单位本年度发生的调整以前年度盈余的事项，包括本年度发生的重要前期差错更正涉及调整以前年度盈余的事项。

1. 当单位需要调整增加以前年度收入时，按照调整增加的金额，借记有关科目，贷记"以前年度盈余调整"科目；调整减少的，做相反会计分录。需要调整增加以前年度费用时，按照调整增加的金额，借记"以前年度盈余调整"科目，贷记有关科目；调整减少的，做相反会计分录。

2. 盘盈的各种非流动资产，报经批准后处理时，借记"待处理财产损溢"科目，贷记"以前年度盈余调整"科目。

【例13－41】 2019年12月31日，某行政单位盘盈一台检测设备，重置价值20 000元，经评估该设备成新率80%。财会部门根据有关凭证，应做账务处理如下：

财务会计	预算会计
借：固定资产 16 000 贷：待处理财产损溢 16 000 经批准后，应做账务处理如下： 借：待处理财产损溢 16 000 贷：以前年度盈余调整 16 000	—

3. 经上述调整后，年末应将"以前年度盈余调整"科目的余额转入累计盈余，借记或贷记"累计盈余"科目，贷记或借记"以前年度盈余调整"科目。本科目结转后应无余额。

七、累计盈余

"累计盈余"科目核算单位历年实现的盈余扣除盈余分配后滚存的金额，以及因无偿调入调出资产产生的净资产变动额。

按照规定上缴、缴回、单位间调剂结转结余资金产生的净资产变动额以及对以前年度盈余的调整金额，也通过本科目核算。

本科目期末余额，反映单位未分配盈余（或未弥补亏损）的累计数以及截至上年末无偿调拨净资产变动的累计数。年末余额，反映单位未分配盈余（或未弥补亏损）以及无偿调拨净资产变动的累计数。

1. 年末，将“本年盈余分配”科目的余额转入累计盈余，借记或贷记“本年盈余分配”科目，贷记或借记“累计盈余”科目。

2. 年末，将“无偿调拨净资产”科目的余额转入累计盈余，借记或贷记“无偿调拨净资产”科目，贷记或借记“累计盈余”科目。

3. 按照规定上缴财政拨款结转结余、缴回非财政拨款结转资金、向其他单位调出财政拨款结转资金时，按照实际上缴、缴回、调出金额，借记“累计盈余”科目，贷记“财政应返还额度”“零余额账户用款额度”“银行存款”等科目。

按照规定从其他单位调入财政拨款结转资金时，按照实际调入金额，借记“零余额账户用款额度”“银行存款”等科目，贷记“累计盈余”科目。

4. 将“以前年度盈余调整”科目的余额转入“累计盈余”科目，借记或贷记“以前年度盈余调整”科目，贷记或借记“累计盈余”科目。

5. 按照规定使用专用基金购置固定资产、无形资产的，按照固定资产、无形资产成本金额，借记“固定资产”“无形资产”科目，贷记“银行存款”等科目；同时，按照专用基金使用金额，借记 “专用基金”科目，贷记“累计盈余”科目。

【例 13－42】 2019 年 12 月 31 日，某事业单位按照规定缴回非财政拨款结转资金 420 000 元，以银行存款支付。财会部门根据有关凭证，应做账务处理如下：

财务会计	预算会计
借：累计盈余　420 000 　贷：银行存款　420 000	借：非财政拨款结转——缴回资金　420 000 　贷：资金结存——货币资金　420 000

复习思考题

1. 事业单位应当如何核算长期借款的利息？
2. 如何理解借款利息的资本化和费用化？
3. 一般纳税人与小规模纳税人在增值税申报缴纳的账务处理方面有何不同？
4. “应交增值税”科目涉及哪些明细科目？
5. “其他应交税费”科目涉及哪些明细科目？
6. 应通过“应付职工薪酬要”科目核算的有哪些？

7. 应付及预收款项科目，哪个科目仅适用于行政单位？哪些科目适用于事业单位？哪些科目行政单位和事业单位均适用？

8. 其他应付款和长期应付款在核算方面有何不同？

9. 无法偿付或债权人豁免偿还的应付账款如何进行账务处理？

10. 净资产包括哪些财务会计科目？

11. 哪些净资产类会计科目需在年终进行结转？

练习题

1. 某事业单位发生如下经济业务：

(1)为新建一座实验室，2020 年 1 月 1 日向银行借入一笔长期借款，本金为 10 000 000 元，期限 2 年，年利率 8%，每年付息一次，到期偿还本金。

(2)实验室项目在 2020 年 4 月 1 日开工，直至 2021 年 3 月 31 日完工。

(3)2020 年 12 月 31 日、2021 年 12 月 31 日各支付利息一次。

(4)2021 年 12 月 31 日，偿还本金 10 000 000 元。

要求：根据以上经济业务，为该事业单位编制有关的会计分录。

2. 某事业单位是增值税小规模纳税人，增值税征收率为 3%，城市维护建设税、教育费附加、地方教育费附加分别按照 7%、3%、2%计提。该单位 2019 年 1 月份取得经营收入 30 000 元。请编制关于其他应交税费的会计分录。

3. 某事业单位 2019 年 1 月的工资表显示：应发职务工资 67 000 元、级别工资 65 000 元、绩效工资 60 000 元、特区津贴 17 000 元、岗位津贴 48 000 元；工资表中计算出单位承担的职工医疗保险 4 000 元、养老保险 26 000 元、住房公积金 25 000 元；工资表还计算出应代扣个人承担的社会保险费 40 000 元、住房公积金 50 000 元、应代扣个人所得税 12 000 元，工资表中所有人员均从事专业及其辅助活动。

请编写该单位计提应付职工薪酬及计提代扣代缴款项的会计分录。

4. 某事业单位 2019 年发生如下经济业务(均不考虑相关税金)：

(1)2019 年 3 月 1 日，为采购一台专用设备，开具一张票面金额 500 000 元、6 个月到期的商业承兑汇票。

(2)2019 年 4 月 13 日，委托会计师事务所审计，审计服务费 150 000 元，审计报告已取得，审计费用尚未支付。

(3)2019 年 12 月 25 日，收到同级政府财政部门预拨的下期预算款 1 000 000 元。

要求：根据以上经济业务，为该事业单位编制有关的会计分录。

5. 2019 年 12 月 31 日，某事业单位年终结账前，账面记录如下：2019 年 12 月累计取得财政拨款收入 1 200 000 元、事业收入 800 000 元；12 月累计发生业务活动费用 1 400 000 元、单位管理费用 500 000 元、其他费用 60 000 元；年末“以前年度盈余调整”为贷方余额 20 000 元，“无偿调拨净资产”为借方余额 36 000 元；该单位按照预算会计下基于预算收入计算提取金额，提取专用基金 40 000 元。

请根据以上信息编制年终结账相关会计分录。

第十四章　行政事业单位的收入和费用

第一节　行政事业单位的收入

收入是指报告期内导致政府会计主体净资产增加的、含有服务潜力或者经济利益的经济资源的流入。收入的确认应当同时满足以下条件：与收入相关的含有服务潜力或者经济利益的经济资源很可能流入政府会计主体；含有服务或者经济利益的经济资源流入会导致政府会计主体资产增加或者负债减少；流入金额能够可靠地计量。符合收入定义和收入确认条件的项目，应当列入收入费用表。事业单位收入包括财政拨款收入、事业收入、上级补助收入、附属单位上缴收入、经营收入、非同级财政拨款收入、投资收益、捐赠收入、利息收入、租金收入、其他收入。行政单位收入包括财政拨款收入、非同级财政拨款收入、捐赠收入、利息收入、租金收入、其他收入。

一、财政拨款收入

(一)“财政拨款收入”科目的核算内容及明细设置

“财政拨款收入”科目核算单位从同级政府财政部门取得的各类财政拨款。本科目可按照一般公共预算财政拨款、政府性基金预算财政拨款等拨款种类进行明细核算。期末结转后，本科目应无余额。行政事业单位都适用本科目。

同级政府财政部门预拨的下期预算款和没有纳入预算的暂付款项以及采用实拨资金方式通过本单位转拨给下属单位的财政拨款，通过“其他应付款”科目核算，不通过本科目核算。

(二)“财政拨款收入”的主要账务处理

1. 财政直接支付方式下，根据收到的“财政直接支付入账通知书”及相关原始凭证，按照通知书中的直接支付入账金额，借记“库存物品”“固定资产”“业务活动费用”“单位管理费用”“应付职工薪酬”等科目，贷记本科目。涉及增值税业务的，相关账务处理参见“应交增值税”科目。

【例 14—1】　某行政单位采用财政直接支付方式购置某项目通用设备一台 50 000 元，收到“财政直接支付入账通知书”及相关原始凭证。财会部门根据有关凭证，应做账务处理如下：

财务会计	预算会计
借：固定资产——通用设备 50 000 贷：财政拨款收入 50 000	借：行政支出 50 000 贷：财政拨款预算收入 50 000

年末，根据本年度财政直接支付预算指标数与当年财政直接支付实际支付数的差额，借记“财政应返还额度——财政直接支付”科目，贷记本科目。具体案例参考“财政应返还额度”的相关业务核算。

2. 财政授权支付方式下，根据收到的“财政授权支付额度到账通知书”，按照通知书中的授权支付额度，借记“零余额账户用款额度”科目，贷记本科目。

【例 14—2】 某行政单位收到“财政授权支付额度到账通知书”，通知授权支付额度 350 000 元到账。财会部门根据有关凭证，应做账务处理如下：

财务会计	预算会计
借：零余额账户用款额度 350 000 贷：财政拨款收入 350 000	借：资金结存——零余额账户用款额度 350 000 贷：财政拨款预算收入 350 000

年末，本年度财政授权支付预算指标数大于零余额账户用款额度下达数的，根据未下达的用款额度，借记“财政应返还额度——财政授权支付”科目，贷记本科目。具体案例参考“财政应返还额度”的相关业务核算。

3. 其他方式下收到财政拨款收入时，按照实际收到的金额，借记“银行存款”等科目，贷记本科目。

4. 因差错更正或购货退回等发生国库直接支付款项退回的，属于以前年度支付的款项，按照退回金额，借记“财政应返还额度——财政直接支付”科目，贷记“以前年度盈余调整”“库存物品”等科目；属于本年度支付的款项，按照退回金额，借记本科目，贷记“业务活动费用”“库存物品”等科目。

【例 14—3】 某行政单位收到以前年度国库直接支付退回的购置某项目服务费 50 000 元。财会部门根据有关凭证，应做账务处理如下：

财务会计	预算会计
借：财政应返还额度——财政直接支付 50 000 贷：以前年度盈余调整 50 000	借：资金结存——财政应返还额度 50 000 贷：财政拨款结余/结转——年初余额调整 50 000

【例 14—4】 某行政单位收到当年度国库直接支付退回的购置某项目服务费 50 000 元。财会部门根据有关凭证，应做账务处理如下：

财务会计	预算会计
借:财政拨款收入　50 000 　贷:业务活动费用　50 000	借:财政拨款预算收入　50 000 　贷:行政支出——项目支出　50 000

5. 期末,将本科目本期发生额转入本期盈余,借记本科目,贷记"本期盈余"科目。

【例 14—5】 某行政单位 6 月 30 日将财政拨款收入本期发生额 60 000 元进行结转。财会部门根据有关凭证,应做账务处理如下:

财务会计	预算会计
借:财政拨款收入　60 000 　贷:本期盈余　60 000	— 注:行政事业单位预算收入和预算支出平时期末不结转,年底结转,而财务会计的收入费用平时期末也要结转。

二、事业收入

(一)"事业收入"的核算内容及明细设置

"事业收入"科目核算事业单位开展专业业务活动及其辅助活动实现的收入,不包括从同级政府财政部门取得的各类财政拨款。本科目应当按照事业收入的类别、来源等进行明细核算。期末结转后,本科目应无余额。行政单位不适用本科目。

对于因开展科研及其辅助活动从非同级政府财政部门取得的经费拨款,应当在本科目下单设"非同级财政拨款"明细科目进行核算。

(二)"事业收入"的主要账务处理

1. 采用财政专户返还方式管理的事业收入

(1)实现应上缴财政专户的事业收入时,按照实际收到或应收的金额,借记"银行存款""应收账款"等科目,贷记"应缴财政款"科目。

(2)向财政专户上缴款项时,按照实际上缴的款项金额,借记"应缴财政款"科目,贷记"银行存款"等科目。

(3)收到从财政专户返还的事业收入时,按照实际收到的返还金额,借记"银行存款"等科目,贷记本科目。

【例 14—6】 某事业单位实行收支两条线管理,将收到的学费 100 000 元全额上缴财政专户。财会部门根据有关凭证,应做账务处理如下:

财务会计	预算会计
收到学费时： 借：银行存款　100 000 　贷：应缴财政款　100 000	收到学费时： —
全额上缴财政专户时： 借：应缴财政款　100 000 　贷：银行存款　100 000	全额上缴财政专户时： —
收到财政专户返还时： 借：银行存款　100 000 　贷：事业收入　100 00	收到财政专户返还时： 借：资金结存——货币资金　100 000 　贷：事业预算收入　100 000

2. 采用预收款方式确认的事业收入

(1)实际收到预收款项时，按照收到的款项金额，借记“银行存款”等科目，贷记“预收账款”科目。

【例 14—7】 某事业单位开展专业业务活动预收其他单位资金 50 000 元。财会部门根据有关凭证，应做账务处理如下：

财务会计	预算会计
借：银行存款　50 000 　贷：预收账款　50 000	借：资金结存——货币资金　50 000 　贷：事业预算收入　50 000

(2)以合同完成进度确认事业收入时，按照基于合同完成进度计算的金额，借记“预收账款”科目，贷记本科目。

【例 14—8】 接例 14—7。某事业单位按照完工进度在财务会计上确认事业收入 50 000 元。财会部门根据有关凭证，应做账务处理如下：

财务会计	预算会计
借：预收账款　50 000 　贷：事业收入　50 000	—

3. 采用应收款方式确认的事业收入

(1)根据合同完成进度计算本期应收的款项，借记“应收账款”科目，贷记本科目。

(2)实际收到款项时，借记“银行存款”等科目，贷记“应收账款”科目。

4. 其他方式下确认的事业收入

按照实际收到的金额，借记“银行存款”“库存现金”等科目，贷记本科目。

期末，将本科目本期发生额转入本期盈余，借记本科目，贷记“本期盈余”科目。

【例 14—9】 某事业单位 5 月 31 日将事业收入本期发生额 60 000 元进行结转。

财会部门根据有关凭证，应做账务处理如下：

财务会计	预算会计
借：事业收入 60 000 　贷：本期盈余 60 000	— 注：行政事业单位预算收入和预算支出平时期末不结转，年底结转，而财务会计的收入费用平时期末也要结转。

三、上级补助收入

“上级补助收入”科目核算事业单位从主管部门和上级单位取得的非财政拨款收入。本科目应当按照发放补助单位、补助项目等进行明细核算。期末结转后，本科目应无余额。只有事业单位适用，行政单位没有本科目。

1. 确认上级补助收入时，按照应收或实际收到的金额，借记“其他应收款”“银行存款”等科目，贷记本科目。

实际收到应收的上级补助款时，按照实际收到的金额，借记“银行存款”等科目，贷记“其他应收款”科目。

【例 14—10】 2019 年 5 月 2 日某事业单位开展业务活动收到上级单位通知，应收上级补助收入 50 000 元。2019 年 5 月 10 日实际收到上级部门的补助收入 50 000 元。财会部门根据有关凭证，应做账务处理如下：

财务会计	预算会计
确认上级补助收入时： 借：其他应收款 50 000 　贷：上级补助收入 50 000	确认上级补助收入时： —
实际收到应收的上级补助款时： 借：银行存款 50 000 　贷：其他应收款 50 000	实际收到应收的上级补助款时： 借：资金结存——货币资金 50 000 　贷：上级补助预算收入 50 000

2. 期末，将本科目本期发生额转入本期盈余，借记本科目，贷记“本期盈余”科目。

四、附属单位上缴收入

“附属单位上缴收入”科目核算事业单位取得的附属独立核算单位按照有关规定上缴的收入。本科目应当按照附属单位、缴款项目等进行明细核算。期末结转后，本科目应无余额。只有事业单位适用，行政单位没有本科目。

1. 确认附属单位上缴收入时，按照应收或收到的金额，借记“其他应收款”“银行存款”等科目，贷记本科目。

实际收到应收附属单位上缴款时，按照实际收到的金额，借记“银行存款”等科目，贷记“其他应收款”科目。

2. 期末，将本科目本期发生额转入本期盈余，借记本科目，贷记“本期盈余”科目。

五、经营收入

“经营收入”科目核算事业单位在专业业务活动及其辅助活动之外开展非独立核算经营活动取得的收入。本科目应当按照经营活动类别、项目和收入来源等进行明细核算。期末结转后，本科目应无余额。只有事业单位适用，行政单位没有本科目。

经营收入应当在提供服务或发出存货，同时收讫价款或者取得索取价款的凭据时，按照实际收到或应收的金额予以确认。

1. 实现经营收入时，按照确定的收入金额，借记“银行存款”“应收账款”“应收票据”等科目，贷记本科目。涉及增值税业务的，相关账务处理参见“应交增值税”科目。

2. 期末，将本科目本期发生额转入本期盈余，借记本科目，贷记“本期盈余”科目。

六、非同级财政拨款收入

（一）“非同级财政拨款收入”科目的核算内容及明细设置

“非同级财政拨款收入”科目核算单位从非同级政府财政部门取得的经费拨款，包括从同级政府其他部门取得的横向转拨财政款、从上级或下级政府财政部门取得的经费拨款等。本科目应当按照本级横向转拨财政款和非本级财政拨款进行明细核算，并按照收入来源进行明细核算。期末结转后，本科目应无余额。它是行政和事业单位共同适用的科目。

事业单位因开展科研及其辅助活动从非同级政府财政部门取得的经费拨款，应当通过“事业收入——非同级财政拨款”科目核算，不通过本科目核算。

（二）“非同级财政拨款收入”的主要账务处理

1. 确认非同级财政拨款收入时，按照应收或实际收到的金额，借记“其他应收款”“银行存款”等科目，贷记本科目。

2. 期末，将本科目本期发生额转入本期盈余，借记本科目，贷记“本期盈余”科目。

【例 14－11】 某行政单位取得从本级其他横向部门转拨的财政款 850 000 元。财会部门根据有关凭证，应做账务处理如下：

财务会计	预算会计
借：银行存款 850 000 　贷：非同级财政拨款收入——本级横向转拨财政款 850 000	借：资金结存——货币资金 850 000 　贷：非同级财政拨款预算收入 850 000

七、投资收益

“投资收益”科目核算事业单位股权投资和债券投资所实现的收益或发生的损失。本科目应当按照投资的种类等进行明细核算。只有事业单位适用本科目，行政单位不适用。

1. 收到短期投资持有期间的利息，按照实际收到的金额，借记“银行存款”科目，贷记“投资收益”科目。期末结转后，本科目应无余额。

【例 14－12】 某事业单位收回短期投资持有期间利息 75 000 元。财会部门根据有关凭证，应做账务处理如下：

财务会计			预算会计		
借：银行存款	75 000		借：资金结存——货币资金	75 000	
贷：投资收益		75 000	贷：投资预算收益		75 000

2. 出售或到期收回短期债券本息，按照实际收到的金额，借记“银行存款”科目，按照出售或收回短期投资的成本，贷记“短期投资”科目，按照其差额，贷记或借记本科目。涉及增值税业务的，相关账务处理参见“应交增值税”科目。

【例 14－13】 某事业单位收回本年度短期投资本息金额 55 000 元，其中取得债权投资成本 50 000 元。财会部门根据有关凭证，应做账务处理如下：

财务会计			预算会计		
借：银行存款	55 000		借：资金结存——货币资金	55 000	
贷：短期投资		50 000	贷：投资支出		50 000
投资收益		5 000	投资预算收益		5 000

3. 持有的分期付息、一次还本的长期债券投资，按期确认利息收入时，按照计算确定的应收未收利息，借记“应收利息”科目，贷记本科目；持有的到期一次还本付息的债券投资，按期确认利息收入时，按照计算确定的应收未收利息，借记“长期债券投资——应计利息”科目，贷记本科目。

【例 14－14】 某事业单位收回持有的分期付息、一次还本的长期债券投资，按照计算确定本期应收未收利息 13 000 元。财会部门根据有关凭证，应做账务处理如下：

财务会计			预算会计
借：应收利息	13 000		—
贷：投资收益		13 000	

【例 14－15】 某事业单位收回持有的一次还本付息的长期债券投资，按照计算

确定本期利息收入 13 000 元。财会部门根据有关凭证,应做账务处理如下:

财务会计	预算会计
借:长期债券投资——应计利息 13 000 贷:投资收益 13 000	—

4. 出售长期债券投资或到期收回长期债券投资本息,按照实际收到的金额,借记“银行存款”等科目,按照债券初始投资成本和已计未收利息金额,贷记“长期债券投资——成本、应计利息”科目[到期一次还本付息债券]或“长期债券投资”“应收利息”科目[分期付息债券],按照其差额,贷记或借记本科目。涉及增值税业务的,相关账务处理参见“应交增值税”科目。

【例 14—16】 某事业单位出售上年购买的一次还本付息债券投资,实际收到本息金额 155 000 元,其中初始投资成本 150 000 元,已计未收利息 5 000 元。财会部门根据有关凭证,应做账务处理如下:

财务会计	预算会计
借:银行存款 155 000 贷:长期债券投资——成本 150 000 长期债券投资——应计利息 5 000	借:资金结存——货币资金 155 000 贷:其他结余 150 000 投资预算收益 5 000

5. 采用成本法核算的长期股权投资持有期间被投资单位宣告分派现金股利或利润时,按照宣告分派的现金股利或利润中属于单位应享有的份额,借记“应收股利”科目,贷记本科目。

【例 14—17】 某事业单位采用成本法核算长期股权投资,被投资单位宣告分派现金股利 10 000 元。财会部门根据有关凭证,应做账务处理如下:

财务会计	预算会计
借:应收股利 10 000 贷:投资收益 10 000	—

采用权益法核算的长期股权投资持有期间,按照应享有或应分担的被投资单位实现的净损益的份额,借记或贷记“长期股权投资——损益调整”科目,贷记或借记本科目;被投资单位发生净亏损但以后年度又实现净利润的,单位在其收益分享额弥补未确认的亏损分担额等后,恢复确认投资收益,借记“长期股权投资——损益调整”科目,贷记本科目。

【例 14—18】 某事业单位采用权益法核算长期股权投资,按照被投资单位实现的净损益份额计算应确认亏损分担额 180 000 元。财会部门根据有关凭证,应做账务处理如下：

财务会计	预算会计
借：投资收益　180 000 　贷：长期股权投资——损益调整　180 000	—

6. 按照规定处置长期股权投资时有关投资收益的账务处理，参见“长期股权投资”科目。

7. 期末，将本科目本期发生额转入本期盈余，借记或贷记本科目，贷记或借记“本期盈余”科目。

八、捐赠收入

“捐赠收入”科目核算单位接受其他单位或者个人捐赠取得的收入。本科目应当按照捐赠资产的用途和捐赠单位等进行明细核算。期末结转后，本科目应无余额。本科目适用于行政与事业单位。

1. 接受捐赠的货币资金，按照实际收到的金额，借记“银行存款”“库存现金”等科目，贷记本科目。

【例 14－19】　某事业单位收到捐赠款 30 000 元。财会部门根据有关凭证，应做账务处理如下：

财务会计	预算会计
借：银行存款　30 000 　贷：捐赠收入　30 000	借：资金结存——货币资金　30 000 　贷：其他预算收入——捐赠收入　30 000

2. 接受捐赠的存货、固定资产等非现金资产，按照确定的成本，借记“库存物品”“固定资产”等科目，按照发生的相关税费、运输费等，贷记“银行存款”等科目，按照其差额，贷记本科目。相关业务参考固定资产核算。

3. 接受捐赠的资产按照名义金额入账的，按照名义金额借记“库存物品”“固定资产”等科目，贷记本科目；同时，按照发生的相关税费、运输费等，借记“其他费用”科目，贷记“银行存款”等科目。相关业务参考固定资产核算。

4. 期末，将本科目本期发生额转入本期盈余，借记本科目，贷记“本期盈余”科目。

九、利息收入

“利息收入”科目核算单位取得的银行存款利息收入。期末结转后，本科目应无余额。本科目适用于行政与事业单位。

1. 取得银行存款利息时，按照实际收到的金额，借记“银行存款”科目，贷记本科目。

【例 14－20】 某事业单位收到银行存款利息 2 000 元。财会部门根据有关凭证，应做账务处理如下：

财务会计	预算会计
借：银行存款　　2 000 　贷：利息收入　　2 000	借：资金结存——货币资金　　2 000 　贷：其他预算收入——利息收入　　2 000

2. 期末，将本科目本期发生额转入本期盈余，借记本科目，贷记“本期盈余”科目。

十、租金收入

“租金收入”科目核算单位经批准利用国有资产出租取得并按照规定纳入本单位预算管理的租金收入。本科目应当按照出租国有资产类别和收入来源等进行明细核算。期末结转后，本科目应无余额。本科目适用于行政与事业单位。

1. 国有资产出租收入，应当在租赁期内各个期间按照直线法予以确认。

（1）采用预收租金方式的，预收租金时，按照收到的金额，借记“银行存款”等科目，贷记“预收账款”科目；分期确认租金收入时，按照各期租金金额，借记“预收账款”科目，贷记本科目。

（2）采用后付租金方式的，每期确认租金收入时，按照各期租金金额，借记“应收账款”科目，贷记本科目；收到租金时，按照实际收到的金额，借记“银行存款”等科目，贷记“应收账款”科目。

（3）采用分期收取租金方式的，每期收取租金时，按照租金金额，借记“银行存款”等科目，贷记本科目。

涉及增值税业务的，相关账务处理参见“应交增值税”科目。

【例 14－21】 某事业单位出租房屋预收 3 个月房租 21 000 元（每个月 7 000 元）。财会部门根据有关凭证，应做账务处理如下：

财务会计	预算会计
预收时： 借：银行存款　　21 000 　贷：预收账款　　21 000	预收时： 借：资金结存——货币资金　　21 000 　贷：其他预算收入——租金收入　　21 000
每月确认时： 借：预收账款　　7 000 　贷：租金收入　　7 000	每月确认时： —

2. 期末，将本科目本期发生额转入本期盈余，借记本科目，贷记“本期盈余”科目。

十一、其他收入

(一)"其他收入"科目的核算范围及明细设置

"其他收入"科目核算单位取得的除财政拨款收入、事业收入、上级补助收入、附属单位上缴收入、经营收入、非同级财政拨款收入、投资收益、捐赠收入、利息收入、租金收入以外的各项收入,包括现金盘盈收入、按照规定纳入单位预算管理的科技成果转化收入、行政单位收回已核销的其他应收款、无法偿付的应付及预收款项、置换换出资产评估增值等。本科目应当按照其他收入的类别、来源等进行明细核算。本科目适用于行政与事业单位。

(二)其他收入的主要账务处理

1. 现金盘盈收入

每日现金账款核对中发现的现金溢余,属于无法查明原因的部分,报经批准后,借记"待处理财产损溢"科目,贷记本科目。

【例 14—22】 某事业单位在每日现金盘点中发现现金溢余 500 元,经批准属于无法查明原因。财会部门根据有关凭证,应做账务处理如下:

财务会计	预算会计
发现盘盈时: 借:库存现金　500 　贷:待处理财产损溢　500	发现盘盈时: 借:资金结存——货币资金　500 　贷:其他预算收入　500
批准后: 借:待处理财产损溢　500 　贷:其他收入——现金盘盈收入　500	批准后: —

2. 科技成果转化收入

单位科技成果转化所取得的收入,按照规定留归本单位的,按照所取得收入扣除相关费用之后的净收益,借记"银行存款"等科目,贷记本科目。

3. 收回已核销的其他应收款

行政单位已核销的其他应收款在以后期间收回的,按照实际收回的金额,借记"银行存款"等科目,贷记本科目。

【例 14—23】 某行政单位收回已核销的其他应收款 20 000 元。财会部门根据有关凭证,应做账务处理如下:

财务会计	预算会计
借：银行存款 20 000 贷：其他收入 20 000	借：资金结存——货币资金 20 000 贷：其他预算收入 20 000

4. 无法偿付的应付及预收款项

无法偿付或债权人豁免偿还的应付账款、预收账款、其他应付款及长期应付款，借记“应付账款”“预收账款”“其他应付款”“长期应付款”等科目，贷记本科目。

【例 14－24】 某事业单位经核查无法偿付应付账款 20 000 元。财会部门根据有关凭证，应做账务处理如下：

财务会计	预算会计
借：应付账款 20 000 贷：其他收入 20 000	—

5. 置换换出资产评估增值

资产置换过程中，换出资产评估增值的，按照评估价值高于资产账面价值或账面余额的金额，借记有关科目，贷记本科目。具体账务处理参见“库存物品”等科目。

以未入账的无形资产取得的长期股权投资，按照评估价值加相关税费作为投资成本，借记“长期股权投资”科目，按照发生的相关税费，贷记“银行存款”“其他应交税费”等科目，按其差额，贷记本科目。

【例 14－25】 某事业单位以未入账的无形资产进行长期股权投资，按照评估价值 50 000 元和相关税费 1 000 元作为投资成本。财会部门根据有关凭证，应做账务处理如下：

财务会计	预算会计
借：长期股权投资 51 000 贷：银行存款 1 000 其他收入 50 000	借：投资支出 1 000 贷：资金结存——货币资金 1 000

确认上面以外的其他收入时，按照应收或实际收到的金额，借记“其他应收款”“银行存款”“库存现金”等科目，贷记本科目。涉及增值税业务的，相关账务处理参见“应交增值税”科目。

期末，将本科目本期发生额转入本期盈余，借记本科目，贷记“本期盈余”科目。

第二节 行政事业单位的费用

行政事业单位费用是指报告期内导致政府会计主体净资产减少的、含有服务潜力或者经济利益的经济资源的流出。费用的确认应当同时满足以下条件:与费用相关的含有服务潜力或者经济利益的经济资源很可能流出政府会计主体;含有服务潜力或者经济利益的经济资源流出会导致政府会计主体资产减少或者负债增加;流出金额能够可靠地计量。符合费用定义和费用确定条件的项目,应当列入费用表。事业单位的费用科目包括:业务活动费用、单位管理费用、经营费用、资产处置费用、上缴上级费用、对附属单位补助费用、所得税费用和其他费用。行政单位的费用科目包括:业务活动费用、资产处置费用和其他费用。

一、业务活动费用

(一)"业务活动费用"科目的核算范围及明细设置

"业务活动费用"科目核算单位为实现其职能目标,依法履职或开展专业业务活动及其辅助活动所发生的各项费用。期末结转后,本科目应无余额。本科目是行政事业单位共同适用的科目。

本科目应当按照项目、服务或者业务类别、支付对象等进行明细核算。为了满足成本核算需要,本科目下还可按照"工资福利费用""商品和服务费用""对个人和家庭的补助费用""对企业补助费用""固定资产折旧费""无形资产摊销费""公共基础设施折旧(摊销)费""保障性住房折旧费""计提专用基金"等成本项目设置明细科目,归集能够直接计入业务活动或采用一定方法计算后计入业务活动的费用。

(二)"业务活动费用"的主要账务处理

1. 为履职或开展业务活动人员计提的薪酬,按照计算确定的金额,借记本科目,贷记"应付职工薪酬"科目。

【例 14—26】 某事业单位开展业务活动计提职工薪酬 850 000 元。财会部门根据有关凭证,应做账务处理如下:

财务会计			预算会计
借:业务活动费用——工资福利费用	850 000		—
贷:应付职工薪酬		850 000	

2. 为履职或开展业务活动发生的外部人员劳务费,按照计算确定的金额,借记本科目,按照代扣代缴个人所得税的金额,贷记"其他应交税费——应交个人所得税"科目,按照扣税后应付或实际支付的金额,贷记"其他应付款""财政拨款收入""零余额账户用款额度""银行存款"等科目。

【例 14—27】 某事业单位开展专业业务活动,通过授权支付发生的外部人员劳务费 45 000 元,代扣个人所得税 1 000 元。财会部门根据有关凭证,应做账务处理如下:

财务会计	预算会计
借：业务活动费用——商品和服务费用　46 000 　贷：其他应交税费——应交个人所得税　1 000 　　零余额账户用款额度　45 000	借：事业支出　45 000 　贷：资金结存——零余额账户用款额度　45 000

3. 为履职或开展业务活动领用库存物品，以及动用发出相关政府储备物资，按照领用库存物品或发出相关政府储备物资的账面余额，借记本科目，贷记“库存物品”“政府储备物资”科目。

【例 14—28】 某事业单位开展业务活动，领用库存物品 1 000 元。财会部门根据有关凭证，应做账务处理如下：

财务会计	预算会计
借：业务活动费用——商品和服务费用　1 000 　贷：库存物品　1 000	—

4. 为履职或开展业务活动所使用的固定资产、无形资产以及为所控制的公共基础设施、保障性住房计提的折旧、摊销，按照计提金额，借记本科目，贷记“固定资产累计折旧”“无形资产累计摊销”“公共基础设施累计折旧（摊销）”“保障性住房累计折旧”科目。

【例 14—29】 某事业单位使用某固定资产开展业务活动，发生折旧费 2 000 元。财会部门根据有关凭证，应做账务处理如下：

财务会计	预算会计
借：业务活动费用——固定资产折旧费　2 000 　贷：固定资产累计折旧　2 000	—

5. 为履职或开展业务活动发生的城市维护建设税、教育费附加、地方教育费附加、车船税、房产税、城镇土地使用税等，按照计算确定应交纳的金额，借记本科目，贷记“其他应交税费”等科目。

财务会计	预算会计
借：业务活动费用 　贷：其他应交税费——应交个人所得税	—

6. 为履职或开展业务活动发生其他各项费用时，按照费用确认金额，借记本科目，贷记"财政拨款收入""零余额账户用款额度""银行存款""应付账款""其他应付款""其他应收款"等科目。

7. 按照规定从收入中提取专用基金并计入费用的，一般按照预算会计下基于预算收入计算提取的金额，借记本科目，贷记"专用基金"科目。国家另有规定的，从其规定。

【例 14—30】 某事业单位按照收入计提专用基金并列入业务活动费用 120 000 元。财会部门根据有关凭证，应做账务处理如下：

财务会计	预算会计
借：业务活动费用——计提专用基金　120 000 　贷：专用基金　120 000	—

8. 发生当年购货退回等业务，对于已计入本年业务活动费用的，按照收回或应收的金额，借记"财政拨款收入""零余额账户用款额度""银行存款""其他应收款"等科目，贷记本科目。

【例 14—31】 某事业单位发生当年已计入业务活动费用的购货退回业务 30 000 元(原来是财政授权支付)。财会部门根据有关凭证，应做账务处理如下：

财务会计	预算会计
借：零余额账户用款额度　30 000 　贷：业务活动费用——商品和服务费用 　30 000	借：资金结存——零余额账户用款额度 　30 000 　贷：事业支出　30 000

9. 期末，将本科目本期发生额转入本期盈余，借记"本期盈余"科目，贷记本科目。

财务会计	预算会计
借：本期盈余 　贷：业务活动费用	— 注：行政事业单位预算收入和预算支出平时期末不结转，年底结转。而财务会计的收入费用平时期末也要结转。

二、单位管理费用

"单位管理费用"与"业务活动费用"有以下区别：(1)"业务活动费用"是行政事业单位都适用的科目，但"单位管理费用"只适用于事业单位；(2)在事业单位会计里，"业务活动费用"是开展专业业务活动及其辅助活动所发生的各项费用，而本级行政及后勤管理部门开展管理活动发生的各项费用则在“单位管理费用”科目核算。

(一)“单位管理费用”科目的核算范围及明细设置

“单位管理费用”科目核算事业单位本级行政及后勤管理部门开展管理活动发生的各项费用，包括单位行政及后勤管理部门发生的人员经费、公用经费、资产折旧(摊销)等费用，以及由单位统一负担的离退休人员经费、工会经费、诉讼费、中介费等。期末结转后，本科目应无余额。本科目只适用于事业单位，行政单位不适用。

“单位管理费用科目”应当按照项目、费用类别、支付对象等进行明细核算。为了满足成本核算需要，本科目下还可按照“工资福利费用”“商品和服务费用”“对个人和家庭的补助费用”“固定资产折旧费”“无形资产摊销费”等成本项目设置明细科目，归集能够直接计入单位管理活动或采用一定方法计算后计入单位管理活动的费用。

(二)“单位管理费用”的主要账务处理

1. 为管理活动人员计提的薪酬，按照计算确定的金额，借记本科目，贷记“应付职工薪酬”科目。

2. 为开展管理活动发生的外部人员劳务费，按照计算确定的费用金额，借记本科目，按照代扣代缴个人所得税的金额，贷记“其他应交税费——应交个人所得税”科目，按照扣税后应付或实际支付的金额，贷记“其他应付款”“财政拨款收入”“零余额账户用款额度”“银行存款”等科目。

3. 开展管理活动内部领用库存物品，按照领用物品实际成本，借记本科目，贷记“库存物品”科目。

4. 为管理活动所使用固定资产、无形资产计提的折旧、摊销，按照应提折旧、摊销额，借记本科目，贷记“固定资产累计折旧”“无形资产累计摊销”科目。

5. 为开展管理活动发生城市维护建设税、教育费附加、地方教育费附加、车船税、房产税、城镇土地使用税等，按照计算确定应交纳的金额，借记本科目，贷记“其他应交税费”等科目。

6. 为开展管理活动发生的其他各项费用，按照费用确认金额，借记本科目，贷记“财政拨款收入”“零余额账户用款额度”“银行存款”“其他应付款”“其他应收款”等科目。

7. 发生当年购货退回等业务，对于已计入本年单位管理费用的，按照收回或应收的金额，借记“财政拨款收入”“零余额账户用款额度”“银行存款”“其他应收款”等科目，贷记本科目。

8. 期末，将本科目本期发生额转入本期盈余，借记“本期盈余”科目，贷记本科目。

具体核算可参考本节“业务活动费用”的案例。

三、经营费用

(一)“经营费用”科目的核算范围及明细设置

“经营费用”科目核算事业单位在专业业务活动及其辅助活动之外开展非独立核

算经营活动发生的各项费用。本科目应当按照经营活动类别、项目、支付对象等进行明细核算。期末结转后，本科目应无余额。因为只有事业单位才能开展经营活动，所以本科目只适用于事业单位，不适用于行政单位。

为了满足成本核算需要，本科目下还可按照“工资福利费用”“商品和服务费用”“对个人和家庭的补助费用”“固定资产折旧费”“无形资产摊销费”等成本项目设置明细科目，归集能够直接计入单位经营活动或采用一定方法计算后计入单位经营活动的费用。

(二)“经营费用”的主要账务处理

1. 为经营活动人员计提的薪酬，按照计算确定的金额，借记本科目，贷记“应付职工薪酬”科目。

2. 开展经营活动领用或发出库存物品，按照物品实际成本，借记本科目，贷记“库存物品”科目。

3. 为经营活动所使用固定资产、无形资产计提的折旧、摊销，按照应提折旧、摊销额，借记本科目，贷记“固定资产累计折旧”“无形资产累计摊销”科目。

4. 开展经营活动发生城市维护建设税、教育费附加、地方教育费附加、车船税、房产税、城镇土地使用税等，按照计算确定应交纳的金额，借记本科目，贷记“其他应交税费”等科目。

5. 发生与经营活动相关的其他各项费用时，按照费用确认金额，借记本科目，贷记“银行存款”“其他应付款”“其他应收款”等科目。涉及增值税业务的，相关账务处理参见“应交增值税”科目。

【例 14－32】 某事业单位经营活动发生 30 000 元服务费用，用银行存款支付。财会部门根据有关凭证，应做账务处理如下：

财务会计			预算会计		
借：经营费用	30 000		借：经营支出	30 000	
贷：银行存款		30 000	贷：资金结存——货币资金		30 000

6. 发生当年购货退回等业务，对于已计入本年经营费用的，按照收回或应收的金额，借记“银行存款”“其他应收款”等科目，贷记本科目。

7. 期末，将本科目本期发生额转入本期盈余，借记“本期盈余”科目，贷记本科目。具体核算可参考“业务活动费用”的具体案例。

四、资产处置费用

(一)“资产处置费用”科目的核算内容及明细设置

“资产处置费用”科目核算单位经批准处置资产时发生的费用，包括转销的被处置资产价值，以及在处置过程中发生的相关费用或者处置收入小于相关费用形成的净支出。资产处置的形式按照规定包括无偿调拨、出售、出让、转让、置换、对外捐赠、报废、毁损以及货币性资产损失核销等。

单位在资产清查中查明的资产盘亏、毁损以及资产报废等，应当先通过“待处理财产损溢”科目进行核算，再将处理资产价值和处理净支出计入本科目。

短期投资、长期股权投资、长期债券投资的处置，按照相关资产科目的规定进行账务处理。

期末结转后，本科目应无余额。事业单位和行政单位都适用本科目。

本科目应当按照处置资产的类别、资产处置的形式等进行明细核算。

(二)“资产处置费用”的主要账务处理

“待处理财产损溢”科目核算单位在资产清查过程中查明的各种资产盘盈、盘亏和报废、毁损的价值。只有各种资产盘盈、盘亏和报废、毁损时，才需要经过“待处理财产损溢”科目。其他资产处置方式不需要经过“待处理财产损溢”科目核算。

1. 不通过“待处理财产损溢”科目核算的资产处置

(1)按照规定报经批准处置资产时，按照处置资产的账面价值，借记本科目[处置固定资产、无形资产、公共基础设施、保障性住房的，还应借记“固定资产累计折旧”“无形资产累计摊销”“公共基础设施累计折旧(摊销)”“保障性住房累计折旧”科目]，按照处置资产的账面余额，贷记“库存物品”“固定资产”“无形资产”“公共基础设施”“政府储备物资”“文物文化资产”“保障性住房”“其他应收款”“在建工程”等科目。

【例 14—33】 某事业单位按规定报经批准处置转让一批台式计算机，处置时台式计算机账面余额 65 000 元，已经计提折旧 45 000 元。财会部门根据有关凭证，应做账务处理如下：

财务会计			预算会计
借:资产处置费用	20 000		—
固定资产累计折旧	45 000		
贷：固定资产		65 000	

(2)处置资产过程中仅发生相关费用的，按照实际发生金额，借记本科目，贷记“银行存款”“库存现金”等科目。

【例 14—34】 续例 14—33，某事业单位按规定报经批准处置转让这批台式计算机，发生处置费用 300 元。财会部门根据有关凭证，应做账务处理如下：

财务会计			预算会计		
借:资产处置费用	300		借:其他支出	300	
贷:库存现金		300	贷:资金结存——货币资金		300

(3)处置资产过程中取得收入的，按照取得的价款，借记“库存现金”“银行存款”等科目，按照处置资产过程中发生的相关费用，贷记“银行存款”“库存现金”等科目，按照其差额，借记本科目或贷记“应缴财政款”等科目。

【例 14—35】 续例 14—33，某事业单位按规定报经批准处置转让这批台式计算机，发生处置费用 300 元，取得转让收入 25 000 元。财会部门根据有关凭证，应做账务处理如下：

财务会计			预算会计
借：银行存款	25 000		—
贷：库存现金		300	
应缴财政款		24 700	

涉及增值税业务的，相关账务处理参见“应交增值税”科目。

2. 通过“待处理财产损溢”科目核算的资产处置

(1)单位账款核对中发现的现金短缺，属于无法查明原因的，报经批准核销时，借记本科目，贷记“待处理财产损溢”科目。

【例 14—36】 某事业单位现金盘点中发现现金短缺 500 元，经查无法确定原因，报经单位批准。财会部门根据有关凭证，应做账务处理如下：

财务会计			预算会计
借：资产处置费用	500		—
贷：待处理财产损溢		500	

(2)单位资产清查过程中盘亏或者毁损、报废的存货、固定资产、无形资产、公共基础设施、政府储备物资、文物文化资产、保障性住房等，报经批准处理时，按照处理资产价值，借记本科目，贷记“待处理财产损溢——待处理财产价值”科目。处理收支结清时，处理过程中所取得收入小于所发生相关费用的，按照相关费用减去处理收入后的净支出，借记本科目，贷记“待处理财产损溢——处理净收入”科目。

【例 14—37】 某事业单位资产清查过程中毁损存货价值 3 000 元，报经批准进行资产处置，处理过程中取得清理收入 200 元，发生资产处置费用 800 元。财会部门根据有关凭证，应做账务处理如下：

财务会计			预算会计		
借：资产处置费用	3 000				
贷：待处理财产损溢——待处理财产价值		3 000			
借：资产处置费用	600		借：其他支出	600	
贷：待处理财产损溢——处理净收入		600	贷：资金结存——货币资金		600

3. 期末，将本科目本期发生额转入本期盈余，借记“本期盈余”科目，贷记本科目。

五、上缴上级费用

“上缴上级费用”科目核算事业单位按照财政部门和主管部门的规定上缴上级单位款项发生的费用。本科目应当按照收缴款项单位、缴款项目等进行明细核算。期末结转后，本科目应无余额。本科目只适用于事业单位。

1. 单位发生上缴上级支出的，按照实际上缴的金额或者按照规定计算出应当上缴上级单位的金额，借记本科目，贷记“银行存款”“其他应付款”等科目。

【例 14—38】 某事业单位发生上缴上级支出 75 000 元，会计核算如下：

财务会计	预算会计
借：上缴上级费用 75 000 　贷：银行存款 75 000	借：上缴上级支出 75 000 　贷：资金结存——货币资金 75 000

2. 期末，将本科目本期发生额转入本期盈余，借记“本期盈余”科目，贷记本科目。

六、对附属单位补助费用

“对附属单位补助费用”科目核算事业单位用财政拨款收入之外的收入对附属单位补助发生的费用。本科目应当按照接受补助单位、补助项目等进行明细核算。期末结转后，本科目应无余额。本科目只适用于事业单位。

1. 单位发生对附属单位补助支出的，按照实际补助的金额或者按照规定计算出应当对附属单位补助的金额，借记本科目，贷记“银行存款”“其他应付款”等科目。

【例 14—39】 某事业单位支付对附属单位补助费用 40 000 元，会计核算如下：

财务会计	预算会计
借：对附属单位补助费用 40 000 　贷：银行存款 40 000	借：对附属单位补助支出 40 000 　贷：资金结存——货币资金 40 000

2. 期末，将本科目本期发生额转入本期盈余，借记“本期盈余”科目，贷记本科目。

七、所得税费用

“所得税费用”科目核算有企业所得税缴纳义务的事业单位按规定缴纳企业所得税所形成的费用。年末结转后，本科目应无余额。本科目只适用于事业单位。

1. 发生企业所得税纳税义务的，按照税法规定计算的应交税金数额，借记本科目，贷记“其他应交税费——单位应交所得税”科目。

【例 14—40】 某事业单位按照税费规定计算应缴纳所得税 10 000 元，会计核算如下：

财务会计	预算会计
借：所得税费用　10 000 　贷：其他应交税费——单位应交所得税　10 000	—

实际缴纳时，按照缴纳金额，借记“其他应交税费——单位应交所得税”科目，贷记“银行存款”科目。

【例 14－41】 续例 14－40，某事业单位按照实际缴纳所得税 10 000 元，财务会计核算如下：

财务会计	预算会计
借：其他应交税费——单位应交所得税 　10 000 　贷：银行存款　10 000	借：非财政拨款结余——累计结余　10 000 　贷：资金结存——货币资金　10 000

2. 年末，将本科目本年发生额转入本期盈余，借记“本期盈余”科目，贷记本科目。

财务会计	预算会计
借：本期盈余 　贷：所得税费用	—

八、其他费用

“其他费用”科目核算单位发生的除业务活动费用、单位管理费用、经营费用、资产处置费用、上缴上级费用、附属单位补助费用、所得税费用以外的各项费用，包括利息费用、坏账损失、罚没支出、现金资产捐赠支出以及相关税费、运输费等。本科目应当按照其他费用的类别等进行明细核算。单位发生的利息费用较多的，可以单独设置“利息费用”科目。期末结转后，本科目应无余额。本科目适用于事业单位和行政单位。

1. 利息费用

按期计算确认借款利息费用时，按照计算确定的金额，借记“在建工程”科目或本科目，贷记“应付利息”“长期借款——应计利息”科目。

【例 14－42】 某事业单位 2019 年 6 月 1 日计算确定一次还本分期付息长期借款应付利息 10 000 元，6 月 30 日支付利息 10 000 元。会计核算如下：

财务会计			预算会计		
计算时：			计算时：		
借：其他费用——利息费用	10 000		—		
贷：应付利息		10 000			
支付时：			支付时：		
借：应付利息	10 000		借：其他支出	10 000	
贷：银行存款		10 000	贷：资金结存——货币资金		10 000

2. 坏账损失

年末，事业单位按照规定对收回后不需上缴财政的应收账款和其他应收款计提坏账准备时，按照计提金额，借记本科目，贷记“坏账准备”科目；冲减多提的坏账准备时，按照冲减金额，借记“坏账准备”科目，贷记本科目。

【例 14－43】 某事业单位年末对收回后不需上缴财政的应收账款计提坏账准备 5 000 元。会计核算如下：

财务会计			预算会计
借：其他费用——坏账损失	5 000		—
贷：坏账准备		5 000	

3. 罚没支出

单位发生罚没支出的，按照实际缴纳或应当缴纳的金额，借记本科目，贷记“银行存款”“库存现金”“其他应付款”等科目。

4. 现金资产捐赠

单位对外捐赠现金资产的，按照实际捐赠的金额，借记本科目，贷记“银行存款”“库存现金”等科目。

【例 14－44】 某事业单位通过银行存款对外捐赠现金资产 3 000 元。会计核算如下：

财务会计			预算会计		
借：其他费用——现金资产捐赠	3 000		借：其他支出	3 000	
贷：银行存款		3 000	贷：资金结存——货币资金		3 000

5. 其他相关费用

单位接受捐赠（或无偿调入）以名义金额计量的存货、固定资产、无形资产，以及成本无法可靠取得的公共基础设施、文物文化资产等发生的相关税费、运输费等，按照实际支付的金额，借记本科目，贷记“财政拨款收入”“零余额账户用款额度”“银行存款”

“库存现金”等科目。

单位发生的与受托代理资产相关的税费、运输费、保管费等，按照实际支付或应付的金额，借记本科目，贷记“零余额账户用款额度”“银行存款”“库存现金”“其他应付款”等科目。

【例 14－45】 某事业单位收到一件设备，未取得相关凭据等价值信息，按照名义金额入账，发生运输保管相关费用 1 000 元。财会部门根据有关凭证，应做账务处理如下：

财务会计			预算会计		
借：固定资产	1		借：其他支出	1 000	
贷：捐赠收入		1	贷：资金结存——货币资金		1 000
借：其他费用	1 000				
贷：银行存款		1 000			

6. 期末，将本科目本期发生额转入本期盈余，借记“本期盈余”科目，贷记本科目。

复习思考题

1. 简述行政事业收入的概念。
2. 简述财政拨款收入两种付款方式的核算。
3. 简述事业收入与经营收入的不同。
4. 简述行政事业单位收入的期末结转。
5. 行政单位会计的费用科目与事业单位会计的费用科目有什么不同？
6. “业务管理费用”和“单位管理费用”有什么不同？
7. “其他费用”的核算范围是什么？
8. “资产处置费用”通过“待处理财产损溢”和不通过“待处理财产损溢”的账务处理有什么不同？

练习题

1. 某事业单位采用财政直接支付方式购置某项目通用设备一台 80 000 元，用授权支付方式购买服务，支付服务费 98 000 元。该单位如何进行账务处理？

2. 某事业单位本年度财政直接支付预算指标数为 400 000 元，实际使用 360 000 元，还有 40 000 元直接支付预算指标数没使用；财政授权支付预算指标数为 400 000 元，实际下达额度 380 000 元，实际使用 360 000 元。年末，该单位如何进行账务处理？

3. 某事业单位收到当年国库直接支付退回的服务费 5 000 元。该单位如何进行账务处理？

4. 某事业单位 2018 年应缴财政专户款 50 万元已全额上缴，至 2018 年 12 月 31 日共返还单位资金 40 万元，其余 10 万元于 2019 年返还。该单位如何进行账务处理？

5. 某事业单位收到上级单位的补助收入 65 000 元，该单位如何进行账务处理？

6. 某事业单位收到应开展科研活动从本级横向部门转拨的财政款 800 000 元，该单位如何进行账务处理？

7. 某事业单位出租房屋价款 12 000 元，分别用预收、后付和分期付款三种方式进行核算。该单位如何进行账务处理？

8. 盘盈现金 700 元，无法查明原因，经批准做收入处理。该单位如何进行账务处理？

9. 某事业单位收到一件捐赠字画，未取得相关凭据等价值信息，按照名义金额入账，发生运输保管相关费用 1 000 元。该单位如何进行账务处理？

10. 某事业单位开展管理活动计提职工薪酬 50 000 元，外部人员劳务费 10 000 元。该单位如何进行账务处理？

11. 某行政单位为业务活动使用固定资产，计提折旧 18 000 元。该单位如何进行账务处理？

12. 某事业单位开展经营活动缴纳相关的房产税 3 000 元。该单位如何进行账务处理？

13. 某事业单位开展经营活动因购货退回当年度款项 130 000 元。该单位如何进行账务处理？

14. 某事业单位现金盘点中发现现金短缺 1 500 元，经查无法确定原因，报经单位批准。该单位如何进行账务处理？

15. 某事业单位按照税费规定计算并缴纳所得税 18 000 元。该单位如何进行账务处理？

16. 某事业单位因违反有关规定发生并缴纳的罚没支出 12 000 元。该单位如何进行账务处理？

第十五章　行政事业单位的预算收入和预算支出

预算收入是指行政事业单位会计主体在预算年度内依法取得的并纳入预算管理的现金流入。预算收入采用收付实现制，一般在实际收到时予以确认，以实际收到的金额计量。行政事业单位的预算收入包括财政拨款预算收入、事业预算收入、上级补助预算收入、附属单位上缴预算收入、经营预算收入、债务预算收入、非同级财政拨款预算收入、投资预算收益和其他预算收入。财政拨款预算收入、非同级财政拨款预算收入和其他预算收入是行政事业单位共用的科目，其他科目只适用于事业单位。

第一节　预算收入

一、财政拨款预算收入

（一）“财政拨款预算收入”的核算内容及明细设置

财政拨款预算收入，是指行政事业单位从同级财政部门取得的各类财政拨款。在这一概念中，重点是来源于“同级财政”，另外是“各类财政拨款”。

财政拨款预算收入包括基本支出经费和项目支出经费。基本支出，是指行政事业单位为保障机构正常运转和完成日常工作任务发生的支出，包括人员支出和公用支出。用于基本支出的财政拨款，一般称为基本支出经费。项目支出，是指行政事业单位为完成特定的工作任务，在基本支出之外发生的支出。用于项目支出的财政拨款，一般称为项目支出经费。

“财政拨款预算收入”科目核算行政事业单位从同级财政部门取得的各类财政拨款。本科目应当设置“基本支出”和“项目支出”两个明细科目，并按照《政府收支分类科目》中“支出功能分类科目”的项级科目进行明细核算；同时，在“基本支出”明细科目下按照“人员经费”和“日常公用经费”进行明细核算，在“项目支出”明细科目下按照具体项目进行明细核算。年末结转后，本科目应无余额。本科目是行政事业单位共用科目。

有一般公共预算财政拨款、政府性基金预算财政拨款两种或两种以上财政拨款的单位，还应当按照财政拨款的种类进行明细核算。

（二）“财政拨款预算收入”的主要账务处理

1. 财政直接支付下，单位根据收到的“财政直接支付入账通知书”及相关原始凭证，按照通知书中的直接支付金额，借记“行政支出”“事业支出”等科目，贷记本科目。

【例 15－1】 某行政单位采用财政直接支付方式购置某项目通用设备一台 50 000 元，收到“财政直接支付入账通知书”及相关原始凭证，会计核算如下：

财务会计	预算会计
借：固定资产 50 000 　贷：财政拨款收入 50 000	借：行政支出——财政拨款支出——项目支出 50 000 　贷：财政拨款预算收入——项目支出 50 000

年末，根据本年度财政拨款直接支付预算指标数与当年财政直接支付实际支出数的差额，借记“资金结存——财政应返还额度”科目，贷记本科目。具体参考例 11－12。

2. 财政授权支付方式下，单位根据收到的“财政授权支付额度到账通知书”，按照通知书中的授权支付额度，借记“资金结存——零余额账户用款额度”科目，贷记本科目。

【例 15－2】 某行政单位采用财政授权支付方式购置某项目通用设备一台 350 000 元，根据“财政授权支付到账通知书”等原始凭证，会计核算如下：

财务会计	预算会计
确认财政拨款收入时： 借：零余额账户用款额度 350 000 　贷：财政拨款收入 350 000 发生采购支出时： 借：固定资产 350 000 　贷：零余额账户用款额度 350 000	确认财政拨款收入时： 借：资金结存——零余额账户用款额度 350 000 　贷：财政拨款预算收入——项目支出 350 000 发生采购支出时： 借：行政支出——财政拨款支出——项目支出 350 000 　贷：资金结存——零余额账户用款额度 350 000

年末，单位本年度财政拨款授权支付预算指标数大于零余额账户用款额度下达数的，按照两者差额，借记“资金结存——财政应返还额度”科目，贷记本科目。具体参考例 11－10。

3. 其他方式下，单位按照本期预算收到财政拨款预算收入时，按照实际收到的金额，借记“资金结存——货币资金”科目，贷记本科目。

【例 15－3】 某行政单位用其他方式从同级财政部门取得财政拨款日常公用经费 80 000 元，会计核算如下：

财务会计	预算会计
借：银行存款 80 000 　贷：财政拨款收入 80 000	借：资金结存——货币资金 80 000 　贷：财政拨款预算收入——基本支出——日常公用经费 80 000

4. 因差错更正、购货退回等发生国库直接支付款项退回的，属于本年度支付的想看，按照退回金额，借记本科目，贷记“行政支出”“事业支出”等科目。具体参考例 14—4。

5. 年末，将本科目本年发生额转入财政拨款结转，借记本科目，贷记“财政拨款结转——本年收支结转”科目。

二、事业预算收入

(一)“事业预算收入”的核算内容及明细设置

“事业预算收入”科目核算事业单位开展专业活动及其辅助活动取得的现金流入。事业单位因开展科研及其辅助活动从非同级财政部门取得的经费拨款，也通过本科目核算。年末结转后，本科目应无余额。本科目只适用于事业单位。

本科目应按照事业预算收入类别、项目、来源、《政府收支分类科目》中“支出功能分类科目”项级科目等进行明细核算。对于因开展科研及其辅助活动从非同级政府财政部门取得的经费拨款，应当在本科目下单设“非同级财政拨款”明细科目进行明细核算；事业预算收入中如有专项资金收入，还应按照具体项目进行明细核算。

(二)“事业预算收入”的主要账务处理

1. 采用财政专户返还方式管理的事业预算收入，收到从财政专户返还的事业预算收入时，按照实际收到的返还金额，借记“资金结存——货币资金”科目，贷记本科目。具体核算参考例 14—6。

2. 收到其他事业预算收入时，按照实际收到的款项金额，借记“资金结存——货币资金”科目，贷记本科目。

【例 15—4】 某事业单位开展科研活动，从非同级财政部门取得经费拨款 20 000 元，会计核算如下：

财务会计	预算会计
借：银行存款　20 000 　贷：事业收入——非同级财政拨款　20 000	借：资金结存——货币资金　20 000 　贷：事业预算收入——非同级财政拨款　20 000

3. 年末，将本科目本年发生额中的专项资金收入转入非财政拨款结转，借记本科目下各专项资金收入明细科目，贷记“非财政拨款结转——本年收支结转”科目；将本科目本年发生额中的非专项资金收入转入其他结余，借记本科目下各非专项资金明细科目，贷记“其他结余”科目。

财务会计	预算会计
注：财务会计收入和费用结转是在每期期末，即每月月末，所以12月底只能结转当月发生的收入和费用。 借：事业收入 　　贷：本期盈余	专项资金收入： 借：事业预算收入 　　贷：非财政拨款结转——本年收支结转 非专项资金收入： 借：事业预算收入 　　贷：其他结余

三、上级补助预算收入

"上级补助预算收入"科目核算事业单位从主管部门和上级单位取得的非财政补助现金流入。年末结转后，本科目应无余额。本科目只适用于事业单位。

本科目应当按照发放补助单位、补助单位、《政府收支分类科目》中"支出功能分类科目"的项级科目等进行明细核算。上级补助预算收入中如有专项资金收入，还应当按照具体项目进行明细核算。

1. 收到上级补助预算收入时，按照实际收到的金额，借记"资金结存——货币资金"科目，贷记本科目。具体核算参考例14－10。

2. 年末，将本科目本年发生额中的专项资金收入转入非财政拨款结转，借记本科目下各专项资金收入明细科目，贷记"非财政拨款结转——本年收支结转"科目；将本科目本年发生额中的非专项资金收入转入其他结余，借记本科目下各非专项资金收入明细科目，贷记"其他结余"科目。

财务会计	预算会计
注：财务会计收入和费用结转是在每期期末，即每月月末，所以12月底只能结转当月发生的收入和费用。 借：上级补助收入 　　贷：本期盈余	专项资金收入： 借：上级补助预算收入 　　贷：非财政拨款结转——本年收支结转 非专项资金收入： 借：上级补助预算收入 　　贷：其他结余

四、附属单位上缴预算收入

"附属单位上缴预算收入"科目核算事业单位取得附属独立核算单位根据有关规定上缴的现金流入。年末结转后，本科目应无余额。本科目只适用于事业单位。

本科目应按照附属单位、缴款项目、《政府收支分类科目》中"支出功能分类科目"的项级科目等进行明细核算。附属单位上缴预算收入中如有专项资金收入，还应按照具体项目进行明细核算。

1. 收到附属单位缴来的款项时，按照实际收到的金额，借记“资金结存——货币资金”科目，贷记本科目。

【例 15－5】 某事业单位取得附属独立核算单位上缴收入 40 000 元，会计核算如下：

财务会计		预算会计	
借：银行存款	40 000	借：资金结存——货币资金	40 000
贷：附属单位上缴收入	40 000	贷：附属单位上缴预算收入	40 000

2. 年末，将本科目本年发生额中的专项资金收入转入非财政拨款结转，借记本科目下各专项资金收入明细科目，贷记“非财政拨款结转——本年收支结转”科目；将本科目本年发生额中的非专项资金收入转入其他结余，借记本科目下各非专项资金收入明细科目，贷记“其他结余”科目。具体核算参考“上级补助预算收入”。

五、经营预算收入

“经营预算收入”科目核算事业单位在专业业务活动及其辅助活动之外开展非独立核算经营活动取得的现金流入。年末结转后，本科目应无余额。本科目只适用于事业单位。

本科目应当按照经营类别、项目、《政府收支分类科目》中“支出功能分类科目”项级科目等进行明细核算。

1. 收到经营预算收入时，按照实际收到的金额，借记“资金结存——货币资金”科目，贷记本科目。

【例 15－6】 某事业单位取得经营预算收入 100 000 元。如不考虑增值税，会计核算如下：

财务会计		预算会计	
借：银行存款	100 000	借：资金结存——货币资金	100 000
贷：经营收入	100 000	贷：经营预算收入	100 000

2. 年末，将本科目本年发生额转入经营结余，借记本科目，贷记“经营结余”科目。

财务会计	预算会计
注：财务会计收入和费用结转是在每期期末，即每月月末，所以 12 月底只能结转当月发生的收入和费用。 借：经营收入 　贷：当期盈余	借：经营预算收入 　贷：经营结余

六、债务预算收入

“债务预算收入”科目核算事业单位按照规定从银行和其他金融机构等借入的、纳入部门预算管理的、不以财政资金作为偿还来源的债务本金。年末结转后，本科目应无余额。本科目只适用于事业单位。

本科目应当按照贷款单位、贷款种类、《政府收支分类科目》中“支出功能分类科目”的项级科目等进行明细核算。债务预算收入中如有专项资金收入，还应按照具体项目进行明细核算。

1. 借入各项短期或长期借款时，按照实际借入的金额，借记“资金结存——货币资金”科目，贷记本科目。

【例 15—7】 某事业单位取得短期借款 850 000 元，会计核算如下：

财务会计			预算会计		
借：银行存款	850 000		借：资金结存——货币资金	850 000	
贷：短期借款		850 000	贷：债务预算收入		850 000

2. 年末，将本科目本年发生额中的专项资金收入转入非财政拨款结转，借记本科目下各专项资金收入明细科目，贷记“非财政拨款结转——本年收支结转”科目；将本科目本年发生额中非专项资金收入转入其他结余，借记本科目下各非专项资金收入明细科目，贷记“其他结余”科目。具体核算参考“上级补助预算收入”。

七、非同级财拨款预算收入

“非同级财政拨款预算收入”科目核算从非同级财政部门取得的财政拨款，包括本级横向转拨财政拨款和非本级财政拨款。对于因开展科研及其辅助活动从非同级政府财政部门取得的经费拨款，应当通过“事业预算收入——非同级财政拨款”科目进行核算，不通过本科目核算。年末结转后，本科目应无余额。本科目是行政事业单位共用科目。

本科目应当按照非同级财政部拨款预算收入的类别、来源、《政府收支分类科目》中“支出功能分类科目”的项级科目等进行明细核算。非同级财政拨款预算收入中如有专项资金收入，还应按照具体项目进行明细核算。

1. 取得非同级财政拨款预算收入时，按照实际收到的金额，借记“资金结存——货币资金”科目，贷记本科目。具体核算参考例 14—11。

2. 年末，将本科目本年发生额中的专项资金收入转入非财政拨款结转，借记本科目下各专项资金收入明细科目，贷记“非财政拨款结转——本年收支结转”科目；将本科目本年发生额中的非专项资金收入转入其他结余，借记本科目下各非专项资金收入明细科目，贷记“其他结余”科目。具体核算参考“上级补助预算收入”。

八、投资预算收益

“投资预算收益”科目核算事业单位取得的按照规定纳入部门预算管理的属于投资收益性质的现金流入，包括股权投资收益、出售或收回债券投资取得的收益和债券投资利息收入。年末结转后，本科目应无余额。本科目只适用于事业单位。

本科目应当按照《政府收支分类科目》中“支出功能分类科目”的项级科目等进行明细核算。

1. 出售或到期收回本年度取得的短期、长期债券，按照实际取得的价款或实际收到的本息金额，借记“资金结存——货币资金”科目，按照取得债券时“投资支出”科目的发生额，贷记“投资支出”科目，按照其差额，贷记或借记本科目。具体核算参考例 14—13。

出售或到期收回以前年度取得的短期、长期债券，按照实际取得的价款或实际收到的本息金额，借记“资金结存——货币资金”科目，按照取得债券时“投资支出”科目的发生额，贷记“其他结余”科目，按照其差额，贷记或借记本科目。

【例 15—8】 某事业单位收回以前年度短期投资本息金额 55 000 元，其中取得债权投资 50 000 元，会计核算如下：

财务会计			预算会计		
借：银行存款	55 000		借：资金结存——货币资金	55 000	
贷：短期投资		50 000	贷：其他结余		50 000
投资收益		5 000	投资预算收益		5 000

出售、转让货币资金取得长期股权投资的，其账务处理参照出售或到期收回债券投资。

2. 持有的短期投资以及分期付息、一次还本的长期债券投资收到利息时，按照实际收到的金额，借记“资金结存——货币资金”科目，贷记本科目。

财务会计	预算会计
借：银行存款	借：资金结存——货币资金
贷：投资收益/应收利息	贷：投资预算收益

3. 持有长期股权投资取得被投资单位分派的现金股利或利润时，按照实际收到的金额，借记“资金结存——货币资金”科目，贷记本科目。

财务会计	预算会计
借:银行存款 　贷:应收股利	借:资金结存——货币资金 　贷:投资预算收益

4. 出售、转让以非货币性资产取得的长期股权投资时,按照实际取得的价款扣减支付的相关费用和应缴财政拨款后的余额(按照规定纳入单位预算管理的),借记“资金结存——货币资金”科目,贷记本科目。具体核算参考“长期股权投资”相关业务核算。

5. 年末,将本科目本年发生额转让其他结余,借记或贷记本科目,贷记或借记“其他结余”科目。

九、其他预算收入

“其他预算收入”科目核算财政拨款预算收入、事业预算收入、上级补助预算收入、附属单位上缴预算收入、经营预算收入、债务预算收入、非同级财政拨款预算收入、投资预算收益之外的纳入部门预算管理的现金流入,包括捐赠预算收入、利息预算收入、租金预算收入、现金盘盈收入等。年末结转后,本科目应无余额。本科目是行政事业单位共用科目。

本科目应当按照其他收入类别、《政府收支分类科目》中“支出功能分类科目”的项级科目等进行明细核算。其他预算收入中如有专项租金收入,还应按照具体项目进行明细核算。

单位发生的捐赠预算收入、利息预算收入、租金预算收入金额较大或业务较多的,可单独设置“6603 捐赠预算收入”“6604 利息预算收入”“6605 租金预算收入”等科目。

1. 接受捐赠现金资产、收到银行存款利息、收到资产承租人支付的租金时,按照实际收到的金额,借记“资金结存——货币资金”科目,贷记本科目。具体核算参考“捐赠收入”“利息收入”和“租金收入”的具体案例。

2. 每日现金账款核对中发现现金溢余,按照溢余的现金金额,借记“资金结存——货币资金”科目,贷记本科目。经核实,属于应支付给有关个人和单位的部分,按照实际支付的金额,借记本科目,贷记“资金结存——货币资金”科目。具体核算参考例 14—22。

3. 收到其他预算收入时,按照收到的金额,借记“资金结存——货币资金”科目,贷记本科目。

4. 年末,将本科目本年发生额中的专项资金收入转入非财政拨款结转,借记本科目下各项资金收入明细科目,贷记“非财政拨款结转——本年收支结转”科目;将本科目本年发生额中的非专项资金收入转入其他结余,借记本科目下各非专项资金收入明细科目,贷记“其他结余”科目。具体核算与“事业预算收入”“上级补助预算收入”类似。

第二节　预算支出

预算支出是指行政事业单位会计主体在预算年度内依法发生并纳入预算管理的现金流出。预算支出一般在实际支付时予以确认，以实际支付的金额计量，包括行政支出、事业支出、经营支出、上缴上级支出、对附属单位补助支出、投资支出、债务还本支出和其他支出。“行政支出”是行政单位特有的科目。“其他支出”是行政事业单位共用的科目。其他科目只适用于事业单位。

一、行政支出

(一)“行政支出”科目核算的内容及明细设置

“行政支出”科目核算行政单位履行其职责实际发生的各项现金流出。年末结转后，本科目应无余额。本科目仅适用于行政单位。“行政支出”科目核算的重点和难点是在明细上。

1. 本科目应当分别按照“财政拨款支出”“非财政专项资金支出”“其他资金支出”设置明细；本科目设置的明细“财政拨款支出”“非财政专项资金支出”“其他资金支出”，分别是按照资金来源来进行的。来源于同级财政的拨款(包括直接支付、授权支付或者其他方式取得的同级财政拨款)的支出，记入“财政拨款支出”；来源于非同级财政但是专项资金的支出，记入“非财政专项资金支出”；来源于非同级财政而且又不是非专项资金的支出，记入“其他资金支出”。

有一般公共预算财政拨款、政府性基金预算财政拨款等两种或两种以上的财政拨款行政单位，还应当在“财政拨款支出”明细科目下按照财政拨款的种类进行明细核算。

2. 本科目应当按 “基本支出”和“项目支出”等进行明细核算。“基本支出”和“项目支出”明细科目下应当按照《政府收支分类科目》中“部门预算支出经济分类科目”的款级科目进行明细核算，同时在“项目支出”明细科目下按照具体项目进行明细核算。

3. 本科目应当按照《政府收支分类科目》中“支出功能分类科目”的项级科目进行明细核算；

4. 对于预付款项，可通过在本科目下设置“待处理”明细科目进行核算，待确认具体支出项目后再转入本科目下相关明细科目。年末结账前，应将本科目“待处理”明细科目余额全部转入本科目下相关明细科目。

(二)“行政支出”科目的主要账务处理

1. 支付单位职工薪酬。向单位职工个人支付薪酬时，按照实际支付的金额，借记本科目，贷记“财政拨款预算收入”“资金结存”科目。

按照规定代扣代缴个人所得税以及代扣代缴或为职工缴纳职工社会保险费、住房公积金等时，按照实际缴纳的金额，借记本科目，贷记“财政拨款预算收入”“资金结存”科目。

【例 15－9】 某行政单位计提单位职工工资 850 000 元，并通过直接支付方式为单位职工支付薪酬 850 000 元，会计核算如下：

财务会计	预算会计
计提工资时： 借：业务活动费用——工资福利费用　850 000 　贷：应付职工薪酬　850 000 支付工资时： 借：应付职工薪酬　850 000 　贷：财政拨款收入　850 000	计提工资时： — 支付工资时： 借：行政支出——财政拨款支出——基本支出　850 000 　贷：财政拨款预算收入——基本支出——人员经费　850 000

2. 支付外部人员劳务费。按照实际支付给外部人员个人的金额，借记本科目，贷记“财政拨款预算收入”“资金结存”科目。

按照规定代扣代缴个人所得税时，按照实际缴纳的金额，借记本科目，贷记“财政拨款预算收入”“资金结存”科目。

【例 15－10】 某行政单位通过授权支付方式支付 A 项目外部人员劳务费 10 000 元，会计核算如下：

财务会计	预算会计
借：业务活动费用——商品和服务费用　10 000 　贷：零余额账户用款额度　10 000	借：行政支出——财政拨款支出——项目支出（A 项目）　10 000 　贷：资金结存——零余额账户用款额度　10 000

3. 为购买存货、固定资产、无形资产等以及在建工程支付相关款项时，按照实际支付的金额，借记本科目，贷记“财政拨款预算收入”“资金结存”科目。

【例 15－11】 某行政单位用非财政专项资金购买 B 项目用电脑 23 000 元，会计核算如下：

财务会计	预算会计
借：固定资产　23 000 　贷：银行存款　23 000	借：行政支出——非财政专项资金支出——项目支出（B 项目）　23 000 　贷：资金结存——货币资金　23 000

4. 发生预付账款时，按照实际支付的金额，借记本科目，贷记“财政拨款预算收

入”“资金结存”科目。

对于暂付款项，在支付款项时可以不做预算会计处理，待结算或报销时，按照结算或报销的金额，借记本科目，贷记“资金结存”科目。

【例 15－12】 某行政单位与供应商签订合同，按照合同条款用其他非专项资金预付账款 140 000 元。会计核算如下：

财务会计	预算会计
借：预付账款　　140 000 　贷：银行存款　　140 000	借：行政支出——待处理　　140 000 　贷：资金结存——货币资金　　140 000

5. 发生其他各项支出时，按照实际支付的金额，借记本科目，贷记“财政拨款预算收入”“资金结存”科目。

6. 因购货退回等发生款项退回或者发生差错更正的，属于当年支出收回的，按照收回或更正金额，借记“财政拨款预算收入”“资金结存”科目，贷记本科目。

【例 15－13】 某行政单位退还当月购买的电脑（见例 15－11），电脑还未使用，也没有计提折旧。会计核算如下：

财务会计	预算会计
借：银行存款　　23 000 　贷：固定资产　　23 000	借：资金结存——货币资金　　23 000 　贷：行政支出——非财政专项资金——项目支出（B 项目）　　23 000

7. 年末，将本科目本年发生额中的财政拨款预算支出转入财政拨款结转，借记“财政拨款结转——本年收支结转”科目，贷记本科目下各财政拨款支出明细科目；将本科目本年发生额中的非财政专项资金支出转入非财政拨款结转，借记“非财政拨款结转——本年收支结转”科目，贷记本科目下各非财政专项资金支出明细科目；将本科目本年发生额中的其他支出（非财政非专项资金支出）转入其他结余，借记“其他结余”科目，贷记本科目下其他资金支出明细科目。

【例 15－14】 某行政单位年末将当年度行政支出发生额中财政拨款支出 750 000 元转入财政拨款结转，将行政支出发生额中非财政专项资金支出 150 000 元转入非财政拨款结转，将行政支出中其他资金支出 100 000 元转入其他结余，会计核算如下：

财务会计	预算会计
注:财务会计收入和费用结转是在每期期末,即每月月末,所以12月底只能结转当月发生的收入和费用。 每期的结转分录: 借:本期盈余 1 000 000 贷:业务活动费用 1 000 000	借:财政拨款结转——本年收支结转 750 000 非财政拨款结转——本年收支结转 150 000 其他结余 100 000 贷:行政支出——财政拨款支出 750 000 行政支出——非财政专项资金支出 150 000 行政支出——其他资金支出 100 000

二、事业支出

(一)"事业支出"科目核算的内容及明细设置

"事业支出"科目核算事业单位开展专业业务活动及其辅助活动实际发生的各项现金流出。年末结转后,本科目应无余额。本科目仅适用于事业单位。"事业支出"科目核算的重点和难点是在明细上。

1. 单位发生教育、科研、医疗、行政管理、后勤保障等活动的,可在本科目下设置相应的明细科目进行核算,或单设"7201 教育支出""7202 科研支出""7203 医疗支出""7204 行政管理支出""7205 后勤保障支出"等一级会计科目进行核算。

2. 本科目应当按照"财政拨款支出""非财政专项资金支出"和"其他资金支出"设置明细。有一般公共预算财政拨款、政府性基金预算财政拨款等两种或两种以上财政拨款的事业单位,还应当在"财政拨款支出"明细科目下按照财政拨款的种类进行明细核算。"财政拨款支出""非财政专项资金支出"和"其他资金支出"三个明细科目设置的依据与"行政支出"同理。

3. 本科目应当分"基本支出"和"项目支出"等进行明细核算,"基本支出"和"项目支出"明细科目下应当按照《政府收支分类科目》中"部门预算支出经济分类科目"的款级科目进行明细核算,同时在"项目支出"明细科目下按照具体项目进行明细核算。

4. 本科目应当按照《政府收支分类科目》中"支出功能分类科目"的项级科目进行明细核算。

5. 对于预付款项,可通过在本科目下设置"待处理"明细科目进行明细核算,待确认具体支出项目后再转入本科目下相关明细科目。年末结账前,应将本科目"待处理"明细科目余额全部转入本科下相关明细科目。

(二)"事业支出"科目的主要账务处理

1. 支付单位职工(经营部门职工除外)薪酬。向单位职工个人薪酬,按照实际支付的数额,借记本科目,贷记"财政拨款预算收入""资金结存"科目。

按照规定代扣代缴个人所得税以及代扣代缴或为职工缴纳职工社会保险费、住房公积金等时，按照实际缴纳的金额，借记本科目，贷记“财政拨款预算收入”“资金结存”科目。

2. 为专业业务活动及辅助活动支付给外部人员劳务费。按照实际支付给外部人员个人的金额，借记本科目，贷记“财政拨款预算收入”“资金结存”科目。

按照规定代扣代缴个人所得税时，按照实际缴纳的金额，借记本科目，贷记“财政拨款预算收入”“资金结存”科目。

3. 开展专业业务活动及其辅助活动过程中为购买存货、固定资产、无形资产等以及在建工程支付相关款项时，按照实际支付的金额，借记本科目，贷记“财政拨款预算收入”“资金结存”科目。

4. 开展专业业务活动及其辅助活动过程中发生预付账款时，按照实际支付的金额，借记本科目，贷记“财政拨款预算收入”“资金结存”科目。

对于暂付款项，在支付款项时可不做预算会计处理，待结算或报销时，按照结算或报销的金额，借记本科目，贷记“资金结存”科目。

5. 开展专业业务活动及其辅助活动过程中缴纳的相关税费以及发生的其他各项支出，按照实际支付的金额，借记本科目，贷记“财政拨款预算收入”“资金结存”科目。

6. 开展专业业务活动及其辅助活动过程中因购货退回等发生款项退回或者发生差错更正的，属于当年支出收回的，按照收回或更正的金额，借记“财政拨款预算收入”“资金结存”科目，贷记本科目。

以上六种情况的具体核算参考“行政支出”科目的相关案例。

7. 年末，将本科目本年发生额中的财政拨款支出转入财政拨款结转，借记“财政拨款结账——本年收支结转”科目，贷记本科目下各财政拨款支出明细科目；将本科目本年发生额中的非财政专项资金支出转入非财政拨款结转，借记“非财政拨款结转——本年收支结转”科目，贷记本科目下个非财政专项资金支出明细科目；将本科目本年发生额中的其他资金支出（非财政非专项资金支出）转入其他结余，借记“其他结余”科目，贷记本科目下其他资金支出明细科目。

财务会计	预算会计
注：财务会计收入和费用结转是在每期期末，即每月月末，所以 12 月底只能结转当月发生的收入和费用。 每期的结转分录： 借：本期盈余 　　贷：业务活动费用/单位管理费用	借：财政拨款结转——本年收支结转 　　贷：事业支出——财政拨款支出 借：非财政拨款结转——本年收支结转 　　贷：事业支出——非财政专项资金支出 借：其他结余 　　贷：事业支出——其他资金支出

三、经营支出

“经营支出”科目核算事业单位在专业业务活动及其辅助活动之外开展非独立核

算经营活动实际发生的各项现金流出。年末结转后，本科目应无余额。本科目仅适用于事业单位。

本科目应当按照经营活动类别、项目、《政府收支分类科目》中“支出功能分类科目”的项级科目和“部门预算支出经济分类科目”的款级科目等进行明细核算。

对于预付款项，可通过在本科目下设置“待处理”明细科目进行明细核算，待确认具体支出项目后再转入本科目下相关明细科目。年末结账前，应将本科目“待处理”明细科目余额全部转入本科目下相关明细科目。

1. 支付经营部门职工薪酬。向职工个人支付薪酬时，按照实际的金额，借记本科目，贷记“资金结存”科目。

按照规定代扣代缴个人所得税以及代扣代缴或为职工缴纳职工社会保险费、住房公积金时，按照实际缴纳的金额，借记本科目，贷记“资金结存”科目。

【例15－15】　某事业单位计提并支付开展经营活动的职工薪酬73 000元，会计核算如下：

财务会计	预算会计
计提工资时： 借：经营费用——工资福利费用　73 000 　贷：应付职工薪酬　73 000 支付工资时： 借：应付职工薪酬　73 000 　贷：银行存款　73 000	计提工资时： — 支付工资时： 借：经营支出　73 000 　贷：资金结存——货币资金　73 000

2. 为经营活动支付外部人员劳务费。按照实际支付给外部人员个人的金额，借记本科目，贷记“资金结存”科目。

按照规定代扣代缴个人所得税时，按照实际缴纳的金额，借记本科目，贷记“资金结存”科目。

【例15－16】　某事业单位为开展经营活动的外部人员代扣并缴纳个人所得税3 000元，会计核算如下：

财务会计	预算会计
代扣个人所得税时： 借：经营费用——工资福利费用　3 000 　贷：其他应交税费——应交个人所得税 　3 000 支付个人所得税时： 借：其他应交税费——应交个人所得税 　3 000 　贷：银行存款　3 000	代扣个人所得税时： —— 支付个人所得税时： 借：经营支出　3 000 　贷：资金结存——货币资金　3 000

3. 开展经营活动过程中为购买存货、固定资产、无形资产等以及在建工程支付相关款项时，按照实际支付的金额，借记本科目，贷记“资金结存”科目。

【例 15—17】 某事业单位为开展经营活动购买存货 67 000 元，用银行存款支付，不考虑增值税。会计核算如下：

财务会计	预算会计
借：库存物品　67 000 　贷：银行存款　67 000	借：经营支出　67 000 　贷：资金结存——货币资金　67 000

4. 开展经营活动过程中发生预付账款时，按照实际支付的金额，借记本科目，贷记“资金结存”科目。

对于暂付款项，在支付款项时可不做预算会计处理，待结算或报销时，按照结算或报销的金额，借记本科目，贷记“资金结存”科目。

5. 因开展经营活动缴纳的相关税费以及发生的其他各项支出，按照实际支付的金额，借记本科目，贷记“资金结存”科目。

6. 开展经营活动中因购货退回等发生款项退回或者发生差错更正的，属于当年支出收回的，按照收回或更正金额，借记“资金结存”科目，贷记本科目。

7. 年末，将本科目本年发生额转入经营结余，借记“经营结余”科目，贷记本科目。

财务会计	预算会计
注：财务会计收入和费用结转是在每期期末，即每月月末，所以 12 月底只能结转当月发生的收入和费用。 每期的结转分录： 借：本期盈余 　贷：经营费用	借：经营结余 　贷：经营支出

四、上缴上级支出

“上缴上级支出”科目核算事业单位按照财政部门和主管部门的规定上缴上级单位款项的现金流出。年末结转后，本科目应无余额。本科目仅适用于事业单位。

本科目应当按照收缴款项单位、缴款项目、《政府收支分类科目》中“支出功能分类科目”的项级科目和“部门预算支出经济分类科目”的款级科目等进行明细核算。

1. 按照规定将款项上缴上级单位的，按照实际上缴的金额，借记本科目，贷记“资金结存”科目。具体参考例 14—38。

2. 年末，将本科目本年发生额转入其他结余，借记“其他结余”科目，贷记本科目。

五、对附属单位补助支出

“对附属单位补助支出”科目核算事业单位用财政拨款预算收入之外的收入对附属单位补助发生的现金流出。年末结转后，本科目应无余额。本科目仅适用于事业单位。

本科目应当按照接受补助单位、补助项目、《政府收支分类科目》中“支出功能分类科目”的项级科目和“部门预算支出经济分类科目”的款级科目等进行明细核算。

1. 发生对附属单位补助支出的，按照实际补助的金额，借记本科目，贷记“资金结存”科目。具体参考例 14—39。

2. 年末，将本科目本年发生额转入其他结余，借记“其他结余”科目，贷记本科目。

财务会计	预算会计
注：财务会计收入和费用结转是在每期期末，即每月月末，所以 12 月底只能结转当月发生的收入和费用。 每期的结转分录： 借：本期盈余 　贷：对附属单位补助费用	借：其他结余 　贷：对附属单位补助支出

六、投资支出

“投资支出”科目核算事业单位以货币资金对外投资发生的现金流出。年末结转后，本科目应无余额。本科目仅适用于事业单位。

本科目应当按照投资类型、投资对象、《政府收支分类科目》中“支出功能分类科目”的项级科目和“部门预算支出经济分类科目”的款级科目等进行明细核算。

1. 以货币资金对外投资时，按照投资金额和所支付的相关税费金额的合计数，借记本科目，贷记“资金结存”科目。具体核算参考短期投资、长期债券投资和长期股权投资相关业务核算。

2. 出售、对外转让或到期收回本年度以货币资金取得的对外投资的，如果按照规定将投资收益纳入单位预算，按照实际收到的金额，借记“资金结存”科目，按照取得投资时“投资支出”科目的发生额，贷记本科目，按照其差额，贷记或借记“投资预算收益”科目；如果按照规定将投资收益上缴财政的，按照取得投资时“投资支出”科目的发生额，借记“资金结存”科目，贷记本科目。

出售、对外转让或到期收回以前年度以货币资金取得的对外投资的，如果按规定将投资收益纳入单位预算，按照实际收到的金额，借记“资金结存”科目，按照取得投资时“投资支出”科目的发生额，贷记“其他结余”科目，按照其差额，贷记或借记“投资预算收益”科目；如果按规定将投资收益上缴财政的，按照取得投资时“投资支出”科目的发生额，借记“资金结存”科目，贷记“其他结余”科目。

具体核算参考短期投资、长期债券投资和长期股权投资相关业务核算。

3. 年末，将本科目本年发生额转入其他结余，借记“其他结余”科目，贷记本科目。

财务会计	预算会计
—	借：其他结余 　贷：投资支出

七、债务还本支出

“债务还本支出”科目核算事业单位偿还自身承担的、纳入预算管理的、从金额机构举借的债务本金的现金流出。年末结转后，本科目应无余额。本科目仅适用于事业单位。

本科目应当按照贷款单位、贷款种类、《政府收支分类科目》中“支出功能分类科目”的项级科目和“部门预算支出经济分类科目”的款级科目等进行明细核算。

1. 偿还各项短期或长期借款时，按照偿还的借款本金，借记本科目，贷记“资金结存”科目。具体核算参考短期借款和长期借款相关核算。

2. 年末，将本科目本年发生额转入其他结余，借记“其他结余”科目，贷记本科目。

八、其他支出

（一）“其他支出”科目的核算范围及明细设置

“其他支出”科目核算单位除行政支出、事业支出、经营支出、上缴上级支出、对附属单位补助支出、投资支出、债务还本支出以外的各项现金流出，包括利息支出、对外捐赠现金支出、现金盘亏损失、接受捐赠（调入）和对外捐赠（调出）非现金资产发生的税费支出、资产置换过程中发生的相关税费支出、罚没支出等。年末结转后，本科目应无余额。本科目是行政事业单位共用科目。

本科目应当按照其他支出类别，“财政拨款支出”“非财政专项资金支出”和“其他资金支出”、《政府收支分类科目》中“支出功能分类科目”的项级科目和“部门预算支出经济分类科目”的款级科目等进行明细核算。其他支出如有专项资金支出，还应按照具体项目进行明细核算。

有一般公共预算财政拨款、政府性基金预算财政拨款等两种或两种以上财政拨款的事业单位，还应当在“财政拨款支出”明细科目下按照财政拨款的种类进行明细核算。

单位发生利息支出、捐赠支出等其他支出金额较大或业务较多的，可单独设置“7902 利息支出”“7903 捐赠支出”等科目。

(二)“其他支出”科目的主要账务处理

1. 利息支出。支付银行借款利息时，按照实际支付金额，借记本科目，贷记“资金结存”科目。具体参考例 14—42。

2. 对外捐赠现金资产。对外捐赠现金资产时，按照捐赠增金额，借记本科目，贷记“资金结存——货币资金”科目。

【例 15—18】　某事业单位用非同级财政非专项资金对外捐赠现金 3 000 元，会计核算如下：

财务会计	预算会计
借：其他费用——现金资产捐赠　3 000 　贷：银行存款　3 000	借：其他支出——其他资金支出　3 000 　贷：资金结存——货币资金　3 000

3. 现金盘亏损失。每日现金账款核对中如发现现金短缺，按照短缺的现金金额，借记本科目，贷记“资金结存——货币资金”科目。经核实，属于应当由有关人员赔偿的，按照收到的赔偿金额，借记“资金结存——货币资金”科目，贷记本科目。具体参考例 12—36。

4. 接受捐赠(无偿调入)和对外捐赠(无偿调出)非现金资产发生的税费支出。接受捐赠(无偿调入)非现金资产发生的归属于捐入方(调入方)的相关税费、运输费等，按照实际支付金额，借记本科目，贷记“资金结存”科目。具体参考例 12—2。

对外捐赠(无偿调出)非现金资产发生的归属于捐出方(调出方)的相关税费、运输费等，按照实际支付金额，借记本科目，贷记“资金结存”科目。具体参考例 12—9。

5. 资产置换过程中发生的相关税费支出。资产置换过程中发生的相关税费，按照实际支付金额，借记本科目，贷记“资金结存”科目。具体参考例 11—34。

6. 其他支出。发生罚没等其他支出时，按照实际支出金额，借记本科目，贷记“资金结存”科目。

【例 15—19】　某事业单位用非同级财政的某专项资金支付因该项目发生的罚没支出 2 000 元，会计核算如下：

财务会计	预算会计
借：其他费用　2 000 　贷：银行存款　2 000	借：其他支出——非财政专项资金支出　2 000 　贷：资金结存——货币资金　2 000

7. 年末，将本科目本年发生额中的财政拨款支出转入财政拨款结转，借记“财政拨款结转——本年收支结转”科目，贷记本科目下各财政拨款支出明细科目；将本科目本年发生额中的非财政专项资金支出转入非财政拨款结转，借记“非财政拨款结转——本年收支结转”科目，贷记本科目下各非财政专项资金支出明细科目；将本科目

本年发生额中的其他资金支出(非财政非专项资金支出)转入其他结余,借记“其他结余”科目,贷记本科目下各其他资金支出明细科目。

财务会计	预算会计
注:财务会计收入和费用结转是在每期期末,即每月月末,所以 12 月底只能结转当月发生的收入和费用。 每期的结转分录: 借:本期盈余 　贷:其他费用/资产处置费用	借:财政拨款结转——本年收支结转 　贷:其他支出——财政拨款支出 借:非财政拨款结转——本年收支结转 　贷:其他支出——非财政专项资金支出 借:其他结余 　贷:其他支出——其他资金支出

九、财务会计中的收入费用与预算会计中的收入支出之间的关系

财务会计中的收入费用是按照权责发生制确认的,而预算会计中的收入支出原则上是按照收付实现制确认的。所以两者在确认时间上有一定的差异,但在核算内容有着密切的联系。按照核算内容的相似性,表 15—1 列示了财务会计中的收入费用与预算会计中的预算收入、预算支出的对应关系。

表 15—1　　财务会计中的收入费用与预算会计中的收入支出之间的关系

收入和预算收入		费用与预算支出	
财政拨款收入	财政拨款预算收入	业务活动费用	行政支出/事业支出
事业收入	事业预算收入	单位管理费用	事业支出
上级补助收入	上级补助预算收入	经营费用	经营支出
附属单位上缴收入	附属单位上缴预算收入	上缴上级费用	上缴上级支出
经营收入	经营预算收入	对附属单位补助费用	对附属单位补助支出
非同级财政拨款收入	非同级财政拨款预算收入	资产处置费用	其他支出
投资收益	投资预算收益	其他费用	
捐赠收入	其他预算收入	所得税费用	—
利息收入		—	投资支出
租金收入		—	债务还本支出
其他收入			
—	债务预算收入		

预算会计中的债务预算收入,在财务会计中对应的是短期借款和长期借款的增加;预算会计中的债务还本支出,在财务会计中对应的是短期借款和长期借款的减少。因为预算会计按收付实现制确认债务预算收入和债务还本支出,而财务会计则按权责

发生制确认负债的增加和减少。同理，预算会计中的投资支出，对应的是财务会计中的短期投资、长期债券投资和长期股权投资的现金投资额的变化。另外，财务会计中的所得税费用产生，对应的是预算会计中非财政拨款结余的减少。

复习思考题

1. 行政事业单位预算收入的概念和内容是什么？
2. 财政拨款预算收入的明细该如何设置？
3. 事业预算收入、上级补助预算收入、附属单位上缴预算收入等专项资金收入与非专项资金收入的年末结转应如何进行账务处理？
4. 其他预算收入的内容有哪些？与其他收入有什么区别？
5. 行政事业单位的预算支出的概念和内容是什么？
6. 预算收入和预算支出科目中有哪些是行政事业单位共用的？有哪些只适用于行政单位？又有哪些只适用于事业单位？
7. 年末，行政支出、事业支出和其他支出的“财政拨款支出”“非财政专项资金支出”“其他资金支出”三个明细科目如何结转？
8. 财务会计中的收入费用与预算会计中的收入支出之间有什么样的关系？

练习题

1. 某事业单位按照收支两条线核算，收到从财政专户返还的事业预算收入 76 000 元，会计应如何核算？
2. 某事业单位开展专业业务活动收到其他单位收入 16 000 元，会计应如何核算？
3. 某事业单位年末上级补助预算收入中专项资金收入 80 000 元，非专项资金收入 50 000 元年末结转该如何处理？
4. 某事业单位取得附属独立核算单位上缴收入 120 000 元，会计该如何核算？
5. 某事业单位从银行取得长期借款 800 000 元，会计应如何核算？
6. 某事业单位从事科研活动从非同级财政部门取得经费拨款 780 000 元，会计应如何核算？
7. 某事业单位计提单位职工工资 30 000 元，并通过直接支付方式为单位职工支付薪酬 30 000 元，会计该如何核算？
8. 某事业单位通过授权支付方式支付 B 项目外部人员劳务费 15 000 元，会计该如何核算？
9. 某事业单位用非财政非专项资金购买打印机一台，价值 8 000 元，会计应如何核算？
10. 某事业单位按规定将款项 20 000 元上缴上级单位。会计应如何核算？
11. 某事业单位偿还短期借款本金 80 000 元，会计应如何核算？
12. 某事业单位对外捐赠现金 1 000 元，会计应如何核算？

第十六章 行政事业单位的预算结余

预算结余是指行政事业会计主体预算年度内预算收入扣除预算支出后的资金金额以及历年滚存的资金金额。预算结余包括结余资金和结转资金。结余资金是指年度预算执行终了，预算收入实际完成数扣除预算支出和结转资金后剩余的资金。结转资金是指预算安排项目的支出年终尚未执行完毕或者因故未执行，且下年需要按原用途继续使用的资金。行政事业单位的预算结余类科目有：资金结存、财政拨款结转、财政拨款结余、非财政拨款结转、非财政拨款结余、专用结余、经营结余、其他结余和非财政拨款结余分配。其中，资金结余、财政拨款结转、财政拨款结余、非财政拨款结转、非财政拨款结余和其他结余属于行政事业单位都适用，经营结余、专用结余和非财政拨款结余分配只适用于事业单位。

第一节 资金结存

一、“资金结存”科目的核算范围及明细设置

“资金结存”科目核算单位纳入部门预算管理的资金的流入、流出、调整和滚存等情况。本科目年末借方余额，反映单位预算资金的累计滚存情况。

本科目应当设置以下明细：

1.“零余额账户用款额度”：本明细科目核算实行国库集中支付的单位根据财政部门批复的用款计划收到和支用的零余额账户用款额度。年末结账后，本明细科目应无余额。

2.“货币资金”：本明细科目核算单位以库存现金、银行存款、其他货币资金形态存在的资金。本明细科目年末借方余额，反映单位尚未使用的货币资金。

3.“财政应返还额度”：本明细科目核算实行国库集中支付的单位可以使用的以前年度财政直接支付资金额度和财政应返还的财政授权支付资金额度。本明细科目下可设置“财政直接支付”“财政授权支付”两个明细科目进行明细核算。本明细科目年末借方余额，反映单位应收财政返还的资金额度。

二、“资金结存”科目的主要账务处理

1. 财政授权支付方式下，单位根据代理银行转来的财政授权支付额度到账通知书，按照通知书中的授权支付额度，借记本科目（零余额账户用款额度），贷记“财政拨款预算收入”科目。具体核算参考例 15—2。

以国库集中支付以外的其他支付方式取得预算收入时，按照实际收到的金额，借记本科目（货币资金），贷记“财政拨款预算收入”“事业预算收入”“经营预算收入”等科目。具体核算参考例 15—3。

2. 财政授权支付方式下，发生相关支出时，按照实际支付的金额，借记“行政支出”“事业支出”等科目，贷记本科目（零余额账户用款额度）。具体核算参考例 15—10。

从零余额账户提取现金时，借记本科目（货币资金），贷记本科目（零余额账户用款额度）。退回现金时，做相反会计分录。

【例 16—1】 某事业单位从零余额账户提取现金 2 000 元，会计核算如下：

财务会计		预算会计	
借：现金	2 000	借：资金结存——货币资金	2 000
贷：零余额账户用款额度	2 000	贷：资金结存——零余额账户用款额度	2 000

使用以前年度财政直接支付额度发生支出时，按照实际支付金额，借记“行政支出”“事业支出”等科目，贷记本科目（财政应返还额度）。

【例 16—2】 某事业单位通过以前年度财政直接支付额度支付 30 000 元的管理活动服务费，会计核算如下：

财务会计		预算会计	
借：单位管理费用	30 000	借：事业支出	30 000
贷：财政应返还额度	30 000	贷：资金结存——财政应返还额度	30 000

国库集中支付以外的其他支付方式下，发生相关支出时，按照实际支付的金额，借记“事业支出”“经营支出”等科目，贷记本科目（货币资金）。具体参考例 15—11。

3. 按照规定上缴财政拨款结转结余资金或注销财政拨款结转结余资金额度的，按照实际上缴资金数额或注销的资金额度数额，借记“财政拨款结转——归集上缴”或“财政拨款结余——归集上缴”科目，贷记本科目（财政应返还额度、零余额账户用款额度、货币资金）。

财务会计	预算会计
借：累计盈余 　贷：财政应返还额度/零余额账户用款额度/银行存款	借：财政拨款结转/财政拨款结余——归集上缴 　贷：资金结存——财政应返还额度/零余额账户用款额度/货币资金

按规定向原资金拨入单位缴回非财政拨款结转资金的，按照实际缴回资金数额，借记“非财政拨款结转——缴回资金”科目，贷记本科目（货币资金）。

【例 16－3】　某事业单位向原资金拨入单位缴回专业委托调研经费 20 000 元，会计核算如下：

财务会计	预算会计
借：累计盈余　20 000 　贷：银行存款　20 000	借：非财政拨款结转——缴回资金　20 000 　贷：资金结存——货币资金　20 000

收到从其他单位调入的财政拨款结转资金的，按照实际调入资金数额，借记本科目（财政应返还额度、零余额账户用款额度、货币资金），贷记“财政拨款结转——归集调入”科目。

【例 16－4】　某事业单位收到从其他单位调入财政拨款结转资金 130 000 元，以零余额账户用款额度增加的方式调入，会计核算如下：

财务会计	预算会计
借：零余额账户用款额度　130 000 　贷：累计盈余　130 000	借：资金结存——零余额账户用款额度　130 000 　贷：财政拨款结转——归集调入　130 000

4. 按照规定使用专用基金时，按照实际支付金额，借记“专用结余”科目［从非财政拨款结余中提取的专用基金］或“事业支出”等科目［从预算收入中计提的专用基金］，贷记本科目（货币资金）。

【例 16－5】　某事业单位使用专用基金（此专用基金是从预算收入中计提的）购买固定资产 15 000 元，会计核算如下：

财务会计	预算会计
借：固定资产　15 000 　贷：银行存款　15 000 借：专用基金　15 000 　贷：累计盈余　130 000	借：事业支出　15 000 　贷：资金结存——货币资金　15 000

5. 因购货退回、发生差错更正等退回国库直接支付、授权支付款项，或者收回货

币资金的：

（1）属于本年度支付的，借记“财政拨款预算收入”科目或本科目（零余额账户用款额度、货币资金），贷记相关支出科目；

财务会计	预算会计
借：财政拨款收入/零余额账户用款额度/银行存款等 贷：业务活动费用/单位管理费用/库存物品等	借：财政拨款预算收入/资金结存——零余额账户用款额度、货币资金 贷：行政支出/事业支出等

（2）属于以前年度支付的，借记本科目（财政应返还额度、零余额账户用款额度、货币资金），贷记“财政拨款结转”“财政拨款结余”“非财政拨款结转”“非财政拨款结余”科目。

财务会计	预算会计
借：财政应返还额度/零余额账户用款额度/银行存款等 贷：以前年度盈余调整/库存物品	借：资金结存——财政应返还额度/零余额账户用款额度/货币资金 贷：财政拨款结转/财政拨款结余/非财政拨款结转/非财政拨款结余（年初余额调整）

6. 有企业所得税缴纳义务的事业单位缴纳所得税时，按照实际缴纳金额，借记“非财政拨款结余——累计结余”科目，贷记本科目（货币资金）。具体参考例14－40、例14－41。

7. 年末，根据本年度财政直接支付预算指标数与当年财政直接支付实际支出数的差额，借记本科目（财政应返还额度），贷记“财政拨款预算收入”科目。

【例16－6】　某事业单位本年度财政直接支付指标数与实际支出数差额180 000元，会计核算如下：

财务会计	预算会计
借：财政应返还额度——财政直接支付　180 000 贷：财政拨款收入　180 000	借：资金结存——财政应返还额度　180 000 贷：财政拨款预算收入　180 000

8. 年末，单位依据代理银行提供的对账单做注销额度的相关账务处理，借记本科目（财政应返还额度），贷记本科目（零余额账户用款额度）；本年度财政授权支付预算指标数大于零余额账户用款额度下达数的，根据未下达的用款额度，借记本科目（财政应返还额度），贷记“财政拨款预算收入”科目。具体参考例11－13。

下年初，单位依据代理银行提供的额度恢复到账通知书做恢复额度的相关账务处理，借记本科目(零余额账户用款额度)，贷记本科目(财政应返还额度)。单位收到财政部门批复的上年末未下达零余额账户用款额度的，借记本科目(零余额账户用款额度)，贷记本科目(财政应返还额度)。

【例16－7】 某事业单位根据下年初代理银行提供的额度恢复到账通知书40 000元做恢复额度账务处理，会计核算如下：

财务会计	预算会计
借：零余额账户用款额度　40 000 　贷：财政应返还额度——财政授权支付 　40 000	借：资金结存——零余额账户用款额度 　40 000 　贷：资金结存——财政应返还额度　40 000

第二节　财政拨款结转与结余

一、财政拨款结转

(一)"财政拨款结转"科目的核算范围以及明细设置

"财政拨款结转"科目核算单位取得的同级财政拨款结转资金的调整、结转和滚存情况。本科目年末贷方余额，反映单位滚存的财政拨款结转资金数额。本科目由行政、事业单位共用。

1. 与会计差错更正、以前年度支出收回相关的明细科目

"年初余额调整"：本明细科目核算因发生会计差错更正、以前年度支出收回等原因，需要调整财政拨款结转的金额。年末结账后，本明细科目应无余额。

2. 与财政拨款调拨业务相关的明细科目

(1)"归集调入"：本明细科目核算按照规定从其他单位调入财政拨款结转资金时，实际调增的额度数额或调入的资金数额。年末结账后，本明细科目应无余额。

(2)"归集调出"：本明细科目核算按照规定向其他单位调出财政拨款结转资金时，实际调减的额度数额或调出的资金数额。年末结账后，本明细科目应无余额。

(3)"归集上缴"：本明细科目核算按照规定上缴财政拨款结转资金时，实际核销的额度数额或上缴的资金数额。年末结账后，本明细科目应无余额。

(4)"单位内部调剂"：本明细科目核算经财政部门批准对财政拨款结余资金改变用途，调整用于本单位其他未完成项目等的调整金额。年末结账后，本明细科目应无余额。

3. 与年末财政拨款结转业务相关的明细科目

(1)"本年收支结转"：本明细科目核算单位本年度财政拨款收支相抵后的余额。

年末结账后，本明细科目应无余额。

（2）“累计结转”：本明细科目核算单位滚存的财政拨款结转资金。本明细科目年末贷方余额，反映单位财政拨款滚存的结转资金数额。

本科目还应当设置“基本支出结转”“项目支出结转”两个明细科目，并在“基本支出结转”明细科目下按照“人员经费”“日常公用经费”进行明细核算，在“项目支出结转”明细科目下按照具体项目进行明细核算；同时，本科目还应按照《政府收支分类科目》中“支出功能分类科目”的相关科目进行明细核算。

有一般公共预算财政拨款、政府性基金预算财政拨款等两种或两种以上财政拨款的，还应当在本科目下按照财政拨款的种类进行明细核算。

（二）“财政拨款结转”科目的主要账务处理

1. 与会计差错更正、以前年度支出收回相关的账务处理

（1）因发生会计差错更正退回以前年度国库直接支付、授权支付款项或财政性货币资金，或者因发生会计差错更正增加以前年度国库直接支付、授权支付支出或财政性货币资金支出，属于以前年度财政拨款结转资金的，借记或贷记“资金结存——财政应返还额度、零余额账户用款额度、货币资金”科目，贷记或借记本科目（年初余额调整）。

财务会计	预算会计
因发生会计差错更正退回以前年度国库直接支付、授权支付款项或财政性货币资金： 借：零余额账户用款额度/银行存款等 　贷：以前年度盈余调整	借：资金结存——零余额账户用款额度/货币资金等 　贷：财政拨款结转——年初余额调整
因发生会计差错更正增加以前年度国库直接支付、授权支付支出或财政性货币资金支出： 借：以前年度盈余调整 　贷：零余额账户用款额度/银行存款	借：财政拨款结转——年初余额调整 　贷：资金结存——零余额账户用款额度/货币资金等

（2）因购货退回、预付款项收回等发生以前年度支出又收回国库直接支付、授权支付款项或收回财政性货币资金，属于以前年度财政拨款结转资金的，借记“资金结存——财政应返还额度、零余额账户用款额度、货币资金”科目，贷记本科目（年初余额调整）。

【例 16—8】 某事业单位退回以前年度购买的办公用品 900 元，此 900 元原来用授权支付的方式支付。会计核算如下：

财务会计	预算会计
借:零余额账户用款额度　900 　贷:以前年度盈余调整　900	借:资金结存——零余额账户用款额度　900 　贷:财政拨款结转——年初余额调整　900

2. 与财政拨款结转结余资金调整业务相关的账务处理

(1)按照规定从其他单位调入财政拨款结转资金的,按照实际调增的额度数额或调入的资金数额,借记"资金结存——财政应返还额度、零余额账户用款额度、货币资金"科目,贷记本科目(归集调入)。具体参考例16—4。

(2)按照规定向其他单位调出财政拨款结转资金的,按照实际调减的额度数额或调出的资金数额,借记本科目(归集调出),贷记"资金结存——财政应返还额度、零余额账户用款额度、货币资金"科目。

【例16—9】　某事业单位零余额账户用款额度减少34 000元,用于向其他单位调出财政拨款结转资金。会计核算如下:

财务会计	预算会计
借:累计盈余　34 000 　贷:零余额账户用款额度　34 000	借:财政拨款结转——归集调出　34 000 　贷:资金结存——零余额账户用款额度　34 000

(3)按照规定上缴财政拨款结转资金或注销财政拨款结转资金额度的,按照实际上缴资金数额或注销的资金额度数额,借记本科目(归集上缴),贷记"资金结存——财政应返还额度、零余额账户用款额度、货币资金"科目。

财务会计	预算会计
借:累计盈余 　贷:财政应返还额度/零余额账户用款额度/银行存款	借:财政拨款结转——归集上缴 　贷:资金结存——财政应返还额度/零余额账户用款额度/货币资金

(4)经财政部门批准对财政拨款结余资金改变用途,调整用于本单位基本支出或其他未完成项目支出的,按照批准调剂的金额,借记"财政拨款结余——单位内部调剂"科目,贷记本科目(单位内部调剂)。

财务会计	预算会计
—	借:财政拨款结余——单位内部调剂 　贷:财政拨款结转——单位内部调剂

3. 与年末财政拨款结转和结余业务相关的账务处理

(1)年末,将财政拨款预算收入本年发生额转入本科目,借记"财政拨款预算收入"

科目，贷记本科目（本年收支结转）；将各项支出中财政拨款支出本年发生额转入本科目，借记本科目（本年收支结转），贷记各项支出（财政拨款支出）科目。

【例 16—10】 某事业单位年末将财政拨款预算收入本年发生额 1 750 000 元和事业支出财政拨款支出发生额 1 700 000 元转入财政拨款结转，会计核算如下：

财务会计	预算会计
注：财务会计收入和费用结转是在每期期末，即每月月末，所以 12 月底只能结转当月发生的收入和费用。	借：财政拨款预算收入 1750 000 贷：财政拨款结转——本年收支结转 1750 000 借：财政拨款结转——本年收支结转 1700 000 贷：事业支出——财政拨款支出 1700 000

（2）年末冲销有关明细科目余额。将本科目（本年收支结转、年初余额调整、归集调入、归集调出、归集上缴、单位内部调剂）余额转入本科目（累计结转）。结转后，本科目除“累计结转”明细科目外，其他明细科目应无余额。

财务会计	预算会计
—	借：财政拨款结转——年初余额调整［该明细科目为贷方余额时］ ——归集调入 ——单位内部调剂 ——本年收支结转［该明细科目为贷方余额时］ 贷：财政拨款结转——累计结转 借：财政拨款结转——累计结转 贷：财政拨款结转——归集上缴 ——年初余额调整［该明细科目为借方余额时］ ——归集调出 ——本年收支结转［该明细科目为借方余额时］

（3）年末完成上述结转后，应当对财政拨款结转各明细项目执行情况进行分析，按照有关规定将符合财政拨款结余性质的项目余额转入财政拨款结余，借记本科目（累计结转），贷记“财政拨款结余——结转转入”科目。

【例 16—11】 某事业单位年末将财政拨款结转中符合财政拨款结余性质的某项目 30 000 元转入财政拨款结余，会计核算如下：

财务会计	预算会计
—	借：财政拨款结转——累计结转 30 000 贷：财政拨款结余——结转转入 30 000

二、财政拨款结余

（一）“财政拨款结余”科目核算的范围及明细设置

“财政拨款结余”科目核算单位取得的同级财政拨款项目支出结余资金的调整、结转和滚存情况。本科目年末贷方余额，反映单位滚存的财政拨款结余资金数额。本科目由行政、事业单位共用。

1. 与会计差错更正、以前年度支出收回相关的明细科目

“年初余额调整”：本明细科目核算因发生会计差错更正、以前年度支出收回等原因，需要调整财政拨款结余的金额。年末结账后，本明细科目应无余额。

2. 与财政拨款结余资金调整业务相关的明细科目

（1）“归集上缴”：本明细科目核算按照规定上缴财政拨款结余资金时，实际核销的额度数额或上缴的资金数额。年末结账后，本明细科目应无余额。

（2）“单位内部调剂”：本明细科目核算经财政部门批准对财政拨款结余资金改变用途，调整用于本单位其他未完成项目等的调整金额。年末结账后，本明细科目应无余额。

3. 与年末财政拨款结余业务相关的明细科目

（1）“结转转入”：本明细科目核算单位按照规定转入财政拨款结余的财政拨款结转资金。年末结账后，本明细科目应无余额。

（2）“累计结余”：本明细科目核算单位滚存的财政拨款结余资金。本明细科目年末贷方余额，反映单位财政拨款滚存的结余资金数额。

本科目还应当按照具体项目、《政府收支分类科目》中“支出功能分类科目”的相关科目等进行明细核算。有一般公共预算财政拨款、政府性基金预算财政拨款等两种或两种以上财政拨款的，还应当在本科目下按照财政拨款的种类进行明细核算。

（二）“财政拨款结余”的主要账务处理

1. 与会计差错更正、以前年度支出收回相关的账务处理

（1）因发生会计差错更正退回以前年度国库直接支付、授权支付款项或财政性货币资金，或者因发生会计差错更正增加以前年度国库直接支付、授权支付支出或财政性货币资金支出，属于以前年度财政拨款结余资金的，借记或贷记“资金结存——财政应返还额度、零余额账户用款额度、货币资金”科目，贷记或借记本科目（年初余额调整）。参考“财政拨款结转”相关核算。

（2）因购货退回、预付款项收回等发生以前年度支出又收回国库直接支付、授权支付款项或收回财政性货币资金，属于以前年度财政拨款结余资金的，借记“资金结存——财政应返还额度、零余额账户用款额度、货币资金”科目，贷记本科目（年初余额调整）。

【例 16－12】　某事业单位因购货退回发生以前年度直接支付款项退回国库

20 000 元，属于以前年度财政拨款结余资金，会计核算如下：

财务会计	预算会计
借：财政应返还额度 20 000 　贷：库存物品 20 000	借：资金结存——财政应返还额度 20 000 　贷：财政拨款结余——年初余额调整 20 000

2. 与财政拨款结余资金调整业务相关的账务处理

（1）经财政部门批准对财政拨款结余资金改变用途，调整用于本单位基本支出或其他未完成项目支出的，按照批准调剂的金额，借记本科目（单位内部调剂），贷记“财政拨款结转——单位内部调剂”科目。

【例 16－13】 某事业单位经财政批准将财政拨款结余资金 30 000 元调整为基本支出经费，会计核算如下：

财务会计	预算会计
—	借：财政拨款结余——单位内部调剂 30 000 　贷：财政拨款结转——单位内部调剂 30 000

（2）按照规定上缴财政拨款结余资金或注销财政拨款结余资金额度的，按照实际上缴资金数额或注销的资金额度数额，借记本科目（归集上缴），贷记“资金结存——财政应返还额度、零余额账户用款额度、货币资金”科目。参考“财政拨款结转”相关核算。

3. 与年末财政拨款结转和结余业务相关的账务处理

（1）年末，对财政拨款结转各明细项目执行情况进行分析，按照有关规定将符合财政拨款结余性质的项目余额转入财政拨款结余，借记“财政拨款结转——累计结转”科目，贷记本科目（结转转入）。参考例 16－11。

（2）年末冲销有关明细科目余额。将本科目（年初余额调整、归集上缴、单位内部调剂、结转转入）余额转入本科目（累计结余）。结转后，本科目除“累计结余”明细科目外，其他明细科目应无余额。参考“财政拨款结转”相关核算。

财务会计	预算会计
—	借：财政拨款结余——年初余额调整[该明细科目为贷方余额时] 　贷：财政拨款结余——累计结余 借：财政拨款结余——累计结余 　贷：财政拨款结余——年初余额调整[该明细科目为借方余额时] 　　　　　　　　——归集上缴 　　　　　　　　——单位内部调剂 借：财政拨款结余——结转转入 　贷：财政拨款结余——累计结余

第三节 非财政拨款结转与结余

一、非财政拨款结转

(一)“非财政拨款结转”科目的核算范围及明细设置

“非财政拨款结转”科目核算单位除财政拨款收支、经营收支以外各非同级财政拨款专项资金的调整、结转和滚存情况。本科目年末贷方余额,反映单位滚存的非同级财政拨款专项结转资金数额。本科目由行政、事业单位共用。

“非财政拨款结转”有以下明细科目:

1.“年初余额调整”:本明细科目核算因发生会计差错更正、以前年度支出收回等原因,需要调整非财政拨款结转的资金。年末结账后,本明细科目应无余额。

2.“缴回资金”:本明细科目核算按照规定缴回非财政拨款结转资金时,实际缴回的资金数额。年末结账后,本明细科目应无余额。

3.“项目间接费用或管理费”:本明细科目核算单位取得的科研项目预算收入中,按照规定计提项目间接费用或管理费的数额。年末结账后,本明细科目应无余额。

4.“本年收支结转”:本明细科目核算单位本年度非同级财政拨款专项收支相抵后的余额。年末结账后,本明细科目应无余额。

5.“累计结转”:本明细科目核算单位滚存的非同级财政拨款专项结转资金。

本明细科目年末贷方余额,反映单位非同级财政拨款滚存的专项结转资金数额。

本科目还应当按照具体项目、《政府收支分类科目》中“支出功能分类科目”的相关科目等进行明细核算。

(二)“非财政拨款结转”的主要账务处理

1. 按照规定从科研项目预算收入中提取项目管理费或间接费时,按照提取金额,借记本科目(项目间接费用或管理费),贷记“非财政拨款结余——项目间接费用或管理费”科目。

【例 16—14】 某事业单位从科研项目预算收入中提取项目管理费 10 000 元,会计核算如下:

财务会计	预算会计
借:单位管理费用 10 000 贷:预提费用——项目间接费用或管理费用 10 000	借:非财政拨款结转——项目间接费用或管理费 10 000 贷:非财政拨款结余——项目间接费用或管理费 10 000

2. 因会计差错更正收到或支出非同级财政拨款货币资金,属于非财政拨款结转

资金的，按照收到或支出的金额，借记或贷记“资金结存——货币资金”科目，贷记或借记本科目（年初余额调整）。

因收回以前年度支出等收到非同级财政拨款货币资金，属于非财政拨款结转资金的，按照收到的金额，借记“资金结存——货币资金”科目，贷记本科目（年初余额调整）。具体参考“财政拨款结转”相关核算。

3. 按照规定缴回非财政拨款结转资金的，按照实际缴回资金数额，借记本科目（缴回资金），贷记“资金结存——货币资金”科目。

【例 16—15】 某事业单位按规定缴回给B单位非同级财政拨款的专项资金45 000元，用银行存款方式缴回。会计核算如下：

财务会计		预算会计	
借：累计盈余	45 000	借：非财政拨款结转——缴回资金	45 000
贷：银行存款	45 000	贷：资金结存——货币资金	45 000

4. 年末，将事业预算收入、上级补助预算收入、附属单位上缴预算收入、非同级财政拨款预算收入、债务预算收入、其他预算收入本年发生额中的专项资金收入转入本科目，借记“事业预算收入”“上级补助预算收入”“附属单位上缴预算收入”“非同级财政拨款预算收入”“债务预算收入”“其他预算收入”科目下各专项资金收入明细科目，贷记本科目（本年收支结转）；将行政支出、事业支出、其他支出本年发生额中的非财政拨款专项资金支出转入本科目，借记本科目（本年收支结转），贷记“行政支出”“事业支出”“其他支出”科目下各非财政拨款专项资金支出明细科目。

【例 16—16】 某事业单位年末将事业预算收入、上级补助预算收入本年发生额中非同级财政专项资金收入各10 000元、20 000元，以及事业支出、其他支出科目下各非同级财政专项资金支出各8 000元、18 000元转入非财政拨款结转，会计核算如下：

财务会计	预算会计	
注：财务会计收入和费用结转是在每期期末，即每月月末，所以12月底只能结转当月发生的收入和费用。	借：事业预算收入——专项资金收入	10 000
	上级补助预算收入——专项资金收入	20 000
	贷：非财政拨款结转——本年收支结转	30 000
	借：非财政拨款结转——本年收支结转	26 000
	贷：事业支出——非财政专项资金支出	8 000
	其他支出——非财政专项资金支出	18 000

5. 年末冲销有关明细科目余额，将本科目（年初余额调整、项目间接费用或管理费、缴回资金、本年收支结转）余额转入本科目（累计结转）。结转后，本科目除“累计结转”明细科目外，其他明细科目应无余额。

财务会计	预算会计
—	借：非财政拨款结转——年初余额调整[该明细科目为贷方余额时] ——本年收支结转[该明细科目为贷方余额时] 贷：非财政拨款结转——累计结转 借：非财政拨款结转——累计结转 贷：非财政拨款结转——缴回资金 ——年初余额调整[该明细科目为借方余额时] ——项目间接费用或管理费 ——本年收支结转[该明细科目为借方余额时]

6. 年末完成上述结转后，应当对非财政拨款专项结转资金各项目情况进行分析，将留归本单位使用的非财政拨款专项（项目已完成）剩余资金转入非财政拨款结余，借记本科目（累计结转），贷记“非财政拨款结余——结转转入”科目。

财务会计	预算会计
—	借：非财政拨款结转——累计结转 贷：非财政拨款结余——结转转入

二、非财政拨款结余

（一）“非财政拨款结余”科目的核算范围及明细设置

“非财政拨款结余”科目核算单位历年滚存的非限定用途的非同级财政拨款结余资金，主要为非财政拨款结余扣除结余分配后滚存的金额。本科目年末贷方余额，反映单位非同级财政拨款结余资金的累计滚存数额。本科目由行政、事业单位共用。

“非财政拨款结余”科目的明细设置有：

1. “年初余额调整”：本明细科目核算因发生会计差错更正、以前年度支出收回等原因，需要调整非财政拨款结余的资金。年末结账后，本明细科目应无余额。

2. “项目间接费用或管理费”：本明细科目核算单位取得的科研项目预算收入中，按照规定计提的项目间接费用或管理费数额。年末结账后，本明细科目应无余额。

3. “结转转入”：本明细科目核算按照规定留归单位使用，由单位统筹调配，纳入单位非财政拨款结余的非同级财政拨款专项剩余资金。年末结账后，本明细科目应无余额。

4. “累计结余”：本明细科目核算单位历年滚存的非同级财政拨款、非专项结余资金。本明细科目年末贷方余额，反映单位非同级财政拨款滚存的非专项结余资金数额。

本科目还应当按照《政府收支分类科目》中“支出功能分类科目”的相关科目进行明细核算。因为“非财政拨款结余”科目其他明细在年末转账后都没有余额，只有“累计结余”才有余额，所以其余额数就是“非财政拨款结余”科目的余额数。所以“非财政拨款结余”科目的余额是反映非同级财政拨款、非专项结余资金，也就是不指定用途的非同级财政拨款资金。

（二）“非财政拨款结余”的主要账务处理

1. 按照规定从科研项目预算收入中提取项目管理费或间接费时，借记“非财政拨款结转——项目间接费用或管理费”科目，贷记本科目（项目间接费用或管理费）。参考例 16－14。

2. 有企业所得税缴纳义务的事业单位实际缴纳企业所得税时，按照缴纳金额，借记本科目（累计结余），贷记“资金结存——货币资金”科目。参考例 14－41。

3. 因会计差错更正收到或支出非同级财政拨款货币资金，属于非财政拨款结余资金的，按照收到或支出的金额，借记或贷记“资金结存——货币资金”科目，贷记或借记本科目（年初余额调整）。

因收回以前年度支出等收到非同级财政拨款货币资金，属于非财政拨款结余资金的，按照收到的金额，借记“资金结存——货币资金”科目，贷记本科目（年初余额调整）。

核算与“财政拨款结转”相关业务相似，可以参考“财政拨款结转”相关业务的核算。

4. 年末，将留归本单位使用的非财政拨款专项（项目已完成）剩余资金转入本科目，借记“非财政拨款结转——累计结转”科目，贷记本科目（结转转入）。参考“非财政拨款结转”相关业务核算。

5. 年末冲销有关明细科目余额。将本科目（年初余额调整、项目间接费用或管理费、结转转入）余额结转入本科目（累计结余）。结转后，本科目除“累计结余”明细科目外，其他明细科目应无余额。

财务会计	预算会计
—	借：非财政拨款结余——年初余额调整［该明细科目为贷方余额时］ ——项目间接费用或管理费 ——结转转入 贷：财政拨款结余——累计结余 借：财政拨款结余——累计结余 贷：财政拨款结余——年初余额调整［该明细科目为借方余额时］

6. 年末，事业单位将“非财政拨款结余分配”科目余额转入非财政拨款结余。“非财政拨款结余分配”科目为借方余额的，借记本科目（累计结余），贷记“非财政拨款结

余分配”科目；“非财政拨款结余分配”科目为贷方余额的，借记“非财政拨款结余分配”科目，贷记本科目（累计结余）。

【例16－17】 某事业单位年末将非财政拨款结余分配贷方余额80 000元转入非财政拨款结余，会计核算如下：

财务会计	预算会计
—	借：非财政拨款结余分配　　80 000 　贷：非财政拨款结余——累计结余　　80 000

年末，行政单位将“其他结余”科目余额转入非财政拨款结余。“其他结余”科目为借方余额的，借记本科目（累计结余），贷记“其他结余”科目；“其他结余”科目为贷方余额的，借记“其他结余”科目，贷记本科目（累计结余）。

【例16－18】 某行政单位年末将其他结余贷方余额50 000元转入非财政拨款结余，会计核算如下：

财务会计	预算会计
—	借：其他结余　　50 000 　贷：非财政拨款结余——累计结余　　50 000

第四节　其他结余、经营结余与专用结余

一、其他结余

“其他结余”科目核算单位本年度除财政拨款收支、非同级财政专项资金收支和经营收支以外各项收支相抵后的余额。年末结账后，本科目应无余额。本科目适用于行政事业单位。

1. 年末，将事业预算收入、上级补助预算收入、附属单位上缴预算收入、非同级财政拨款预算收入、债务预算收入、其他预算收入本年发生额中的非专项资金收入以及投资预算收益本年发生额转入本科目，借记“事业预算收入”“上级补助预算收入”“附属单位上缴预算收入”“非同级财政拨款预算收入”“债务预算收入”“其他预算收入”科目下各非专项资金收入明细科目和“投资预算收益”科目，贷记本科目（“投资预算收益”科目本年发生额为借方净额时，借记本科目，贷记“投资预算收益”科目）；将行政支出、事业支出、其他支出本年发生额中的非同级财政、非专项资金支出以及上缴上级支出、对附属单位补助支出、投资支出、债务还本支出本年发生额转入本科目，借记本科目，贷记“行政支出”“事业支出”“其他支出”科目下各非同级财政、非专项资金支出明

细科目和“上缴上级支出”“对附属单位补助支出”“投资支出”“债务还本支出”科目。

财务会计	预算会计
—	(1)结转预算收入(除财政拨款收入、非同级财政专项收入、经营收入以外): 借:事业预算收入/上级补助预算收入/附属单位上缴预算收入/非同级财政拨款预算收入/债务预算收入/其他预算收入[非专项资金收入部分] 投资预算收益[为贷方余额时] 贷:其他结余 借:其他结余 贷:投资预算收益[为借方余额时] (2)结转预算支出(除同级财政拨款支出、非同级财政专项支出、经营支出以外): 借:其他结余 贷:行政支出/事业支出/其他支出[非财政、非专项资金支出部分] 上缴上级支出/对附属单位补助支出/投资支出/债务还本支出

2. 年末,完成上面的结转后,行政单位将本科目余额转入“非财政拨款结余——累计结余”科目;事业单位将本科目余额转入“非财政拨款结余分配”科目。当本科目为贷方余额时,借记本科目,贷记“非财政拨款结余——累计结余”或“非财政拨款结余分配”科目;当本科目为借方余额时,借记“非财政拨款结余——累计结余”或“非财政拨款结余分配”科目,贷记本科目。

财务会计	预算会计
—	(1)行政单位: 借:其他结余[为贷方余额时] 贷:非财政拨款结余——累计结余 借:非财政拨款结余——累计结余 贷:其他结余 [为借方余额时] (2)事业单位: 借:其他结余[为贷方余额时] 贷:非财政拨款结余分配 借:非财政拨款结余分配 贷:其他结余 [为借方余额时]

二、经营结余

“经营结余”科目核算事业单位本年度经营活动收支相抵后余额弥补以前年度经

营亏损后的余额。本科目可以按照经营活动类别进行明细核算。年末结账后，本科目一般无余额；如为借方余额，反映事业单位累计发生的经营亏损。因为行政单位是不允许进行经营活动的，所以本科目仅适用于事业单位，不适用于行政单位。

1. 年末，将经营预算收入本年发生额转入本科目，借记“经营预算收入”科目，贷记本科目；将经营支出本年发生额转入本科目，借记本科目，贷记“经营支出”科目。

财务会计	预算会计
—	借：经营预算收入 　　贷：经营结余 借：经营结余 　　贷：经营支出

2. 年末，完成上面结转后，如本科目为贷方余额，将本科目贷方余额转入“非财政拨款结余分配”科目，借记本科目，贷记“非财政拨款结余分配”科目；如本科目为借方余额，为经营亏损，不予结转。

财务会计	预算会计
—	借：经营结余 　　贷：非财政拨款结余分配 年末结余在借方，则不予结转

三、专用结余

“专用结余”科目核算事业单位按照规定从非财政拨款结余中提取的具有专门用途的资金的变动和滚存情况。本科目应当按照专用结余的类别进行明细核算。本科目年末贷方余额，反映事业单位从非同级财政拨款结余中提取的专用基金的累计滚存数额。本科目仅适用于事业单位。

1. 根据有关规定从本年度非财政拨款结余或经营结余中提取基金的，按照提取金额，借记“非财政拨款结余分配”科目，贷记本科目。具体核算见例 13－36。

2. 根据规定使用从非财政拨款结余或经营结余中提取的专用基金时，按照使用金额，借记本科目，贷记“资金结存——货币资金”科目。具体核算见例 13－37。

第五节　非财政拨款结余分配与年末结账流程

一、非财政拨款结余分配

“非财政拨款结余分配”科目核算事业单位本年度非财政拨款结余分配的情况和

结果。年末结账后，本科目应无余额。本科目仅适用于事业单位，因为只有事业单位才存在非财政拨款结余分配的经济行为。

1. 年末，将“其他结余”科目余额转入本科目，当“其他结余”科目为贷方余额时，借记“其他结余”科目，贷记本科目；当“其他结余”科目为借方余额时，借记本科目，贷记“其他结余”科目。年末，将“经营结余”科目贷方余额转入本科目，借记“经营结余”科目，贷记本科目。参考“其他结余”和“经营结余”的相关业务核算。

2. 根据有关规定提取专用基金的，按照提取的金额，借记本科目，贷记“专用结余”科目。具体参考例 13－36。

3. 年末，按照规定完成上面处理后，将本科目余额转入非财政拨款结余。当本科目为借方余额时，借记“非财政拨款结余——累计结余”科目，贷记本科目；当本科目为贷方余额时，借记本科目，贷记“非财政拨款结余——累计结余”科目。具体参考例 16－17。

二、预算会计的年末结账流程

1. 收支结转。

预算会计不需要像财务会计那样每月结转收支，只要年底进行收支结转。预算会计下事业单位的收支分为四类（行政单位只有三类，不包括经营性收支），所以收支结转也需要四次（具体见表 16－1）：第一类是同级财政的各类拨款及其形成的支出以及它们的结转；第二类就是除同级财政各类拨款之外，同时又是非经营性的专项性质的收支；第三类是除同级财政各类拨款之外，同时又是非经营性的非专项性质的收支；第四类就是经营性的收支。

表 16－1　　事业单位预算会计的四种收支及其结转

类别	性质	结转结余	收　入	支　出
第一类	同级财政各类拨款	财政拨款结转	财政拨款预算收入	1. 事业支出/行政支出——财政拨款支出 2. 其他支出——财政拨款支出
第二类	除同级财政各类拨款之外、非经营性、专项	非财政拨款结转	1. 事业预算收入——专项资金收入 2. 上级补助收入——专项资金收入 3. 非同级财政拨款预算收入——专项资金收入 4. 附属单位上缴预算收入——专项资金收入 5. 债务预算收入——专项资金收入 6. 其他预算收入——专项资金收入	1. 事业支出/行政支出——非财政专项资金支出 2. 其他支出——非财政专项资金支出

续表

类别	性质	结转结余	收　入	支　出
第三类	除同级财政各类拨款之外、非经营性、非专项	其他结余	1. 事业预算收入——非专项资金收入 2. 上级补助收入——非专项资金收入 3. 非同级财政拨款预算收入——非专项资金收入 4. 附属单位上缴预算收入——非专项资金收入 5. 债务预算收入——非专项资金收入 6. 投资预算收益 7. 其他预算收入——非专项资金收入	1. 事业支出/行政支出——其他资金支出（非财政非专项） 2. 其他支出——其他资金支出 3. 投资支出 4. 上缴上级支出 5. 对附属单位补助支出 6. 债务还本支出
第四类	经营性	经营结余	经营预算收入	经营支出

事业单位的四类收支可以分为经营性与非经营性，非经营性又可以分为同级财政各类拨款与同级财政各类拨款之外的非经营性收支，后者又可以分为专项和非专项（见图16—1）。

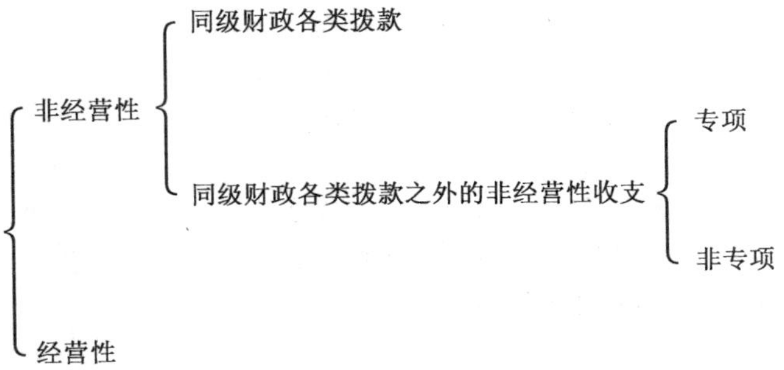

图16—1　事业单位预算会计的四种收支分类

2. 冲销其他明细，并将结转转入结余。

(1)“财政拨款结转”的其他明细结转到“累计结转”后，其他明细科目余额为零。明细科目只剩“累计结转”有余额，具体核算请参考本章第二节。

对“财政拨款结转——累计结转”各明细项目执行情况进行分析，按照有关规定将符合财政拨款结余性质的项目余额转入财政拨款结余，借记“财政拨款结转——累计结转”，贷记“财政拨款结余——结转转入”科目。

(2)“非财政拨款结转”的其他明细结转到“累计结转”后，其他明细科目余额为零。明细科目只剩“累计结转”有余额，具体核算请参考本章第三节。

对非财政拨款专项结转资金各项目情况进行分析，将留归本单位使用的非财政拨款专项（项目已完成）剩余资金转入非财政拨款结余，借记“非财政拨款结转——累计结转”，贷记“非财政拨款结余——结转转入”科目。

3. 其他结余与经营结余转入非财政拨款结余分配或非财政拨款结余。

(1)行政单位：“其他结余”转入“非财政拨款结余”。结转后“其他结余”余额为零。

(2)事业单位:“其他结余”和有贷方余额的“经营结余”转入“非财政拨款结余分配”。结转后“其他结余”余额为零。“经营结余”或者为借方余额,或者余额为零。

4. 事业单位对非财政拨款结余进行分配。

按照规定对非财政拨款结余按比例计提专用基金。借记“非财政拨款结余分配”科目,贷记“专用结余”科目。

5. 事业单位将分配完的“非财政拨款结余分配”的余额转入“非财政拨款结余——累计结余”,结转后“非财政拨款结余分配”余额为零。

6. 事业单位缴纳所得税,作为非财政拨款结余的减少。借记“非财政拨款结余——累计结余”科目,贷记 “资金结存——货币资金”科目。

上面的 4—6 都不涉及行政单位,即行政单位不需要进行 4—6 的账务处理。

复习思考题

1. 什么是预算结余? 什么是结转资金? 什么是结余资金?
2. 事业单位收支有哪几种类型? 与行政单位有哪些区别?
3. 事业单位哪些业务会引起“非财政拨款结余”的变化?
4.“资金结存”有哪些明细科目?
5.“财政拨款结转”和“财政拨款结余”有哪些明细科目?
6.“非财政拨款结转”和“非财政拨款结余”有哪些明细科目?
7. 预算会计的年末结账流程是什么样的?

练习题

1. 某事业单位年末将“财政拨款结转”科目下的明细科目“本年收支结转”贷方余额 10 000 元、“年初余额调整”贷方余额 20 000 元 、“归集调入”贷方余额 30 000 元转入“累计结转”,会计分录应如何做?

2. 某事业单位年末将“非财政拨款结转”科目下的明细科目“年初余额调整”贷方余额 20 000 元 、“项目间接费用或管理费”借方余额 30 000 元转入“累计结转”,会计分录应如何做?

3. 某事业单位年末将非财政拨款专项结转中留归本单位使用的非财政拨款专项剩余资金 180 000 元转入非财政拨款结余,会计分录应如何做?

4. 某事业单位年末将事业预算收入、上级补助预算收入、非同级财政拨款预算收入、其他预算收入本年发生额中非专项资金收入 10 000 元、20 000 元、30 000 元、35 000 元以及事业支出、对附属单位补助支出、其他支出各科目非财政非专项资金 8 000 元、15 000 元、26 000 元进行收支结转,会计分录应如何做?

5. 某事业单位年末将经营预算收入 10 000 元、经营支出 8 000 元进行收支结转,会计分录应如何做?

6. 某事业单位按规定从非财政拨款结余中提取专用基金 40 000 元,会计分录应如何做?

第十七章　行政事业单位的会计报表

行政事业单位会计具有预算会计和财务会计双会计功能，对应的也实行双报告制度，单位既要编制决算报告，又要编制财务报告。决算报告是综合反映会计主体年度预算收支执行结果的文件，包括决算报表和其他应当在决算报告中反映的相关信息和资料。预算会计报表是编制决算报表和决算报告的基础。财务报告是反映会计主体某一特定日期的财务状况和某一会计期间的运行情况和现金流量等信息的文件，包括财务报表和其他应当在财务报告中披露的相关信息和资料。

财务报表的编制主要以权责发生制为基础，以单位财务会计核算生成的数据为准；预算会计报表的编制主要以收付实现制为基础，以单位预算会计核算生成的数据为准。财务报表由财务会计报表及其附注构成，财务会计报表一般包括资产负债表、收入费用表和净资产变动表，单位可根据实际情况自行选择编制现金流量表。预算会计报表至少包括预算收入支出表、预算结转结余变动表和财政拨款预算收入支出表。

单位应当至少按照年度编制财务报表和预算会计报表。单位应当编制真实、完整的财务报表和预算会计报表，不得违反规定随意改变财务报表和预算会计报表的编制基础、编制依据、编制原则和方法，不得随意改变会计制度规定的财务报表和预算会计报表有关数据的会计口径。

财务报表和预算会计报表应当根据登记完整、核对无误的账簿记录和其他有关资料编制，做到数字真实、计算准确、内容完整、编报及时，见表17—1。

表17—1　　行政事业单位财务报表和预算会计报表

编　号	报表名称	编制期
财务报表		
会政财01表	资产负债表	月度、年度
会政财02表	收入费用表	月度、年度
会政财03表	净资产变动表	年度
会政财04表	现金流量表	年度
	附注	年度
预算会计报表		
会政预01表	预算收入支出表	年度

续表

编　号	报表名称	编制期
会政预 02 表	预算结转结余变动表	年度
会政预 03 表	财政拨款预算收入支出表	年度

第一节　财务报表

财务报表是对会计主体财务状况、运行情况和现金流量等信息的结构性表述。财务报表包括财务会计报表和附注。财务会计报表包括资产负债表、收入费用表和净资产变动表，单位可以根据实际情况自行选择编制现金流量表。

一、资产负债表

资产负债表是反映单位在某一特定日期全部资产、负债和净资产等财务状况的报表。行政事业单位的资产负债表编制期是月度和年度，不仅要按年编制资产负债表，还要按月编制资产负债表，见表 17－2。

表 17－2　　**资产负债表**　　会政财 01 表

编制单位　　____年____月____日　　单位：元

资　产	年初余额	期末余额	负债和净资产	年初余额	期末余额
流动资产：			流动负债：		
货币资金			短期借款		
短期投资			应交增值税		
财政应返还额度			其他应交税费		
应收票据			应缴财政款		
应收账款净额			应付职工薪酬		
预付账款			应付票据		
应收股利			应付账款		
应收利息			应付政府补贴款		
其他应收款净额			应付利息		
存货			预收账款		
待摊费用			其他应付款		
一年内到期的非流动资产			预提费用		
其他非流动资产			一年内到期的非流动负债		
流动资产合计			其他流动负债		

续表

资　产	年初余额	期末余额	负债和净资产	年初余额	期末余额
非流动资产：			流动负债合计		
长期股权投资			非流动负债：		
长期债券投资			长期借款		
固定资产原值			长期应付款		
减：固定资产累计折旧			预计负债		
固定资产净值			其他非流动负债		
工程物资			非流动负债合计		
在建工程			受托代理负债		
无形资产原值			负债合计		
减：无形资产累计折旧					
无形资产净值					
研发支出					
公共基础设施原值					
减：公共基础设施累计折旧(摊销)					
公共基础设施净值					
政府储备物资					
文物文化资产					
保障性住房原值					
减：保障性住房累计折旧			净资产：		
保障性住房净值			累计盈余		
长期待摊费用			专用基金		
待处理财产损溢			权益法调整		
其他非流动资产			无偿调拨净资产*		
非流动资产合计			本期盈余*		
受托代理资产			净资产合计		
资产总计			负债和净资产总计		

资产负债表“年初余额”栏内各项数字，应当根据上年年末资产负债表“期末余额”栏内数字填列。如果本年度资产负债表规定的项目的名称和内容同上年度不一致，应当对上年年末资产负债表项目的名称和数字按照本年度的规定进行调整，将调整后数字填入本表“年初余额”栏内。如果本年度单位发生了因前期差错更正、会计政策变更等调整以前年度盈余的事项，还应当对“年初余额”栏中的有关项目金额进行相应调整。资产负债表中“资产总计”项目期末(年初)余额应当与“负债和净资产总计”项目期末(年初)余额相等。

资产负债表中“期末余额”栏各项目的内容和填列方法如下：

(一)资产类项目

1.“货币资金”项目,应当根据“库存现金”“银行存款”“零余额账户用款额度”“其他货币资金”科目的期末余额的合计数填列;若单位存在通过“库存现金”“银行存款”科目核算的受托代理资产还应当按照前述合计数扣减“库存现金”“银行存款”科目下“受托代理资产”明细科目的期末余额后的金额填列。

2.“短期投资”“财政应返还额度”“应收票据”“预付账款”“应收股利”“应收利息”“待摊费用”“长期股权投资”“工程物资”“在建工程”“研发支出”“政府储备物资”“文物文化资产”“长期待摊费用”等项目按照各自对应的会计科目的期末余额填列。

3.“应收账款净额”“其他应收款净额”项目应当对应“应收账款”和“其他应收款”科目的期末余额,减去“坏账准备”科目中对应收账款和其他应收款计提的坏账准备的期末余额后的金额填列。

4.“存货”项目应当根据“在途物品”“库存物品”“加工物品”科目的期末余额的合计数填列。

5.“一年内到期的非流动资产”项目,应当根据“长期债券投资”等科目的明细科目的期末余额分析填列。

6.“其他流动资产”项目,应当根据有关科目期末余额的合计数填列。

7.“流动资产合计”项目,应当根据本表中“货币资金”“短期投资”“财政应返还额度”“应收票据”“应收账款净额”“预付账款”“应收股利”“应收利息”“其他应收款净额”“存货”“待摊费用”“一年内到期的非流动资产”“其他流动资产”项目金额的合计数填列。

8.“长期债券投资”项目,应当根据“长期债券投资”科目的期末余额减去其中将于1年内(含1年)到期的长期债券投资余额后的金额填列。

9.“固定资产原值”“固定资产累计折旧”“无形资产原值”“无形资产累计摊销”“公共基础设施原值”“公共基础设施累计折旧(摊销)”“保障性住房原值”“保障性住房累计折旧”等项目应当根据各自科目的期末余额填列。

“固定资产净值”项目应当根据“固定资产”科目期末余额减去“固定资产累计折旧”科目期末余额后的金额填列。

“无形资产净值”项目应当根据“无形资产”科目期末余额减去“无形资产累计摊销”科目期末余额后的金额填列。

“公共基础设施净值”项目根据“公共基础设施”科目期末余额减去“公共基础设施累计折旧(摊销)”科目期末余额后的金额填列。

“保障性住房净值”项目应当根据“保障性住房”科目期末余额减去“保障性住房累计折旧”科目期末余额后的金额填列。

10.“待处理财产损溢”项目应当根据“待处理财产损溢”科目的期末借方余额填列;如“待处理财产损溢”科目期末为贷方余额,以“－”号填列。

11.“其他非流动资产”项目,应当根据有关科目的期末余额合计数填列。

12.“非流动资产合计”项目应当根据本表中“长期股权投资”“长期债券投资”“固定资产净值”“工程物资”“在建工程”“无形资产净值”“研发支出”“公共基础设施净值”“政府储备物资”“文物文化资产”“保障性住房净值”“长期待摊费用”“待处理财产损溢”“其他非流动资产”项目金额的合计数填列。

13.“受托代理资产”项目,应当根据“受托代理资产”科目的期末余额与“库存现金”“银行存款”科目下“受托代理资产”明细科目的期末余额的合计数填列。

14.“资产总计”项目,应当根据本表中“流动资产合计”“非流动资产合计”“受托代理资产”项目金额的合计数填列。

(二)负债类项目

1.“短期借款”“应缴财政款”“应付职工薪酬”“应付票据”“应付账款”“应付政府补贴款”“应付利息”“预收账款”“其他应付款”“预提费用”“预计负债”“受托代理负债”等项目按照各自对应的会计科目的期末余额填列。

2.“应交增值税”“其他应交税费”项目应当对应“应交增值税”和“其他应交税费”科目的期末余额填列,如“应交增值税”科目或者“其他应交税费”科目期末为借方余额,以“—”号填列。

3.“一年内到期的非流动负债”项目,应当根据“长期应付款”“长期借款”等科目的明细科目的期末余额分析填列。

4.“其他流动负债”项目,应当根据有关科目的期末余额的合计数填列。

5.“流动负债合计”项目,应当根据本表“短期借款”“应交增值税”“其他应交税费”“应缴财政款”“应付职工薪酬”“应付票据”“应付账款”“应付政府补贴款”“应付利息”“预收账款”“其他应付款”“预提费用”“一年内到期的非流动负债”“其他流动负债”项目金额的合计数填列。

6.“长期借款”“长期应付款”项目,应当根据“长期借款”和“长期应付款”科目的期末余额减去其中将于1年内(含1年)到期的长期借款和长期应付款余额后的金额填列。

7.“其他非流动负债”项目,应当根据有关科目的期末余额合计数填列。

8.“非流动负债合计”项目,应当根据本表中“长期借款”“长期应付款”“预计负债”“其他非流动负债”项目金额的合计数填列。

9.“负债合计”项目,应当根据本表中“流动负债合计”“非流动负债合计”“受托代理负债”项目金额的合计数填列。

(三)净资产项目

1.“累计盈余”“专用基金”项目应当根据“累计盈余”“专用基金”科目的期末余额填列。

2.“权益法调整”项目应当根据“权益法调整”科目的期末余额填列。如“权益法调整”科目期末为借方余额，以“－”号填列。

3.“无偿调拨净资产”“本期盈余”项目仅在月度报表中列示，年度报表中不列示。月度报表中应当根据“无偿调拨净资产”和“本期盈余”科目的期末余额填列；科目期末为借方余额时，以“－”号填列。

4.“净资产合计”项目应当根据本表中“累计盈余”“专用基金”“权益法调整”“无偿调拨净资产”[月度报表]“本期盈余”[月度报表]项目金额的合计数填列。

5.“负债和净资产总计”项目，应当按照本表中“负债合计”“净资产合计”项目金额的合计数填列。

二、收入费用表

收入费用表是反映单位在某一会计期间内发生的收入、费用及当期盈余等运行情况的报表。收入费用表与资产负债表相同，编制期是月度和年度。既要按年编制收入费用表，还要按月编制收入费用表，见表17－3。

表17－3 **收入费用表** 会政财02表

编制单位： ____年____月 单位：元

项　目	本月数	本年累计数
一、本期收入		
（一）财政拨款收入		
其中：政府性基金收入		
（二）事业收入		
（三）上级补助收入		
（四）附属单位上缴收入		
（五）经营收入		
（六）非同级财政拨款收入		
（七）投资收益		
（八）捐赠收入		
（九）利息收入		
（十）租金收入		
（十一）其他收入		
二、本期费用		
（一）业务活动费用		
（二）单位管理费用		
（三）经营费用		

续表

项　目	本月数	本年累计数
（四）资产处置费用		
（五）上缴上级费用		
（六）对附属单位补助费用		
（七）所得税费用		
（八）其他费用		
三、本期盈余		

收入费用表“本月数”栏反映各项目的本月实际发生数。编制年度收入费用表时，应当将本栏改为“本年数”，反映本年度各项目的实际发生数。收入费用表“本年累计数”栏反映各项目自年初至报告期期末的累计实际发生数。编制年度收入费用表时，应当将本栏改为“上年数”，反映上年度各项目的实际发生数，“上年数”栏应当根据上年年度收入费用表中“本年数”栏内所列数字填列。

如果本年度收入费用表规定的项目的名称和内容同上年度不一致，应当对上年度收入费用表项目的名称和数字按照本年度的规定进行调整，将调整后的金额填入本年度收入费用表的“上年数”栏内。如果本年度单位发生了因前期差错更正、会计政策变更等调整以前年度盈余的事项，还应当对年度收入费用表中“上年数”栏中的有关项目金额进行相应调整。

收入费用表“本月数”栏各项目的内容和填列方法如下：

（一）本期收入

1.“本期收入”项目应当根据本表中“财政拨款收入”“事业收入”“上级补助收入”“附属单位上缴收入”“经营收入”“非同级财政拨款收入”“投资收益”“捐赠收入”“利息收入”“租金收入”“其他收入”项目金额的合计数填列。

2.“财政拨款收入”“事业收入”“上级补助收入”“附属单位上缴收入”“经营收入”“非同级财政拨款收入”“捐赠收入”“租金收入”“其他收入”项目应该按照各自对应科目的本期发生额填列。“政府性基金收入”项目应当根据“财政拨款收入”相关明细科目的本期发生额填列。

3.“投资收益”项目应当根据“投资收益”科目的本期发生额填列；如为投资净损失，以“－”号填列。

（二）本期费用

1.“本期费用”项目应当根据本表中“业务活动费用”“单位管理费用”“经营费用”“资产处置费用”“上缴上级费用”“对附属单位补助费用”“所得税费用”和“其他费用”项目金额的合计数填列。

2."业务活动费用""单位管理费用""经营费用""资产处置费用""上缴上级费用""对附属单位补助费用""所得税费用"和"其他费用"项目应该按照各自对应科目的本期发生额填列。

(三)本期盈余

"本期盈余"项目应当根据收入支出表中"本期收入"项目金额减去"本期费用"项目金额后的金额填列;如为负数,以"－"号填列。

三、净资产变动表

净资产变动表是反映单位在某一会计年度内净资产项目变动情况的报表。净资产变动表是年报表,只需按年编制,见表17－4。

表17－4 **净资产变动表** 会政财政03表

编制单位: ____年 单位:元

项目	本年数				上年数			
	累计盈余	专用基金	权益法调整	净资产合计	累计盈余	专用基金	权益法调整	净资产合计
一、上年年末余额								
二、以前年度盈余调整(减少以"—"号填列)		—	—			—	—	
三、本年年初余额								
四、本年变动金额(减少以"—"号填列)								
(一)本年盈余		—	—			—	—	
(二)无偿调拨净资产		—	—			—	—	
(三)归集调整预算结转结余		—	—			—	—	
(四)提取或设置专用基金			—				—	
其中:从预算收入中提取	—		—		—		—	
从预算结余中提取			—				—	
设置的专用基金	—		—		—		—	
(五)使用专用基金			—				—	
(六)权益法调整	—	—			—	—		
五、本年年末余额								

注:"—"标识单元格不需填列。

净资产变动表"本年数"栏反映本年度各项目的实际变动数。净资产变动表"上年数"栏反映上年度各项目的实际变动数,应当根据上年度净资产变动表中"本年数"栏内所列数字填列。

如果上年度净资产变动表规定的项目的名称和内容与本年度不一致,应对上年度净资产变动表项目的名称和数字按照本年度的规定进行调整,将调整后金额填入本年度净资产变动表“上年数”栏内。

净资产变动表“本年数”栏各项目的内容和填列方法如下：

1.“上年年末余额”行：各项目应当根据“累计盈余”“专用基金”“权益法调整”科目上年年末余额填列。

2.“以前年度盈余调整”行：“累计盈余”项目应当根据本年度“以前年度盈余调整”科目转入“累计盈余”科目的金额填列：如调整减少累计盈余，以“—”号填列。

3.“本年年初余额”行：“累计盈余”“专用基金”“权益法调整”项目应当根据其各自在“上年年末余额”和“以前年度盈余调整”行对应项目金额的合计数填列。

4.“本年变动金额”行：“累计盈余”“专用基金”“权益法调整”项目应当根据其各自在“本年盈余”“无偿调拨净资产”“归集调整预算结转结余”“取或设置专用基金”“使用专用基金”“权益法调整”行对应项目金额的合计数填列。

5.“本年盈余”行：“累计盈余”项目应当根据年末由“本期盈余”科目转入“本年盈余分配”科目的金额填列；如转入时借记“本年盈余分配”科目，则以“—”号填列。

6.“无偿调拨净资产”行：“累计盈余”项目应当根据年末由“无偿调拨净资产”科目转入“累计盈余”科目的金额填列；如转入时借记“累计盈余”科目，则以“—”号填列。

7.“归集调整预算结转结余”行：“累计盈余”项目应当根据“累计盈余”科目明细账记录分析填列；如归集调整减少预算结转结余，则以“—”号填列。

8.“提取或设置专用基金”行：“累计盈余”项目应当根据“从预算结余中提取”行“累计盈余”项目的金额填列。“专用基金”项目应当根据“从预算收入中提取”“从预算结余中提取”“设置的专用基金”行“专用基金”项目金额的合计数填列。

“从预算收入中提取”行：本行“专用基金”项目应当通过对“专用基金”科目明细账记录的分析，根据本年按有关规定从预算收入中提取基金的金额填列。

“从预算结余中提取”行：本行“累计盈余”“专用基金”项目应当通过对“专用基金”科目明细账记录的分析，根据本年按有关规定从本年度非财政拨款结余或经营结余中提取专用基金的金额填列；本行“累计盈余”项目以“—”号填列。

“设置的专用基金”行：本行“专用基金”项目应当通过对“专用基金”科目明细账记录的分析，根据本年按有关规定设置的其他专用基金的金额填列。

9.“使用专用基金”行：“累计盈余”“专用基金”项目应当通过对“专用基金”科目明细账记录的分析，根据本年按规定使用专用基金的金额填列；本行“专用基金”项目以“—”号填列。

10.“权益法调整”行：“权益法调整”项目应当根据“权益法调整”科目本年发生额填列；若本年净发生额为借方时，以“—”号填列。

11.“本年年末余额”行：“累计盈余”“专用基金”“权益法调整”项目应当根据其各自在“本年年初余额”“本年变动金额”行对应项目金额的合计数填列。

12. 净资产变动表各行“净资产合计”项目，应当根据所在行“累计盈余”“专用基金”“权益法调整”项目金额的合计数填列。

四、现金流量表

现金流量表反映单位在某一会计年度内现金流入和流出情况的报表。《政府会计准则第9号——财务报表编制和列报》规定:“财务报表至少包括下列组成部分:资产负债表;收入费用表;附注。政府会计主体可以根据实际情况自行选择编制现金流量表。”《政府会计制度——行政事业单位会计科目和报表》规定:“财务报表由会计报表及其附注构成。会计报表一般包括资产负债表、收入费用表和净资产变动表。单位可根据实际情况自行选择编制现金流量表。”按照这两个法规的规定,单位可选择编制或者不编制现金流量表。现金流量表是年报表,如果编制,只需按年编制即可。

现金流量表所指的现金,是指单位的库存现金以及其他可以随时用于支付的款项,包括库存现金、可以随时用于支付的银行存款、其他货币资金、零余额账户用款额度、财政应返还额度,以及通过财政直接支付方式支付的款项。

现金流量表“本年金额”栏反映各项目的本年实际发生数。本表“上年金额”栏反映各项目的上年实际发生数,应当根据上年现金流量表中“本年金额”栏内所列数字填列。单位应当采用直接法编制现金流量表,见表17—5。

表17—5 **现金流量表** 会政财04表

编制单位: ____年 单位:元

项 目	本年金额	上年金额
一、日常活动产生的现金流量:		
财政基本支出拨款收到的现金		
财政非资本性项目拨款收到的现金		
事业活动收到的除财政拨款以外的现金		
收到的其他与日常活动有关的现金		
日常活动的现金流入小计		
购买商品、接受劳务支付的现金		
支付给职工以及为职工支付的现金		
支付的各项税费		
支付的其他与日常活动有关的现金		
日常活动的现金流出小计		
日常活动产生的现金流量净额		
二、投资活动产生的现金流量:		
收回投资收到的现金		

续表

项　目	本年金额	上年金额
取得投资收益收到的现金		
处置固定资产、无形资产、公共基础设施等收回的现金净额		
收到的其他与投资活动有关的现金		
投资活动的现金流入小计		
购建固定资产、无形资产、公共基础设施等支付的现金		
对外投资支付的现金		
上缴处置固定资产、无形资产、公共基础设施等净收入支付的现金		
支付的其他与投资活动有关的现金		
投资活动的现金流出小计		
投资活动产生的现金流量净额		
三、筹资活动产生的现金流量：		
财政资本性项目拨款收到的现金		
取得借款收到的现金		
收到的其他与筹资活动有关的现金		
筹资活动的现金流入小计		
偿还借款支付的现金		
偿还利息支付的现金		
支付的其他与筹资活动有关的现金		
筹资活动的现金流出小计		
筹资活动产生的现金流量净额		
四、汇率变动对现金的影响额		
五、现金净增加额		

五、附注

附注是对在会计报表中列示的项目所做的进一步说明，以及对未能在会计报表中列示项目的说明。附注是财务报表的重要组成部分。凡对报表使用者的决策有重要影响的会计信息，不论政府会计制度是否有明确规定，单位均应当充分披露。附注主要包括下列内容：

(一)单位的基本情况

单位应当简要披露其基本情况，包括单位主要职能、主要业务活动、所在地、预算管理关系等。

(二)会计报表编制基础

(三)遵循政府会计准则、制度的声明

(四)重要会计政策和会计估计

单位应当采用与其业务特点相适应的具体会计政策，并充分披露报告期内采用的重要会计政策和会计估计。主要包括以下内容：

1、会计期间。

2. 记账本位币，外币折算汇率。

3. 坏账准备的计方法。

4. 存货类别、发出存货的计价方法、存货的盘存制度；以及低值易耗品和包装物的摊销方法。

5. 长期股权投资的核算方法。

6. 固定资产分类、折旧方法、折旧年限和年折旧率，融资租入固定资产的计价和折旧方法。

7. 无形资产的计价方法；使用寿命有限的无形资产，其使用寿命估计情况；使用寿命不确定的无形资产，其使用寿命不确定的判断依据；单位内部研究开发项目划分研究阶段和开发阶段的具体标准。

8. 公共基础设施的分类、折旧(摊销)方法、折旧(摊销)年限，以及其确定依据。

9. 政府储备物资分类，以及确定其发出成本所采用的方法。

10. 保障性住房的分类、折旧方法、折旧年限。

11. 其他重要的会计政策和会计估计。

12. 本期发生重要会计政策和会计估计变更的，变更的内容和原因、受其重要影响的报表项目名称和金额、相关审批程序，以及会计估计变更开始适用的时点。

(五)会计报表重要项目说明

单位应当按照资产负债表和收入费用表项目列示顺序，采用文字和数据描述相结合的方式披露重要项目的明细信息。报表重要项目的明细金额合计，应当与报表项目金额相衔接。

第二节 预算会计报表

预算会计报表是反映单位预算执行情况及其结果的系列报表。预算会计报表至少包括预算收入支出表、预算结转结余变动表和财政拨款预算收入支出表。预算会计报表都是年报表，即按年编制，是编制部门决算报表和部门决算报告的基础。预算会计报表与决算报表的格式和内容有一定的区别。我们这里只介绍预算会计报表。

一、预算收入支出表

预算收入支出表是反映单位在某一会计年度内各项预算收入、预算支出和预算收支差额情况的报表，是年报表，见表17—6。

表17—6　　**预算收入支出表**　　会政预01表

编制单位：　　____年　　单位：元

项　目	本年金额	上年金额
一、本年预算收入		
(一)财政拨款预算收入		
其中：政府性基金收入		
(二)事业预算收入		
(三)上级补助预算收入		
(四)附属单位上缴预算收入		
(五)经营预算收入		
(六)债务预算收入		
(七)非同级财政拨款预算收入		
(八)投资预算收益		
(九)其他预算收入		
其中：利息预算收入		
捐赠预算收入		
租金预算收入		
二、本年预算支出		
(一)行政支出		
(二)事业支出		
(三)经营支出		
(四)上缴上级支出		
(五)对附属单位补助支出		
(六)投资支出		
(七)债务还本支出		
(八)其他支出		
其中：利息支出		

续表

项　目	本年金额	上年金额
捐赠支出		
三、本年预算收支差额		

预算收入支出表“本年数”栏反映各项目的本年实际发生数。预算收入支出表“上年数”栏反映各项目上年度的实际发生数，应当根据上年度预算收入支出表中“本年数”栏内所列数字填列。

如果本年度预算收入支出表规定的项目的名称和内容同上年度不一致，应当对上年度预算收入支出表项目的名称和数字按照本年度的规定进行调整，将调整后金额填入本年度预算收入支出表的“上年数”栏。

预算收入支出表“本年数”栏各项目的内容和填列方法如下：

(一)本年预算收入

1.“本年预算收入”项目应根据本表中“财政拨款预算收入”“事业预算收入”“上级补助预算收入”“附属单位上缴预算收入”“经营预算收入”“债务预算收入”“非同级财政拨款预算收入”“投资预算收益”“其他预算收入”项目金额的合计数填列。

2.“财政拨款预算收入”“事业预算收入”“上级补助预算收入”“附属单位上缴预算收入”“经营预算收入”“债务预算收入”“非同级财政拨款预算收入”“投资预算收益”“其他预算收入”等项目应该按照各自对应科目的本期发生额填列。

“政府性基金收入”项目应当根据“财政拨款预算收入”相关明细科目的本年发生额填列。“利息预算收入”“捐赠预算收入”“租金预算收入”项目应当根据“其他预算收入”科目的明细记录分析填列。单位单设“利息预算收入”“捐赠预算收入”“租金预算收入”科目的，应当根据各自对应科目的本年发生额填列。

(二)本年预算支出

1.“本年预算支出”项目应当根据本表中“行政支出”“事业支出”“经营支出”“上缴上级支出”“对附属单位补助支出”“投资支出”“债务还本支出”和“其他支出”项目金额的合计数填列。

2.“行政支出”“事业支出”“经营支出”“上缴上级支出”“对附属单位补助支出”“投资支出”“债务还本支出”和“其他支出”等项目应该按照各自对应科目的本期发生额填列。

“利息支出”“捐赠支出”项目应当根据“其他支出”科目明细账记录分析填列。单位单设“利息支出”“捐赠支出”科目的，应当根据“利息支出”“捐赠支出”科目的本年发生额填列。

(三)本年预算收支差额

“本年预算收支差额”项目，应当根据本表中“本期预算收入”项目金额减去“本期预算支出"项目金额后的金额填列；如相减后金额为负数，以"—"号填列。

二、预算结转结余变动表

预算结转结余表是反映单位在某一会计年度内预算结转结余变动情况的报表，是年报表，见表17—7。

表17—7 **预算结转结余变动表** 会政预02表

编制单位： ____年 单位：元

项目	本年金额	上年金额
一、年初预算结转结余		
（一）财政拨款结转结余		
（二）其他资金结转结余		
二、年初余额调整（减少以"—"号填列）		
（一）财政拨款结转结余		
（二）其他资金结转结余		
三、本年变动金额（减少以"—"号填列）		
（一）财政拨款结转结余		
1. 本年收支差额		
2. 归集调入		
3. 归集上缴或调出		
（二）其他资金结转结余		
1. 本年收支差额		
2. 缴回资金		
3. 使用专用结余		
4. 支付所得税		
四、年末预算结转结余		
（一）财政拨款结转结余		
1. 财政拨款结转		
2. 财政拨款结余		
（二）其他资金结转结余		
1. 非财政拨款结转		
2. 非财政拨款结余		
3. 专用结余		
4. 经营结余（如有余额，以"—"号填列）		

预算结转结余变动表“本年数”栏反映各项目的本年实际发生数。本表“上年数”栏反映各项目的上年实际发生数，应当根据上年度预算结转结余变动表中“本年数”栏内所列数字填列。

如果本年度预算结转结余变动表规定的项目的名称和内容同上年度不一致，应当对上年度预算结转结余变动表项目的名称和数字按照本年度的规定进行调整，将调整后金额填入本年度预算结转结余变动表的“上年数”栏。

本表中“年末预算结转结余”项目金额等于“年初预算结转结余”“年初余额调整”“本年变动金额”三个项目的合计数。

本表“本年数”栏各项目的内容和填列方法如下：

1.“年初预算结转结余”项目应当根据本项目下“财政拨款结转结余”“其他资金结转结余”项目金额的合计数填列。

(1)“财政拨款结转结余”项目应当根据“财政拨款结转”“财政拨款结余”科目本年年初余额合计数填列。

(2)“其他资金结转结余”项目应当根据“非财政拨款结转”“非财政拨款结余”“专用结余”“经营结余”科目本年年初余额的合计数填列。

2.“年初余额调整”项目，应当根据本项目下“财政拨款结转结余”“其他资金结转结余”项目金额的合计数填列。

(1)“财政拨款结转结余”项目应当根据“财政拨款结转”“财政拨款结余”科目下“年初余额调整”明细科目的本年发生额的合计数填列；如调整减少年初财政拨款结转结余，以“—”号填列。

(2)“其他资金结转结余”项目应当根据“非财政拨款结转”“非财政拨款结余”科目下“年初余额调整”明细科目的本年发生额的合计数填列；如调整减少年初其他资金结转结余，以“—”号填列。

3.“本年变动金额”项目应当根据本项目下“财政拨款结转结余”“其他资金结转结余”项目金额的合计数填列。

(1)“财政拨款结转结余”项目应当根据本项目下“本年收支差额”“归集调入”“归集上缴或调出”项目金额的合计数填列。“本年收支差额”“归集调入”“归集上缴或调出”项目应当根据“财政拨款结转”“财政拨款结余”科目下相关明细科目分析填列；如为负数的，以“—”号填列。

(2)“其他资金结转结余”项目应当根据本项目下“本年收支差额”“缴回资金”“使用专用结余”“支付所得税”项目金额的合计数填列。“本年收支差额”“缴回资金”“使用专用结余”“支付所得税”项目应当根据“非财政拨款结转”“专用结余”科目下相关明细科目分析填列。本年转入的预算收入与预算支出的差额如为负数，“本年收支差额”以“—”号填列；“缴回资金”“使用专用结余”“支付所得税”按照实际发生额以“—”号填列。

4.“年末预算结转结余”项目应当根据本项目下“财政拨款结转结余”“其他资金结转结余”项目金额的合计数填列。

(1)“财政拨款结转结余”项目应当根据本项目下“财政拨款结转”“财政拨款结余”项目金额的合计数填列。本项目下“财政拨款结转”“财政拨款结余”项目，应当分别根据“财政拨款结转”“财政拨款结余”科目的本年年末余额填列。

(2)“其他资金结转结余”项目，应当根据本项目下“非财政拨款结转”“非财政拨款结余”“专用结余”“经营结余”项目金额的合计数填列。本项目下“非财政拨款结转”“非财政拨款结余”“专用结余”“经营结余”项目，应当分别根据各自对应科目的本年年末余额填列。

三、财政拨款预算收入支出表

财政拨款预算收入支出表是反映单位本年财政拨款预算资金收入、支出及相关变动等具体情况的报表，是年报表，见表17—8。

表17—8　　**财政拨款预算收入支出表**　　会政财政03表

编制单位：　　____年　　单位：元

项　目	年初财政拨款结转结余		调整年初财政拨款结转结余	本年归集调入	本年归集上缴或调出	单位内部调剂		本年财政拨款收入	本年财政拨款支出	年末财政拨款结转结余	
	结转	结余				结转	结余			结转	结余
一、一般公共预算财政拨款											
(一)基本支出											
1. 人员经费											
2. 日常公用经费											
(二)项目支出											
……											
二、政府性基金预算财政拨款											
(一)基本支出											
1. 人员经费											
2. 日常公用经费											
(二)项目支出											
……											
总　计											

财政拨款预算收入支出表“项目”栏内各项目，应当根据单位取得的财政拨款种类分项设置。其中“项目支出”项目下，根据每个项目设置；单位取得除一般公共财政预算拨款和政府性基金预算拨款以外的其他财政拨款的，应当按照财政拨款种类增加相应的资金项目及其明细项目。

本表各栏及其对应项目的内容和填列方法

1.“年初财政拨款结转结余”栏中各项目应当根据“财政拨款结转”“财政拨款结

余”及其明细科目的年初余额填列。本栏中各项目的数额应当与上年度财政拨款预算收入支出表中“年末财政拨款结转结余”栏中各项目的数额相等。

2.“调整年初财政拨款结转结余”栏中各项目，应当根据“财政拨款结转”“财政拨款结余”科目下“年初余额调整”明细科目及其所属明细科目的本年发生额填列；如调整减少年初财政拨款结转结余，以“—”号填列。

3.“本年归集调入”栏中各项目，应当根据“财政拨款结转”科目下“归集调入”明细科目及其所属明细科目的本年发生额填列。

4.“本年归集上缴或调出”栏中各项目应当根据“财政拨款结转”“财政拨款结余”科目下“归集上缴”科目和“财政拨款结转”科目下“归集调出”明细科目，及其所属明细科目的本年发生额填列，以“—”号填列。

5.“单位内部调剂”栏中各项目应当根据“财政拨款结转”和“财政拨款结余”科目下的“单位内部调剂”明细科目及其所属明细科目的本年发生额填列；对单位内部调剂减少的财政拨款结余金额，以“—”号填列。

6.“本年财政拨款收入”“本年财政拨款支出”栏中各项目当根据“财政拨款预算收入”“行政支出”“事业支出”等科目及其所属明细科目的本年发生额填列。

7.“年末财政拨款结转结余”栏中各项目应当根据“财政拨款结转”“财政拨款结余”科目及其所属明细科目的年末余额填列。

复习思考题

1. 简述行政事业单位财务报告的概念和内容。
2. 财务会计报表编制与预算会计报表编制有什么不同?
3. 如何编制资产负债表?
4. 如何编制收入费用表?
5. 如何编制净资产变动表?
6. 如何编制预算收入支出表?
7. 如何编制预算结转结余变动表?

第十八章　我国民间非营利组织会计

随着我国经济体制改革的不断深化，民间非营利组织的规模进一步扩大。民间非营利组织在社会救济、教育、养老保健、医疗服务等方面为政府分担了越来越多的职责，发挥了积极作用。

为了促进民间非营利组织的健康发展，我国财政部于2004年颁布、2005年1月1日正式实施《民间非营利组织会计制度》。本章将结合民间非营利组织的特点，重点介绍民间非营利组织特有的会计要素、会计报表。

第一节　我国民间非营利组织会计概述

一、民间非营利组织的定义及其特征

民间非营利组织是指民间出资举办的，不以营利为目的的，从事教育、科技、文化、卫生、宗教等社会公益性活动的社会服务性组织。包括依照国家法律、行政法规登记的社会团体、基金会、民办非企业单位和寺院、宫观、清真寺、教堂等。

（一）民间非营利组织的构成

社会团体是指中国公民自愿组成，为实现会员公共意愿，按照其章程开展活动的非营利性社会组织，如中国会计学会、中国财政学会等。

基金会是指按照民间捐赠人的意愿设立的专门用于捐赠人指定的社会公益性用途的非营利性基金管理组织，如宋庆龄基金会。

民办非企业单位是指企业性质的事业单位、社会团体和其他社会力量以及公民个人利用非国有资产举办的，从事非营利性社会服务活动的社会组织。主要包括：从事科学、教育、文艺、卫生、体育等非企业单位，如民办诊所、民办学校、民办剧团、各类体育俱乐部、民办各类研究所等；从事各种社会救济的非企业单位，如民办孤儿院、养老院等；从事民间公证鉴定、法律服务、咨询服务等社会性质的社会中介组织，如商务咨询所、法律服务所等。

寺院、宫观、清真寺、教堂是由宗教信仰和热心宗教的公民在国家支持下兴办的、开展宗教活动的场所。主要包括佛教的寺院、道教的宫观、伊斯兰教的清真寺和基督教的教堂等。

民间非营利组织主要向社会提供精神产品和各种劳务，一般不会直接创造物质财富。但是社会的进步需要高质量的人才、高素质的劳动力和精神文明建设，而民间非营利组织则主要培养人才、提供相关服务，因此与企业、事业单位一样，是整个国民经济不可缺少的组成部分。

（二）民间非营利组织的特征

1. 不以营利为宗旨

民间非营利组织的资金和财产提供者通常不以赚取经济利益为目标，因此，非营利组织业务运作的目的也就不以营利为目的。民间非营利组织的业务收费标准必须经政府物价管理部门按照成本补偿原则审核批准。但是民间非营利组织同其他组织一样，在业务运作中始终把追求资金的使用效果作为财务管理的主要目标之一。

2. 资源提供者不取得经济回报

从民间非营利组织资金和财产的提供者创立组织的目的考察，他们并不期望按照出资额或财产比例获得经济利益。按照规定，民间非营利组织的收支结余不得向出资者分配，因此不具备企业会计意义上的所有者权益。

3. 资源提供者不享有该组织的所有权

这一特征表现为《民间非营利组织会计制度》将与资产、负债相对应的会计要素定义为“净资产”而非“所有者权益”。这是指任何单位或个人不因为出资而拥有民间非营利组织的所有权。民间非营利组织因故出售、转让、变卖或组织清算时，也不存在可以分享一份剩余资金或财产的明确的所有者。如果民间非营利组织进行清算，则清算后的剩余财产应按规定继续用于社会公益事业。

二、民间非营利组织会计的定义及对象

民间非营利组织会计，是以每个民间非营利组织为会计主体，以民间非营利组织的基本业务活动或其他业务活动为管理内容的一种专业会计，包括社团会计、基金会计和非企业单位会计等。民间非营利组织会计的对象为民间非营利组织会计核算、监督和规划的具体内容。

民间非营利组织主要是直接或间接为上层建筑、生产建设和人民生活提供服务的组织，一般不直接从事物质资料的生产，但是它所开展的各类活动是社会发展必不可少的。

三、民间非营利组织的会计要素与核算体系

（一）会计要素

会计要素是对会计对象的基本分类，是构成会计报表的基本项目。《民间非营利组织会计制度》将民间非营利组织会计核算和控制的项目分为五大类：资产、负债、净资产、收入和费用。

1. 资产

资产是指过去的交易或者事项形成并由民间非营利组织拥有或者控制的资源，该资源预期会给民间非营利组织带来经济利益或者服务潜力。资产根据流动性分为流动资产、长期投资、固定资产、无形资产和受托代理资产等。

2. 负债

负债是指过去的交易或者事项形成的现时义务，履行该义务预期会导致含有经济利益或者服务潜力的资源流出民间非营利组织。负债根据流动性分为流动负债、长期负债和受托代理负债等。

3. 净资产

民间非营利组织的净资产是指资产减去负债后的余额。净资产根据是否受到限制，分为限定性净资产和非限定性净资产等。

4. 收入

收入是指民间非营利组织开展业务活动取得的、导致本期净资产增加的经济利益或者服务潜力的流入。收入根据其来源分为捐赠收入、会费收入、提供服务收入、政府补助收入、投资收益、商品销售收入等主要业务活动收入和其他收入等。对于民间非营利组织接受的劳务捐赠，不予确认，但应当在会计报表附注中做相关披露。

5. 费用

费用是指民间非营利组织为开展业务活动所发生的、导致本期净资产减少的经济利益或者服务潜力的流出。费用按照其功能分为业务活动成本、管理费用、筹资费用和其他费用等。

（二）会计核算基础和会计原则

民间非营利组织的会计核算应当以权责发生制为基础。为了规范核算工作，应当遵循以下基本原则：

1. 真实性原则：会计核算应当以实际发生的交易或者事项为依据，如实反映民间非营利组织的财务状况、业务活动情况和现金流量等信息。

2. 相关性原则：会计核算所提供的信息应当能够满足会计信息使用者（如捐赠人、会员、监管者等）的需要。

3. 实质重于形式原则：会计核算应当按照交易或者事项的实质进行，而不应当仅仅将它们的法律形式作为其依据。

4. 一贯性原则：会计政策前后各期应当保持一致，不得随意变更。如有必要变更，应当在会计报表附注中披露变更的内容和理由、变更的累积影响数，以及累积影响数不能合理确定的理由等。

5. 可比性原则：会计核算应当按照规定的会计处理方法进行，会计信息应当口径一致、相互可比。

6. 及时性原则：会计核算应当及时进行，不得提前或延后。

7. 明晰性原则：会计核算和编制的财务会计报告应当清晰明了，便于理解和使用。

8. 配比性原则：在会计核算中，所发生的费用应当与其相关的收入相配比，同一会计期间内的各项收入和与其相关的费用应当在该会计期间内确认。

9. 实际成本原则：资产在取得时应当按照实际成本计量，但本制度有特别规定的，按照特别规定的计量基础进行计量。其后，资产账面价值的调整，应当按照本制度的规定执行；除法律、行政法规和国家统一的会计制度另有规定外，民间非营利组织一律不得自行调整资产账面价值。

10. 谨慎性原则：会计核算应当遵循谨慎性原则。

11. 划分收益性支出与资本性支出原则：会计核算应当合理划分计入当期费用的支出和应当予以资本化的支出。

12. 重要性原则：会计核算应当遵循重要性原则，对资产、负债、净资产、收入、费用等有较大影响，并进而影响财务会计报告使用者据以做出合理判断的重要会计事项，必须按照规定的会计方法和程序进行处理，并在财务会计报告中予以充分披露；对于非重要的会计事项，在不影响会计信息真实性和不至于误导会计信息使用者做出正确判断的前提下，可适当简化处理。

（三）会计科目体系

会计科目体系见表18—1。

表18—1 **会计科目体系**

顺序号	编号	名　称	顺序号	编号	名　称
		一、资产类			二、负债类
1	1001	现金	24	2101	短期借款
2	1002	银行存款	25	2201	应付票据
3	1003	其他货币资金	26	2202	应付账款
4	1101	短期投资	27	2203	预收账款
5	1102	短期投资跌价准备	28	2204	应付工资
6	1111	应收票据	29	2206	应交税金
7	1121	应收账款	30	2209	其他应付款
8	1131	坏账准备	31	2301	预提费用
9	1141	预付账款	32	2401	预计负债
10	1122	其他应收款	33	2501	长期借款
11	1201	存货	34	2502	长期应付款
12	1202	存货跌价准备	35	2601	受托代理负债

续表

顺序号	编号	名　称	顺序号	编号	名　称
13	1301	待摊费用			三、净资产类
14	1401	长期股权投资	36	3101	非限定性净资产
15	1402	长期债权投资	37	3102	限定性净资产
16	1421	长期投资减值准备			四、收入与费用类
17	1501	固定资产	38	4101	捐赠收入
18	1502	累计折旧	39	4201	会费收入
19	1503	在建工程	40	4301	提供服务收入
20	1506	文物文化资产	41	4401	政府补助收入
21	1509	固定资产清理	42	4501	商品销售收入
22	1601	无形资产	43	4601	投资收益
23	1701	受托代理资产	44	4901	其他收入
			45	5101	业务活动成本
			46	5202	管理费用
			47	5301	筹资费用
			48	5401	其他费用

第二节　民间非营利组织会计的资产、负债和净资产

一、资产

(一)流动资产

流动资产是指预期可以在一年内(含一年)变现或者耗用的资产,包括现金、银行存款、短期投资、应收账款、应收票据、预付账款、存货和待摊费用等。其中,货币性资产是指持有的现金及以固定的或可确定金额的货币收取的资产,包括现金、银行存款、应收账款、应收票据以及准备持有至到期的债券投资等。非货币性资产是指货币性资产以外的资产,包括存货、固定资产、无形资产、股权投资以及不准备持有至到期的债券投资等。民间非营利组织会计中流动资产的核算与管理基本与我国的企业会计中的流动资产一致。

1. 存货

存货是民间非营利组织在日常业务中持有的以备出售或捐赠的,或者为了出售或捐赠仍处在生产过程中的,或者将在生产、提供服务或日常管理过程中耗用的材料、物

资、商品等，包括材料、库存商品、委托加工材料，以及达不到固定资产标准的工具、器具等。

民间非营利组织根据实际成本原则，存货采取按实际成本计价。其实际成本的构成如下：采购成本、加工成本、其他成本。其中，采购成本包括实际支付的采购价款、相关税费、运输费、装卸费、保险费以及可直接用于存货采购的费用。

与其他经营性企业不同的是，税务机关通常将民间非营利组织认定为"小规模纳税人"，民间非营利组织购入存货时，不管是取得增值税普通发票，还是增值税专用发票，都应当将增值税作为存货的实际成本。

为了反映和监督民间非营利组织的存货，设置"存货"科目。该科目的核算同企业会计的核算方法相似。

2. 存货跌价准备

为了正确反映民间非营利组织存货跌价准备的提取情况，应设置"存货跌价准备"账户。该账户是"存货"的备抵账户，是资产类调整账户，贷方登记已计提的可变现净值低于成本的金额，借方登记存货跌价准备的转销金额。期末，余额一般在贷方，反映民间非营利组织已计提的存货跌价准备。

民间非营利组织应当定期或者至少于每年年度终了，对存货是否发生了减值进行检查。如果发生了减值，应当计提存货跌价准备。如果已计提跌价准备的存货价值在以后期间得以恢复，则应当在已计提跌价准备的范围内部分或全部转回已确认的跌价损失，冲减当期费用。

如果存货的期末可变现净值低于账面价值，按照可变现净值低于账面价值的差额，借记"管理费用——存货跌价损失"科目，贷记本科目。如果以前期间已计提跌价准备的存货价值在当期得以恢复，即存货的期末可变现净值高于账面价值，按照可变现净值高于账面价值的差额，在原已计提跌价准备的范围内，借记本科目，贷记"管理费用——存货跌价损失"科目。

(二)长期投资

长期投资是指民间非营利组织利用货币、实物、无形资产等方式向其他单位的投资。民间非营利组织进行长期投资的主要目的是：(1)为了积累大额资金以促进科技、教育、卫生、体育等资源的合理配置，提高资产的使用价值；(2)为了达到控制或影响被投资单位财务和决策的目的。

长期投资，按照投资性质分为权益性投资、债权性投资和混合性投资；按照投资目的，一般分为短期投资和长期投资；按投资形式，一般分为货币投资、实物投资、无形资产投资。

民间非营利组织长期投资的具体核算办法与企业会计中长期投资相关内容一致，在此不做详细解释。

(三)固定资产及累计折旧

固定资产，是指使用期限较长、单位价值较高，并且在使用过程中保持原有实物形态的资产，如房屋、建筑物、科研、教学、医疗器械和设备等。

固定资产应按其取得时的成本作为入账价值。取得时的成本包括买价、进口关税等税金、运输和保险等相关费用，以及为使固定资产达到预定可使用状态前所必要的支出。

非营利组织核算固定资产应设置“固定资产”“累计折旧”“固定资产清理”等科目。其具体核算方法与企业会计中固定资产的核算方法一致，在此不做详细介绍。

（四）无形资产

无形资产，是指民间非营利组织为开展业务活动、出租给他人或为管理目的而持有的、没有实物形态的非货币性长期资产，包括专利权、非专利技术、商标权、著作权、土地使用权等。

为了核算民间非营利组织的无形资产增减变动及结存情况，设置“无形资产”科目。该科目属于资产类科目，借方登记无形资产的增加，贷方登记无形资产的减少及摊销价值，期末借方余额反映民间非营利组织已入账但尚未摊销的无形资产的摊余价值。该科目按照无形资产类别设置明细账，进行明细核算。其具体核算同企业会计核算方法一致，在此不做详细解释。

（五）文物文化资产

文物文化资产，是指用于展览、教育或研究等目的的历史文物、艺术品以及其他具有文化或者历史价值并做长期或者永久保存的典藏等。

为了核算文物文化资产增减变动及结存情况，设置“文物文化资产”科目。该科目属于资产类科目，借方登记文物文化资产的增加额，贷方登记文物文化资产的减少额；期末借方余额反映期末文物文化资产的价值。其明细账按文物文化资产类别设置。

民间非营利组织应当设置文物文化资产登记簿和文物文化资产卡片，按文物文化资产类别等设置明细账，进行明细核算。

1. 取得文物文化资产时的核算

文物文化资产在取得时，应当按照取得时的实际成本入账。取得时的实际成本包括买价、包装费、运输费、缴纳的有关税金等相关费用，以及为使文物文化资产达到预定可使用状态前所必要的支出。具体如下：

（1）外购的文物文化资产，按照实际支付的买价、相关税费以及为使文物文化资产达到预定可使用状态前发生的可直接归属于该文物文化资产的其他支出（如运输费、安装费、装卸费等），借记本科目，贷记“银行存款”“应付账款”等科目。

如果以一笔款项购入多项没有单独标价的文物文化资产，按照各项文物文化资产公允价值的比例对总成本进行分配，分别确定各项文物文化资产的入账价值。

（2）接受捐赠的文物文化资产，按照所确定的成本，借记本科目，贷记“捐赠收入”科目。

2. 出售文物文化资产的会计核算

文物文化资产毁损或者以其他方式处置文物文化资产时，按照所处置文物文化资产的账面余额，借记“固定资产清理”科目，贷记本科目。

3. 文物文化资产的管理

民间非营利组织对文物文化资产应当定期或者至少每年实地盘点一次。对盘盈、盘亏的文物文化资产，应当及时查明原因，并根据管理权限，报经批准后，在期末前结账处理完毕。如为文物文化资产盘盈，按照其公允价值，借记本科目，贷记“其他收入”科目。如为文物文化资产盘亏，按照固定资产账面余额扣除可以收回的保险赔偿和过失人的赔偿等后的金额，借记“管理费用”科目，按照可以收回的保险赔偿和过失人赔偿等，借记“现金”“银行存款”“其他应收款”等科目，按照文物文化资产的账面余额，贷记本科目。

(六)受托代理资产

受托代理资产是指民间非营利组织因从事受托代理交易而从委托方取得的资产。在受托代理交易过程中，民间非营利组织通常只是从委托方收到受托资产，并按照委托人的意愿将资产转赠给指定的其他组织或个人，或者按照有关规定将资产转交给指定的其他组织或者个人，民间非营利组织本身不拥有受托资产的所有权和使用权，它只是在交易过程中起中介作用。

受托代理资产的确认和计量原则依照民间非营利组织接受捐赠资产的确认和计量原则。必须明确的是，民间非营利组织在确认一项受托代理资产时，应当同时确认一项受托代理负债。

为了核算民间非营利组织接受委托方从事委托代理业务而收到的资产，设置“受托代理资产”账户。该账户属于资产类账户，借方登记受托代理资产的增加，贷方登记受托代理资产的减少，期末余额在借方，反映民间非营利组织尚未转出的受托代理资产价值。

民间非营利组织应当设置“受托代理资产登记簿”，并根据具体情况设置明细账，进行明细核算。

1. 收到受托代理资产时，按照应确认的入账金额，借记本科目，贷记“受托代理负债”科目。

2. 转赠或者转出受托代理资产，按照转出受托代理资产的账面余额，借记“受托代理负债”科目，贷记本科目。

3. 民间非营利组织收到的受托代理资产如果为现金、银行存款或其他货币资金，可以不通过本科目核算，而在“现金”“银行存款”“其他货币资金”科目下设置“受托代理资产”明细科目进行核算。即在取得这些受托代理资产时，借记“现金——受托代理资产”“银行存款——受托代理资产”“其他货币资金——受托代理资产”科目，贷记“受托代理负债”科目；在转赠或者转出受托代理资产时，借记“受托代理负债”科目，贷记“现金——受托代理资产”“银行存款——受托代理资产”“其他货币资金——受托代理资产”科目。

【例 18－1】　某民间非营利组织收到海外校友基金会货币捐赠 1 000 000 元，准备用于建立一专项科研资助基金。该组织根据有关凭证，编制如下会计分录：

借：银行存款——受托代理资产　　1 000 000

　　贷：受托代理负债　　1 000 000

转出受托代理资产时，编制如下会计分录：

借：受托代理负债　　1 000 000

　　贷：银行存款——受托代理资产　　1 000 000

二、负债

(一)流动负债

我国民间非营利组织会计的流动负债包括短期借款、应付款项、应付工资、应交税金、预收账款、预提费用和预计负债等。

上述科目的具体核算与企业会计的核算一致，在此不做详细介绍。

(二)长期负债

民间非营利组织的长期负债通常包括以下三类：

1. 长期借款，是指民间非营利组织向银行或其他金融机构等借入的期限在一年以上(不含一年)的各种借款。

2. 长期应付款，主要是指民间非营利组织融资租入固定资产发生的应付租赁费。

3. 其他长期负债，是指除长期借款和长期应付款以外的长期负债。

我国《民间非营利组织会计制度》规定，借款费用可予以资本化的资产范围仅限于固定资产，只有发生在规定资产购建过程中的借款费用，才能在符合条件的情况下予以资本化。而发生在其他资产(如存货、无形资产)的购建或制造过程中的借款费用，则不能予以资本化。这里的固定资产，不仅包括民间非营利组织自己购建的固定资产，也包括委托其他单位建造的固定资产。

(三)受托代理负债

受托代理负债，是指民间非营利组织因从事委托代理交易、接受受托代理资产而产生的负债，如民间非营利组织因需要按照委托人的意愿转赠或者转交资产而产生的义务等。

为了核算和监督民间非营利组织因接受受托代理资产的同时所形成的债务，应设置“受托代理负债”账户，该账户属于负债类结算账户，贷方登记受托代理负债的增加额，借方登记受托代理负债的减少额，期末受托代理负债应当按照相对应的受托代理资产的金额予以确认和计量。期末贷方余额，反映民间非营利组织尚未清偿的受托代理负债。

本科目应当按照指定的受赠组织或个人，或者指定的应转交的组织或个人设置明细账，进行明细核算。

收到受托代理资产，按照应确认的入账金额，借记“受托代理资产”科目，贷记本科目。转赠或者转出受托代资产，按照转出受托代理资产的账面余额，借记本科目，贷记“受托代理资产”科目。

【例 18－2】 某民间非营利组织收到海外华侨捐赠物资一批，用于帮助贫困家庭入学儿童，价值 20 000 元。根据捐赠协议，已将物资转赠到西南某省当地扶贫组织。根据有关凭证，编制如下会计分录：

1. 收到受托代理资产时：

借：受托代理资产	20 000	
贷：受托代理负债		20 000

2. 转赠受托代理资产时：

借：受托代理负债	20 000	
贷：受托代理资产		20 000

三、净资产

由于民间非营利组织的开办人不具有投资回报的要求权，即民间非营利组织没有明确的所有者，相应地也没有针对出资者的分配，因此，其净资产主要来源于社会捐赠、会费收入、政府补助、组织运转结余等不需要偿还的资金。从法律上讲，民间非营利组织的净资产归属于社会，任何人不能分割民间非营利组织的净资产。

为了恰当核算民间非营利组织来自不同资金来源的净资产，一般按其使用是否受到限制，分为限定性资产和非限定性资产。

(一)限定性净资产

1. 限定性净资产的概念

如果资产或者资产所产生的经济利益(如资产的投资收益和利息等)的使用受到资产提供者或者国家有关法律、行政法规所设置的时间限制或用途限制，则由此形成的净资产就是限定性资产。国家有关法律、行政法规对净资产的使用直接设置限制的，该受限制的净资产也是限定性净资产。

2. 限定性净资产的管理

(1)时间限制，是指资产提供者或者国家有关法律、行政法规要求民间非营利组织在收到资产后的特定时期之内或特定日期之后使用该项资产，或者对资产的使用设置了永久限制。

(2)用途限制，是指资产提供者或者国家有关法律、行政法规要求民间非营利组织将收到的资产用于某一特定的用途。例如，接受捐赠的赈灾物资只能用于赈灾。

(3)时间限制和用途限制两者兼具。有些捐赠者要求将其捐赠的资产必须在某一特定期间用于某一特定用途。如某捐赠人在 2017 年向某民办非营利小学捐赠了 30 000 元，但要求该小学在 2019 年之后将该笔捐款用于该校招收的孤儿的教育，则该笔捐款既有时间限制又有用途限制。

具有时间或用途限制的净资产具有如下特点：在经过规定的时间之后，或者民间非营利组织依从条件实施一定的行为之后，资源提供者所设置的限制条件或要求就可以得到满足，且非营利组织可以支配该资产或该资产所产生的经济利益。如果限定性净资产的限制已经解除，应当对净资产重新进行分类，将限定性净资产转为非限定性净资产。

关于民间非营利组织限定性资产，除上述内容外，还应注意以下几个方面：

第一，净资产的限定性一般不会产生负债。民间非营利组织接受附加限制条件的资产，主要目的是强调受托经济责任，不会增加负债。

第二，各种限定性净资产，只有国家法律或资源提供者明确规定某些资产的使用限制，而民间非营利组织的董事会、理事会或类似机构对净资产的使用所做的限定性决策、决议或者拨款限制等，属于民间非营利组织内部管理上对资产使用所做的限制，它不属于《民间非营利组织会计制度》所界定的限定性净资产。

第三，限定性净资产所限定的是净资产的金额，不是某一特定资产。一般情况下，民间非营利组织可以将受限定的捐赠资产和其他资产混合使用，并且允许接受捐赠的非营利组织为取得其他适当的资产而出售或交换捐赠资产，只要捐赠资产的经济利益的消耗没有违反限制性条件即可。

3. 限定性净资产的核算

为了核算民间非营利组织的限定性资产，设置“限定性资产”科目。该科目属于净资产类科目，其贷方登记期末将限定性收入转入数，借方登记将限定性资产转为非限定性净资产的数额，期末贷方余额反映民间非营利组织历年结存的限定性净资产。民间非营利组织应当在期末将当期限定性收入的实际发生额转为限定性净资产。

期末，将各收入类科目所属“限定性收入”明细科目的余额转入本科目，借记“捐赠收入——限定性收入”“政府补助收入——限定性收入”等科目，贷记本科目。如果限定性净资产的限制已经解除，应当对净资产进行重新分类，将限定性净资产转为非限定性净资产，借记本科目，贷记“非限定性净资产”科目。

如果资产提供者或者国家有关法律、行政法规要求民间非营利组织在特定时期之内或特定日期之后将限定性净资产或者相关资产用于特定用途，该限定性净资产应当在相应期间之内或相应日期之后按照实际使用的相关资产金额或者实际发生的相关费用金额转为非限定性净资产。

如果因调整以前期间收入、费用项目而涉及调整限定性净资产的，应当就需要调整的金额，借记或贷记有关科目，贷记或借记本科目。

(二)非限定性净资产

1. 非限定性净资产的概念

非限定性资产，是指资产提供者对所提供资产或者资产经济利益的使用和处置未提出任何限制条件而形成的净资产，即除了限定性净资产以外的其他净资产。它是民间非营利组织报告期内净资产总额减去该期内限定性净资产后的余额，包括开办人投入的资金和历年滚存的非限定性收入扣除相关费用后的结余形成的净资产。

2. 非限定性净资产的管理

民间非营利组织可以自主调配使用非限定性净资产。其一般来源于非营利组织提供服务的收入、销售商品的收入、向会员收取的会费收入以及对外投资收到的股利和利息，扣除为取得上述收入而发生的费用后的资金净流入。

3. 非限定性净资产的具体核算

为了反映和监督非限定性净资产的增减变动情况，民间非营利组织设置"非限定性净资产"账户。该账户为净资产类账户，其贷方登记期末从各收入类账户所属的"非限定性收入"明细账户转来的当期实际发生额以及当限定性净资产的限制解除时从"限定性净资产"账户的借方转入的数额；借方登记从各费用类账户转入的当期实际发生额；期末贷方余额反映民间非营利组织历年积存的非限定性净资产。民间非营利组织应当在期末将当期非限定性收入的实际发生额、当期费用的实际发生额以及当期由限定性净资产转为非限定性净资产的金额转入非限定性净资产。

期末，将各收入类科目所属"非限定性收入"明细科目的余额转入本科目，借记"捐赠收入——非限定性收入""会费收入——非限定性收入""提供服务收入——非限定性收入""政府补助收入——非限定性收入""商品销售收入——非限定性收入""投资收益——非限定性收入""其他收入——非限定性收入"科目，贷记本科目。同时，将各费用类科目的余额转入本科目，借记本科目，贷记"业务活动成本""管理费用""筹资费用""其他费用"科目。

如果限定性净资产的限制已经解除，应当对净资产进行重新分类，将限定性净资产转为非限定性净资产，借记"限定性净资产"科目，贷记本科目。

如果因调整以前期间收入、费用项目而涉及调整非限定性净资产的，应当就需要调整的金额，借记或贷记有关科目，贷记或借记本科目。

第三节 民间非营利组织会计的收入和费用

一、收入

(一)收入的概念

收入是指民间非营利组织开展业务活动取得的、导致本期净资产增加的经济利益或服务潜力的流入，包括捐赠收入、会费收入、政府补助收入、投资收益、商品销售收入等主要业务收入和其他收入。

民间非营利组织的非营利性以及主要从事领域的业务活动性质，决定了它的收入具有以下特点：

1. 收入表现为民间非营利组织资产的增加，也可能表现为其负债的减少，或者两者兼而有之。这里仅指收入导致的净资产的增加，而不包括收入扣除成本费用后的差额对净资产的影响。

2. 收入只包括民间非营利组织经济利益或者服务潜力的流入，不包括为第三方或客户代收的款项，如捐赠方指定收益人而通过本民间非营利组织代收、代转的捐赠款项等。代收的款项，一方面增加民间非营利组织的受托代理资产，另一方面增加民间非营利组织的受托代理负债，没有增加民间非营利组织的净资产，也不属于民间非营利组织的经济利益或者服务潜力的流入，因此不能作为民间非营利组织的收入。

3. 民间非营利组织的收入区分为限定性收入和非限定性收入。这与资产的限定相对应。如果资金提供者对资产的使用规定了限定性条件，则所确认的相关收入属于限定性收入。

(二)收入的构成

民间非营利组织的收入，按照收入的来源分为主要业务收入和其他业务收入。其中，主要业务收入包括以下收入项目：

1. 捐赠收入，是指民间非营利组织接受其他单位或者个人捐赠所取得的收入。需要指出的是，民间非营利组织接受的劳务捐赠，会计上不予确认，但应在会计报表附注中做相关披露。

2. 会费收入，是指民间非营利组织根据章程等的规定向会员收取的会费。

3. 提供服务收入，是指民间非营利组织根据章程等规定向其服务对象提供服务取得的收入，包括学费收入、医疗费收入、培训收入等。

4. 政府补助收入，是指民间非营利组织接受政府拨款或者政府机构给予的补助而取得的收入。

5. 商品销售收入，是指民间非营利组织销售商品(如出版物、药物等)所形成的收入。

6. 投资收益，是指民间非营利组织因对外投资取得的投资净收益。

7. 其他主要业务收入，是指除上述主要业务活动收入以外的其他收入。

上述七类收入，根据资金提供者是否从时间或用途上设定一定的限制而分为限定性收入和非限定性收入。其中，服务收入、投资收益、商品销售收入一般属于非限定性收入，但在一些特定情况下，收入的提供者设定时间限制或(和)用途限制，则必须将限定性收入和非限定性收入分别核算。

其他收入，是指民间非营利组织在主要业务活动收入以外的其他方面取得的收入，如固定资产处置净收入、无形资产处置净收入、无法支付的应付款项、资产出租收入等。其他收入一般属于非限定性收入，如果被投资者单位或者个人对所分配的股利或者利息的使用设置了时间限制或(和)用途限制，则应按限定性收入单独核算。

(三)收入的核算

1. 捐赠收入和政府补助收入

为了核算民间非营利组织接受其他单位或者个人捐赠所取得的收入，设置“捐赠收入”科目。民间非营利组织因受托代理业务而从委托方收到的受托代理资产，不在本科目核算。为了核算民间非营利组织因为政府拨款或者政府机构给予的补助而取得的收入设置“政府补助收入”。

民间非营利组织的捐赠收入和政府补助收入应当按照是否存在限定区分为非限定性收入和限定性收入设置明细科目，进行明细核算。如果资产提供者对资产的使用设置了时间限制或者(和)用途限制，则所确认的相关收入为限定性收入；除此之外的其他所有收入，为非限定性收入。

民间非营利组织应当在满足规定的收入确认条件时确认捐赠收入和政府补助收入。期末结转后，两个科目应无余额。

(1)接受捐赠或者政府补助，按照应确认的金额，借记“现金”“银行存款”等科目，贷记本科目“限定性收入”或“非限定性收入”明细科目。

对于接受的附条件捐赠或者附条件政府补助，如果民间非营利组织存在需要偿还全部或部分捐赠资产(或者政府补助资产)或者相应金额的现时义务时(比如因无法满足所附条件而必须退还部分资产时)，按照需要偿还的金额，借记“管理费用”科目，贷记“其他应付款”等科目。

(2)如果限定性捐赠收入或者政府补助收入的限制在确认收入的当期得以解除，应当将其转为非限定性捐赠收入，借记本科目“限定性收入”明细科目，贷记本科目“非限定性收入”明细科目。

(3)期末，将本科目各明细科目的余额分别转入限定性净资产和非限定性净资产，借记本科目“限定性收入”明细科目，贷记“限定性净资产”科目，借记本科目“非限定性收入”明细科目，贷记“非限定性净资产”科目。

2. 商品销售收入

为了核算和监督民间非营组织销售商品(如出版物、药品)等所形成的收入，设置“商品销售收入”。商品销售收入一般属于非限定性收入。该科目属于收入费用类科目，其贷方登记实现的商品销售收入，借方登记销售退回、销售折扣与折让抵减的商品销售收入以及月末结转计入本期业务成果的净收入，月末结转后无余额。本科目应当按照商品的种类设置明细账，进行明细核算。

一般情况下，民间非营利组织的提供服务收入为非限定性收入，除非相关资产提供者对资产的使用设置了限制。民间非营利组织应当在满足规定的收入确认条件时确认商品销售收入。具体核算方法与企业会计一致，在此不做详细解释。

3. 会费收入

为了核算民间非营利组织根据章程等规定向会员收取的会费收入，设置“会费收入”账户。该账户属于收入费用类账户，借方登记结转为本年净资产的收入额，贷方登记本期实现的收入额，期末结转后，本科目应无余额。本科目按照是否存在限定性收入和非限定性收入设置明细账户，进行明细核算。

一般情况下，民间非营利组织的会费收入为非限定性收入，除非相关资产提供者对资产的使用设置了限制。民间非营利组织应当在满足规定的收入确认条件时确认会费收入。

向会员收取会费，在满足收入确认条件时，借记“现金”“银行存款”“应收账款”等科目，贷记本科目“非限定性收入”明细科目。如果存在限定性会费收入，应当贷记本科目“限定性收入”明细科目。期末结转参照捐赠收入。

4. 提供服务收入

提供服务收入是指民间非营利组织根据章程等规定向其服务对象提供服务取得的收入，包括学杂费收入、医疗费收入、培训收入等。提供服务收入主要发生在各类民办非企业单位，也可以发生在其他类型的民间非营利组织。

为了核算民间非营利组织提供服务收入，设置“提供服务收入”账户。该账户属于收入费用类账户，贷方登记实现的服务收入，借方登记期末将提供服务收入转入非限定性（或限定性）净资产的数额，结转后期末无余额。本科目应当按照提供服务的种类设置明细账，进行明细核算。

一般情况下，民间非营利组织的提供服务收入为非限定性收入，除非相关资产提供者对资产的使用设置了限制。民间非营利组织应当在满足规定的收入确认条件时确认提供服务收入。

提供服务取得收入时，按照实际收到或应当收取的价款，借记“现金”“银行存款”“应收账款”等科目，按照应当确认的提供服务收入金额，贷记本科目，按照预收的价款，贷记“预收账款”科目。在以后期间确认提供服务收入时，借记“预收账款”科目，贷记本科目“非限定性收入”明细科目。如果存在限定性提供服务收入，应当贷记本科目“限定性收入”明细科目。期末结转参照捐赠收入。

5. 投资收益

民间非营利组织的投资收益主要包括：债权投资的利息收益，如国库券利息、民间非营利组织债券利息等；股权投资，如股利收入。

为了核算和监督民间非营利组织对外投资取得的投资净损益，设置“投资收益”账户。该账户属于收入费用类账户，其贷方登记对外投资所取得的收益，借方登记对外投资发生的损失，期末结转后，本科目应无余额。

一般情况下，民间非营利组织的投资收益为非限定性收入，除非相关资产提供者对资产的使用设置了限制。民间非营利组织因进行短期投资、长期股权投资、长期债权投资而取得的投资收益的日常核算与企业会计基本相同，在此不做详细解释。期末结转参照捐赠收入。

6. 其他收入

为了监督和核算民间非营利组织除捐赠收入、会费收入、提供服务收入、商品销售收入、政府补助收入、投资收益等主要业务活动收入以外的其他收入，如确实无法支付的应付款项、存货盘盈、固定资产盘盈、固定资产处置净收入、无形资产处置净收入等，设置“其他收入”账户。该账户属于收入费用类账户，贷方登记本期实现的其他收入额，借方登记期末结转本年净资产的其他收入额。平时余额在贷方，反映民间非营利组织当期实现其他收入的累计金额，期末结转后，本科目应无余额。本科目应当按照其他收入种类设置明细账，进行明细核算。

一般情况下，民间非营利组织的其他收入为非限定性收入，除非相关资产提供者对资产的使用设置了限制。

现金、存货、固定资产等盘盈的，根据管理权限报经批准后，借记“现金”“存货”“固定资产”“文物文化资产”等科目，贷记本科目“非限定性收入”明细科目。如果存在限定性其他收入，应当贷记本科目“限定性收入”明细科目。

对于固定资产处置净收入，借记“固定资产清理”科目，贷记本科目。对于无形资产处置净收入，按照实际取得的价款，借记“银行存款”等科目；按照该项无形资产的账面余额，贷记“无形资产”科目；按照其差额，贷记本科目。

确认无法支付的应付款项，借记“应付账款”等科目，贷记本科目。在非货币性交易中收到补价情况下应确认的损益，借记有关科目，贷记“其他收入”科目。期末结转参照捐赠收入。

二、费用

（一）费用的概念

民间非营利组织在业务经营过程中，必然要发生各种耗费，包括人工或劳动的耗费、机器设备等劳动手段的耗费，以及原材料等劳动对象的耗费。《民间非营利组织会计制度》规定，费用是指民间非营利组织为开展业务活动所发生的导致本期净资产减少的经济利益或者服务潜力的流出，不包括为第三方或客户垫付的款项。

民间非营利组织的费用根据其功能主要分为业务活动成本、管理费用、筹资费用和其他费用等。其中，成本是对象化了的费用，是民间非营利组织为提供服务和产品而发生的各种耗费。

（二）费用的分类

根据会计核算的需要，按照费用性质主要分为以下几类：

1. 业务活动成本

它是指民间非营利组织为了实现其业务活动目标、开展其项目活动或者提供服务所发生的费用，如基金会发生的项目支出，民办学校发生的教学支出、科研成本，社会团体的项目服务费、会员服务费、产品销售成本等。

2. 管理费用

它是指民间非营利组织为组织和管理其业务活动所发生的各项费用,包括民间非营利组织董事会(或者理事会等其他类似权力机构)经费和行政管理人员的工资、奖金、福利费、住房公积金、住房补贴、社会保障费、离退休人员工资与补助,以及办公费、水电费、租赁费、无形资产摊销、资产盘亏损失、资产减值损失、因预计负债所产生的损失、聘请中介机构费和应偿还的受赠资产等。其中,福利费应当依法根据民间非营利组织的管理权限,按照董事会、理事会或类似权力机构等的规定据实列支。

3. 筹资费用

筹资费用是指民间非营利组织为筹集业务活动所需资金而发生的费用,包括民间非营利组织为了获得捐赠资产而发生的费用,以及应当计入当期费用的借款费用、汇兑损失(减汇兑损益)等。民间非营利组织为了获得捐赠资产而发生的费用包括举办募款活动费,准备、印刷和发放募款宣传资料费,以及其他与募款或者争取捐赠资产有关的费用。

4. 其他费用

它是指民间非营利组织发生的、无法归属到上述业务活动成本、管理费用或者筹资费用中的费用,包括固定资产处置净损失、无形资产处置净损失等。

(三)费用的核算

1. 业务活动成本

为了核算和监督民间非营利组织业务活动中的服务和产品成本、税费的发生和结转情况,设置"业务活动成本"账户。该账户属于费用类累计账户,借方登记并累计当期发生的支出金额,贷方登记当期冲减的支出金额和本期结转到非限定性资产中的业务活动成本。平时余额在借方,反映民间非营利组织当期累计发生的业务活动成本,期末结转非限定性净资产后该账户应无余额。

如果民间非营利组织从事的项目、提供的服务或者开展的业务比较单一,可以将相关费用全部归集在"业务活动成本"项目下进行核算和列报;如果民间非营利组织从事的项目、提供的服务或者开展的业务种类较多,民间非营利组织应当在"业务活动成本"项目下分别根据项目、服务或者业务大类进行核算和列报。

民间非营利组织发生的业务活动成本,应当按照其发生额计入当期费用。发生的业务活动成本,借记本科目,贷记"现金""银行存款""存货""应付账款"等科目。期末,将本科目的余额转入非限定性净资产,借记"非限定性净资产"科目,贷记本科目。

2. 管理费用

本科目核算民间非营利组织为组织和管理其业务活动所发生的各项费用,包括民间非营利组织董事会(或者理事会或者类似权力机构)经费和行政管理人员的工资、奖金、津贴、福利费、住房公积金、住房补贴、社会保障费、离退休人员工资与补助,以及办公费、水电费、邮电费、物业管理费、差旅费、折旧费、修理费、无形资产摊销费、存货盘亏损失、资产减值损失、因预计负债所产生的损失、聘请中介机构费和应偿还的受赠资产等。民间非营利组织发生的管理费用应当在发生时按其发生额计入当期费用。管理费用的具体账务处理参见企业会计。

3. 筹资费用

民间非营利组织的筹资费用是指民间非营利组织为了筹资业务活动所需资产而发生的费用，主要包括募捐费用、借款费用和汇兑损失。筹资费用应当按照实际发生时的发生额入账。

民间非营利组织为了获得捐赠资产而发生的费用包括举办募款活动费，准备、印刷和发放募款宣传资料费，以及其他与募款或者争取捐赠有关的费用。

“筹资费用”账户属于费用类累计账户，借方登记发生的筹资费用，贷方登记冲减或结转的筹资费用，平时余额在借方，反映民间非营利组织当期累计发生的筹资费用，如为贷方余额，反映民间非营利组织当期累计发生的存款利息或汇兑收益。期末结转后该账户无余额。本科目应当按照筹资费用种类设置明细账，进行明细核算。

发生的筹资费用，借记本科目，贷记“预提费用”“银行存款”“长期借款”等科目。发生的应冲减筹资费用的利息收入、汇兑收益，借记“银行存款”“长期借款”等科目，贷记本科目。期末，将本科目的余额转入非限定性净资产，借记“非限定性净资产”科目，贷记本科目。

4. 其他费用

为了核算和监督民间非营利组织的其他费用，应设置“其他费用”账户。该账户属于费用类累计账户，借方登记本期发生的各种其他费用，贷方登记本期冲减或期末结转的其他费用。平时余额在借方，反映本期累计发生的其他费用，期末结转后该账户无余额。本科目应当按照费用种类设置明细账，进行明细核算。民间非营利组织发生的其他费用，应当在发生时按其发生额计入当期费用。

发生的固定资产处置净损失，借记本科目，贷记“固定资产清理”科目。发生的无形资产处置净损失，按照实际取得的价款，借记“银行存款”等科目；按照该项无形资产的账面余额，贷记“无形资产”科目；按照其差额，借记本科目。期末，将本科目的余额转入非限定性净资产，借记“非限定性净资产”科目，贷记本科目。

第四节　民间非营利组织会计的财务会计报告

财务会计报告是反映民间非营利组织财务状况、业务活动情况和现金流量等的书面文件，主要包括会计报表、会计报表附注和财务情况说明书。会计报表主要包括：资产负债表、业务活动表、现金流量表三种主表及各种附表，见表18－2。

表 18—2　民间非营利组织会计报表

编　号	报表名称	编制期
会民非 01 表	资产负债表	中期报告、年度报告
会民非 02 表	业务活动表	中期报告、年度报告
会民非 03 表	现金流量表	年度报告

财务会计报告分为年度报告和中期报告。以短于一个完整的会计年度的期间(如半年度、季度和月度)编制的财务会计报告称为中期财务会计报告。年度财务会计报告则是以整个会计年度为基础编制的财务会计报告。

一、会计报表的主要内容

(一)资产负债表

资产负债表是反映民间非营利组织某一会计期间期末全部资产、负债和净资产情况的报表。资产负债表根据"资产＝负债＋所有者权益"的会计等式,按照一定的分类标准和一定的顺序,把民间非营利组织一定日期的资产、负债和净资产项目予以适当排列。资产负债表表明民间非营利组织在特定日期所拥有或控制的资产、所承担的债务以及净资产的存量,属于静态报表。

资产负债表通常包括表头和基本内容两部分。其中,表头主要包括资产负债表的名称、编制单位、编制日期和金额单位;基本内容主要包括各项资产、负债和净资产各项目的年初数和期末数,并且按照账户设计资产负债表,即报表分为左方和右方,资产项目在左边,负债及净资产项目在右边。左方资产各项目合计等于负债和净资产各项目的合计,基本格式见表 18—3。

表 18—3　资产负债表　会民非 01 表

编制单位:　年　月　日　单位:元

资　产	行次	年初数	期末数	负债和净资产	行次	年初数	期末数
流动资产:				流动负债:			
货币资金				短期借款			
短期投资				应付款项			
应收款项				应付工资			
预付账款				应交税金			
存货				预收账款			
待摊费用				预提费用			
				预计负债			
一年内到期的长期债权投资				一年内到期的长期负债			

续表

资　产	行次	年初数	期末数	负债和净资产	行次	年初数	期末数
其他流动资产				其他流动负债			
流动资产合计				流动负债合计			
长期投资：				长期负债：			
长期股权投资				长期借款			
长期债权投资				长期应付款			
长期投资合计				其他长期负债			
固定资产：				长期负债合计			
固定资产原价							
减：累计折旧				受托代理负债			
在建工程				负债合计			
文物文化资产							
固定资产清理							
固定资产合计							
				净资产：			
无形资产：				非限定性净资产			
无形资产				限定性净资产			
受托代理资产：				净资产合计			
受托代理资产							
资产总计				负债和净资产总计			

(二)业务活动表

业务活动表是反映民间非营利组织在某一会计期间内开展业务活动实际情况的报表。业务活动表是民间非营利组织主要报表之一，通过业务活动表能够判断民间非营利组织的业务活动成果，评价业绩。

业务活动表的主要内容包括：构成收入的各项要素，包括捐赠收入、会费收入、提供服务收入、商品销售收入、投资收益和其他收入，其中各种收入又分限定性收入和非限定性收入列示；构成费用的各项要素，包括业务活动成本、管理费用、筹资费用和其他费用；限定性净资产转为非限定性净资产的金额；上述收入减去费用，得到本期净资产的变动额(见表 18—4)。

表 18—4　　**业务活动表**　　会民非 02 表

编制单位：　　年　　月　　单位：元

项　目	行次	本月数			本年数		
		非限定性	限定性	合计	非限定性	限定性	合计
一、收入							

续表

项目	行次	本月数			本年数		
		非限定性	限定性	合计	非限定性	限定性	合计
其中:捐赠收入							
会费收入							
提供服务收入							
商品销售收入							
政府补助收入							
投资收益							
其他收入							
收入合计							
二、费用							
(一)业务活动成本							
其中:项目成本							
服务成本							
商品销售成本							
(二)管理费用							
(三)筹资费用							
(四)其他费用							
费用合计							
三、限定性净资产转为非限定性净资产							
四、净资产变动额(若为减少额,则以"—"填列)							

(三)现金流量表

现金流量表是反映民间非营利组织在某一会计期间内现金和现金等价物的流入和流出信息的报表。它是民间非营利组织对外报送的三种主报表之一,该报表属于年度报告。

现金流量表中的现金,是指民间非营利组织的库存现金以及可以随时用于支付的存款(包括现金、可以随时用于支付的银行存款和其他货币资金)、现金等价物[是指民间非营利组织持有的期限短、流动性强、易于转换为已知金额现金、价值变动风险很小的投资(除特别指明外,以下所指的现金均包含现金等价物)]。

民间非营利组织应当根据实际情况确定现金等价物的范围,并且一贯性地保持其划分标准;如果改变划分标准,应当视为会计政策变更。民间非营利组织确定现金等价物的原则及其变更,应当在会计报表附注中披露。

现金流量表应当按照业务活动产生的现金流量、投资活动产生的现金流量和筹资活动产生的现金流量分别反映。现金流量表所指的现金流量,是指现金的流入和流出。本表运用现金的流入和流出反映民间非营利组织某一会计期间内在现金基础上的财务状况变动情况，并且能够说明民间非营利组织的偿债能力和未来获取现金的能力等。

民间非营利组织应当采用直接法编制业务活动产生的现金流量。采用直接法编制业务活动现金流量时，有关现金流量的信息可以从会计记录中直接获得，也可以在业务活动表收入和费用数据基础上，通过调整存货和与业务活动有关的应收应付款项的变动、投资以及固定资产折旧、无形资产摊销等项目后获得（见表18—5）。

表18—5 **现金流量表** 会民非03表

编制单位： 年 单位：元

项 目	行次	金额
一、业务活动发生的现金流量		
接受捐赠收到的现金		
收取会费收到的现金		
提供服务收到的现金		
销售商品收到的现金		
政府补助收到的现金		
收到的其他与业务活动有关的现金		
现金流入小计		
提供捐赠或者资助支付的现金		
购买商品、接受服务支付的现金		
支付的其他与业务活动有关的现金		
现金流出小计		
业务活动产生的现金流量净额		
二、投资活动产生的现金流量		
收回投资所收到的现金		
取得投资收益所收到的现金		
处置固定资产和无形资产所收回的现金		
收到的其他与投资活动有关的现金		
现金流入小计		
购建固定资产和无形资产所支付的现金		
对外投资所支付的现金		
现金流出小计		
投资活动产生的现金流量净额		
三、筹资活动产生的现金流量		

续表

项　目	行次	金额
借款所收到的现金		
收到的其他与筹资活动有关的现金		
现金流入小计		
偿还借款所支付的现金		
偿付利息所支付的现金		
支付的其他与筹资活动有关的现金		
现金流出小计		
筹资活动产生的现金流量净额		
四、汇率变动对现金的影响额		
五、现金及现金等价物净增加额		

二、会计报表附注

会计报表附注，是为了便于会计报表使用者理解会计报表的内容而对会计报表的编制基础、编制依据、编制原则和方法及主要项目等所做的解释。民间非营利组织的会计报表附注至少应当披露以下内容：重要会计政策及其变更情况的说明；董事会（或者理事会或者类似权力机构）成员和员工的数量、变动情况以及获得的薪金等报酬情况的说明；会计报表重要项目及其增减变动情况的说明；资产提供者设置了时间或用途限制的相关资产情况的说明；受托代理业务情况的说明，包括受托代理资产的构成、计价基础和依据、用途等；重大资产减值情况的说明；公允价值无法可靠取得的受赠资产和其他资产的名称、数量、来源和用途等情况的说明；对外承诺和或有事项情况的说明；接受劳务捐赠情况的说明；资产负债表日后非调整事项的说明；有助于理解和分析会计报表需要说明的其他事项。

三、财务情况说明书的编制

（一）财务情况说明书的概念及内容

为了使投资者、债权人和民间非营利组织管理者更深入了解民间非营利组织的财务状况、业务活动情况和现金流量，民间非营利组织在编制完成会计报表后，必须编制财务情况说明书。通过财务情况说明书，分析总结业务活动的业绩及存在的问题，有利于信息使用者更好地利用会计报表资料并对民间非营利组织的工作进行监督。

财务情况说明书必须对以下内容做出说明：民间非营利组织的宗旨、组织结构以及人员配备等情况；民间非营利组织业务活动基本情况，年度计划和预算完成情况，产生差异的原因分析，下一会计期间业务活动计划和预算；对民间非营利组织运作有重大影响的其他事项。

(二)财务情况说明书的编制要求

1. 突出重点

财务情况说明书应主要以存在的问题作为报告的重点,突出重点进行分析,找出问题症结,提出解决办法。

2. 材料准确

编制财务情况说明书所引用的数字和材料等信息必须经过审核,检查是否准确,计算口径是否前后一致,防止盲目使用。

3. 编报及时

同会计报表一样,财务情况说明书也具有很强的时效性,应在保证质量的前提下,按期编写,并与会计报表同时报出,有利于信息使用者及时理解会计报表各项目的说明。

复习思考题

1. 简述民间非营利组织的特征。
2. 简述民间非营利组织的货币资金控制制度。
3. 民间非营利组织坏账确认的标准是什么?
4. 民间非营利组织的受托资产如何核算?
5. 民间非营利组织的流动负债如何分类?
6. 民间非营利组织的受托代理负债如何核算?
7. 民间非营利组织的限定性净资产如何核算?
8. 民间非营利组织的收入确认原则是什么?
9. 民间非营利组织的费用具有哪些特点?
10. 民间非营利组织的财务会计报告主要包括哪些?

参考文献

1. 中华人民共和国财政部.《政府会计准则制度(合订本·2020)》[M]. 北京:中国财政经济出版社,2020.

2. 中华人民共和国财政部.《政府会计准则》[M]. 上海:立信会计出版社,2018.

3. 中华人民共和国财政部.《政府会计制度——行政事业单位会计科目和报表》[M]. 北京:中国财政经济出版社,2017.

4. 中华人民共和国财政部.《2019 年政府收支分类科目》[M]. 上海:立信会计出版社,2019.

5. 中华人民共和国财政部.《财政总预算会计制度》[M]. 北京:中国财政经济出版社,2015.

6. 中华人民共和国财政部.《民间非营利组织会计制度》[M]. 北京:经济科学出版社,2004.

7. 政府会计制度编审委员会.《政府会计制度详解与实务》[M]. 北京:人民邮电出版社,2018.

8. 政府会计制度编审委员会.《政府会计制度主要业务与事项账务处理实务详解》[M]. 北京:人民邮电出版社,2018.

9. 徐曙娜.《政府与非营利组织会计》[M]. 上海:上海财经大学出版社,2006.

10. 徐曙娜.《政府与非营利组织会计》(第二版)[M]. 上海:上海财经大学出版社,2010.

11. 徐曙娜.《2015 中国财政发展报告——中国政府综合财务报告制度研究》[M]. 北京:北京大学出版社,2015.

12. 管亚梅.《新编政府会计》(第 3 版)[M]. 北京:人民邮电出版社,2019.

13. 赵建勇.《政府与非营利组织会计》[M]. 北京:人民邮电出版社,2019.

14. 王晨明,周欣.《政府会计实务及案例解析》[M]. 上海:立信会计出版社,2018.

15. 张庆龙,王彦.《政府会计制度解读与操作实务指南》[M]. 北京:中国财政经济出版社,2018.

16. 王雍君.《政府预算会计问题研究》[M]. 北京:经济科学出版社,2004.

17. (美)陈立齐,李建发.《国际政府会计准则及其发展评述》[J]会计研究,2003(9).

18. (美)陈立齐,陈穗红,石英华.《美国政府会计准则研究》[M]. 北京:中国财政经济出版社,2009.